元華文創

唐代宮廷防衛制度研究

RESEARCH ON THE COURT DEFENSE SYSTEM IN TANG DYNASTY

附論 後宮制度與政治
Addendum Harem System and Politics

宮廷學的內容複雜多變
本書從宮廷防衛與後宮政治兩個角度窺探宮廷學的奧祕

羅彤華 —— 著

謹以此書獻給最敬愛的母親

羅謝楨女士(1923-2021)

自　序

　　踏上宮廷學的研究之路，是我近幾年來的志願；倉促間出版這本書，卻是一個偶然。研究與宮廷相關的議題，我自創「宮廷學」這個名詞，雖不敢與體系龐大，內容豐富的長安學、敦煌吐魯番學相比，但對我個人來說，就算花個十幾年的功夫，也未必能解答完心中所想的諸多疑惑。

　　從起心動念研究宮廷學，我從未想過以宮廷防衛為題出版這本書，因為我最先感興趣的是後宮女性與宮廷政治，而最引起我注意的卻是寫的人最多，關注度最高的宮女。對於這些欠缺個性表述的小人物，要如何透過群性的觀察，從制度面與政治面突破現有成果，是我很大的試煉與考驗。後宮另一個規模不大的女性群體是管理階層的宮官。這些女官自周、漢以來已有雛型，演變至唐有了較成熟的體系，她們與皇帝、后妃、宮女與內侍省間的關係為何，在宮廷政治上的作用是什麼，常被人忽略，故很值得為這群默然無聞的人發聲。不過意外的是，這兩篇文章只成為本書的配角，收在附論裏。

　　在收集宮廷學的資料時，原本設定了好幾個方向，同時進行，卻不料至今只姑且成就了宮廷防衛這個主題，至於與之相關的馬匹調遣、軍資調度等課題還來不及寫出。宮廷防衛的首要目標是防止人擅出入，因此門之開閉時刻與方式，門禁制度的設計與身分驗證，官吏、命婦入宮車馬僕從的安置與管理，唐政府都費心規畫，意圖阻絕不肖者之闖出入。至於宮廷內的防衛更是重中之重，絕不可出任何紕漏，因此宮內重大典禮之儀衛，皇帝出行時如在宮內之宿衛，以及宮中與禁苑之巡警，都讓宮衛體系與巡防人員承受極大的壓力。而一旦有人犯禁或未依制行事，宮中的執事者便要將其先收禁於宮中獄所，以待後續處理。

　　由於我原本只以單篇論文發表，沒有設定以宮廷防衛為題出書，所以書中資料與議題難免有些重覆，在不及修改的情況下，請讀者諒察。曾有學者說，門禁等問題沒有新史料，很難展開。我對此評議大不以為然。如果問題的突破關鍵只在新史料，沒有發現新史料，問題就要永遠擱置，那麼這似乎對新史料的定義太過狹窄。相對地，研究者若能指出前人所未注意的，能看到前人所忽略的，能發掘前人所未用到的史料，即使它出自正史或常用史料，對該研究議題來說，依然是新史料。新史料永遠可遇而不可求，就算是出土文書、碑刻、墓誌等史料，一時新出，是新史料，大家都用了，用久了，也就不能算是新史料了。而且就算偶然出現一、二條新史料，也頂多輔助性地說明制度的一、二個面向，很難全面性地呈現問題的全貌。所以我們與其等待天邊的雲彩，不如在舊史料裏尋找新契機。本書各篇的價值，就讓學界公評吧！

　　本書各篇文章，有些因原文太長，在發表前做了刪節；有些因新的想法與補充史料，在發表後做了修改，所以書中各篇文章，還是與所發表者有些不同。本書各篇是環繞宮廷防衛的主題而來，但各篇都有獨立性，沒有必要分章標示目次，讀者可依各人所需挑選閱讀。附論的兩篇文章雖與宮廷防衛無太大關連，但仍討論宮廷政治中的問題，也頗有可觀處，故還是放了進來。本書所收圖片甚多，因文章不分章次，也就沒有用編號表示圖次，但圖片目錄中顯示所屬文章下的各圖，讀者查檢起來應不困難。研究宮廷問題，必須繪圖顯示各門各殿各宮的方位，以及宮城與禁苑、皇城，乃至與京城的關聯，才能對文中所述有清楚的認知。可惜目前所見學者繪製的圖，多分散在不同論文裏，而且有些並未按史料所示之比例繪製，故參考上頗為不便，也可能與實際狀況有出入。本書試圖將兩京與宮城皇城禁苑圖匯集在一起，也依比例繪製長安六街與皇城圖的街道，希望有助於讀者對問題的理解。

　　人生的劇本從來就不是完全按自己的規畫來進行，想做的事、想要的結果，也不是自己能完全控制。這本書非我所預期的倉促出版，是一些因素造成的。我在十多年前免疫系統就出了狀況，每次發病，就到醫院裏打類固醇。2016年我又患了血管炎，雖然覺得身體很疲倦，但一坐上書桌，全神貫注，好像什麼

病痛都沒有了。大概是我太輕忽身體亮起的紅燈，沒想到 2017 年竟併發紅斑狼瘡，情況相當危急，在鬼門關前走了一遭。這期間我掛心自己未完成的志業，但更擔心家中九十多歲的母親。我向醫生請假，想回家探視母親，卻被醫生峻拒。在電話那端，我聽到母親的聲聲呼喚與哭泣聲，令我十分難過與內疚。出院之後，我發現母親更老了，也更衰弱了，而自己則常在工作時，感到身體不適，必須停下來休息。母親說她總是看著我書房的燈光與我的背影，但我知道，我現在必須以最長的時間陪伴母親度過餘年，並以最快的速度結束自己的工作，也就是我必須拋下繁雜而具規模的方向，選擇一個較小而可在近期內完成的課題，做為我研究宮廷學的一個紀念，本書就是在這個情況下誕生的。

我人生的每個階段，母親都親身參與，給我最大的幫助。在我讀學位時，面對堆積如山的資料，母親便是我的助理，幫我一張張的抄錄小卡片。在寫文章時，遇到忘了怎麼寫的字詞，母親便是我的活字典；遇到不清楚的典故，就賴著母親幫我查辭書。我的求職生涯頗多波折，母親總陪著我到處應徵與面試，以無限的關懷與鼓勵，支持我走過困頓。從前母親精神體力尚好時，我借來一本本的書，她津津有味的閱讀著，還向我述說書中的情節，並分享她的心得。雖然母親這兩年已年老力衰，尤其近些月來睡著躺著的時候比醒著坐著的時候還多，但她一直希望在有生之年能看到這本書的出版。出版社在知道母親的心願後，情義相挺，特別將二校稿裝訂為成書形式，讓我拿到母親病榻前，撫慰她的愛女之心。如今母親只差兩三個星期就真的看到本書的出版了，而我始終相信，她會以我這個女兒為傲，我也願將所有榮耀歸諸母親！

羅彤華

誌於 2021 年母親亡故後一日

目　錄

圖表目錄

圖片目錄

唐代宮中的監獄

唐代後宮女官研究
── 宮官制度的形成、演變與影響

唐代的宮女群體及其對宮廷政治的影響

表格目錄

兩京、宮城圖目錄

導　論

　　唐朝做為學術研究對象，最耀眼的兩大領域，莫過於長安學與敦煌吐魯番學。長安是唐帝國的首都，也是東西方人文薈萃之處，因此長安學的研究範圍相當廣闊，研究成果也非常豐碩，舉凡文獻整理、考古發掘、坊市制度、居民生活、經濟發展與變遷、官人宅第與別墅、寺觀山林與宗教信仰，周邊環境與交通路線等，都有深入而多元的探討。相對於長安的首都之姿，敦煌吐魯番只是唐朝絲路上的邊陲小鎮，但它在近一個世紀以來學術研究上的重要性，絲毫不亞於長安學，它開拓傳統文獻所欠缺的觀察視角，成為歐美日本競相關注的國際顯學，不僅對中古的社會、經濟、文化、宗教、藝術等方面，帶來突破性的研究進展，更為絲路與西北邊疆史，提供廣闊的世界歷史群像。

　　我對唐史研究的興趣，來自讀博士之前偶然看了一本《敦煌學譯文集》，[1]便一頭栽了下去，利用敦煌吐魯番文書，寫了博士論文《唐代民間借貸之研究》。[2]近年來在完成《同居共財——唐代家庭問題》後，[3]突發奇想，欲探究中國的最大家庭——皇室，而也就在此時，我注意到長安學的無限前景。在讀史料的過程中，我先是被後宮的人物吸引住，寫了宮女、宮官兩篇文章，但也就在蒐集資料時，愈發感覺到城門、宮門、殿門的重要性，便把對長安的關注，逐漸收縮、聚焦到宮廷，而開啟了我自名為「宮廷學」的一頁新猷，也寫了以宮廷防衛為主題的幾篇文章。總之，如果不是敦煌吐魯番學的啟發，我或許不會踏上

---

[1]　周藤吉之等著，姜鎮慶等譯，《敦煌學譯文集——敦煌吐魯番出土社會經濟文書研究》（蘭州：甘肅人民出版社，1985）。

[2]　羅彤華，《唐代民間借貸之研究》（臺北：台灣商務印書館，2005）。

[3]　羅彤華，《同居共財——唐代家庭問題》（臺北：政大出版中心，2015）。

唐史研究的路；如果不是長安學的誘導，我大概沒想到會營造出宮廷學的新徑。前因後果，如此奇妙，也如此真實。

唐朝雖然採取雙都制，但絕大多數的時間，皇帝都留在長安宮廷，僅高宗、武則天時期一度遷至東都洛陽宮。姑不論長安、洛陽周邊的離宮別館，僅以做為皇帝居所與權力中心的長安三宮——太極宮、大明宮、興慶宮，以及東都洛陽宮而言，其範圍還包括環繞其外邊的諸禁苑，與夾城、隔城等。另外，皇帝出巡之行在所，亦同於正宮殿。從廣義來說，宮廷事物影響及作用於都城、宮外，都可謂是宮廷學。但從狹義來說，宮廷學只探討宮內之人物、事件、制度與決策。筆者傾向於狹義的宮廷學，而其研究的領域仍非常廣闊。

儘管唐朝壯麗宏偉的建築群，隱密幽微的城防，今已不復存在，但在考古調查與文獻比對下所進行的復原工作，學界已得到可觀的成果，這些將成為宮廷研究的基石。再者，宮中的建築佈局，對認識宮城的設計概念與空間位置，有重要意義。這些建築所承擔的功能，可以從宏觀的角度審視聽政制度、決策體系等國家大政，而建構起中樞運作模式的大格局；也可以從微觀的角度觀察宗教信仰、休閒娛樂等活動，以了解宮人的心理需求與豐富多彩的生活狀態。

宮廷是唐王朝的權力中心，舉凡朝會的展開，常朝地點的變化，機構與衙署的變遷，決策過程與政務運轉，都鋪陳出權力結構與政治秩序的多樣面貌，為王朝政局的興衰起伏，提供重要線索。宮廷不只是文人的政治空間，也是政治鬥爭的核心，宮廷政變的場所，誰能掌握軍事體系，控扼夾城複道，監視諸王動靜，誰就能成功取得政權，安穩坐上帝位。因為防衛機制對政局的影響非常大，所以禁衛軍系統的建置、轉移與操控，往往成為政局變化的關鍵因素。宮廷作為統治機器的運轉中心，許多與國家相關的禮儀制度，就是以此為起點而展開，如元會儀、即位禮、宣赦禮、講武禮、祭祀禮等，或在宮廷內舉行，或結合長安之動線推移，為王權的正當性添加上神聖色彩。

宮廷是人群聚集之處，也是最顯現身分尊卑的地方。皇帝高居金字塔的頂端，是最受崇奉的人物，圍繞他的后妃，除了像武則天那樣有手段的人，一般至多享有尊榮，就算觸碰到政治，影響力也有限。在宮廷內興風作浪，攪擾後

宮最厲害的群體是宦官，他們不同於來往於宮中的職官，而是常住宮中，打理後宮的各項事務，也負責內、外傳宣的工作。宦官所屬的內侍省，是宮中權力最大的管理機構，因皇帝的信任、倚重而攫取權力後，其人數、組織不斷擴大，建置內諸司使，也典掌禁軍系統。關於宦官各面向的論著非常多，但內侍省與內諸司使之間的關連與脈絡仍有待釐清，宦官來源的多樣性及其身分、等級的複雜面貌，也還有不少可梳理的餘地。

做為國家政治核心的宮廷，研究議題廣濶繁多。本書選擇從宮廷防衛的角度，觀察宮廷如何在制度面設下防禁措施，以及制度如何隨勢推移，又如何因人事的糾葛、人為的疏漏而出現破口，並影響宮廷的安全。宮中人行事，難免會犯錯或失職，任職宮廷防衛者亦不例外，因此宮中有必要設監獄以做處置。以下陳述各篇所欲探究的問題。

宮廷防衛不是只論設多少軍種，有多少人戍守，就算了事，宮廷防衛應從負責內外交通的宮門開閉，做為第一道防線，故本書的第一篇為〈唐代宮門的開與閉〉。宮中的作息是有固定時程的，唐人也有設計完善的計時、報時制度，那麼宮門開閉的程序是如何進行的？它對宮人的生活行事與政治運轉有何意義？宮門的開閉是否會因常時或夜間而有所不同？在特殊或緊急狀態下，這套制度設計會出現什麼異常現象？宮內之門極多，宮門之外，殿門、通內門等都有相同的開閉方式？宮門的開閉步驟嚴謹，哪些職官負責其事？如有違失會受什麼處分？隨著北衙禁軍的勢力擴張，管鑰之權是否也跟著有所異動？

宮廷是皇帝的居所，也是決策機構所在，宮門的開閉固然與宮廷治安息息相關，但為了進一步維繫宮廷的安全與隱密，門禁設施不得不嚴，是控管宮廷出入最重要的一道關卡，本書第二篇〈唐代宮廷的門禁制度〉即為此而做。宮廷有其神聖性，卻不是封閉的場所，出入宮廷的分子既多且雜，上至王公大臣，下至庶民百姓，還有宮中人與宿衛兵將，如無對應其身分、目的、需要的門禁查核方式，豈不造成宮廷防衛的漏洞？本文分別從官吏入宮、別敕召入、宮中人出入、庶民出入、夜間及非時出入等五大方向來檢核，以了解唐政府用什麼標準，哪些種制度設計，來處理這個嚴肅的議題。由於出入宮廷有常態性、臨

時性、特殊性的差異，因應各不同狀態，又設定什麼驗證機制，以防堵不肖者之擅入？然而，門禁制度這道防護網再怎麼嚴密，總有闌入、混入、亂入等諸多情形，是因為制度設計不夠嚴密，還是另有其他因素造成？應做更深入的解析。

官吏入宮時需乘騎車馬，並有僕從馬伕隨行，為了宮廷的安全與秩序，官吏要在何處下車下馬，車馬僕從要在何處停止等候，才不致造成宮內的紛雜混亂，這在管理上是很重要的課題。而官吏入長安三宮或洛陽宮，其入宮方式是否不同？唐前、後期在管理上有什麼改變？再者，命婦也參與朝賀或禮典，其入宮規範與男性官吏有何差異，原因何在？本書第三篇〈唐代官吏入宮車馬與僕從的管理──兼論命婦入宮規範〉即探討停管區、禁止線的劃定，及相關的管理措施與管制理念。

唐代宮廷範圍廣大，殿院眾多，禁苑更有重要的戰略價值。要如何將這麼廣的區域、複雜的禮典與巡幸處所，無分晝夜需要守護的環境，井然有序、嚴謹周密的佈建起防衛體系，其實是非常不容易的。本書第四篇〈唐代宮廷防衛體系的建構及其演變〉，就從朝會儀衛與御所守備，皇帝鹵簿與行在宿衛，宮中警衛與禁苑防備，以及防衛體系的變動等角度，結合起來討論，為宮廷防衛的多樣形態，勾勒出一個完整圖譜。然而，光靠這樣的軍事部署顯然還不夠，因為宮廷政變還是會發生，亂兵百姓仍然會擅入，兵源徵調常有所不足，故要如何正確、客觀的評估唐代宮廷防衛能力，值得深思。

宮中匯集不同角色，不同功能的人物，他們總有失職犯錯，或失寵被嫌棄的時候，為了防止宮中情況外洩，與其付之於外司懲治，不如於宮中自設監獄來處理。本書第五篇〈唐代宮中的監獄〉就是在這樣的思維下醞釀出來。宮中是尊卑等級差異甚大，職司分畫非常明顯的地方，而監獄的設置，是將所有人犯總歸一處關押在一起，還是因罪人身分、所屬單位、所犯事由，分別拘繫於不同類型的獄所？宮中監獄是否有如外廷法司的訴訟程序與審訊方式？宮中秘辛要如何處理，才不會損及王室威望？宮中監獄原則上只應處理宮中人、宮中事，但事實上果真如此嗎？宮中監獄的審理，對外司、府縣的審判權會產生什

麼衝擊？獄政管理適用於宮獄嗎？宮獄囚徒可以上訴？慮囚、巡囚等措施能無差別的行於宮獄？這些從無人注意的問題，本文嘗試解答之。

　　後宮女性的生活、境遇，是相當熱門的研究面向，尤其是唐詩與筆記小說，常將宮人複雜、多變的情緒，做了深刻的鋪陳與描述。然而愈是底層的宮人就愈少留下姓名，連可追索的個人記錄也不可得，因此在個別的人物研究上很有難度。唐前期的女主專政討論已多，後期的后妃多半無聲息，政治影響力也不大。但本人注意到宮官與宮女這兩個群體，在制度面與政治面上猶有不少可補充既有成果之處，故分別以此為題，做為本書的附論。

　　〈唐代後宮女官研究──宮官制度及其演變與影響〉，專論後宮的管理階層──宮官。宮官制度即使後來出現一些變異，但她們都是女官，女官成為一種泛稱。隋唐以前後宮已有女官，宮官的名號始見於隋，唐承襲下來並有自己的發展與特色。然唐代的宮官制度為何漸超脫原有的工作性質，也增加許多新的名號？在人物的選聘上，為何不那麼在意年輕貌美，而愈發重視知識與品德？宮官從何處表現其獨特性及其在宮中的價值？在女主專政時，宮官扮演什麼角色？在男性政治氛圍裏，宮官能有什麼作為？宮官這個看似不起眼的人物，在深入了解後，可帶給我們許多驚奇。

　　〈唐代的宮女群體及其對宮廷政治的影響〉，在觀察宮女的生活、工作，及其在政治上的效應。宮女身分低微，卻是宮中不可或缺的階層，她們從何而來？如何分配其擔任適合她能力的工作？宮女的管理單位是哪個？宮女彼此間有等級、待遇的差別？宮女如得恩寵，其人生際遇會有多大的改變？宮女雖是一群難有自主性的人，但她們所串連成的人際網路與群體動向，在政治上與政爭時會有多大的影響力，很令人玩味。

唐代宮門的開與閉

一、前言

　　長安城門的開閉，與宮門開閉有著連動效果。長安城門的開閉，標識著居民的生活節奏，而宮門的開閉，則規範進出宮廷的方式。為了確保宮廷的神聖性、安全性、隱密性，宮門雖是啟動宮內外交通的一道機制，但仍另有門禁制度，有嚴密的宮廷防衛體系，以為警戒、防閑之道。

　　長安城有三大宮殿群，即太極宮、大明宮、興慶宮，東都還有洛陽宮。雖然皇帝居住與聽政於各宮的時間有長短，[1]可是宮門開閉的方式是一致的，時刻則依式進行，[2]而東都諸門與巡幸之所的宮門開閉，都如京城之制。[3]唐朝宮廷的佈局，依前朝、後寢的形式，並附有廣大禁苑，形成多層次的建築群組，以及多層次的宮殿門，如承天等門為宮城門，嘉德等門為宮門，太極等門為殿門，肅章、虔化等門為通內門，太極殿東西之上閣有上閣門，御在所、御膳所，乃至禁苑亦皆有門。[4]由於宮殿群組與禁苑的規模宏大，通常各面有門，不只一處，

---

[1]　皇帝在長安的時間及在東都的時間，學者有精確計算，見：陳揚，〈唐代長安政治權力中樞位置的變遷與"三大內"機能的嬗變〉，《西安文理學院學報（社會科學版）》13 卷 2 期（2010），頁 9-10。

[2]　長孫無忌等撰，劉俊文點校，《唐律疏議》（北京：中華書局，1983），卷七〈衛禁律〉「奉敕夜開宮殿門」（總 71 條），頁 162。

[3]　李林甫撰，陳仲夫點校，《唐六典》（北京：中華書局，1992），卷八〈門下省〉城門郎條，頁 249-250。

[4]　《唐六典》卷八〈門下省〉城門郎條，頁 249；《唐律疏議》卷七〈衛禁律〉「闌入宮殿門及上閣」（總 59 條），頁 150-152。

而在正門、端門之外，還常有便門、側門，[5]故知唐朝的宮殿門是非常繁複的。會昌元年（846）閑廄宮苑使奏：「苑內諸面苑子等門共九十四所。」[6]光是禁苑就有如此多的門，而且每門都已被切實掌握，想必各宮殿之門也應有人看管，不會任人隨意出入。本文所言的宮門，是泛指宮廷與禁苑各門，不是僅指嘉德等門，也不包含長安城的京城門與各官府機構所在的皇城門。[7]但如指宮禁內特定的門，會視情形說明哪一個門；若無特別指涉，有時也會通稱為宮門。[8]

　　宮門的開閉，意味宮內人的生活作息有定準，也說明因事入宮者依規律進出。但各宮殿門是否都同時開閉，或是否都開，則有疑慮。唐人宮怨詩於此多有描述，如「長信重門晝掩關」、「寂寥宮殿鎖閑門」、「宮門深鎖綠楊天」，[9]顯示後宮諸門不是依時開閉，連白晝都可能是閉鎖的。至於離宮別院或陵園，依詩人言：「莫問華清今日事，滿山紅葉鎖宮門」、「設官置衛鎖嬪妓」、「中官監送鎖門回」、「宮門一閉不復開……日日長看提眾門，終身不見門前事」，[10]看來也是宮門長閉，宮人一生都不知道外間事。宮中還有一些關押人犯的囚

5　程大昌撰，黃永年點校，《雍錄》（北京：中華書局，2002），卷二〈端門掖門（諸門、側門）〉，頁28-29。關於側門的討論可參考：松本保宣，〈唐代の側門論事について〉，收入：《唐王朝の宮城と御前會議——唐代聽政制度の展開——》（京都：晃洋書房，2006），頁225-247。

6　王溥，《唐會要》（臺北：世界書局，1974），卷八六〈城郭〉，頁1585。

7　本文原則上不討論京城門與皇城門，但論及宮城門的開閉時，仍不免會觸及之。

8　關於長安宮殿的地圖與各門位置，可參考：史念海，《西安歷史地圖集》（西安：西安地圖出版社，1996），頁87、89、90。肖愛玲等著，《隋唐長安城》（西安：西安出版社，2010），頁60、67、80。傅熹年，《中國古代建築史》（第二卷）（北京：中國建築工業出版社，2001），頁121、385、393、403。楊鴻勛，《大明宮》（北京：科學出版社，2013），頁25。妹尾達彥，《長安の都市計畫》（東京：講談社，2001），頁123、177。

9　清聖祖御製，王全點校，《全唐詩》（北京：中華書局，1960），卷九四吳少微〈怨歌行〉，頁1013；又，卷七七一周濆〈重門曲〉，頁8755；又，卷七八五無名氏〈長信宮〉，頁8861。

10　白居易著，顧學頡校點，《白居易集》（北京：中華書局，1988），卷十九〈律詩〉〈梨園弟子〉，頁424；方世舉撰，郝潤華、丁俊麗整理，《韓昌黎詩集編年箋注》（北京：中華書局，2012），卷四〈豐陵行〉，頁227；《白居易集》卷四〈諷諭四〉〈陵園妾〉，頁83；元稹撰，冀勤點校，《元稹集》（北京：中華書局，1982），卷二四〈樂府〉〈上陽白髮人〉，頁278。

所，當然更是門禁森嚴，長閉不開。[11]但另方面，宮殿門應閉而不閉，也是有的，王建〈宮詞〉曰：「內宴初秋入二更，殿前燈火一天明。中宮傳旨音聲散，諸院門開觸處行。」[12]就夜宴到二更天，沒有按時關閉殿門。

　　儘管宮門的開閉有些例外情形，可是唐人還是很嚴謹的依制度來運作。由於宮門的開閉有確定的時刻，本文自然要先了解唐人是如何計時、報時的，才能要求宮門準時開閉。如果該時刻錯亂，會對人們的作息與公務的執行產生很大的影響。其次要探討的是宮門常時的開閉程序。宮門原則上是晝開夜關，它結合報時、取鑰、擊鼓、進鑰等步驟，進行一貫作業。但因各宮殿功能不同、位置不同，門之開閉情形與掌理的職官，遂有所異，成為常時開閉必須注意的課題。再次本文要研究宮門非時的開閉方式，非時只代表宮門應開不開，或應閉不閉，但未必是擅開閉。本文分析在夜間或特殊狀態下宮門啟動開閉的原因，非時開閉的程序，以及緊急時的異常處置，並觀察其對宮廷生活與政治上的影響。

　　宮廷既是國家的權力中心，也是皇帝的居所，宮門的開閉不僅與宮中作息、公務活動息息相關，也是建構宮廷防衛體系最基本的一道安全措施。研究宮廷史的的學者雖不算少，但以宮門開閉為研究對象則未見，蓋只將這個議題附隨入長安城門的開閉上。[13]然宮門的隱密性畢竟比京城門、皇城門更高，而街鼓的發動與終結，也指向承天門，故追究宮門開閉的方式與意義，對認識宮門的多層性，以及了解宮廷防衛體系，與宮廷急變時的處置，會有很大的助益。

11　如高宗廢后王氏、良娣蕭氏，都囚於宮中，「其室封閉極密」。（《舊唐書》卷五一〈后妃上〉）英王妃趙氏幽於內侍省，扃鍵牢謹，衛者候其突煙數日不出，披戶視之，死腐矣。（《新唐書》卷七六〈后妃傳〉）就連昭宗亦被劉季述幽於東宮，「鎔錫錮其扃鐍」、「穴牆通食者兩月」，也是閉門不開。（《舊唐書》卷一八四〈宦官·楊復恭傳〉）

12　《全唐詩》卷三〇二王建〈宮詞〉，頁3443。

13　探討長安城門開閉時刻與方式最深入的文章是：趙貞，〈唐代長安街鼓考〉，《上海師範大學學報》（哲學社會科學版）35卷3期（2006），頁94-99。另可參考：肖愛玲、周霞，〈唐長安城城門管理制度研究〉，《陝西師範大學學報》（哲學社會科學版）41卷1期（2012），頁68-69。

二、唐人計時與報時方式

　　宮門的開啟與關閉，皆以承天門的鼓聲為依據，而街鼓的擊發，則以漏刻為準。中國自古即用銅壺滴漏來計時，漏壺有晝漏、夜漏之分，漏箭晝夜共百刻，所謂「孔壺為漏，浮箭為刻」，[14]就是用帶孔的漏壺來盛水或泄水，將標記時刻的箭，下托箭舟，浮於水面，置於壺中。當水流出或流入壺中，箭桿相應下沉或上升，以壺口處箭上的刻度指示時刻。如果漏壺內水多，水的壓力大，自水孔流出的速度就快，反之，流水就慢。由於計時的準確度取決於水流的均勻程度，為了讓滴水速度保持均勻，古人設計多級漏刻裝置，即使用多只漏壺，串聯成一組，讓最下端的受水壺液位基本保持恆定，也就能取得比較精確的時刻。[15]

　　銅壺滴漏的計時方式普遍用於宮中，宮門殿內隨處可聽聞滴漏聲。在玄宗倉皇入蜀時，群臣不知猶上朝，唯三衛立仗，「尚聞漏刻聲」，[16]此裝置蓋與街鼓的發動、宮門的開閉、上朝的時刻，都有關聯。王建詩曰：「百官待漏雙闕前」，描述的也是上朝的宮門口設有漏刻裝置。[17]在宮中宿直的官員還常將聞漏聲入詩，[18]如權德輿中書宿齋詩：「銅壺漏滴斗闌干」、「不堪深夜鳳池寒」。尚書郎張少博上直聞春漏詩：「銀箭聽將盡，銅壺滴更新。」姚合西掖寓直詩：「隱隱銀河在，丁丁玉漏殘。」周徹直紫宸殿詩：「靜聞銅史漏，暗識桂宮春。

---

[14]　《唐六典》卷十〈祕書省〉太史局條，頁305。

[15]　漏壺計時制，參見：盧嘉錫主編，《中國科學技術史》戴念祖編《物理學卷》（北京：科學出版社，2001），頁144-146。關於漏刻計時方式與工作原理，可參考百度百科漏刻條。

[16]　歐陽修、宋祁，《新唐書》（臺北：鼎文書局，新校標點本，1976），卷二〇六〈外戚·楊國忠傳〉，頁5851。

[17]　《全唐詩》卷二九八王建〈雞鳴曲〉，頁3388。

[18]　關於唐代的宿直制度，見：顧建國，〈唐代"寓直"制漫議〉，《淮陰師範學院學報》（哲社版）24卷（2002），頁366-367。

滴瀝疑將絕，清冷發更新。」[19]夜深人靜時，滴漏聲雖然聲聲入耳，但絕對傳不遠，宿直者各在一方，皆聞滴漏聲，顯示宮內各殿或各機構，可能都設置漏刻裝置，方便官員知道時間，據以任事或上直。後宮寢殿同樣也有這種報時功能的漏刻，宮人尤常藉由擾人的漏聲，抒發心中愁怨，如劉皂〈長門怨〉：「宮殿沈沈月欲分，昭陽更漏不堪聞。」戴叔倫〈宮詞〉：「紫禁迢迢宮漏鳴，夜深無語獨含情。」李益〈宮怨〉：「似將海水添宮漏，共滴長門一夜長。」[20]皇帝所居的寢殿，還有專門的守漏宮女，為之報時，後唐明宗夜半自御榻蹶然而興，顧殿上守漏宮女曰：「夜漏幾何？」[21]大概唐朝皇帝的寢殿也有漏刻這種計時工具。

　　唐宮內各處，自前朝至後寢，普遍設置漏刻，而漏刻需有專人注水與報時，故應有專責單位負責其事。唐朝掌知漏刻的是太史局（司天臺）的屬官挈壺正與司辰，其下有漏刻博士掌教漏刻生，漏刻生掌習漏刻之節，以時唱漏；典鐘掌擊漏鐘，典鼓掌擊漏鼓。太史局所管漏刻可能不限於宮中，皇城各司，甚至京城各坊，或許也置漏刻，所以漏刻生有 360 人，典鐘 280 人，典鼓 160 人，[22]規模之大，人數之眾，令人驚異。此外，東宮官屬太子率更寺亦別掌漏刻之政令，其制如皇居，有漏刻博士、掌漏、漏童、典鐘、典鼓等職，只是人數較少而已。[23]如再加上不在編制內的守漏宮女，總的來說，唐朝為計時、報時投入的人力，是非常可觀的。

　　唐人用漏刻計時，晝夜一百刻，分為十二時，每時有八刻三分之一，一刻有 14.4 分鐘。既用銅壺滴漏，就要定時上水，史料多見「晝漏上水」，亦即在

19　權德輿，《權載之文集》（四部叢刊本），卷十〈詩〉〈中書宿齋有寄〉，頁 62；《全唐詩》卷二八一張少博〈尚書郎上直聞春漏〉，頁 3198；又，卷五○○姚合〈西掖寓直春曉聞殘漏〉，頁 5689；又，卷二八一周徹〈尚書郎上直聞春漏〉，頁 3198。

20　《全唐詩》卷四七二劉皂〈長門怨〉，頁 5359；又，卷二七三戴叔倫〈宮詞〉，頁 3094；李益著，張澍編輯，《李尚書詩集附李氏事蹟》（北京：中華書局，1985），〈宮怨〉，頁 22。

21　歐陽修，《新五代史》（臺北：鼎文書局，新校標點本，1976），卷十五〈唐明宗家人傳〉，頁 165。

22　《唐六典》卷十〈祕書省〉太史局條，頁 305。

23　《新唐書》卷四九上〈百官志・東宮官〉，頁 1298。

白晝至少為銅壺加水一次。至於在白晝的何時，《通鑑》胡注：「皇帝大祀致齋之日，晝漏上水一刻，侍中版奏請中嚴。」又曰：「二刻，侍中版奏外辦，乘輿乃出朝會，諸衛立仗。」[24]皇帝大祀致齋出朝會的時間在晝漏上水後。依後文所論，日出大約在卯時，而早朝也約始於卯時，則晝漏上水的時間似以卯時之初最有可能，或許即五時許，此時也正是五更夜漏已盡，白晝初啟之時。由於不知盛水壺、泄水壺有多大，有幾層，壺內小孔口徑若干，所以無從判斷一天上水幾次，才夠一日滴漏所需。東宮宮門局條：「凡宮殿門，夜漏盡，擊漏鼓，開；夜漏上水一刻，擊漏鼓，閉。」[25]前段言夜盡晝出擊鼓開門，後段是晝盡入夜擊鼓閉門。若然，則晝漏、夜漏各上水一次似是漏刻計時的常態。[26]如果晝漏上水在五時許，那麼夜漏上水當在擊閉門鼓的十七時許最有可能。只是上水量究竟如何計算，上水次數是否僅此兩次，至今尚無可據。

漏刻之法，候夜以為更點之節。每夜分為五更，每更分為五點。更以擊鼓為節，點以擊鐘為節。[27]此所以有漏刻生以時唱漏，有典鐘、典鼓，分掌擊漏鐘、漏鼓。只是報時所擊之鐘鼓，聲量與數量可能不同於宮門、城門開閉所擊之鐘鼓。唐人詩作中頗有描述聽聞夜間報時的情景，如：「曉漏離閶闔，鳴鐘出未央」，「千廬宵駕合，五夜曉鐘稀」，「秋夜牀前蠟燭微，銅壺滴盡曉鍾遲」。[28]這裡似乎多聽聞鳴鐘，其實是有原因的，《唐六典》：[29]

> 凡宮中漏刻晝夜惟唱時，不復擊鼓；若開、閉門及每夜一更盡，依法擊

---

[24] 司馬光，《資治通鑑》（臺北：世界書局，1974），卷二一四玄宗開元二十六年條，頁6834。

[25] 《唐六典》卷二六〈東宮宮門局〉，頁669-670。

[26] 漏壺有晝漏、夜漏之分，每次到漏刻起點時，必須重新上水，並換上相應的漏箭，即漏刻計時的尺標。見：《中國科學技術史》《物理學卷》，頁145。

[27] 唐人的晝漏、夜漏，及更點制度，可參考：中國天文學史整理研究小組編著，《中國天文學史》（北京：科學出版社，1981），頁117-119。

[28] 《全唐詩》卷八一喬知之〈和蘇員外寓直〉，頁877；沈佺期、宋之問撰，陶敏、易淑瓊校注，《沈佺期宋之問集校注》（北京：中華書局，2001），《沈佺期集校注》卷一〈和中書侍郎楊再思春夜宿直〉，頁23；《全唐詩》卷三〇一王建〈長門燭〉，頁3424。

[29] 《唐六典》卷二六〈東宮宮門局〉，頁670。

鐘鼓。

鼓聲震動人心，也擾人安寧，所以除了開、閉門，及每夜一更盡，是不輕易擊鼓的，而且每夜更盡的擊鼓，也應以報時為目的，不會像開、閉門時的動輒擊鼓數百下。至於白晝，《新唐書》亦云：「凡宮中，明時不鼓。」[30]顯然宮中日間不以擊鼓來報時，以免攪擾公務或作息，而只用唱時之法告知時間，但如何唱時，可再推究。

《周禮》有雞人之職，掌呼旦以警起百官。[31]漢有雞鳴衛士，主雞唱，傳於宮中。[32]唐朝雖未見雞人職稱或雞鳴衛士，但宮中仍有雞唱之習，王維詩曰：「絳幘雞人報曉籌，尚衣方進翠雲裘。」[33]雞人的服飾有定制，可見是依常規在運作。《玉海》引宋景德四年（1007）司天監言：[34]

殿前漏刻報時雞唱，唐朝有詞，自朱梁以來廢棄止唱和音，請別制新詞習唱。

說明雞唱歸司天監（司天臺）管，原本有詞有和音。《後漢書》註引蔡質漢儀曰：「不畜宮中雞，汝南出雞鳴。」應劭曰：「楚歌，今雞鳴歌也。」晉太康地道記曰：「後漢固始、鮦陽、公安、細陽四縣衛士，習此曲於闕下歌之，今雞鳴是也。」[35]唐時雞鳴歌由絳幘雞人起唱，似已不再是衛士之職，賈公彥疏

---

[30]　《新唐書》卷四九上〈百官志‧東宮官〉，頁1296。

[31]　鄭玄注，賈公彥疏，《周禮注疏》（十三經注疏本），卷二十〈春官宗伯‧雞人〉，頁305。

[32]　郭茂倩輯，《樂府詩集》（北京：中華書局，1979），卷八三〈雞鳴歌〉引《樂府廣題》曰：「漢有雞鳴衛士，主雞唱。……未明三刻雞鳴，衛士起唱。」（頁1173）

[33]　王維撰，趙殿成箋注，《王右丞集箋注》（上海：上海古籍出版社，1961），卷十〈近體詩二十六首〉〈和賈舍人早朝大明宮之作〉，頁177。

[34]　王應麟撰，《玉海》（臺北：華聯出版社，1967），卷十一〈景德漏院雞唱詞〉，頁240。

[35]　范曄，《後漢書》（臺北：鼎文書局，新校標點本，1975），卷二六〈百官三‧少府〉，頁3597。

〈春官・雞人〉曰:「漏未盡三刻已前,仍為夜,則呼旦也。」[36]雞唱由管漏刻的司天臺(太史局)負責,而不再由掌宿衛的衛士歌之,應是一個合理發展的結果。

按照雞的自然特性,黎明之前一般鳴叫三遍,正如《爾雅翼》所言:「雞,司時之畜,鳴必三度。」[37]雞人既呼旦,當是在日出前雞唱。日出的時間會隨季節而變動,大致在五點至七點間,相當於古代的卯時,而呼旦則在卯時之前的寅時,或更早,睡虎地秦簡《日書》乙種:「雞鳴丑,平旦寅,日出卯,食時辰」,宋代雞唱詞也有「平旦寅」、「日出卯」、「食時辰」之語,[38]很合乎自然的時序與人們的生活作息。日沒的時間,在十七點至十九點間,相當於古代的酉時。[39]也就是說自日沒之後的戌時起,進入夜間時分。平岡武夫所做開元元年長安日出、日入時刻,日出時間也大致都在五點至七點,只有冬季約一個月稍晚五-十分鐘,夏季約兩個月早十五分鐘以內;日入時間同樣大致在十七點至十九點間,冬季也約一個月早不到十分鐘,夏季一個多月晚不過十五分鐘。[40]整體來看,與古代北方的日出、日沒時間相當吻合。

在漏刻生的唱時,及典鐘、典鼓的擊鐘、擊鼓之外,雞人似也扮演一定的角色。[41]唐人詩作中頗多與雞唱有關,如:「九門傳曉漏,五夜候晨扃。……雞

---

[36] 《周禮注疏》卷二十〈春官宗伯・雞人〉,頁305。

[37] 羅願撰,洪焱祖釋,《爾雅翼》(北京:中華書局,1985),卷十三,〈釋鳥一〉,頁142。

[38] 陳偉主編,《秦簡牘合集(壹)上》,湖北:武漢大學出版社,2015,頁547。圖版見:《秦簡牘合集(壹)中》,〈日書乙種〉睡虎地十一號秦墓竹簡第156片,頁855。宋人雞唱詞見:劉永連,〈雞人與唐宋司時制度〉,《陝西師範大學繼續教育學報(西安)》22卷2期(2005),頁56。關於中國十二時辰的計時法,可參考:《中國科學技術史》《物理學卷》,頁147-150。

[39] 由於中國氣象局沒有完整的北京或西安日出、日沒時間,此處只好參考臺灣中央氣象局自2011-2020年的每日記錄與估算。如以格林威治時間為準,北京、臺北屬東八區,西安屬東七區,因此現在測得的西安日出、日沒時間,要減一小時才能還原西安的實際日出、日沒時間。唐代宮城門的取鑰、擊鼓、開門時間皆在寅時,早於所謂「日出卯」的情形,故相信唐代京城的日出、日沒時間,大體會落在五點—七點、十七點—十九點的範圍內。但也由於古代的推算不那麼精確,《宋史》卷七十〈律曆三〉所錄的日出時刻有早到寅時,日沒時刻有早到申時。

[40] 平岡武夫,《唐代の曆》(京都:同朋舍,1977),頁359。

[41] 雞人的職能範圍,見:劉永連,〈雞人考述〉,《寧夏大學學報》(人文社會科學版)2006年3期,頁76-77。

人更唱處，偏入此時聽」、「寒聲臨雁沼，疏韻應雞人。迴入千門徹，行催五夜頻」、「即聽雞唱天門曉，吏事相牽西復東」、「雞人一唱乾坤曉，百辟分班儼羽儀」。[42]雞唱與漏聲相呼應，迴盪在宮內千門間，它已不僅是催人起身的訊息，也意味著宮中就此展開一天的工作，連朝會也是「雞人報點」後，由監察御史押百官入宣政門。[43]但為了將唱時功能發揮得更好，讓宮中更多人聽聞，並彌補鐘樓、鐘簴固定，不如雞人可機動佈建於各處的缺點，唐朝不無可能增加雞人的報時地點與頻率，除了詩作中自前朝至禁中皆可聞雞唱聲外，[44]由破曉至於白晝亦皆有雞人引唱。[45]宋代每時正的雞人引唱，[46]或許就自唐朝改良、傳延而來。總之，漏刻生的以時唱漏，典鐘、典鼓的分擊漏鐘、漏鼓，再與雞唱的互相搭配，共同組成唐朝晝夜司時、報時的制度。

帝國的作息時間早已安排好，[47]傳統的日常生活秩序方便國家管理。[48]至於宮廷要何時開宮門，何時朝會，何時放歸，何時宿直，何時閉宮門，皆按表操持，絲毫不能亂，而這一切盡以準確的漏刻計時為前提。唐人有一道漏生失時的判，便看到漏司乖錯的後果，判題曰：「漏生夜睡，不覺失明，天曉已後，仍少六刻不盡，鐘鼓既晚，官司失朝。」唐朝有漏刻生數百人，一人失期會否

---

[42] 《全唐詩》卷二八一張少博〈雪夜觀象闕待漏〉，頁3198；又，卷二八一周徹〈尚書郎上直聞春漏〉，頁3198；又，卷五○○姚合〈同諸公會太府韓卿宅〉，頁5688；又，卷七三五和凝〈宮詞〉，頁8393。

[43] 《全唐文》（北京：中華書局，1983），卷七二七舒元輿〈御史臺新造中書院記〉，頁7490。

[44] 前引宿直與百官待漏聽雞唱諸詩，多在前朝，但和凝〈宮詞〉：「樓西殘月尚朦朧，中禁雞人報曉聲。」（《全唐詩》卷七三五）以及李賀〈李夫人〉：「玉蟾滴水雞人唱，露華蘭葉參差光。」（李賀撰，葉蔥奇疏注，《李賀詩集疏注》，北京：人民文學出版社，1959，卷一，頁62），則發生在禁中或後寢。

[45] 報時頻率由先秦的雞鳴三度，到漢代的夜分五更，到唐宋的每個時辰報時。見：劉永連，〈雞人與唐宋司時制度〉，頁56。

[46] 脫脫撰，《宋史》（臺北：鼎文書局，新校標點本，1980），卷七十〈律曆三〉，頁1588。

[47] 中國的時間觀念，普遍存在於各類人、各階層，可參考：楊聯陞，〈帝制中國的作息時間表〉，收入：《國史探微》（臺北：聯經公司，1983），頁61-89。

[48] 葛兆光，〈嚴昏曉之節——古代中國日夜秩序觀念的意味〉，收入：《古代中國的歷史、思想與宗教》（北京：北京師範大學出版社，2006），頁90-93。

造成整個體制錯亂，尚待評估。但漏生失時的後遺症卻非常嚴重，判詞曰：[49]

> 何得漏生弛慢，吐號乖宜？朝官顛倒於衣裳，街吏失期於鐘鼓。齊君望曉，莫聽鐘聲；京尹失時，空奔馬足。

　　因漏生差遲，唱漏延遲約六刻，導致鐘鼓失期，宮門、城門晚開，百官朝班倉促，京官急奔府廨。可見漏刻失時，打擾了宮中、京城的作息，干擾了官吏、官署的步調，其影響之大，令人歎異，而亦由此可知準確的計時、報時，對維持帝國的正常運作，與人們的生活節奏，何其重要！

　　漏刻不僅在宮中、京城有，地方、軍中同樣也有。漏刻既由漏生唱漏，自然就有人為操作的空間。史載王翃為河中少尹，領節度後務。悍將凌正數干法不逞，約其徒夜斬關逐翃。翃陰亂漏刻，以差其期，眾驚，不敢發。[50]這是王翃故意錯亂時刻，讓不逞之徒失期，而消弭了一場叛亂。儘管王翃巧妙地操作漏刻，但叛軍似乎也據漏刻約期。漏刻計時在唐人生活、行事上的意義，已不言可喻。

三、宮門常時的開閉程序

　　京城門皇城門宮城門的開啟，皆以承天門的街鼓為據，而街鼓的發動，有一套縝密的程序（附表　唐朝京城皇城宮城門開閉時程表）。太極殿前除了有鐘樓、鼓樓，還有刻漏所（漏刻所）。承天門擊鼓，皆聽漏刻契至乃擊，待漏刻所牌到，鼓聲乃絕。[51]刻漏所發出左契，與持右契的承天門監門勘合，方才鳴鼓。[52]漏刻所發出牌，目的在停止擊鼓。契與牌有所區別，應是為了避免混淆。

---

[49]　《全唐文》卷一七四張鷟〈刻漏一條〉，頁 1773。

[50]　《新唐書》卷一四三〈王翃傳〉，頁 4692。

[51]　《唐六典》卷八〈門下省〉城門郎條注，頁 250。

[52]　《新唐書》卷二四〈車服志・符印等〉，頁 526。所處為刻漏所，《唐六典》為漏刻所，未知孰是。

　　街鼓之制，始於唐太宗時馬周之奏請，於京城置六街鼓，亦號鼕鼕鼓，取代金吾之傳呼警眾。[53]鼓聲震動可以傳遠，承天門擊鼓後，諸街聽聞訊息即連擊小鼓，便聲徹宮城皇城京城諸門，[54]這是節省人力，又有效率的方法。

　　承天門擊曉鼓的時間，〈宮衛令〉曰：「五更三籌，順天門擊鼓，聽人行。」[55]順天門在神龍元年（705）改為承天門，此時的〈宮衛令〉當是唐初之制。但貞元二年（786）敕：[56]

　　　四月一日以後，五更二點放鼓契。九月一日以後，五更三點放鼓契。

　　唐人時序自此頗有夏令、冬令之別，夏令時刻提早一點或一籌放鼓契，冬令時刻則依舊在原時間點放鼓契。五更二點或五更三點換算為現代的具體時間，可能有不同的解說。唐代每夜分五更，每更分五點。一更相當於一時辰 120 分鐘，如分五點、五次擊鐘，則每點間隔 20 分擊鐘一次。但《舊唐書》言及晝夜漏刻時注曰：「以二十五除從夜漏，得每更一籌之數。」[57]這是說五更總計 600 分鐘，以二十五除，每更一籌或一點有 24 分鐘。之所以有這樣的落差，原因在前者一更有五點，六個間距；後者一更只有四點，五個間距。[58]如同樣依《舊唐書》漏刻之法，「每更分為五點」來看，[59]前者似較正確，後者只總計五更有二十五點而已。因此五更二點放鼓契，合今時三點四十分；五更三點放鼓契，合

---

[53] 劉肅撰，許德楠、李鼎霞點校，《大唐新語》（北京：中華書局，1997），卷十〈釐革〉，頁 149。

[54] 仁井田陞著，栗勁等編譯，《唐令拾遺》（長春：長春出版社，1989），卷十五〈宮衛令〉「諸門開閉」三甲（唐代），頁 273。

[55] 《唐律疏議》卷二六〈雜律〉「犯夜」（總 406 條）疏議引，頁 489。

[56] 《唐會要》卷七一〈十二衛〉，頁 1284。

[57] 劉昫，《舊唐書》（臺北：鼎文書局，新校標點本，1976），卷三三〈曆志〉，頁 1195。

[58] 學者如趙貞、肖愛玲以一點間隔 24 分鐘計算，但這會造成擊鐘的每更五點，與擊鼓的更時重疊的現象。更、點同時敲響，似乎不合理。再者，學者將取締、入鑰時間誤以為是開門、閉門時間，也會產生誤差。見：趙貞，〈唐代長安街鼓考〉，頁 96；肖愛玲、周霞，〈唐長安城城門管理制度研究〉，頁 68。

[59] 《舊唐書》卷四三〈職官二〉秘書省條，頁 1856。

今時四點正。

在承天門擊曉鼓之前，還有一個重要的例行工作，就是城門郎入宮取開門之鑰。城門郎的職責是「掌京城、皇城、宮殿諸門開闔之節，奉其管鑰而出納之」。[60]據《唐六典》京城門鑰匙貯納於承天門東廊之下，[61]皇城、宮城門鑰匙也應相對置於承天門廊下。城門郎取、入皇城門、宮城門開門之鑰的時間是「後丑而出，夜盡而入」，也就是「五更一點出開，夜漏盡，第二籌籌後二刻而進入」。[62]五更一點落在寅時，合今時的三點二十分，故所謂「後丑而出」，指的是丑時以後，城門郎出取皇城門、宮城門的開門之鑰。這個時間比放鼓契還早，當是準備好了開門之鑰，才放鼓契。一旦皇城門、宮城門開後，城門郎要負責將鑰匙歸於原處，時間限在「第二籌籌後二刻而進入」。

城門郎取、入京城門開門之鑰的時間是「後子而出，先卯而入」，亦即「四更一點出開門，夜漏盡，第二籌籌後十刻入」。[63]四更一點落在丑時，合今時的一點二十分，故「後子而出」，意指子時以後，城門郎出取京城門的開門之鑰。至於門開後的入鑰時間，則設定在「第二籌籌後十刻」。對比起來，京城門的取鑰時間，早於皇城門、宮城門一個時辰，或兩個小時，而入鑰時間則晚八刻。唐人晝夜分百刻，一刻相當於現代的 14.4 分鐘（14 分 24 秒）。晚八刻就是晚 115.2 分鐘（115 分 12 秒或 1 時 55 分 12 秒），也就是京城門入鑰約晚兩個小時。這是因為宮城、皇城近承天門，城門郎取鑰、入鑰都較方便，而京城門通達四方，路程遠得多，所以取鑰提早約兩個小時，才能將開門之鑰送至各門，而入鑰則延後約兩個小時，以便至各門收回鑰匙。城門郎下有門僕八百人，職責是「分番上下，掌送管鑰」。[64]門僕人數如此之多，想見宮城、皇城、京城之門數是極為可觀的。

---

[60]　《唐六典》卷八〈門下省〉城門郎條，頁 249。

[61]　《唐六典》卷八〈門下省〉城門郎條註，頁 250。

[62]　《唐六典》卷八〈門下省〉城門郎條，頁 250。

[63]　《唐六典》卷八〈門下省〉城門郎條，頁 250。

[64]　《舊唐書》卷四三〈職官二‧門下省〉，頁 1846。

　　宮城門、皇城門、京城門取開門之鑰的時間，唐律引〈監門式〉的說法與前述有所不同：「宮城門及皇城門，四更二點出鑰開門。京城門，四更一點出鑰開門。」[65]宮城門、皇城門取開門之鑰的時間在四更二點，即一點四十分，足足比《唐六典》的五更一點，即三點二十分，早了一百分鐘，而京城門的時間都在四更一點，即一點二十分，並無差別。這或許是因為唐初設計時，只考慮諸門取鑰時間相近為宜，而在實際操作後發現，宮城門、皇城門近便，取鑰無需如此之早，所以才做了調整，《唐六典》的時刻只反映了這個過程。另據〈宮衛令〉：「鑑匙皆連鐵魚，刻其門名，藏之於柜。其出納之節、開門之法，從別式。」[66]可知每個門有專屬的鎖鑰，城門郎於柜取鑰後，依門之方位、所在，交給門僕，分送各門。而所謂「從別式」，指得應是〈監門式〉。

　　城門郎與門僕，日日重複取鑰、入鑰的工作，蓋關防嚴謹，備非常之變，豈可因門禁疏失，造成不測，故宮門如有誤不下鍵，自當懲責，以警輕慢之心。唐判有一道曰：「安上門應閉，主者誤不下鍵。」王維對判曰：「不施金鍵，空下鐵關」，「有輕魚鑰之心」，「必真嚴科」。姚震對曰：「扃鍵空施，隄防靡寄」，「宜致繩愆之責，以儆慢官之罰」。[67]按唐律，宮殿門應閉忘誤不下鍵，或應開毀管鍵而開者，各徒一年。安上門是皇城門，當減一等論處。[68]闔而不鑰，是主者失職，唐人對此事是很在意的。

　　在開門的方式與次序上，《唐令拾遺》復原〈宮衛令〉曰：「城門皆擊鼓四百槌訖，諸城門開。開後一刻，順天門開。」[69]但《唐六典》所載略異前者，且較詳細：「承天門擊曉鼓，聽擊鐘後一刻，鼓聲絕，皇城門開；第一鼕鼕聲絕，宮城門及左、右延明、乾化門開；第二鼕鼕聲絕，宮殿門開。」[70]唐令復原

65　《唐律疏議》卷七〈衛禁律〉「奉敕夜開宮殿門」（總71條），頁161-162。

66　《唐令拾遺》卷十五〈宮衛令〉「諸門開閉」三甲（唐代），頁273。

67　李昉等編，《文苑英華》（北京：中華書局，1966），卷五四五〈判‧關門〉「宮門誤不下鍵判」，頁2781。

68　《唐律疏議》卷七〈衛禁律〉「奉敕夜開宮殿門」（總71條），頁160-161。

69　《唐令拾遺》卷十五〈宮衛令〉「諸門開閉」三甲（唐代），頁273。

70　《唐六典》卷八〈門下省〉城門郎條，頁250。

的應是唐初的情景,《唐六典》描述的則是神龍以後或開元之制。唐人開門的次序是先外後內,唐初的方式是擊鼓四百槌後,京城門、皇城門同時開,而開後一刻(約 14.4 分鐘),順天門(宮城門)才開,或許殿門、閤門等亦相繼開。《唐六典》雖未言擊鼓若干下,但在擊鐘後一刻,鼓聲絕,皇城門開。由於貞元前尚無夏令時間的概念,所以承天門擊曉鼓當在五更三點(今時四點),如果五更四點擊鐘,後一刻皇城門開,則皇城門在四點三十四分二十四秒開,京城門亦同時開。但皇城門、京城門開後,仍有兩波蓬蓬鼓聲,第一波蓬蓬鼓聲絕,宮城門(承天門)及左、右延明門、乾化門開。左、右延明門在太極殿東西兩廊,屬殿門。乾化門即虔化門,在太極殿北,是入宮內之門。[71]第二波蓬蓬鼓聲絕,則其他的宮門、殿門開。顯然,這後兩波的蓬蓬鼓,在體現「重中禁,尊皇居」之意,[72]是專為宮城內諸門而設,推測開門時間在五點左右或稍晚。

　　最後,城門郎還有一項工作,就是收回諸門鎖鑰,並物歸原處,以備下次開門前再取用。由於收鑰與入鑰都需時間,京城與皇城、宮城遠近亦不同,所以京城開門之鑰在第二蓬蓬鼓後十刻入,即約在兩個半小時內,或盡快在卯時送進,故曰「先卯而入」。而皇城、宮城之鑰在第二蓬蓬鼓後二刻,即約半小時內送進,正所謂的「夜盡而入」。[73]

　　京城皇城宮城門的開啟,很有步驟地依照程序進行,而其關閉,也是按既定節奏,很有秩序地實施。在承天門擊鼓閉門之前,城門郎仍先要取鑰;完成閉門後,同樣要將鎖鑰送入。皇城門、宮城門闔門之鑰是「先酉而出,後戌而入」,也就是「日入前五刻出閉門,一更二點進入」。[74]日入時間在十七點至十九點間,是古代的酉時。日入前五刻出取闔門之鑰,係在日入前七十二分鐘開始行動。由於日入時間隨季節而變動,再早也不會早過十七點,所以城門郎取鑰時間當在十五點四十八分之後,這是所謂的「先酉而出」,或酉時之前出動。

---

[71] 乾化門即虔化門,參考《唐六典》卷八〈門下省〉城門郎條校勘記,頁 265。入虔化門即是宮內,當為通內之門,參考《唐六典》卷七〈工部郎中員外郎〉,頁 217。

[72] 《唐六典》卷八〈門下省〉城門郎條,頁 249。

[73] 《唐六典》卷八〈門下省〉城門郎條,頁 250。

[74] 《唐六典》卷八〈門下省〉城門郎條,頁 250。

至於閉門之後的入鑰時間，一更二點即十九點四十分，是古代的戌時，故「後戌而入」，是指日落之後的戌時進入。城門郎自取闔門之鑰至入鑰，時間長達約四小時，比取開門之鑰至入鑰僅約兩小時，所花時間多了一倍，這或許是因日間人多事雜，而夜間清簡人稀，故辦事效率與速度有所不同。

京城門闔門之鑰是「後申而出，先子而入」，也就是「日入前十四刻出閉門，二更一點入」。[75]日入前十四刻（201.6分或3時21.6分）城門郎出取閉門鑰，亦即他最早在十三點三十八分二十四秒就要出動，待各門鎖鑰到位，可能已是申時，此所謂「後申而出」。京城門闔門的入鑰時間在二更一點，即二十一點二十分，已是入夜的亥時，或說至遲在子時前完成入鑰，即「先子而入」。京城門闔門自取鑰至入鑰，時間更長達約八小時，城門郎的負擔與督導門僕之責，是非常沉重的。

唐律〈監門式〉閉門之鑰的出取與進入時間，與《唐六典》的情形仍小有所異：「宮城門及皇城門鑰匙，每去夜八刻出閉門，二更二點進入。京城門鑰，每去夜十三刻出閉門，二更二點進入。」大致說來，皇城門、宮城門的取鑰時間，唐初都較早，京城門則差不多。調整的原因，或許還是覺得皇城門、宮城門沒必要太早取鑰，以免空置時間太長，反而會危及皇城與宮廷的安全。至於入鑰時間，唐初各門相同，都在二更二點，但《唐六典》顯然把皇城門、宮城門的入鑰時間提早一個時辰，似乎同樣有強化皇城與宮廷治安管理的用意。

承天門擊曉鼓，要聽漏刻契（放鼓契）與漏刻所牌的指揮。其擊暮鼓，也應有相同舉措才是，只是史料未言其時辰。晝漏盡，承天門才擊暮鼓，表示擊鼓時間在日入的十七時之後。但開門、閉門的擊鼓方式似乎不太一樣，開門時靜待天光，在兩波繫繫鼓聲前先有一波擊鼓，皇城門、京城門也比宮城門先開。而閉門時天已昏暗，僅有兩波繫繫鼓，宮殿門先閉，宮城門與皇城門、京城門同時關閉。開門次序先外而後內，闔門次序先內而後外，這個原則，唐人是很慎重地看待，以維護中禁、皇居的神聖性與安全性。

擊鼓數與時刻，在不同時期小有變異。唐初五更三籌擊鼓四百槌訖而城門

75　《唐六典》卷八〈門下省〉城門郎條，頁250。

開，坊市門啟則鼓三千槌，辨色而止。[76]也許因為坊市門遍及京城各處，需要更
多鼓聲，並視天色晦明決定鼓聲何時而止。相對地，晝漏盡，諸衛依前擊鼓四
百槌而城門閉，坊門則可能人們已有預期心理，只擊鼓六百槌而閉，[77]遠不及開
門時的擊鼓數。另外，《新唐書》曰：「日暮，鼓八百聲而門閉」，[78]似唐後期
給予行人更寬裕的回家時間，免去倉皇奔波的焦慮與憂心。在擊鼓時刻方面，
夏令時間已提前到五更二點，而寶應元年（762）左金吾將軍臧希晏，也請將諸
街鋪鼓的發聲時間，提早常式一刻，以免自朝堂傳至時已入夜。[79]儘管些許的調
整不會影響城門的開閉，但細微的變動，說明唐人注意執行面，並盡量考慮周
到。

　　唐朝把開閉宮城門、皇城門、京城門視為每天的大事，排定時辰，認真執
行，《春明退朝錄》曰：[80]

　　　　按唐馬周建議置鼜鼜鼓，惟兩京有之，後北都亦有鼜鼜鼓，是則京都之
　　　　制也。

　　蓋宮禁諸門素來深嚴，京師重地豈宜輕易，有司依條章行事，城門按時開
閉，已形成兩京或京都的常規。長安為都城的時間最久，太極殿為唐初的指標
性建築，前述城門的開閉，雖說以承天門、太極殿為主，但東都諸門準此，大
明宮等亦準此。只是進鑰時間可能隨大駕所在，有些許變動，唐律曰：「駕在
大明、興慶宮及東都，進請鑰匙，依式各有時刻。」[81]進鑰時刻關乎宮廷安全，

---

[76]　《唐令拾遺》卷十五〈宮衛令〉「諸門開閉」，頁273；《新唐書》卷四九上〈百官上・十六衛〉，
　　　頁1286。

[77]　《唐令拾遺》卷十五〈宮衛令〉「聽禁人行」，頁276；《唐律疏議》卷二六〈雜律〉「犯夜」（總
　　　406條），頁489-490。

[78]　《新唐書》卷四九上〈百官四上・十六衛〉，頁1286。

[79]　《唐會要》卷七一〈十二衛〉，頁1284。

[80]　宋敏求等撰，高成等校點，《春明退朝錄》（上海：上海古籍出版社，2012），卷上，頁13。

[81]　《唐律疏議》卷七〈衛禁律〉「奉敕夜開宮殿門」（總71條），頁162。

足見唐政府慎重的態度。宮城四周有宮牆，並有諸門，但承天門的鼓聲，未必代表諸門皆同時開閉，尤其是駐防軍隊的玄武門，與大明宮的九仙門、大和門等，應該視軍情狀況來決定，出入另有審查機制，而非即依鼓聲，敞開大門，增加宮廷的風險。再者，即使皇帝不在該處，有司仍行禮如儀，依規制辦事，張籍〈洛陽行〉：「御門空鎖五十年，稅彼農夫修玉殿。六街朝暮鼓鼕鼕，禁兵持戟守空宮。」[82]描述的正是已非皇居所在的洛陽，但有司每日朝暮依舊擊街鼓，開閉城門、宮門。類似情形亦見於北都太原，韓愈奉使常山經太原，詩曰：「朗朗聞街鼓，晨起似朝時。」[83]則是聽聞街鼓聲，憶起長安早朝的情景。京都城門、宮門的開閉，街鼓都扮演重要的角色。

　　京都之外諸城縱無宮室，城門開閉也有定制，高宗誡滕王元嬰書曰：「城池作固，以備不虞。關鑰閉開，須有常準。」[84]為了安全，關防不得不嚴，各州縣鎮戍的兵曹、司兵就負責門禁管鑰，而執鑰者則是長官。大概兵曹、司兵依時到長官處取鑰，待開門、閉門後，再入鑰於長官。至於取鑰、入鑰的時刻，似乎也是聽漏鼓而發動。大曆年間段秀實鎮涇州，別將王童之謀作亂，約以「聞警鼓而縱」。段秀實召鼓人延數刻，盡四鼓而曙，[85]錯亂其反期，可見漏鼓也是外地城池的一個重要標示，人們行事或城門開閉，常以鼓聲為準，所謂「州、縣、鎮、戍等長官主執鑰者，不依法式開閉，與越罪同」，[86]此處雖不知據何法式，要之，城門開閉的方式與程序，各處是一體同用的，甚至參考京城的體制。

　　承天門擊鼓，啟動京城、皇城、宮城門的開閉，但宮城內諸門，其實並不完全由城門郎主掌，其開閉也未必在夜漏、晝漏盡時。東宮官屬有宮門局，宮門郎掌內外宮門管鑰之事，其下有門僕約百人。太子內官有掌正三人，掌文書

82　張籍撰，《張司業詩集》（四部叢刊初編本），卷七〈樂府三十三首〉〈洛陽行〉，頁47。

83　《韓昌黎詩集編年箋注》卷十二〈奉使常山早次太原呈副使吳郎中〉，頁649。

84　《舊唐書》卷六四〈高祖二十二子・滕王元嬰傳〉，頁2436。

85　《新唐書》卷一五三〈段秀實傳〉，頁4850。

86　《唐律疏議》卷八〈衛禁律〉「越州鎮戍等城垣」（總81條），頁172。

出入之外，並司閣門管鑰。[87]雖說東宮「鐘鼓刻漏，一如皇居之制」[88]，東宮門的開閉時程與宮城門無異，但畢竟是儲副之尊，事體不同尋常，故設獨立的管鑰系統，有自己的一套規制，尤其是與諸妃出入相關的門禁，更不得不特置專人掌理。

唐朝宮城之內，殿宇頗多，詩云：「建章宮殿不知數，萬戶千門深且長。」[89]若以前朝、後寢來看，規模與佈局就更可觀，所謂「重廊邃宇，內達千門，甲館畫堂，旁通九畹。」[90]後宮禁中非常人所能出入，則宮內禁門的管鑰之事，就非宦官莫屬了。宦官最初的職責就是「閤門守禦」，[91]而內侍省宮闈局令掌「侍奉宮闈，出入管鑰」，既執管鑰，便是宮內各門有開閉。其下的內闈史，「掌承傳諸門，出納管鑰」。[92]又，開元二十七年（739）自東宮轉隸內侍省的內坊局，有閤帥六人，掌帥閤人，內給使以供其事；內閤人八人，「掌承諸門出入管鑰」。[93]

唐朝宮廷具多層次性，城門郎所理的宮殿門，可能只限於承天門與太極殿門，最多到通內之門，但真正禁中內門，可能便由宦官接手掌管，由宮闈局、內坊局這麼多人掌諸門管鑰，應可理解官廷職司的配置有其原因的。宦官墓誌，常无逸為宮闈丞，碑銘曰：「深約閤人」、「金鎖慎司其啓閉」，[94]正印證了執管鑰者司門之啟閉。白居易〈上陽白髮人〉詩曰：「綠衣監使守宮門，一閉上

87　《舊唐書》卷四四〈職官三·東宮官屬〉，頁1909。
88　《舊唐書》卷四四〈職官三·東宮官屬〉，頁1910。
89　《全唐詩》卷一三〇崔顥〈邯鄲宮人怨〉，頁1325。
90　吳鋼等編，《全唐文補遺》第三輯（西安：三秦出版社，1996），常无求〈常府君（无逸）神道碑銘并序〉，頁13。
91　《舊唐書》卷一八四〈宦官傳〉，頁4754。
92　《新唐書》卷四七〈百官二·內侍省〉，頁1223。
93　《新唐書》卷四七〈百官二·內侍省〉，頁1224。
94　《全唐文補遺》第三輯，常无求〈常府君（无逸）神道碑銘并序〉，頁13。

陽多少春。」這個綠衣監使應是低層宦官或閹人之類。[95]宦官除了執掌宮內一般門禁外,連關押宮人的永巷,也由其負責,王涯〈宮詞〉曰:「永巷重門漸半開,宮官著鎖隔門回。誰知曾笑他人處,今日將身自入來。」[96]著鎖的宮官,正是宦官,永巷的一道道門鎖,就由其把持。至於宮女的生活與行動,也深受宦官的控制,王建〈宮詞〉:「殿前明日中和節,連夜瓊林散舞衣。傳報所司分蠟燭,監開金鎖放人歸。」[97]宮人平日鎖在宮門內,此次因中和節殊恩被放歸,為之開金鎖的監官,應該就是宦官。他如妃嬪等宮人,其出入也不那麼自由,杜牧〈宮詞〉曰:「監宮引出暫開門,隨例須朝不是恩。銀鑰卻收金鎖合,月明花落又黃昏。」[98]既是隨例朝會,當知這些宮人並非罪犯,而她們平日還是閉鎖在宮殿門內,待朝會時才由監門的宦官引出。由是可知,禁中內門設置目的不一,是開是閉,或何時開閉,要視情況決定,未必都依承天門鼓聲為準。

如再分得細緻些,後宮還有服侍中宮,掌供御等事的女官,其中,尚宮局的司闈「掌諸閣管鑰」,典闈、掌闈「掌分沍啟閉」,[99]這似乎顯示宮殿有著多層門禁,外層可能由宦官把守,而愈向內,愈接近妃嬪所在的門閣,便由女官掌鑰與啟閉。杜牧〈經古行宮〉曰:「重門勘鎖青春晚,深殿垂簾白日長。」[100]這裏的重門、深殿,對妃嬪等宮人來說,應是保護其安全的屏障,而掌其啟閉的人,大概就是近身服侍的女官。

唐中葉以來,宦官權勢大增,就連城門的開閉也在侵犯舊有體制,《通鑑》胡三省注:「唐自開元以前,以城門郎掌皇城諸門開闔之節,中世以後,置皇城使。」[101]皇城使設置的目的在司門,或輔助城門郎,只是隨著宦官專權而有

---

95 《白居易集》卷三〈諷諭三〉〈上陽白髮人〉,頁 59。綠衣監使的身分是主管內官的太監,參見:馬達,〈也談"綠衣監使守宮門"〉,《文史知識》1994 年 5 期,頁 125-126。

96 《全唐詩》卷三四六王涯〈宮詞〉,頁 3878。

97 《全唐詩》卷三〇二王建〈宮詞〉,頁 3440。

98 《全唐詩》卷五二四杜牧〈宮詞〉,頁 5997。

99 《新唐書》卷四七〈百官二‧宮官〉,頁 1226。

100 《全唐詩》卷七四八杜牧〈經古行宮〉,頁 6023。

101 《資治通鑑》卷二二八德宗建中四年條注,頁 7356。

取代城門郎的趨勢，天祐三年（904）皇城使奏：「伏以皇城之內，咫尺禁闈，伏乞準元敕條流，鼓聲絕後，禁斷人行。」[102]這本該是城門郎的職權，但顯然已轉移到皇城使。而且皇城使掌理的城門，可能還包含宮城門在內，梁太祖乾化元年（911）詔：「闈是正門也，宜以時開閉，用達陽氣，委皇城使准例檢校啟閉。車駕出則闈扉。」[103]後梁多循唐制，所開閉的正門，並與皇帝車駕出入相關的，當是宮城門。想來唐中期以後，隨著內諸司使系統的增長，[104]宦官權勢已侵奪城門郎職權，皇城、宮城門的開閉已由皇城使節制了。

　　宮城內各殿宇的門禁，本來由內侍省的宮闈局、內坊局，以及女官尚宮局負責，但這似乎在安祿山之亂時有了變化。玄宗幸蜀，行前他將西京、宮闈事做了些安排，其中包括「將軍邊令誠掌宮闈管鑰」。邊令誠是宦官，在內供奉，在外監軍，至是掌宮闈管鑰，玄宗託以重任。孰料他在安祿山尚未攻入京城時，即以管鑰獻之，[105]棄守宮禁，轉投他主之意明顯。宦官掌宮闈門禁，在唐後期應有進一步的發展。後梁開平三年（909）敕：「皇城大內，本尚深嚴，宮禁諸門，豈宜輕易。……須加鈐轄，用戒門闈。宜令宣徽院使等切准此處分。」[106]宣徽使本是唐朝宦官，所掌皆瑣細之事，[107]梁太祖令宣徽使管轄大內宮禁諸門，不啻在內侍省、尚宮局之上，多添了一個總理機制。宣徽使的這個職責，或許在唐後期已存在，並與皇城使形成一內一外，共管宮城門禁的新體制。

　　唐朝禁苑寬廣，苑門守護尤其重要，歷次的宮廷政變多在禁苑中發動，因

---

[102]　《唐會要》卷七八〈皇城使〉，頁 1422。

[103]　王溥，《五代會要》（臺北：九思出版社，1978），卷二四〈皇城使〉，頁 381。

[104]　研究內諸司使系統的學者甚多，如：唐長孺，〈唐代的內諸司使及其演變〉，收入：《山居存稿》（北京：中華書局，2011），頁 252-275；趙雨樂，〈唐代內諸司使之權力構造〉，收入：《唐宋變革期之軍政制度——官僚機構與等級之編成》（臺北：文史哲出版社，1994），頁 49-111；杜文玉，《唐代宮廷史》（天津：百花文藝出版社，2010），頁 572-581。

[105]　《資治通鑑》卷二一八肅宗至德元載條，頁 6971-6972。

[106]　薛居正，《舊五代史》（臺北：鼎文書局，新校標點本，1981），卷四〈太祖紀〉，頁 70。

[107]　有關宣徽使的討論，可參看：王永平，〈論唐代宣徽使〉，《中國史研究》1995 年 1 期，頁 73-79；友永植，〈唐宋時代の宣徽院使について——主に五代の宣徽院使の活動に注目して〉，《北大史學》18 號（1978），頁 60-80。

此除了設置北衙禁軍，防衛宮廷外，[108]禁苑諸門也是防守重點。會昌六年（846）
閑廄宮苑使奏：[109]

> 苑內諸面苑子等門，共九十四所。今伏緣大禮日近，準例鑾駕赴郊廟後，
> 並請鑠閉，匙鑰各令進入。候還宮日，即便請卻開。

皇帝、太子或皇后因事出宮，有中嚴、外辦之制，以為出入之節，還則解
嚴。如今鑾駕行郊廟之禮，宮中無人主事，要加強警衛才是。但讓人矚目的是，
準例連禁苑諸門也要鎖閉，匙鑰還要進入，待還宮後才能請開諸門。這意味著
禁苑諸門的開閉，同樣有取鑰、入鑰的程序，只不知平日開閉是否依承天門鼓
聲為準，而城門郎的管轄範圍是否可到禁苑？無論唐初管理苑門的人是誰，至
少中期以來宦官已承擔了宮門、陵園門等開閉的責任，「唯有中官作宮使，每
年寒食一開門」、「群臣雜遝馳後先，宮官穰穰來不已」、「中官監送鎖門迴，
山宮一閉無開日」，[110]門禁之所以倚重宦官，就在於他管理禁中，並深得皇帝
信任，而負責苑門的閑廄宮苑使，正是內諸司使的一員。

為了宮廷與京城安全，南衙十二衛負責宮城門禁，北衙禁軍屯駐於玄武門
外，共同組成唐前期的防衛體系。但到了中後期，南衙禁衛的作用不斷削弱，
北衙禁軍已主宰了宮廷與京城防務，左、右羽林軍、龍武軍、神策軍分別駐防
於九仙門、太和門外。[111]宦官還透過飛龍廄使，掌握飛龍廄的兵馬。[112]其後歷

---

[108] 可參看：趙雨樂，〈玄武門的宿衛兵種與北衙系統的建立〉、〈唐末宮禁的終極防衛：神策五十四
都的活動觀察〉，收入：趙雨樂著，《從宮廷到戰場：中國中古與近世諸考察》（香港：中華書局，
2007），頁 36-68、161-182。

[109] 《唐會要》卷八六〈城郭〉，頁 1585。

[110] 《白居易集》卷十二〈感傷四〉〈江南遇天寶樂叟〉，頁 228；《韓昌黎詩集編年箋注》卷四〈豐陵
行〉，頁 227；《白居易集》卷四〈諷諭四〉〈陵園妾〉，頁 83。

[111] 張國剛，〈唐代的北衙六軍述略〉，收入：《唐代政治制度研究論集》（臺北：文津出版社，1994），
頁 143-156；又，〈唐代禁衛軍考略〉，《南開學報》（哲學社會科學版）1999 年 6 期，頁 146-155；
蒙曼，《唐代前期北衙禁軍制度研究》（北京：中央民族大學出版社，2005）；齊勇鋒，〈唐後期的
北衙六軍、飛龍、金吾、威遠和皇城將士〉，《河北學刊》1989 年 2 期，頁 77-82。

[112] 趙雨樂，〈唐代における飛龍廄と飛龍使——特に大明宮の防衛を中心として〉，《史林》74 卷 4
號（1991），頁 122-139。

經黃巢之亂，僖宗幸蜀，北衙六軍潰散，田令孜新募神策五十四都成為左右禁軍。[113]再後，昭宗為了反制楊復恭勢力，扶植李順節與之爭權，並「使掌六軍管鑰」。[114]既有鑰，就有門，此時六軍最可能的分布地點就在禁苑與京城內外。六軍如果有管鑰之權，那麼所管之門開與不開，就要視軍情來決定，未必依從承天門的擊鼓號令。

　　宮門的開閉，代表宮內的生活作息很有規律的在進行著，而每日揭開宮中生活序幕的，則是朝謁君主的朝參。每日朝參的官員是文官五品以上及供奉官、員外郎、監察御史、太常博士；武官三品以上每月只參加七次朝參，五品以上每月只參加四次朝參。[115]這個儀式在宮門開啟後舉行，據《雍錄》：[116]

　　　　故事，建福門、望仙門，昏而閉，五更五點而啟。……元和元年初置百
　　　　官待漏院，各據班品為次，在建福門外候禁門啟入朝。

　　五更五點是今時四點四十分，約是皇城門開後，或鼕鼕鼓聲絕，宮城門開時。此時百官已候在禁門外，待禁門啟，御史大夫從官促百官就列，監察御史立於東西朝堂甎道以涖之。平明，傳點畢，內門開，監察御史領百官入。從禁門開後，百官整隊就列，再加上一一傳點，監察御史才領入內門，所花時間不會少過半小時。其後還要經過監門校尉唱籍，入畢而止，再入宣政門，百官依序排班，又至少要半小時。待皇帝出西序門，升御坐，[117]應該已在六點左右，或更晚。大致說來，唐人早朝約始於卯時，再晚就太遲了，裴度諫穆宗日晏坐朝曰：「今方居盛夏……漏及巳午，則炎赫可畏。」[118]可見唐人朝參時辰是宜

---

[113] 晚唐宮廷防衛的變動，見：趙雨樂，〈唐末宮禁的終極防衛〉，頁 161-174。

[114] 《新唐書》卷二〇八〈宦官下・楊復恭傳〉，頁 5890。

[115] 《新唐書》卷四八〈百官三・御史臺〉，頁 1236。

[116] 《雍錄》卷八〈待漏院〉，頁 171。置百官待漏院的時間，諸書所載有異，《舊唐書》卷十四〈憲宗紀〉在元和二年，《唐會要》卷二五〈雜錄〉在元和三年。

[117] 《新唐書》卷二三上〈儀衛志〉，頁 488-489。

[118] 《新唐書》卷一七三〈裴度傳〉，頁 5217。

早不宜晚。德宗〈放鼓傳點敕〉：「日出後二刻傳點，三刻進坐牌。」[119]後唐盧損〈陳五事疏〉：「戴星登車，端門待漏，寅初開鑰，日出排班。」[120]不約而同的都將百官朝參的時間設定在日出後，也就是卯時。

　　然事實上，需要朝參的官員，可能半夜就要起身，準備前往待漏院，才趕得上五更五點候在禁門外。會昌尉達奚撫因事至楊國忠私第，「五鼓初起，列火滿門」，國忠方乘馬欲趨朝。[121]這是說五鼓才起，楊家已備好火把，準備入朝。宰相武元衡將朝，行刺者「叱使滅燭」[122]，也是先滅燭火，才好在暗夜行動。工部侍郎鄭處誨，早朝先到，不免假寐於待漏院。[123]這都說明官員是摸黑起身，趁夜入朝的。若是住在遠坊，更要及早出動，唐人於此有頗多描述，張籍詩曰：「鼓聲初動未聞雞，羸馬街中踏凍泥。」白居易詩曰：「遠坊早起常侵鼓，瘦馬行遲苦費鞭。」[124]正因為早朝官員暗夜出發，行從者勢必持火照明，遂讓入朝隊伍形成殘夜中的一道奇觀，所謂「遙認微微入朝火，一條星宿五門西」，「燭暗有時衝石柱，雪深無處認沙堤」，「銀燭已成行，金門儼驂馭，……煌煌列明燭，朝服照華鮮」。[125]無論燭火明暗若何，官員為早朝而犧牲睡眠是無可置疑的。

　　從宮門的開閉都設定好時辰來看，唐人是有明確的時間概念的，只是銅壺滴漏，雞人報時，能準確到甚麼程度，就很難說了。然而，上撰天時，下著人事，人事不臧，天時難準。後晉司天臺奏：「自唐室將季，黃巢犯京，既失舊

---

[119] 陸心源編，《唐文拾遺》，收入：《全唐文》，卷五德宗皇帝〈放鼓傳點敕〉，頁 10425。

[120] 《冊府元龜》（臺北：臺灣中華書局，1972），卷四七六〈臺省部・奏議七〉，頁 5677。

[121] 鄭處誨撰，田廷柱點校，《明皇雜錄》（北京：中華書局，1997），卷上〈楊暄恃父權明經及第〉，頁 13-14。

[122] 《舊唐書》卷一五八〈武元衡傳〉，頁 4161。

[123] 《舊唐書》卷一五八〈鄭處誨傳〉，頁 4168。

[124] 《張司業詩集》卷四〈七言律詩〉〈早朝寄白舍人嚴郎中〉，頁 27；《白居易集》卷十五〈律詩〉〈初授贊善大夫，早朝，寄李二十助教〉，頁 300。

[125] 《白居易集》卷二五〈律詩〉〈登觀音臺望城〉，頁 560；《張司業詩集》卷四〈七言律詩〉〈早朝寄白舍人嚴郎中〉，頁 27；韋應物撰，陸費逵總勘，《韋蘇州集》（臺北：臺灣中華書局，1965），卷七〈遊覽五十八首〉〈觀早朝〉，頁 6a。

經，漏刻無准」，「元稱巳時，已入未時」，「若不改正，終成錯誤」。[126]可見唐季漏刻失時，誤差已有一個時辰，身為主管漏刻事宜的司天臺竟無力校正，顯示銅壺浮箭等儀器可能因動亂而毀損，需要重置、重新校準，才能使用。而漏刻錯謬的結果，應該就是人們生活作息失序，宮中朝事失時，其影響不可謂不大。

天寶五載（746）起，每至旬節休假，百官不需入朝。[127]然不需入朝日，宮城門是否還要依例開閉，人員是否還有進出？按貞元三年（787）許新除官及刺史等，假內於宣政門外謝訖進辭，便赴任。[128]大和九年（835）御史臺奏：「或有於除官之日，及朝覲到城，忽遇連假三日以上，近例便許于宣政門外見謝訖。」[129]要入宣政門辭謝，就非入宮城門不可，這顯示即使是假日或不需入朝日，宮城門依舊準例開啟。唐制，天子隻日視朝，雙日放朝、輟朝。但若機務急速，雖雙日、休假，亦追班宣示。[130]何況皇帝若有旨意或需供奉，隨時宜召大臣入內，宮城門絕對不會是承旨者的障礙。蓋日日依承天門鼓聲開閉宮城門，已成常態，是一件例行公事。

宮門有層次性，依承天門鼓聲所開之門，可能只限於宮城門、三朝殿門，或通內之門，也就是鼕鼕鼓絕後指明之各門。但就算如此，殿上之內門也未必及時同步開啟。前述言及官員朝參，文武官待「平明，傳點畢，內門開」，監察御史才領百官入。[131]可見入殿內的那道門，並不與一般殿門同時開啟，它另有依循的規則。天寶十載（751）中書門下因大同殿前鐘樓忽聞鐘聲，因而奏曰：「其殿院常局閉，內更無人。即令檢覆，其鐘樓門及殿院門皆閉。」[132]大同殿常是皇帝修功德處，此處不僅有鐘樓，殿院門還常閉。宮禁中殿院極多，若殿

---

[126]　《全唐文》卷九七二闕名〈請改正漏刻奏〉，頁 10089。

[127]　《舊唐書》卷九〈玄宗紀〉，頁 220。

[128]　《唐會要》卷六八〈刺史上〉，頁 1196。

[129]　《唐會要》卷二五〈雜錄〉，頁 475。

[130]　《資治通鑑》卷二三五德宗貞元十一年條，頁 7568。

[131]　《新唐書》卷二三上〈儀衛上〉，頁 488-489。

[132]　《全唐文》卷九六二闕名〈賀大同殿鐘鳴表〉，頁 9993。

院門門皆開，就要門門有人守衛，如此虛耗人力，實無必要。故可想見，平日不用的宮殿，其宮殿門是閉鎖的，待要使用，才再行打開。為了公務快速處理與待制應召方便，宮內設有不少機構，並有宿直人員，隨時應命。鄭畋有一次在禁中宿直，穿內而行，詩曰：「朱夏五更後，步廊三里餘。有人從翰苑，穿入內中書。……禁扉猶鎖鑰，宮妓已妝梳。」[133]既在五更後，宮城門、宮殿門應已俱開，而他猶看到某些禁門仍鎖閉，足見宮內各門不是一準承天門鼓聲而開閉。梁太祖都開封後，將左、右銀臺門改為左、右興善門，開平三年（909）定門禁敕曰：「其興善門仍令長官關鎖，不用逐日開閉。」[134]左、右銀臺門在唐朝宮廷是多麼重要的出入關卡，[135]梁太祖的發想，未必反映唐朝的左、右銀臺門常日皆鎖閉，卻隱約透露出皇牆大內諸門不都是逐日開閉的。

　　宮門開閉，官方詳定時刻表與執行規範，如果違失，唐律也訂有處罰方式：[136]

　　　　宮殿門閉訖，而進鑰違遲者，殿門杖一百，經宿加等，每經一宿，又加
　　　　一等；宮門以外，遞減一等。其開門出鑰遲，又各遞減進鑰一等。

　　宮門開閉，分取鑰（出鑰）、入鑰（進鑰）兩個程序，而宮門既已閉訖，說明取鑰並未失誤，其所以只處罰進鑰違遲或經宿不還，蓋擔心持鑰者有不軌意圖，會危及宮內安全。至於開門只處罰出鑰遲，是因為怕亂了朝廷與宮中作息，而且既要開門，就已判斷是安全的，則入鑰時間早晚就不那麼重要，唐律所謂「其開門出鑰遲，又各遞減進鑰一等」，是指開門出鑰遲，論罪輕於閉門進鑰。再者，宮門開閉之操作方式不當，也要受處罰：[137]

---

[133] 《全唐詩》卷五五七鄭畋〈五月一日紫宸候對時屬禁直，穿內而行，因書六韻〉，頁6462。

[134] 《舊五代史》卷四〈太祖紀〉，頁70。

[135] 銀臺門的重要性，可參閱：王靜，〈唐大明宮內侍省及內使諸司的位置與宦官專權〉，《燕京學報》新16期（2004），頁103-105。

[136] 《唐律疏議》卷七〈衛禁律〉「奉敕夜開宮殿門」（總71條），頁161-162。

[137] 《唐律疏議》卷七〈衛禁律〉「奉敕夜開宮殿門」（總71條），頁160-161。

> 若錯符、錯下鍵及不由鑰而開者,杖一百;即應閉忘誤不下鍵,應開毀
> 管鍵而開者,徒一年。

亦即宮門應閉、應開,但不依常法或未確實執行,以致發生不可預期的後果時,最重會處徒一年之刑。唐政府為維持都城秩序與宮廷安全,即使是這些小節,也絕不能大意。

四、宮門非時的開閉方式

宮門應以時開閉,原則上係白晝開啟,夜間闔扉。只是當宮中有特殊需要或發生急變時,宮門的開閉便不能依常時的規範進行。宮門夜開,《唐六典》謂:「若非其時而有命啟閉」,[138]凡非時開閉這種異常處置,都要聽命行事,否則便是擅開閉。《唐律疏議》曰:「擅,謂非時而開閉者。」應開而不開,應閉而不閉,都是非時開閉,但若無故或不依法式開閉,才是擅開閉。[139]本節分別從夜開宮門,與特殊情況的開閉,論述宮門的非時開閉。

(一) 夜開宮門

宮門夜間應關閉,止絕宮內外人出入,以防不逞之徒妄生矯詐,騷亂宮禁,危及皇室的安全。但宮門夜間不是不可開,其手續與步驟相當繁複,《唐律疏議》「奉敕夜開宮殿門」條引〈監門式〉曰:[140]

> 受敕人具錄須開之門,並入出人帳,宣敕送中書,中書宣送門下。其宮
> 內諸門,城門郎與見直諸衛及監門大將軍、將軍、中郎將、郎將、折衝、

---

[138]　《唐六典》卷八〈門下省〉城門郎條,頁250。

[139]　《唐律疏議》卷八〈衛禁律〉「越州鎮戍等城垣」(總81條),頁172。

[140]　《唐律疏議》卷七〈衛禁律〉「奉敕夜開宮殿門」(總71條),頁160。

果毅內各一人，俱詣閤覆奏。御注聽，即請合符門鑰。監門官司先嚴門
仗，所開之門內外並立隊，燃炬火，對勘符合，然後開之。

　　夜間奉敕入宮，自然是有急事臨時宣召，如拖延到擊曉鼓才完成程序，便
失去夜入的急迫性，故為了爭取時效，上述諸步驟的進行應是非常快速的。唐
代制敕的頒行有一定的程序，中書宣出之後，還要有門下的覆奏與署名，[141]如
此公文書的往返，可能無法應付夜間的急變。然而，宮禁內宣政殿下有東西兩
內省，夜間各有當直官員宿直，就為處理緊急事務。開元二十年（732）中書舍
人梁昇卿因私忌，報給事中元彥沖令宿衛，會元彥沖因旬假已出，與親朋聚宴，
雙方就在極短時間內公文書「比往復」。中使夜齎黃敕而不見直官，其事才
揭露。[142]可見兩內省是可迅速處理公文書的，而奉敕夜開宮門案送中書、門下
兩內省宣覆，未必會延誤入宮的時辰。

　　敕書送中書門下，總多了些周折，如果是手敕或口宣，就可避開這個程序，
更快速地達到夜開宮門的目的。貞觀十年（636）文德皇后之葬，段志玄與宇文
士及分統兵馬出肅章門：[143]

　　帝夜使宮官至二人所，士及開營內之；志玄閉門不納，曰：「軍門不可
　　夜開。」使者曰：「此有手敕。」志玄曰：「夜中不辨真偽。」竟留使
　　者至明。

　　手敕即墨敕，胡三省注：「墨敕出於禁中，不由中書門下。」[144]意味手敕
或墨敕不由中書門下宣覆，行政效率會加快許多。段志玄以「軍門不可夜開」、
「夜中不辨真偽」，回絕使者請求，然依〈監門式〉，段志玄應「燃炬火」查

────────────
[141] 制敕文書在三省制下的公文運作方式，劉後濱有詳細說明，見：《唐代中書門下體制研究——公文
　　型態・政務運行與制度變遷》（濟南：齊魯書社，2004）。
[142] 《唐會要》卷八二〈當直〉，頁1517。
[143] 《資治通鑑》卷一九四太宗貞觀十年條，頁6122。
[144] 《資治通鑑》卷二〇八中宗神龍元年條注，頁6589。

手敕真偽，否則若確有軍情，難免有延誤戎機之疑慮。貞觀十四年（640）司門員外郎韋元方給給使過所稽緩，帝怒，魏徵諫曰：「前為給使，遂夜出敕書，事如軍機，誰不驚駭！」[145]魏徵把夜出敕書視如軍機，看來是不太認同皇帝隨意夜出敕書的。只是唐朝皇帝為遂己意，並求方便，總習慣夜出墨敕與口宣，如李紳〈憶夜直金鑾殿承旨〉詩曰：「墨宣外渥催飛詔，草布深恩促換題。」[146]描述的正是夜間在禁署速傳墨敕、口宣的情景。

夜出敕書是由內而發，若是外間因事請求入內，也要依循一定程序。如果入內的是公文書，胡三省注曰：「夜中聞奏，禁門已局，於隔門遞入以奏也。」[147]又曰：「凡宮禁、官府門側置輪盤，或遇夜，門已閉，外有急切文書，納諸輪盤，旋轉向內以通之。」[148]這是說不必開宮門，公文書隔門就可由轉盤旋轉通內，皇帝夜間照樣可知曉外間急切事。但如果是人員要入內，便非要開宮門不可，《唐六典》城門郎條：[149]

　　　若非其時而有命啟閉，則詣閤覆奏，奉旨、合符而開闔之。

夜間請開宮門，正是非其時之啟閉，其程序與〈監門式〉的奉敕夜開宮門相似。貞元間議唐蕃會盟，其夜三更邠寧節度使韓遊瓌，遣使叩開苑門，奏云盟會不成，將士覆沒。上驚。[150]這個叩開苑門的舉動，必是先奏報德宗，得其認可的。只是外間請開宮門，若不審慎查劾而率爾開門放入，恐怕會有不測之禍。唐朝許多宮廷政變都在夜間發動，勢必要夜開宮門，軍人才得進入，如韋庶人將行篡逆，玄宗與劉幽求、鍾紹京等潛謀夜入禁中誅之，「是夜所下制敕

145　《資治通鑑》卷一九五太宗貞觀十四年條，頁6158。

146　《全唐詩》卷四八〇李紳〈憶夜直金鑾殿承旨〉，頁5461。

147　《資治通鑑》卷二四五文宗太和九年條注，頁7911。

148　《資治通鑑》卷二一八肅宗至德元載條注，頁6997。

149　《唐六典》卷八〈門下省〉城門郎條，頁250。

150　《唐會要》卷五一〈識量上〉，頁894-895。

百餘道，皆出於幽求」。[151]矯制百餘道，必包含夜開宮門，劉幽求所為制敕能瞞過門司，正是利用手敕不必經中書、門下宣覆的巧門，但門司夜間不辨手敕真偽，只是虛應故事，等於讓嚴謹的制度形同虛設。再如昭宗之遇害，就緣於蔣玄暉等夜叩內門，言軍前有急奏面見上。內門開後，帝遂被弒。[152]宮廷諸門就是一道道關卡，一關不慎放入不該入內者，則宮廷的安全就難獲得保障。

夜間宮廷重門深鎖，即使宿直者身在禁中，非內臣宣召，也不得輒見皇帝。[153]至於由宮外入宮，就要經過如〈監門式〉的程序。受敕者所入之門，門司要列出人帳。大體上，這裏的門司分三類人，職責各有不同：

一是城門郎，掌宮殿諸門開闔之節，轄下有門僕八百人，分番上下。城門郎除了負責取鑰、入鑰，門之開閉及管鍵何時施行，也應由其主導，但宮殿門甚多，實際執行者當為其下的門吏或闇者。太和九年（835）的甘露之變，中尉、樞密聞幕下兵聲，驚恐走出，含元殿「闇者欲扃鎖之，為中人所叱，執關而不能下。」[154]胡三省注：「關，門牡也。」[155]《唐律》謂：「牝者為管，牡者為鍵。」[156]這個執管鍵或門鑰的闇者，不像是城門郎本人，但正在城門郎的職權範圍內，所以〈監門式〉將城門郎列為奉敕夜開宮門時必須在場的職官，甚為合理。

二是監門衛。監門衛有大將軍、中郎將等。監門將軍之職，掌宮禁門籍之法；中郎將掌監宮殿城門，檢校出入。另外還有監門校尉、直長等職。凡京司應入宮殿門者，皆有籍，左將軍判入，右將軍判出。若大駕行幸或皇后、太子出，則有監門將軍或校尉巡行、檢校諸門。[157]平時出入宮門的檢查已很嚴格，

---

[151] 《舊唐書》卷九七〈劉幽求傳〉，頁3039。

[152] 《舊唐書》卷二十上〈昭宗紀〉，頁783。

[153] 《雍錄》卷四〈複門〉，頁78。

[154] 《舊唐書》卷一五〇〈李訓傳〉，頁4397。

[155] 《資治通鑑》卷二四五文宗太和九年條注，頁7911。

[156] 《唐律疏議》卷七〈衛禁律〉「奉敕夜開宮殿門」（總71條），頁161。

[157] 《舊唐書》卷四四〈職官三〉，頁1901-1902；《新唐書》卷四九上〈百官四上〉，頁1286；又，卷二三〈儀衛志〉，頁489、499、501、503-504。

入夜後更多了一道魚符的驗證。景龍元年（707）敕：宮殿門、皇城門、京城門、禁苑門，「左廂給開門魚一合，右廂給閉門魚一合，左符付監門掌，交番巡查，每夜并非時開閉，則用之。」[158]奉敕夜開宮門，通常具急迫性，受敕人應該有符為證，此時合符的重要性已遠超過門籍。唐〈司門式〉云：「其有無門籍人，有急奏者，皆令監門司與仗家引奏，不許關礙。」[159]看來門籍並非入宮的必要條件，只要奏聞經許可，照樣可入宮。再者，「宮殿門雖有籍，皆不得夜出入」，[160]這是排除僅以門籍夜入宮殿門的法令規定。〈監門式〉的奉敕夜開宮門，只要監門等官「詣閤覆奏，御注聽，即請合符門鑰」，[161]說明夜入宮門係以合符為準，監門衛在對勘合符，確認受敕人的身分後，才會通知閤者開門。

　　三是諸衛。宮門宿衛者是諸衛大將軍以下，衛士以上，以次當上者。[162]〈監門式〉所謂「見直諸衛」，即包含諸衛與折衝府所管的衛士，其主司為折衝、果毅等人。把守各宮門的主要是衛士，如玄宗乘夜倉促入蜀，是日百官入朝者，「至宮門，猶聞漏聲，三衛立仗儼然」，[163]顯示承天門入夜由衛士宿衛。敬宗初染署工張韶之變，韶每輸染材自右銀臺門入宮，「衛士不呵也」，讓他產生僥倖心理，欲昏夜為變。[164]總之，奉敕夜入宮殿，無論須開之門若何，都有衛士把守。〈監門式〉曰：「監門官司先嚴門仗，所開之門內外並立隊」，這個門仗與所立隊，就由衛士組合而成。監門的衛士以挑選身材高大為原則，所謂「押門守當，必藉身材；擊柝防閑，良資壯健」，[165]門仗與挾門隊的威武形象，有震懾人心的作用。唐人儀衛之制很嚴謹，內外諸門以排道人帶刀捉仗而立，

---

[158]　《唐會要》卷三十〈諸宮〉，頁560。

[159]　《舊唐書》卷一二八〈顏真卿傳〉，頁3593。

[160]　《唐律疏議》卷七〈衛禁律〉「夜禁宮殿出入」（總72條），頁162。

[161]　《唐律疏議》卷七〈衛禁律〉「奉敕夜開宮殿門」（總71條），頁160。

[162]　《唐律疏議》卷七〈衛禁律〉「宿衛冒名相代」（總62條），頁153。

[163]　《資治通鑑》卷二一八肅宗至德元載條，頁6971。

[164]　《新唐書》卷二〇七〈宦者上·馬存亮傳〉，頁5870-5781。

[165]　張鷟撰，田濤、郭成偉校注，《龍筋鳳髓判校注》（北京：中國政法大學出版社，1995），卷三〈左右監門衛〉「衛狀稱」條，頁112。

號曰立門仗。宣政左右門仗、內仗，號曰交番仗。諸衛還有挾門隊，如承天門內外有左右衛、左右驍衛挾門隊，長樂、永安門內外有左右威衛、左右領軍衛挾門隊，嘉德門內有左右武衛挾門隊，都在宿衛宮禁，分守諸門。[166]這是說除了入宮的第一道門有衛士宿衛外，宮內之門也視情況安排儀衛，以示皇家威嚴，並保護宮廷安全。故依〈監門式〉夜開宮門時，衛士與諸衛承擔的責任顯然不輕。

　　唐朝宮殿門、禁苑門甚多，離宮諸門亦略倣宮城之制，因此所需人力相當可觀。永徽五年（654）高宗幸萬年宮，夜，山水漲溢，衝玄武門，宿衛士皆散走，右領軍郎將薛仁貴曰：「安有宿衛之士，天子有急而敢畏死乎！」乃大呼以警宮內。[167]這是說當時宿衛玄武門者，受領軍衛的節制。然敬暉等將討張易之、張昌宗，右金吾將軍田歸道監押千騎，宿衛玄武門。[168]此乃南衙諸衛將軍，檢校北門屯兵。[169]是後北衙禁軍漸發展為宮廷禁衛軍，主要屯於禁苑中，「屯營各有門，晨夕啓閉」，[170]則禁苑諸門轉而由北衙禁軍宿衛，他們雖不是〈監門式〉裡的諸衛，但依然守諸門，是宿衛之士。景龍元年（707）太子重俊與左羽林大將軍李多祚，矯制發羽林千騎反，中宗在玄武樓上謂千騎曰：「汝輩皆朕宿衛之士，何為從多祚反！」[171]北衙禁軍也是宿衛之士，則守諸門的宿衛者，已不單是南衙衛兵，還擴及北衙禁軍。如果奉敕夜開的宮門由禁軍把守，他們也應該依〈監門式〉嚴門仗，並立隊，擺出足以威嚇人的陣式。

　　夜開宮門是件風險性很高的行為，即使奉敕也要一再查核其真實性。受敕人除了有敕與符為證外，監門官司與折衝等人還要詣閤覆奏，再次向皇帝確認

---

[166]　《新唐書》卷二三上〈儀衛志〉，頁482。

[167]　《資治通鑑》卷一九九高宗永徽五年條，頁6285。

[168]　《冊府元龜》卷六二七〈環衛部・忠節〉，頁7530。

[169]　關於北門屯兵在指揮系統上的調整與建軍過程，可參考：黃修明，〈唐代前期的北衙禁軍〉，《南充師範學報》（哲學社會科學版）1985年4期，頁76-77；蒙曼，《唐代前期北衙禁軍制度研究》，頁30-44、51-53。

[170]　《資治通鑑》卷二五八昭宗龍紀元年條，頁8391。

[171]　《資治通鑑》卷二〇八中宗景龍元年條，頁6611-6612。

是否實有其事。在皇帝認可後，才要進行合符開門的程序。只是夜開宮門所涉
環節眾多，如有一關不能認真持守，則整個防衛體系便可能破功。前述段志玄
夜間不納宮使，雖有遺誤軍情的可能，但至少守住軍門。可是像敬宗時染坊工
人張韶的伺夜作亂，就暴露極大的危險性：[172]

> 韶每輸染材入宮，衛士不呵也。乃陰結諸工百餘人，匿兵車中若輸材者，
> 入右銀臺門，約昏夜為變。

　　張韶看準的就是慣常出入銀臺門，衛士不呵，才想趁夜為亂，並以為大事
可圖。所謂「衛士不呵」，就是門司疏忽怠慢，致職權有失，這無異於讓宮廷
門戶洞開，使宮禁暴露於危險中。
　　宮廷有重門守護，入得宮門第一道關卡後，仍有其他門禁待查核。長孫無
忌不解配刀入東上閣，監門校衛不覺案，[173]以及依仿此案而成的〈對三公佩刀
入閣判〉，[174]都顯示閣門有監門官把守，入閣者要通過監門官的搜查。依前文
所論，禁中內門的管鑰多由宦官掌理，亦即宦官也負責把守宮門。李肇《翰林
志》：「又北為少陽院，東屋三院，西廂之結麟樓，南西並禁軍署。……小使
衣綠黃青者，逮至十人，更番守曹。」[175]看來要入曹署者，還得通過小使的盤
問，他們雖非監門官司，也非門衛，但仍有守門的功能與職責。自唐中期宦官
勢力日益壯大後，類似的監門之任，便更加落在宦官身上，這正是染坊工人張
韶之變，朝廷為整肅門禁，遂懲處「盜所歷諸門，監門宦者三十五人」的原因。
[176]以是知宮內諸門也有監門之制，而任職者已多為宦者。

---

[172] 《新唐書》卷二〇七〈宦者上·馬存亮傳〉，頁5870-5781。

[173] 長孫無忌不解佩刀案的討論，可參看：高明士，〈唐代的律令政治〉，收入：《律令法與天下法》
（上海：上海古籍出版社，2013），頁193-199。

[174] 《全唐文》卷八二一王說〈對三公佩刀入閣判〉，頁8653-8654。

[175] 洪遵，《翰苑群書》，卷一李肇《翰林志》，收入：傅璇琮、施純德編，《翰學三書》（瀋陽：遼寧
教育出版社，2003），頁6。

[176] 《資治通鑑》卷二四三穆宗長慶四年條，頁7837。

　　夜開宮門，本非宮門開閉的常態，亦即不是正常時間的開閉。但這不代表
必然是不合法的，如果按〈監門式〉的程序與步驟，即使是非時開閉，也不能
說是擅開閉。只是若有矯制或不承敕而開，以及勘符不合而開、不勘符而開、
不奏而為開，便是不依體制的擅開閉，唐律處以最高絞罪，或徒三年以上的重
罪。[177]可見夜開宮門是一件很嚴重的大事，主事者不得不慎重為之。

(二) 特殊情況的開閉

　　應開不開，應閉不閉的非時開閉，可能發生在白晝，也可能出現在夜間，
然京城、皇城、宮殿諸門之開闔，「若非其時而有命啓閉，則詣閤覆奏，奉旨、
合符而開闔之。」[178]有命啓閉或許是奉長官之命，但僅憑此命似乎不為準，最
終還是要奏聞皇帝，依旨意開闔。與旨意或敕書同下的，還有符。《唐律》
謂：[179]

> 禁苑及交、巡魚符之類，若符至不合即從其事，或勘符不合不速奏聞，
> 徒一年；不即還符，杖九十。

　　蓋宮殿門、禁苑門等左右內外各給交魚符、巡魚符，每夜並非時開閉用之。
這是景龍元年（707）才有的制度，[180]但難保不是因神龍元年（705）張柬之等
稱兵宮禁，逼武則天傳位，才想到為出入宮門、苑門，多設一道防護力量。

　　非時開閉，奉旨與合符缺一不可，但既是不尋常的開閉，事機總有急迫性
與特殊性，而當事人在應對上，不免因心切而想省略步驟。張鷟《龍筋鳳髓判》
左右羽林衛條：[181]

---

[177] 《唐律疏議》卷七〈衛禁律〉「奉敕夜開宮殿門」（總71條），頁160。

[178] 《唐六典》卷八〈門下省〉城門郎條，頁250。

[179] 《唐律疏議》卷十六〈擅興律〉「應給發兵符不給」（總226條），頁301。

[180] 《唐會要》卷三十〈諸宮〉，頁560。

[181] 《龍筋鳳髓判校注》卷三〈左右羽林衛〉，頁106。

> 田達當討救之際，索馬不與，拒門不開，覆奏往來，宜失機速。合處極
> 法，不伏。

張鷟處於宮廷政變頻繁發生的則天、中宗時代，羽林兵將支持哪方，往往是決勝關鍵。此判或許就在這個背景下擬出，卻反映非時開閉在程序上的煩瑣，及當事人不耐的心情。判題既曰「討救之際」，就顯示事機危迫，田達在索馬不與，開門不成的狀況下，略過覆奏往來，以為有失機速，但竟因此被判處極法。判詞對田達之行有一段很重要的說明：

> 一兵一馬，咸待竹符；門閉門開，皆憑木契。循環覆奏，務在從真；倉
> 促輒來，焉知非詐。

發兵之符與開門之契都是不可或缺的證明文件，需要一再奏聞皇帝，才可取得，否則焉知非詐？但弔詭的是，往來覆奏，失去機宜權變的急速；若目的在政變，又豈會報知所欲推翻之人？此判雖然免除田達之過，不以極法處之，然非時開閉，特別是緊急狀態下的處理困境，已表露無遺。

非時開閉，情況非一，但愈是急迫，就愈不會按程序走。如玄武門之變，東宮、齊府精兵馳趨玄武門，張公瑾「獨閉關以拒之」。[182]張柬之將誅張易之等，李多祚就東宮迎中宗至玄武門，彥範等「斬關入」。[183]太子重俊反，矯制發羽林千騎，自肅章門「斬關而入」，楊再思等則「屯太極殿前，閉門自守」。[184]譙王重福取左右屯營兵，欲謀亂東都，侍御史李邕先詣左掖門，「令閉關拒守」。[185]玄宗誅韋氏，夜率劉幽求等自苑南入，攻白獸、玄德等門，「斬關而

---

[182]　《資治通鑑》卷一九一高祖武德九年條，頁6010。

[183]　《新唐書》卷一二〇〈桓彥範傳〉，頁4310。

[184]　《資治通鑑》卷二〇八中宗景龍元年條，頁6611。

[185]　《舊唐書》卷八六〈中宗諸子〉，頁2836。

入」，並閉宮門及京城門，收捕諸韋親黨。[186]無論事變起於白晝或夜間，守方都是閉門自守，攻方則求斬關而入。由於事起倉卒，誰還有時間往來覆奏開門或閉門，甚至所發兵竟是矯制，更不可能向上奏報，故守門者遇事只能自為處斷，就連侍御史也可下令閉門，可見唐朝所設非時開閉的制度，只能用於平時，一遇事變，便緩不濟急，全然破功。

宮門是保護宮禁最重要的一道防護網，也是象徵權力中樞安定的標幟，若宮門失守，門戶洞開，則不僅宮廷危殆，連整個京城都為之動搖。玄宗為避安祿山之亂而西狩，「門既啟，則宮人亂出」，「山谷細民爭入宮禁」，「盜取金寶，或乘驢上殿」。[187]可以看出嚴謹的宮門守衛，區隔內外，是宮廷安全與京城秩序的保證。但不肖之徒總欲找到機會，突破門禁，乘亂劫掠，如染工張韶等揮兵趨禁廷，敬宗時在清思殿擊毬，「諸宦者見之，驚駭，急入閉門，走白上；盜尋斬關而入」。張韶等自右銀臺門入，宦者急閉清思殿門，仍被盜賊斬斷門牡，破壞門鎖而入，張韶還「悉以寶器賜其徒」，至於中人則「倉卒縋望仙門出奔」，而「宮門皆閉，上宿於左軍」。[188]這場規模不大的騷亂，竟把宮廷攪擾得完全失序，除了個人逕自逃命外，只能以關上宮門為防堵方略。

唐後期亂局常一觸即發，唯賴指揮若定的將軍守住宮門，才能化解可怕的變亂。李訓、鄭注之謀後，京城訛言有寇至，士民驚譟奔散，敕使連呼「閉皇城諸司門」，然左金吾大將軍陳君賞帥眾鎮於望仙門下，曰：「賊至，閉門未晚，請徐觀其變，不宜示弱！」是日，坊市惡少年持弓刀北望，見皇城門閉，即欲剽掠。[189]宮城與皇城、京城如三位一體，任何一方有故，都會連帶影響他方的安全。陳君賞鎮於宮城門，宮城門如依常時開閉，代表情況皆在掌握中，但如果反常的關閉與宮城門相對的皇城門，無異顯示京城確有變亂將生，並有

---

[186] 《資治通鑑》卷二〇九睿宗景雲元年條，頁 6645-6646。

[187] 《資治通鑑》卷二一八肅宗至德元載條，頁 6971。

[188] 《資治通鑑》卷二四三穆宗長慶四年條，頁 7836-7837；《新唐書》卷二〇七〈宦者上‧馬存亮傳〉，頁 5871。

[189] 《資治通鑑》卷二四五文宗太和九年條，頁 7901。

棄守京城之意，這將給予無賴之徒任情剽略的機會。宮城門、皇城門開、閉的意義與重要性，在此事件中充分揭露。與之相似的例子還有劉崇望的慰諭禁軍。時楊守信稱兵闕下，含光門內禁軍列於左右，俟門開即劫掠兩市。幸宰相劉崇望曉以大義，說以樓前殺敵，立取功名，才讓庫市獲全，軍人不亂。[190]可見守住宮城門、皇城門，對維護京城治安，尤為重要。

自安史亂後，唐國力大減，政府威望也不足，胡虜入寇或擾亂京師的事便時有所聞。如永泰元年（765）吐蕃欲寇京畿，魚朝恩請索城中，城門皆塞二開一，士民乃踰垣鑿竇而逃，吏不能禁。[191]這是說京城將風雨欲來，就算關上城門，也不能阻絕百姓逃命之心。至德中有吐蕃囚自金吾仗亡命，因敕晚開宮門，[192]則顯示白晝若不依常時開門，也要經過皇帝的同意。至於回紇人更囂張，根本不理會唐政府的門禁措施。先是，在廣德元年（763）夜，犯含光門，突入鴻臚寺，門司不敢遏。[193]按理皇城門夜間關閉，而回紇人在不奉敕的情況下，擅入皇城，門司也無力阻攔。其後在大曆七年（772）又兩度擅出鴻臚寺，掠人子女，並犯金光門、朱雀門，導至宮門、皇城門皆閉，代宗還派中使宣慰。[194]看來唐朝的門司無法防堵回紇的擅出入，也只好以閉門為事後的補救之道。

無論宮內宮外，也無論白晝或夜間，一旦遇到緊急狀況，通常會先閉門隔絕險境，以保宮禁安全。只是已關閉宮門，而門內卻發生事故，此時反而要靠宮外巡警，強開宮門，協助平亂。如大足中，妖妄人李慈德自云能行符書厭，則天於內安置。不料其於三更反於內，宮人擾亂相殺，羽林將軍楊玄基聞內裏聲叫，領兵斬關而入，殺慈德等數十人。[195]閉鎖宮門本有保護婦孺之意，在突然有變的情況下，宮外巡警可能也無暇奏聞，便破門而入了。另個更危急的事

---

[190]　《舊唐書》卷一七九〈劉崇望傳〉，頁4665。

[191]　《資治通鑑》卷二二三代宗永泰元年條，頁7178。

[192]　《舊唐書》卷十四〈憲宗紀〉，頁421。

[193]　《資治通鑑》卷二二二代宗廣德元年條，頁7140-7141。

[194]　《資治通鑑》卷二二四代宗大曆七年條，頁7218-7219；《舊唐書》卷一九五〈回紇傳〉，頁5207。

[195]　張鷟撰，趙守儼點校，《朝野僉載》（北京：中華書局，1997），卷三，頁66。

件發生在大中年間，有宮人謀弒宣宗，「是夜，（嚴）季寔直咸寧門下，聞變，入射殺之」。[196]連皇帝都困在宮內，談何先請示，再入內？值夜者的權宜處斷，相信無人會怪罪他不奉敕而開宮門吧！相對於宮外人的突破門禁，如果宮內有故而無人聞問，則宮門便可能成一道逼死人的索命符。大和二年（828）昭德寺火，宰相等皆集日華門，督神策兵救火，但火延宮人所居之野狐落，燒死者數百人。[197]只要宰相等督責救火時，讓人打開宮人所居之宮門，放她們逃生，應不致造成燒死數百人的慘禍。宮門的開與閉，似乎又與宮人的身分地位有著某種聯繫。

除了各種緊急狀況而非時開、閉宮門外，唐人還常於正月望夜，連開城門數日，燃燈百千炬，與民同歡縱樂；或是作大酺之會，夜以繼晝，凡月餘。[198]像這種大開城門之舉，必伴隨著「金吾弛禁，特許夜行」[199]的措施，如此百姓雖無犯夜之疑慮，但宮中豈無警備之疏漏？唯此種異於常規的活動，可為單調刻板的宮中生活，多添些興味。[200]

另外還有些情況也是非時開宮門，如講武之日，未明七刻鼓一嚴，侍中奏「開宮殿門及城門」，[201]便是在街鼓動之前已先開門，這種作法不是事前得到皇帝的許可，就是制度裡早有這樣的規範。再如皇后親蠶，外命婦應集者聽夜行，其享日未明四刻，開所由苑門，諸親及命婦以次入，[202]同樣是鼓動前的非時開門。再如《唐六典》述東宮宮殿門的開閉，又曰：「每歲終行儺，應經所由門，並先一刻早開。」[203]這是為行儺而早開宮殿門，算是特例。唐朝祠祀、齋戒活動甚多，為表虔敬之意，往往天未明已早早齊集祭所，大曆十四年（779）

[196]《新唐書》卷二〇七〈宦者上·嚴遵美傳〉，頁 5872。

[197]《新唐書》卷九一〈溫造傳〉，頁 3785。

[198]《唐會要》卷四九〈燃燈〉，頁 862；《資治通鑑》卷二一〇，頁 6679。

[199]《大唐新語》卷八〈文章〉，頁 127-128。

[200] 葛兆光，〈嚴昏曉之節－古代中國日夜秩序觀念的意味〉，頁 103-106。

[201]《新唐書》卷十六〈禮樂志〉，頁 386。

[202]《唐會要》卷十下〈皇后親蠶〉，頁 264。

[203]《唐六典》卷二六〈東宮·宮門郎〉，頁 669-670。

大內皇城留守奏：「景風安上等門，每至祀祭日，緣祭官到尚書省授誓戒了赴朝，准舊例合早開。」雖然敕旨說今後祭官不須入朝，[204]可是景風、安上等皇城門依舊例早開，並未因此改變。像這種安排好時辰的開門，通常不會有治安上的問題，但就怕遇到有心人士的從中操弄，如貞觀十三年（639）太宗幸九成宮，突厥可汗之弟結社率「謀因晉王治四鼓出宮，開門辟仗，馳入宮門，直指御帳，可有大功」。[205]這是想趁晉王治開門出宮時，突入宮禁，遂其奸謀，只是在折衝衛士的全力奮擊下，未能得逞。可見非時開宮門還是有風險的。

非時開閉未必是擅開閉，「若有警急驛使及制敕事速」，或是「警急及收掩」，即使非時，只要「城主驗實」，亦得「依法為開」。該種「有故許開」的情景，應不限於州縣城垣，凡京城與宮禁也都在適用範圍內，故餘條謂「宮殿門以下有門禁之類」，皆準此。[206]只是宮中驗實之步驟，可能要據奉敕夜開宮殿門的程序吧！

唐中葉以來，隨著工商業日漸活絡，坊市制度出現難於管理的現象，太和五年（831）左右巡使奏：「或鼓未動，即先開；或夜已深，猶未閉。致使街司巡檢，人力難周，亦令奸盜之徒，易為逃匿。」[207]這裡雖然談到的是京城門的未明先開，入夜未閉，以及由此衍生的後遺症，但不能保證皇城門與宮城門就無此情形。天祐三年（906）皇城使奏：「伏以皇城之內，咫尺禁闈，伏乞準元敕條流，鼓聲絕後，禁斷人行。近日軍人百姓，更點動後，尚恣夜行，特乞再下六軍止絕。」[208]來往於皇城的軍人百姓，鼓聲絕後，尚恣夜行，這顯示皇城門應閉未閉，或不依時開閉，與其說此乃守門者的怠忽其職，不如說他們無力節制六軍的隨意出入。六軍駐防地本在禁苑與宮廷兩側，如果他們可以輕易進出皇城門，則無異於他們也可以無所拘忌的進出宮門。保障宮廷安全的禁軍，

---

204 《唐會要》卷二三〈緣祀裁判〉，頁440。

205 《資治通鑑》卷一九五太宗貞觀十三年條，頁6147。

206 《唐律疏議》卷八〈衛禁律〉「越州鎮戍等城垣」（總81條），頁172。

207 《唐會要》卷八六〈街巷〉，頁1576。

208 《唐會要》卷七八〈皇城使〉，頁1422。

至此反成為威脅治安的因素，由宮門的開、閉上，已可窺得這樣的訊息。

五、小結

　　宮廷是皇帝的居所，也是國家的權力中樞，為了確保宮廷的神聖性、安全性與隱秘性，宮殿與宮牆設有一道道的門，並藉由宮門的依時開閉，以過濾不肖份子，維護宮中作息，啓動公務的進行。宮門的開閉以承天門的鼓聲為準，而街鼓的擊發則據漏刻計時。唐朝掌知漏刻的是太史局（司天臺），其下的漏刻生以時唱漏，典鐘、典鼓負責擊鐘鼓報時。但宮中為了安寧，明時不鼓，僅在開、閉門及每夜一更盡時才擊鐘鼓。此外，唐朝還搭配雞人引唱的制度，使宮中的作息與帝國的運作，在準確的時刻下，按表操持。

　　宮門常時的開啓有一定的程序，先要聽漏刻所的放鼓契至，才能擊鼓。但在此之前，城門郎還有一個重要任務，就是先入承天門取鑰，並令門僕將開門之鑰送至宮城、皇城、京城各門。由於京城各門路程遙遠，所以城門郎取鑰時間通常比宮城門、皇城門提早一個時辰。唐人開門的次序是先外後內，宮殿門較京城門、皇城門稍後才開，表示「重中禁，尊皇居」之意。門開之後，城門郎仍需入鑰於承天門，因為承天門才是掌握宮內外出入的關鍵。宮門的關閉，也按既定步驟實施，城門郎依舊重覆取鑰、入鑰的工作，只是闔門次序先內後外，寓有保障宮廷安全，防人窺伺之用意。

　　依承天門鼓聲開閉宮城門，是每日的例行公事。即使遇旬節休假或百官不須入朝日，宮城門依然準例開啓。但宮城內諸殿院門，就未必依從承天門鼓聲而開閉，也未必由城門郎執管鑰。大體上，禁中內門由宦官掌管，妃嬪所居之殿門由女官負責。唐中期以後，城門郎的職權漸被宦官取代，如皇城使、宣徽使、宮苑使等內諸司使，已分別掌管皇城、宮城、禁苑之門的開閉。再者，宮內諸殿院若無使用之必要，則可能閉鎖著，還可節省不少守衛的人力。

　　宮門應開不開，應閉不閉，就是不按既定時辰的非時開閉。宮中如有緊急

事情要夜開宮門，需奉皇帝詔敕，並得中書、門下審覆，還要經城門郎、監門衛，以及折衝府衛士的層層把關，並在合符後，才得開門。只是門司可能因墨敕或口宣而不辨真偽，或因懾於威勢而不敢盤查，又或因慣常出入而疏於防範，都會使宮廷安全出現漏洞。至於特殊狀況的非時開閉，無論發生在宮內或宮外，也無論在白晝或夜間，總以事機急迫，無暇奏聞，通常先以關上宮門來阻絕變亂，以維護宮廷的秩序。此外，宮門也會因某些特定事務或制度而提早開門，並很難完全排除可能的風險。而晚唐政府對門之開閉的管制，似有漸鬆弛的迹象，未明先開，入夜未閉，或六軍隨意出入，都會威脅宮廷的安全。

做為權力中樞的宮廷，是國家安定的象徵，而宮門依既定程序的常時開閉，或在夜間與特殊狀況下的非時開閉，不僅日日考驗著宮廷治安，也與京城警備息息相關，如此看似微不足道的開閉小事，卻是唐政府必須謹慎為之的大事，否則稍有差池，便會造成權力中樞不穩，陷國家於動亂中。

附表　唐朝京城皇城宮城門開閉時程表

	步驟	諸門	程　序	今時	備註
開 門	取鑰 （出鑰）	京城門	後子而出（四更一點出開門）	01:20	京城門鑰匙於東廊下貯納。鑰匙皆連鐵魚，刻其門名，藏之於柜。（《唐令拾遺》15） 京城門，四更一點出鑰開門。（《唐律疏議》7）
		皇城門 宮城門	後丑而出（五更一點出開）	03:20	宮城門及皇城門，四更二點出鑰開門。（《唐律疏議》7）
	放鼓契		貞元二年：四月一日以後，五更二點放鼓契。九月一日以後，五更三點放鼓契。（《唐會要》71）	4/1~：03:40 9/1~：04:00	承天門擊鼓，皆聽漏刻契至乃擊。五更三籌，順天門擊鼓。（《唐令拾遺》15）
	擊鼓	承天門 （順天門）	承天門擊曉鼓		諸街即連擊小鼓，便聲徹皇城京城諸門。（《唐令拾遺》15） 五更二點，鼓自內發，諸街鼓承振。（《新唐書》49上）
	開門	皇城門 京城門	聽擊鐘後一刻，鼓聲絕，皇城門開	(04:34:24)	待漏刻所牌到，鼓聲乃絕。 城門皆擊鼓四百槌訖，諸城門開。（《唐令拾遺》15） 坊市門皆啟，鼓三千撾，辨色而止。（《新唐書》49上）

					京城門開閉與皇城門同。東都諸門准此。開則先外而後內。
		宮城門（承天門）	第一鼓鼓聲絕，宮城門及左·右延明、乾化門開		開後一刻，順天門開（《唐令拾遺》15）
		宮殿門	第二鼓鼓聲絕，宮殿門開	（05:00左右或稍晚）	
	入鑰（進鑰）	皇城門 宮城門	夜盡而入（夜漏盡，第二鼓鼓後二刻而進入）	（05:28:48之前）	
		京城門	先卯而入（夜漏盡，第二鼓鼓後十刻入）	（07:24之前）	
閉	取鑰（出鑰）	京城門	後申而出（日入前十四刻出閉門）	（13:38:24之後）	京城門鑰，每去夜十三刻出閉門。（《唐律疏議》7）
		皇城門 宮城門	先酉而出（日入前五刻出閉門）	（15:48之後）	宮城門及皇城門鑰匙，每去夜八刻出閉門。（《唐律疏議》7）
	放鼓契				承天門擊鼓，皆聽漏刻契至乃擊。
	擊鼓	承天門（順天門）	晝漏盡，順天門擊鼓，諸衛依前擊，諸城門皆擊鼓至四百槌訖閉。（《唐令拾遺》15）	（17:00-）	晝漏盡，順天門擊鼓四百槌訖閉門，後更擊六百槌，坊門皆閉。（《唐令拾遺》15）日暮，鼓八百聲而門閉。（《新唐書》49上）
	閉門	宮殿門	夜第一鼓鼓聲絕，宮殿門閉		闔則先內而後外。
門		宮城門 皇城門	第二鼓鼓聲絕，宮城門閉及左·右延明門、皇城門閉		待漏刻所牌到，鼓聲乃絕。京城門開閉與皇城門同。

入鑰 （進鑰）	皇城門 宮城門	後戌而入（一更二點進入）	19:40	二更二點進入（《唐律疏議》7）
	京城門	先子而入（二更一點入）	21:20	二更二點進入（《唐律疏議》7）

說明：

1. 本表主要根據《唐六典》卷八〈門下省〉城門郎條製成。如別有所出，則另外註出。
2. 今時如加括號，表示推估出，推估方式請參考正文的解釋。

唐代宮廷的門禁制度

一、前言

　　宮廷是皇帝及皇室成員的居所，並有大批工作人員提供各項服務；宮廷也是國家決策機構之所在，且有諸多備皇帝諮詢顧問的單位。正因為它是全國的權力核心，守衛不得不採取最高級別，門禁勢必要格外嚴謹，才有可能阻絕危及宮廷安全與隱密的任何風險。宮廷雖是個禁區，卻不是個閉塞的場所，每天出入宮廷的份子既多且雜，上自王公官吏，下至庶民百姓，都有可能出入宮廷，因此要如何控管好宮廷門禁，成為皇朝極重要的大事，也是相關執勤人員要承擔的重責大任。

　　出入宮廷的查驗方式是多元化的，視出入者的身分與出入情況而有所不同。宮城各處有門，入宮的第一道關卡尤其要嚴查。入宮之後，官吏為朝參、應召命，或其他原因入殿院，是否還要再檢核門籍？官吏門籍放置的地方，是其經常出入的特定門？與其品階有何關聯？如果皇帝別敕召入，其人未必有門籍，則要用什麼方式查驗，才能避免擅入。官吏的母、妻為命婦，不時要入宮參謁，她們不似官吏在宮門常設門籍，卻也應有一定的檢查機制，相關單位忽略了便是失職。

　　住居宮中的人通常不能隨意出宮。唐朝諸王鮮少出閣，尤其是玄宗以後，多被拘於禁中或附苑宅第，由中使押管，但他們如出閣，再入宮時，該如何查驗其身分？比較常出入宮禁的，是被差遣出宮的宦官，他們持奉詔文書之外，還有其他方式來表明自我身分？唐朝大宦官有外宅的為數不少，難道他們可隨

意出入宮禁，而別無任何憑證以為依據？在講求權勢與身分的時代，無籍、無引、無職印的人，仍可能依託宮中權貴而進出宮廷，門司敢攔阻他們嗎？這豈不是宮廷防衛的一大漏洞。

　　庶民不是絕對不可入宮，因為宮中需要一些庶民從事各類工作，如工匠修造、伎樂表演、迎輸物資等，他們應由甚麼單位造名籍，以團體方式進出宮廷嗎？朝廷還為百姓開了一條申訴之路，如百姓要訴冤投匭、擊登聞鼓，可至朝堂、各門，甚至通內之門為之。對於這些個別的申訴者，唐政府毫無處置地任其入宮？還是另有其他管理措施？

　　夜間出入宮廷，風險比之白晝要大，門衛在夜間如何交番巡察？如有人叩門，要經過什麼程序才得開門？一般門籍仍有作用嗎？當緊急狀況發生，尤其是有兵變時，各種檢核方式還有效嗎？禁軍或宿衛兵通常的應變方式是什麼？

　　出入宮禁的份子複雜，唐政府建立的門禁制度要如何適當的運作，是一個令人關注的課題。即使闌入闌出的情形依然不可免，這是因為門司失職，還是另有其他原因造成？宮廷本來就是權貴雲集之處，當然也包含狐假虎威的宦官，他們對破壞門禁制度有多大的影響力，也值得探究。

　　目前有關門禁制度的研究，多以長安城的城門管理或坊市治安為主，[1]鮮少論及宮廷的門禁制度，如觸及到宮禁，也只考慮官吏的門籍制度，[2]而忽略了其他身分的人出入宮禁的驗證機制。與門籍相關的用語還有通籍、朝籍等，有學者以為通籍指常參官，[3]這樣的說法是否切當，似可商榷。從法律的角度與政治作用看宮禁制度，[4]是一個重要的切入點，但只注意違制處罰與特殊事件，實不

---

[1] 肖愛玲、周霞，〈唐長安城城門管理制度研究〉，《陝西師範大學學報》（哲學社會科學版）41 卷 1 期（2012），頁 65-71；袁芳馨，〈唐代長安坊市治安管理機構的設置與運行〉，《首都師範大學學報》（社會科學版）2009 年增刊，頁 18-23；張春蘭，〈唐代都城治安管理制度〉，《南都學壇》（人文社會科學學報）30 卷 3 期（2010），頁 39-43。

[2] 肖愛玲、周霞，〈唐長安城城門管理制度研究〉，頁 65-67；顧云卿，〈通籍與門關──中國古代證明文化漫談之三〉，《中國公證》2005 年 4 期，頁 31。

[3] 陳文龍，〈唐"通籍"考〉，《中華文史論叢》2011 年 2 期，頁 207-220。

[4] 戴炎輝，《唐律各論》（臺北：成文出版社，1988），頁 1-48；桂齊遜，〈唐代宮禁制度在政治與法律上的意義與作用〉，收入：高明士編，《東亞傳統教育與法制研究（二）唐律諸問題》（臺北：

足以了解宮禁制度的意義與功能。除了官吏可以上書投狀外，百姓亦可至朝堂或宮闕上訴、投匭、擊登聞鼓，該種直訴方式固然可以廣開言路，暢通信息，[5]但對門禁制度卻是嚴厲的考驗，唐政府要思考的是如何有效管制，以免百姓亂入、失控。唐代官吏出入宮廷要帶職印，五品以上官吏應召要佩隨身魚符，守宮門的人也要佩魚符，[6]儘管身分與勤務不同，可也是門禁制度的一環，應該重新認識此議題。

　　本文擬針對官吏入宮、別敕召入、宮中人出入、庶民出入宮廷，以及夜間與非時的檢核，探討唐政府分別用什麼檢查機制，處理各種身分或狀況之進出宮廷，以了解宮廷的安全防護網，是否做得夠嚴密。總之，門禁制度能發揮多少把關作用，是評估宮廷安全的重要指標。

二、官吏入宮的門籍驗證

　　宮廷是皇帝的居所，也是權力中心所在，為備非常，乃設籍禁，以品庶官之高下，防奸邪之小人，並可究驗官吏之勤惰。門籍制度可上溯至漢代：「籍者，為二尺竹牒，記其年紀名字物色，縣之宮門，案省相應，乃得入也。」[7]唐代官吏入宮殿亦有門籍，《唐律疏議·衛禁律》「闌入宮殿門及上閤」條：[8]

臺大出版中心，2005），頁 109-183。

5　松本保宣，〈從朝堂至宮門──唐代直訴方式之變遷〉，收入：鄧小南、曹家齊、平田茂樹主編，《文書、政令、信息溝通──以唐宋時期為主》（北京：北京大學，2012），頁 237-306。

6　吳珊珊、劉玲清，〈唐魚符考論〉，《黑龍江史志》2014 年 19 期，頁 26-28；李曉菲，〈隋、唐、宋的隨身魚符與職官制度考〉，《吉林師範大學學報》（人文社會科學版）2013 年 4 期，頁 5-9；尚民杰，〈唐朝的魚符與魚袋〉，《文博》1994 年 5 期，頁 54-57；洛陽市文物考古研究院，〈洛陽新區香山路唐墓發掘簡報〉，《洛陽考古》2016 年 4 期，頁 19-22。

7　《漢書》（臺北：鼎文書局，新校標點本，1986），卷九〈元帝紀〉，頁 286。

8　長孫無忌等撰，劉俊文點校，《唐律疏議》（臺北：弘文館出版社，1986），卷七〈衛禁律〉「闌入宮殿門及上閤」（總 59 條），頁 151-152。

諸闌入宮門，徒二年。（疏議曰：宮門皆有籍禁，不應入而入者，得徒二年。……）殿門，徒二年半。持仗者，各加二等。入上閤內者，絞（疏議曰：上閤之內，謂太極殿東為左上閤，殿西為右上閤，其門無籍，應入者準敕引入，闌入者絞。……「其宮內諸門，不立籍禁」，謂肅章、虔化等門，而得通內，而輒闌入者，並得絞罪。……）持仗及至御在所者，斬。……即闌入御膳所者，流三千里，入禁苑者，徒一年。（疏議曰：御膳所，謂供御造食之處，其門亦禁。……禁苑，謂御苑，其門有籍禁。……）

　　入宮的第一道門有籍禁，檢查來人是否符合入宮的資格。如已通過宮門的驗證，要再入閤或入內門的其他殿院，則不必重覆查核門籍。官吏入宮後就算不再驗門籍，但仍需準敕或聽傳宣才可入諸殿、閤或御在所，否則即是闌入，因為這些地方是皇帝聽政視朝之所，或后妃皇室生活起居之處，[9] 唐政府在此設下一道道防線，就為展現皇帝威儀，並維護宮廷安全。至於御膳所是供食皇帝的重地，自然不容無籍之人擅入。禁苑是防衛宮廷的要地，為免有心人士亂入，出入當有籍禁。可以說宮廷區域雖廣，本條已立下入宮驗證的基本規範。然從本條的論刑方式看，宮、殿、閤、御在所、御膳所、禁苑等處，其量刑標準是以犯罪行為發生地為基準，越接近皇帝之所在，量刑就愈重。[10]

　　唐代負責驗證門籍的官吏是監門衛，《唐六典》卷二五〈左右監門衛〉條：[11]

　　掌諸門禁衛門籍之法。凡京司應以籍入宮殿門者，皆本司具其官爵、姓

9　唐代宮廷的的建築布局，分前朝區與後寢區。前朝區有政治功能與禮儀功能，後寢區有寢殿區與園林區。部局不同，活動亦不同。有關宮廷的格局，可參看：陳揚，《唐太極宮與大明宮布局研究》（陝西師範大學碩士論文，2010）。

10　蔡侑霖，《唐代長安城的法律空間》（台灣師範大學歷史系碩士論文，2015），頁 16-30；井上和人，〈唐代長安の諸門について──『唐律疏議』における「門」字の分析〉，《法史學研究會會報》九號（2004），頁 26-44。

11　李林甫等撰，陳仲夫點校，《唐六典》（北京：中華書局，1992），卷二五〈諸衛府·左右監門衛〉，頁 640。

名，以移牒其門（若流外官承腳色，並具其年紀、顏狀），以門司送於
監門，勘同，然後聽入。……其籍月一換。

　　唐律「未著籍入宮殿」條疏議曰：「在京諸司入宮殿者，皆著門籍。」[12]據
此，凡需朝參之在京文武九品以上官，都應置門籍於宮門口。門籍之製作由各
司負責，具官職、姓名移牒給門司。與官吏門籍相關的門司，包含監門衛與宿
衛宮門的諸衛。這裏的門籍既由門司送於監門，則此處的門司可能指的是諸衛
大將軍以下、衛士以上之宿衛宮殿者。[13]《新唐書》還指出：「每月送籍於引駕
仗及監門衛，衛以帳報內門。」[14]引駕仗屬金吾衛，以三衛充，職在糾繩，[15]也
是任職門司的諸衛。但真正審核門籍的應該是監門衛，不過他仍要將審核結果
向內門回報。報給的機構可能是內侍省，內侍省掌內供奉，命婦朝會「所司籍
其人數，送內侍省」，[16]就是將名籍報給內侍省，此應是仿照京官名籍報內門來
處理的。如流外官有事需入宮，也要提交年、貌等資料給門司，除了經常在宮
中某機構辦事之流外官要常置門籍外，其他可能是臨時性的注籍。
　　百官入宮門要驗門籍，入朝之時還要驗門籍。《新唐書·儀衛志》敍朝日
情形，先由御史大夫領屬官促百官就班：[17]

　　文武列於兩觀。監察御史二人立於東西朝堂甎道以沚之。平明，傳點畢，
　　內門開，監察御史領百官入，夾階，監門校尉二人執門籍，曰：「唱籍」。
　　既視籍，曰：「在」。入畢而止。次門亦如之。

12　《唐律疏議》卷七〈衛禁律〉「未著籍入宮殿」（總64條），頁155。
13　《唐律疏議》卷七〈衛禁律〉「宿衛冒名相代」（總62條）疏議，頁153。
14　《新唐書》（臺北：鼎文書局，新校標點本，1976），卷四九上〈百官志〉，頁1286。
15　《資治通鑑》（臺北：世界書局，1974），卷一九九高宗永徽二年條注，頁6275。
16　《舊唐書》（臺北：鼎文書局，新校標點本，1976），卷四四〈職官志〉，頁1870。
17　《新唐書》卷二三上〈儀衛志〉，頁488。

　　百官入朝是大事，還要再驗門籍，但這與入宮門之驗門籍，在目的與方式上似有所不同。一來，入朝直接關乎皇帝的安全，自然要慎之再慎；再來，官吏所置之籍，應視所入之門而置於該門。按官吏就班，列隊而入，監門校尉執門籍逐一唱籍。所謂唱籍，其實就是點名的意思，既可防冒入，也可知何人不到或遲到。入朝時既已依官品序列整隊，[18]入殿之門籍可能也早已按品級放好，所以監門唱籍、視籍會較方便，官吏入內當然也較快速。

　　官吏入宮門要驗門籍，參與朝會又要驗門籍，唯前引唐律言入閣：「其門無籍，應入者準敕引入」，因為能入閣者都是皇帝極信任的大臣，之前入朝已驗過門籍，此時與皇帝議政，準敕引入就好，不必再驗門籍。而「宮內諸門，不立籍禁」，其實是「其無籍應入者，皆引入」，[19]亦即入其他殿院也需有人引入才符合程序。

　　前條另個要注意的是「次門亦如之」一句。門籍的設置，有很嚴格的管理方式，《唐律疏議・衛禁律》「未著籍入宮殿」條疏議曰：[20]

　　　　籍在東門而從西門入者，依令：「非應從正門入者，各從便門著籍。」
　　　　假如西門有籍而從東門入，或側門有籍而從正門入，各又減罪二等，謂
　　　　減闌入罪七等。

　　從這條疏議看，側門是相對於正門較低層級的便門。亦即凡相對於正門、端門之傍側諸門，都可稱為側門，又稱為便門、次門，故金吾仗院有側門，通內門、上閣門等亦有側門。側門的作用很多，如降斜封墨敕授官，諸王退朝於側門候進止、諫官側門論事、側門受詞訟、都督刺史御史出使於側門取處分。

18　《唐會要》（臺北：世界書局，1974），卷二五〈文武百官朝謁班序〉雖訂於貞元二年，但應在此之前已有入朝班序。

19　《唐律疏議》卷七〈衛禁律〉「宮殿門無籍冒名入」（總61條）疏議，頁152。

20　《唐律疏議》卷七〈衛禁律〉「未著籍入宮殿」（總64條），頁155-156。

[21]候進止、取處分，在聽候傳宣，與置門籍無直接關聯。但官吏入殿朝參由哪個門入，便涉及在何處置籍，大抵官品較高者在正門設籍，由正門入；官品較低者在側門置籍，由側門入；如正門、側門都不置籍，便不可入殿庭。由是監門衛要先判斷，何人可從正門入，何人只能從次門、便門或側門入。以正八品下為常參官的監察御史來說，「分日直朝堂，入自側門，非奏事不至殿庭，正門無籍」，也就是他不能從正門入。直到天授中，「詔側門置籍，得至殿庭」，[22]他才能從側門入至殿庭。監察御史在未許可側門置籍前，連側門亦不可入，除非他有事要奏。類似情形在金吾衛身上亦可看到。金吾衛掌宮中巡警，但他可能也無法隨意入殿庭，貞元八年（792）「復命金吾置門籍」，[23]似乎金吾有一段時間也被取消設門籍，直到貞元八年才讓其恢復之。唐政府對著籍入宮殿有正門、便門或側門之別，應是想到眾多官吏如同一時間由同一門入，必然造成擁塞之患，而且不分官品，亦不合尊卑身分之別，故官吏雖有門籍，還要考慮人員分流與品級差別。再說，門籍或許只抄錄一份置於殿門口，如由未著籍之門入，審查者便無從判斷，造成困擾。而百官入朝，監門校尉執門籍檢核後，門籍當放還原處，才方便官吏下次入內時之審核。

　　中唐以來，或許因監門校尉位卑職低，不足以震懾諸朝官，故審查門籍的責任似亦由御史臺分擔之。大曆七年（772）御史大夫李栖筠奏：[24]

> 其有久不朝謁，並假過百日以上者，望令本司錄奏，如相容隱，臺司訪查彈奏。……又文武常參官，或有晚入，並全不到，及班列失儀，委御史臺錄名，牒所由，奪一月俸，經三度以上者，彈奏。

21　松本保宣，〈唐代の側門論事について〉，收入：《唐王朝の宮城と御前会議——唐代聴政制度の展開——》（京都：晃洋書房，2006），頁 225-232。

22　《新唐書》卷四八〈百官志〉，頁 1238。

23　《唐會要》卷二四〈朔望朝參〉，頁 466。

24　《唐會要》卷二四〈朔望朝參〉，頁 465。

　　其實早在之前朝會時，御史臺官就各依職權，分司其事，《新唐書‧百官志》言：「監察御史二人押班，侍御史頤舉不如法者」，殿中侍御史則「糾離班、語不肅者」。[25]可以說監門校尉驗證門籍之外，御史臺之監察要押班，侍御與殿中都負責殿廷禮儀，同時還要注錄朝官之勤惰差假等情形，以防朝班失序。

　　原則上，門籍每月更替一次，但為了適應官職之隨時遷轉改換，門籍也要跟著快速易籍，唐律「應出宮殿輒留」條疏議曰：[26]

> 應出宮殿，謂改任、行使、假患、番下、事故等，依令「門籍當日即除」。門籍已除，其人輒留不出；雖無假患等事及被告劾，已有文牒令禁止，籍雖未除，皆不得輒入宮殿，如有犯者，各以闌入論。

　　門籍已除或有文牒禁止，其人便不得入宮或留置宮中，該種高度機動性的處斷，說明宮中是有應變機制的。門籍固然是入宮的依據，但總有些狀況不在預期中，唐律「宮殿門無籍冒名入」條疏議曰：「其無籍應入者，皆引入。其無籍，不得人引，而詐言有籍及冒承人名而入者」，以闌入論。[27]顏真卿上疏引太宗〈司門式〉云：[28]

> 其無門籍人，有急奏者，皆令監門司與仗家引奏，無得關礙。

　　看來無籍者引入，也是入宮的方式之一，而且早在唐初已有此作法。只是從後文來看，不經皇帝同意而引入者頗有其例，而引入的目的也未必為急奏，這可能已與無籍引入的初衷有所不同。

---

[25] 《新唐書》卷四八〈百官志〉，頁 1235、1239。

[26] 《唐律疏議》卷七〈衛禁律〉「應出宮殿輒留」（總 68 條）疏議，頁 159。

[27] 《唐律疏議》卷七〈衛禁律〉「宮殿門無籍冒名入」（總 61 條）疏議，頁 153。

[28] 《舊唐書》卷一二八〈顏真卿傳〉，頁 3593。《資治通鑑》卷二二四代宗大曆元年條作〈門司式〉，頁 7189。

　　唐代殿院或通內之門雖無門籍，但這不代表各門無人把守，可以隨意進出。如代宗罷李輔國之軍權與中書令，輔國茫然失據，欲入中書修謝表，閣吏止之曰：「尚父罷相，不合復入此門。」[29]一個守門的閹人，便可擋住李輔國入中書內省，不因其有無門籍，而是已失資格。集賢殿書院的押院中使，其職為「監守院門，掌同宮禁」，[30]似乎也只是守門的閹宦，看來並不負責驗證門籍。哀帝天祐二年（905）停宣徽院，「其延義、千秋兩門，只差小黃門三人勾當」，[31]同樣是深宮內門，只憑閹人守之，不再驗門籍。雖說這些門並非全無防禁，可是其防禁效果如何，令人存疑。梁太祖乾化元年（911）條：「先時門通內無門籍，且多勳戚，車騎眾者，尤不敢呵察。」[32]乾化元年距唐不過三、四年，大抵還是依仿唐制所為，但通內門已如此喧嘩，很難想像唐代通內門真能嚴察勳貴，保持肅敬。

　　官吏入宮，未必只限於常參官或只為朝會，宮中還有許多職司負責各項要務，這些職官出入宮廷也是常事，如果門籍只置於宮門一處或限制太多，反而查核不便，於是乃有通籍之制，也就是於宮門設籍之外，給特別批准之人，再設籍於相應之門，許其出入於任職單位或居住之處。柳宗元為集賢殿正字，從九品上，但他說「僕時通籍光範門，就職書府」。[33]柳宗元當時品位不高，所謂「通籍光範門」，大概是經特別許可，在光範門置門籍，允其通出入的一種措施。集賢殿書院創置於各宮，「學士通籍出入」，[34]早有此先例、慣例，應是一種常制。劉子玄有史才，奏記於蕭至忠曰：「近代史局，皆通籍禁門，幽居九

29　《舊唐書》卷一八四〈宦官·李輔國傳〉，頁4761。

30　《舊唐書》卷四三〈職官志〉，頁1852。

31　《舊唐書》卷二十下〈哀帝紀〉，頁803。

32　《舊五代史》（臺北：鼎文書局，新校標點本，1978），卷六〈梁書·太祖紀〉，頁96。

33　柳宗元，《柳宗元集》（臺北：漢京文化公司，1982），卷三四〈與太學諸生喜詣闕留陽城司業書〉，頁867。

34　《新唐書》卷五七〈藝文志〉，頁1423。

重,欲人不見。」史館人多,不盡是登朝官為修撰者,[35]還有他官兼史職,以及令史、楷書等位卑之流外官,他們皆「通籍禁門」,亦即在相近史館的某門設門籍,許其由之出入。但無門籍的其他各門,便是禁區,不可由該門任自出入。秘書郎姜崿為玄宗外孫,玄宗管制諸王極嚴,但為賞其孫,「敕有司以第六品告與緋衣銀魚,得通籍出入」。[36]同樣為皇親的柳晟,因父母早逝,代宗召養宮中,「故公得通籍中禁」,[37]也是許其出入宮廷。至於侍衛之軍將,既是貼身扈從,更需嚴設籍禁,以備不虞,如隨從高宗鑾駕東幸的周護碑文:「公侍衛輦躍,並翊從儲闈,通籍兩宮,遠屆瀍洛。」[38]環衛德宗幸奉天的張明進墓誌:「職在禁局,名高通籍」。[39]不僅出入要依籍檢查,而且各宮有籍,不只一處。有學者以為,通籍是常參官的代名詞,[40]然事實上,非常參官而有需要出入宮禁者,無論其職高卑,無論文官或武將,都要設門籍檢查,而門籍所設之處,似以最近其任職處或出入處為主,既有約束其活動範圍之意,也防其在宮中隨意走動,危及宮廷安全。

門籍是一種通行證的意思,臨時入宮者發給臨時通行證。元載專政,李少良抗疏上聞,留少良於禁內客省。少良友人韋頌因至禁門訪少良,少良漏其言,頌不慎密,為載備知之,遂下御史臺訊鞫。[41]宮中還可訪友,韋頌拿的應是臨時核發的通行證,限定只能至客省訪李少良,或二人會於會客室之類的地方。有些情況也許連臨時通行證都沒有,就擅自入宮。王維待詔金鑾殿,私邀入名士

---

35 鄭朗兼修國史,奏:「准故事,已通籍者為修撰,未昇朝者為直館。……其直館伏請停廢,更添置修撰兩員。」自此史館修撰通籍為四員。見:裴庭裕撰,田廷柱點校,《東觀奏記》(北京:中華書局,1994),中卷〈鄭朗奏添史館修撰〉,頁114。

36 《柳宗元集》卷一一〈故秘書郎姜君墓誌〉,頁276。

37 沈亞之,《沈下賢集》(四部叢刊本),卷一二〈為漢中宿賓譔其故府君行狀〉,頁68下。

38 吳鋼等編,《全唐文補遺》第一輯(西安:三秦出版社,1994),頁21。

39 周紹良編,《唐代墓誌彙編續集》(上海:上海古籍出版社,2001),貞元〇七二,頁786。

40 陳文龍以為通籍的確切意思應當是常參官。見:〈唐"通籍"考〉,頁207-220。

41 《舊唐書》卷一一八〈李少良傳〉,頁3415。

孟浩然商較風雅，俄報玄宗臨幸，浩然伏匿床下，王維不敢隱，因奏聞。[42]如果孟浩然有通行證，當不致如此驚慌失措；而王維的私邀入，既規避了門籍驗證，也顯示監門衛的查核並不確實，有包庇放水之嫌。

東宮同樣也有門籍制度，左、右監門率府掌東宮諸門禁衛之法，「凡東宮諸司應以籍入于宮殿者，皆本司據其官爵、姓名以牒門司，門司送于監門，監門之主與判曹印署，復送于門司，門司會之，同則聽入。」[43]東宮官屬的門籍製作與審核方式，大抵同於兩京宮城，只是輦下與儲貳各自分開，各有籍禁而已。

即使符合門籍制度，但若是違反某些規範，還是會被禁止入宮的。《周禮》〈天官冢宰下・閽人〉云：「喪服凶器不入宮，潛服賊器不入宮，奇服怪民不入宮。」[44]唐人也有類似的概念。因凶服不入公門，[45]李訓以縗粗，難入禁中，文宗乃令訓戎服入內。[46]昭宗時劉崇魯哭麻，李磎劾曰：「縗巾慘帶，不入禁門；崇魯向殿哭，厭詛天祚。」[47]服飾不如品式，從外觀便可知，而私藏之文書器物刀兵，非監搜不能查知。高宗謂右千牛衛將軍王及善曰：「他人非搜辟不得至朕所，卿佩大橫刀在朕側，知此官貴否？」[48]這是至御所在的監搜。唐朝著名案例，長孫無忌被召不解佩刀入東上閣，監門校尉不覺，正是疏於監搜，二人俱該論罪，但因戴冑力爭，才大事化小。[49]然官吏入宮殿普遍有監搜，汪應辰《石林燕語辨》：[50]

---

[42] 傅璇琮主編，《唐才子傳校箋》（北京：中華書局，1987），卷二〈孟浩然〉，頁366。

[43] 《唐六典》卷二八〈太子左右監門率府〉，頁719。

[44] 《周禮注疏》（十三經注疏本），卷七〈天官冢宰下・閽人〉，頁115-1。

[45] 《舊唐書》卷四三〈職官志〉，頁1830。

[46] 《舊唐書》卷一一九〈李訓傳〉，頁4395。

[47] 《新唐書》卷九十〈劉崇魯傳〉，頁3767。

[48] 《舊唐書》卷九十〈王及善傳〉，頁2910。

[49] 《舊唐書》卷七十〈戴冑傳〉，頁2532。此案之討論可參看：高明士，〈唐代的律令政治〉，收入：高明士著，《律令法與天下法》（上海：上海古籍出版社，2013），頁193-199。

[50] 葉夢得撰，宇文紹奕考異，侯忠義點校，《石林燕語》（北京：中華書局，1984），附錄一，汪應辰，《石林燕語辨》，卷二〈三十八辨入宣政殿奉事〉，頁183。

唐制，百官入宮殿門必搜，非止為奏事官也。藥樹有監察御史監搜位，非泛用，御史一人亦非立也。大和元年詔，今後坐朝，眾寮既退，宰臣復進奏事，其監搜宜停止。謂宰臣勿搜，非皆罷也。

唐人對官吏的監搜看來非只一次，入宮門要搜，朝參要搜，至御在所還要搜，而且這是無品級差別的一律監搜，僅大和元年停搜宰臣。監搜的目的除了防凶器外，也擔心宮中機密外洩，[51]永徽年間太常樂工宋四通「為宮人通傳消息」，上令處斬，幸賴蕭鈞奏所犯在未附律前，遂免死配流。[52]又如昭宗被劫，宮禁諸門皆增兵防守，「人及文書出入搜閱甚嚴」，[53]也是防漏言而發生不測。

入宮要驗門籍，事畢應即出宮，不可擅自留宿宮中。唐律「因事入宮輒宿」條疏議曰：[54]

因事得入宮殿者，謂朝參、辭見、迎輸、造作之類。不合宿者而輒宿，及容止所宿之人，各減闌入罪二等：在宮內，徒一年；殿內，徒一年半。

左神策大將軍柏良器，為監軍竇文場所惡，「會良器妻族飲罪，寓宿宮舍」。遂左遷良器右領軍。宮舍乃宮中直宿之舍，胡注曰：「因其妻黨犯衛禁而文致其罪。」[55]所犯的正是「不合宿而輒宿」此條。又，昭宗嗜酒，怒責左右不常，

---

[51] 關於保密與漏言問題，以及唐律的懲罰方式，可參考：錢大群，郭成偉著，《唐律與唐代吏治》（北京：中國政法大學出版社，1994），第六章、第十章；彭炳金，《唐代官吏職務犯罪研究》（北京：中國社會科學出版社，2008），第二章。

[52] 《唐會要》卷五五〈諫議大夫〉，頁 950。《舊唐書》卷六三〈蕭鈞傳〉為「通傳信物」。此案涉及事件發生前刑律是否存在的問題，以及刑律如存在，最高刑度如何，還有就是皇帝超越法，變更法的可能性。相關討論見：岡野誠，〈唐代における「守法」の一事例──衛禁律闌入非御在所条に関連して〉，《東洋文化》60 号（1980），頁 81-92。

[53] 《資治通鑑》卷二六二昭宗天復元年條，頁 8559。

[54] 《唐律疏議》卷七〈衛禁律〉「因事入宮輒宿」（總 63 條）疏議，頁 154。

[55] 《資治通鑑》卷二三四德宗貞元八年條，頁 7539。

劉季述等自危。先是，王子病，季述引內醫工入，久不出，「季述等共白帝，宮中不可妄處人。帝不納，詔著籍不禁。由是疑帝與有謀。」[56]門籍之制，查入也應查出，如果只入不出，宮中擅自留宿或容止人，亦會威脅宮廷的安全。劉季述即因醫工久不出而不自安，昭宗卻以著籍不禁留宿回應，但最終招致劉季述的廢帝之舉。天威都將李順節恃恩驕橫，「或入內中，經旬不出，致主有撫楹之咎，為臣懷通室之非」，[57]以是左右兩軍知將為大禍，急去除之。可見久宿宮中容易引起猜疑，何況還是一個驕橫的軍將。

官吏入宮有唱籍之制，但這只代表籍上有名，卻不能證明籍上之人即該官人。為了防止冒名而入等情形，勢必另有核對籍與人的辦法。《舊唐書》禮部：「凡內外百官，皆給銅印，有魚符之制。」[58]《通鑑》胡注：[59]

> 古者授官賜印綬，常佩之於身，至解官則解印綬。至唐始置職印，任其職者，傳而用之。其印盛之以匣，當官者實之臥內，別為一牌，使吏掌之，以謹出入，印出而牌入，牌出則印入，故謂之牌印。

印綬本佩於身，至楊虞卿任吏部員外郎，「始置匣加鐍以貯之」，人人以為便。[60]既然職印加匣封貯，遂別有一牌證明身分，胡注曰：「以謹出入」，當包括出入宮廷時之防冒入。元和年間于頔因其子而素服待罪於建福門，門者不內；遣人上表，閣門使以無印引不受。胡注曰：「既無職印，又無內引，所以不受。」[61]可見入宮要驗職印，否則也要驗牌，這是與門籍之制相對應的一種驗證官人身分的方式。

56　《新唐書》卷二〇八〈宦者下‧劉季述傳〉，頁5893。

57　《資治通鑑》卷二五八昭宗大順二年條，頁8422。

58　《舊唐書》卷四三〈職官志〉，頁1830。

59　《資治通鑑》卷二五六僖宗中和四年條，頁8312。

60　程大昌撰，黃永年點校，《雍錄》（北京：中華書局，2002），卷八〈郎官印匣〉，頁171。

61　《資治通鑑》卷二三九憲宗元和八年條，頁7699。

　　命婦也有朝參之禮，但命婦沒有門籍，只於朝參前所司籍其人數，送內侍省。[62]據元和二年（807）敕：「諸公主郡縣主，宜委宗正寺勾當；常參官母妻，御史臺勾當。如有違越者，夫子奪一月俸。無故頻不到者，有司具狀聞奏。」[63]這已把命婦名籍的處置機構，分得很清楚了。或許是因為命婦名數臨時會集，太過倉卒，也不易正確，故元和十五年太常寺奏：「內外命婦，請至朝賀參奉前五日」，諸司計會進名。[64]則將名冊的交付時限，做了具體規定。而這個名冊，就是取代門籍，核對命婦出入宮廷的依據。

三、別敕召入的查核方式

　　官吏通籍出入宮門為常制，按門籍驗證之法便可，而皇帝宣詔朝臣，無論是議政、講論、游宴，或其他原因，多是臨時性的，需有另種檢證方式，以防矯詔或冒入。

　　唐政府規定召入的查核方式，刑部司門郎中員外郎條：[65]

　　　　凡有召者，降墨敕，勘銅魚、木契然後入。

　　出入宮門，到底有多少職司負責查核，頗令人好奇。如前引《唐六典》監門衛條，本司具門籍，以門司送于監門，監門將軍判出入，門司再檢以出入。由此觀之，門司與監門似分屬兩個不同單位，一個判可否出入，另一則檢查出入之人或物。唐代史料中出入諸宮門，頗多言門司，如濮王泰幽北苑，門司辟

---

[62]　《舊唐書》卷四四〈職官志〉，頁 1870。

[63]　《唐會要》卷二六〈命婦朝皇后〉，頁 494。

[64]　《唐會要》卷二六〈命婦朝皇后〉，頁 494。

[65]　《新唐書》卷三六〈百官志〉，頁 1200。

其騎於永安門；[66]姚珽諫節愍太子，曰：「東宮門閤往來皆有簿籍，殿下時有所須，唯門司宣令。」[67]兩軍中尉邀李順節入宮，門司傳詔止從者；[68]少林寺主詣光政門奉狀以聞，門司宣、並牒。[69]門司的職責看來很複雜，如果只是檢其出入，則小吏便可；如還負責宣令或文牒，似有一定身分。前述審查有召者之出入，載於刑部司門條，則司門應也參與門司的查核工作。以此而言，宮門的門司可能包含監門衛與諸衛，以及刑部司門的官吏，前二者主要在驗證一般官吏之門籍，後者職在查核召入者的身分。

唐朝凡國有大事，皆出納符節，其中之隨身魚符，「所以明貴賤，應徵召」，[70]有其特殊功能。高宗永徽二年（651），在京文武職事官五品已上，並給隨身魚袋，「以防召命之詐，出內必合之」。[71]《唐六典》符寶郎條：[72]

　　隨身魚符之制，左二右一，太子以玉，親王以金，庶官以銅，佩以為飾。刻姓名者，去官而納焉；不刻者，傳而佩之。

隨身魚符其後也發給二品以上散官，及都督、刺史等。[73]其制左二右一，右符隨身，左符進內。[74]羅振玉輯《歷代符牌圖錄》，無論左符、右符，上面都有

---

[66]　《資治通鑑》卷一九七太宗貞觀十七年條，頁 6196。

[67]　《新唐書》卷一〇二〈姚珽傳〉，頁 3978。

[68]　《舊唐書》卷二十上〈昭宗紀〉，頁 747。

[69]　董誥等編，《全唐文》（北京：中華書局，1983），卷九八七闕名〈敕還少林寺神王師子記〉，頁 10210-10211。

[70]　《舊唐書》卷四三〈職官志〉，頁 1846。

[71]　《新唐書》卷二四〈車服志〉，頁 526。

[72]　《唐六典》卷八〈門下省‧符寶郎〉，頁 254。

[73]　《唐六典》卷八〈門下省‧符寶郎〉，頁 253。

[74]　仁井田陞著，栗勁等編譯，《唐令拾遺》（長春：長春出版社，1989），卷二一〈公式令〉二十七開元七年令，頁 516。

個「同」字，是合符用的，[75]這正與高宗發給「以防召命之詐，出內必合之」的用意相同。天授元年（690）改佩魚為龜，給龜袋；神龍元年（705）再改回佩魚袋。[76]由於隨身魚符不是百官皆有，應該不似門籍或職印那樣，成為入宮時必查核的項目，而可能只是「應徵召」時，[77]防詐偽之所需。

在現今留存的魚符中，如「右領軍衛道渠府第五」、「左鷹揚衛金城府第四」、「右武衛和川府第三」，[78]應該是「起軍旅，易守長」的銅魚符，[79]而非隨身魚符，因為銅魚符「王畿之內，左三右一；王畿之外，左五右一」，「行用之日，從第一為首，後事須用，以次發之，周而復始」。[80]上述魚符由諸衛折衝府之長官所持，行用次第為第三至第五，以約束所屬衛士。[81]反之，隨身魚符僅「左二右一」，「刻姓名者，去官而納焉；不刻者，傳而佩之」。[82]於今唐墓有一件龍朔至光宅間刻著「司馭少卿崔萬石」的銅魚符，[83]以及兩件刻姓名的武周隨身龜符：「雲麾將軍行左鷹揚衛翊府中郎將員外置阿伏師受纈大利發第一」、「左玉鈐衛中郎將員外置索葛達干檜賀」。[84]司馭少卿是從四品上，中郎將是正四品下，符合五品以上給隨身魚袋或龜袋之制。不刻姓名的如「左武衛將軍傳

---

[75] 羅振玉編輯，《增訂歷代符牌圖錄二卷》，收入：《羅雪堂先生全集》七編（臺北：臺灣大通書局印行，1976），頁505-519。另可參考：瞿中溶，《集古虎符魚符考》（續修四庫全書），頁531-536。

[76] 《舊唐書》卷四五〈輿服志〉，頁1954。

[77] 《唐六典》卷八〈門下省‧符寶郎〉，頁253。

[78] 《增訂歷代符牌圖錄二卷》，頁510、519。

[79] 《舊唐書》卷四三〈職官志〉，頁1847。

[80] 《舊唐書》卷四三〈職官志〉，頁1847。

[81] 《增訂唐兩京城坊考》載清思院出土銅魚符一件：「同均府左領軍衛」。筆者雖未見原物，但依其他各件的樣式推測，該銅魚符文應是：「左領軍衛同均府」。見：徐松撰，李健超增訂，《增訂唐兩京城坊考》（西安：三秦出版社，1996），卷一〈西京‧大明宮〉，頁32。

[82] 《舊唐書》卷四三〈職官志〉，頁1847。

[83] 洛陽市文物考古研究院，〈洛陽新區香山路唐墓發掘簡報〉，頁21-22。

[84] 《增訂歷代符牌圖錄二卷》，頁517、518。文中所用圖片出自頁517。《舊唐書》卷四五〈輿服志〉：「自武德已來，皆正員帶闕官始佩魚袋，員外、試判、檢校自則天、中宗後始有之，皆不佩魚。」但從實例來看，武周時員外官已佩龜。

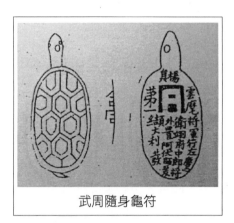

武周隨身龜符

佩」、「同州刺史傳佩」、「朗州傳佩」等，[85]也都是五品以上官。

　　皇帝下詔令大臣晉見，其維安程度應比入宮門更要提高之，光是門籍已不夠看，勢必別有認證標識，以示慎重之意。能得皇帝詔見，在朝應有一定品階、名望，隨身魚符設定五品以上才有，當是精心考慮的結果。《雍錄》〈古入閣說〉：[86]

> 元宗時優人以伎術得服緋，而設說以求賜魚者，元宗曰：「魚袋者，五品以上入閣則合符，汝則不可。」故武后時崔神慶上疏曰：「今五品以上佩龜者，為別敕宣召，恐有詐妄，故內出龜合，然後應命。」又《六典》曰：「魚符以備別敕宣召。」

　　無論入閣或入便殿，別敕宣詔面見皇帝是一件嚴重的大事。於君而言，恐有人矯詔，近皇帝之身，對皇帝不利；於臣而言，不得不防有人冒入，危及殿閣安全。所謂「以防詔命之詐，出內必合之」，就是召命之符契，需與應召者之隨身魚符勘合，才能入內。這道安全防線，即使是召太子，都不得馬虎。長

85　《增訂歷代符牌圖錄二卷》，頁 506、512。

86　《雍錄》卷三〈古入閣說〉，頁 63。又見：王讜撰，周勛初校證，《唐語林校證》（北京：中華書局，1997），卷五〈補遺〉，頁 473。

安三年（703）突厥使見，太子預焉，崔神慶上疏以為：「直有文符下宮，曾不
降敕處分。臣愚謂太子非朔望朝參，應別召者，望降墨敕及玉契。」[87]隨身魚符
之制，太子以玉，太后以墨敕及玉契召，勘合乃赴，[88]這才是正制，太后亦然之。
由於魚符勘合是五品以上大臣入閣才有的權利，故身分不對，就算得皇帝寵遇，
皇帝也不會輕率與之。

　　如司門條：「凡有召者，降墨敕，勘銅魚、木契然後入。」皇帝下召命，
必降墨敕，至於要勘合的是銅魚或木契，要視情形而定。前述召五品以上大臣，
勘合的是隨身魚符或龜符，因庶官以銅製，故曰銅魚（龜）。至於木契，通常
用於鎮守或出納，[89]但皇帝召命有時也用之，《新唐書》論符印曰：[90]

> 玄武門苑內諸門有喚人木契，左以進內，右以授監門，有敕召者用之。

　　這個喚人木契，可能用於守門軍士或宦者之流。既是「喚人」，又是木質，
且施於諸門，顯然等級不如五品以上大臣的銅魚。但其召用的程序，依然有敕，
有監門檢勘，完全不殊於五品以上大臣，故可謂是皇帝召用各級人等的標準流
程。此外，朝會之制，如「內謁者承旨喚仗，左右羽林軍勘以木契，自東西閣
而入」。[91]用的應該也是喚人木契，所喚乃三衛立仗，而審勘者是左右羽林將軍，
而非監門衛。然可惜的是，史料未見皇帝召六品以下臣、民，或后妃、宮人等
的方式，想來與前述各條應有暗合處。

　　別敕宣召，已不問其人是否有門籍，重要的是有司「準敕引入」，《唐律
疏議》「闌入宮殿門及上閣」條疏議曰：[92]

---

[87]　《資治通鑑》卷二〇七則天長安三年條，頁6568。

[88]　《資治通鑑》卷二〇七則天長安三年條胡注，頁6568。

[89]　《舊唐書》卷四三〈職官志〉：「凡國有大事，則出納符節，……四曰木契，所以重鎮守，慎出納。」

[90]　《新唐書》卷二四〈車服志〉，頁526。

[91]　《新唐書》卷二三上〈儀衛志〉，頁489；《資治通鑑》卷二一八肅宗至德元載條，頁6971。

[92]　《唐律疏議》卷七〈禁衛律〉「闌入宮殿門及上閣」（總59條），頁151。

上閣之內，謂太極殿東為左上閣，殿西為右上閣，其門無籍，應入者準
敕引入，闌入者絞。

應入者即使應召，也不可自行擅闖殿閣，需有人引入才可。至於引入之人，
當視場合而定。通事舍人掌朝見引納，如新授刺史申謝，由通事舍人引入。[93]在
宦權高張時，帝御延英殿引見群臣，未必召通事舍人引入，宦官可能也承擔引
入之責，像韋執誼謂諸翰林：「出入有內司之導」，[94]而哀帝也「只令小黃門祇
候引從」。[95]至於入內殿，在外臣不可入的情況下，更只能由宦者引入，武后召
見張嘉貞於內殿，嘉貞因請曰：「陛下過聽，引對禁近。」[96]引入禁前的該當是
宦者。再如蕃國可汗、使者入朝，因不熟悉唐廷禮儀，更須有人引見。[97]總之，
別敕召見，除了墨敕之外，還有依敕派出的引見之人，其人可能位卑職低，但
終究受詔命而導引應召者入內。元和八年（813）于頔因其子賄賂案與殺人案，
素服待罪於建福門，遣人進表，「閣門使以無引不受」，日沒方歸。[98]《通鑑》
胡注曰：「無內引，所以不受。」[99]實際則是皇帝正將此案付臺獄，無意召見于
頔，自然無內引，而閣門使也就不敢受其表。依唐律，如非「準敕引入」即是
闌入，「闌入者絞」是很重的罪，難怪于頔、閣門使等都不敢犯禁。

唐代官員有宿直制度，就是在官署值班。[100]宮內也有宿直官員，即使在夜
間也要隨時聽候皇帝差遣。《明皇雜錄》言玄宗欲用張嘉貞為相而忘其名，「夜

93　《唐會要》卷六八〈刺史上〉，頁 1207。

94　《全唐文》卷四五五韋執誼〈翰林院故事記〉，頁 4649。

95　《舊唐書》卷二十下〈哀帝紀〉，頁 804。

96　《新唐書》卷一二七〈張嘉貞傳〉，頁 4441。

97　如突厥比年遣大臣入朝，玄宗嘉之，引使者宴紫宸殿。（《新唐書》卷二一五下〈突厥傳〉）迴紇可
　　汗助唐平亂，代宗引見於內殿，賜綵二百段。（《舊唐書》卷一九五〈迴紇傳〉）武宗會昌二年上御
　　麟德殿，引見室韋大首領等十五人。（《唐會要》卷九六〈室韋〉）。

98　《舊唐書》卷一五六〈于頔傳〉，頁 4131。

99　《資治通鑑》卷二三九憲宗元和八年條，頁 7699。

100　顧建國，〈唐代"寓直"制漫議〉，《淮陰師範學院學報》（哲學社會科學版）2002 年 3 期，頁 366-
　　367；林楚濤，〈也談唐代"寓直"制〉，《文史博覽》（理論）2009 年 6 期，頁 11-12。

令中人持燭於省中，訪直宿者為誰，還奏中書侍郎韋抗，上即令召入寢殿」，並促命寫詔勅。抗歸宿省中後，「忽有中人復促抗入見。上迎謂曰：『非張齊丘，乃太原節度張嘉貞。』別命草詔。」[101]《劇談錄》「宣宗夜召翰林學士」條謂令狐綯「于禁林寓直，忽有中使來召。……引于御榻之前。」宣宗訪聞治理，臨軒佇立久之，「謂中使曰：『持燭送學士歸院。』及還禁林，夜漏將半。」[102]皇帝在夜間宣令直宿官員入見，均是依循「準勅引入」的模式。程大昌以為：「凡宿直者身雖得在禁中，苟無詔皆不輒見」。[103]就是此意。

　　如由宮外入宮的待詔之士，程大昌又曰：「由宮城之外而得入宮城之門耳，此之宮門，即右銀臺門矣。」[104]是說初入院之學士，宣召由右銀臺門入。元稹時為翰林學士，酬樂天詩曰：「未勘銀臺契，先排浴殿關。沃心因特召，承旨絕常班。」[105]他正是由銀臺門入宮，由於深受皇帝寵信，門司連銅魚都未勘驗便放行。詩注曰：「思政對學士，往往宮官傳詔。」[106]此處的宮官即是宦官，也印證了無詔不見的說法。

　　皇帝聽聞而召見外人入宮也是常有的事，如為偶然入宮，依一般流程辦理便好，要是經常出入禁中，需有特殊處分才方便行事。薛懷義得千金公主引見，則天召而悅之，「欲掩迹，得通籍出入，使祝髮為浮屠」。[107]薛懷義度為僧，仍比照大臣入宮設門籍，可隨時出入，以此掩飾其恩遇之深與召入之繁複程序。代宗喜祠祀，禁中置內道場，日引沙門百餘諷唄，胡人有官至卿監、封國公者，

---

[101] 鄭處誨撰，田廷柱點校，《明皇雜錄》（北京：中華書局，1994），卷上「唐玄宗用張嘉貞為相」，頁12。

[102] 康駢撰，蕭逸校點，《劇談錄》，收入：《唐五代筆記小說大觀》（上海：上海古籍出版社，2000），頁1460-1461。

[103] 《雍錄》卷四〈複門〉，頁78。

[104] 《雍錄》卷四〈複門〉，頁78。

[105] 元稹，《元稹集》（臺北：漢京文化公司，1983），卷十三〈酬樂天待漏入閣見贈〉，頁144。

[106] 《元稹集》卷十三〈酬樂天待漏入閣見贈〉，頁144。

[107] 《新唐書》卷七六〈后妃上·高宗則天武皇后傳〉，頁3480。

「著籍禁省」，[108]勢傾王公。僧廣宣〈禁中法會應制〉詩曰：「在筵還向道，通籍許言詩。」[109]內道場僧人似特許其通籍出入禁中。哀帝時醫工車讓、謝筠入宮久不出，帝詔「著籍不禁」，[110]由是劉季述疑帝與有謀。這些著籍禁中的例子，大抵為出入方便而設。唐朝皇帝為祈福養生而尊禮僧道醫卜方士之例不勝枚舉，他們是以別敕召入或通籍出入的方式入宮，大概要看皇帝的好惡及其與入宮者的關係而定。至於皇帝見地方官、軍將、著使、乃至側門論事者，[111]因為是偶然為之，或隨狀面奏，不會令其通籍出入，蓋以別敕召入為主。

別敕宣召本是皇帝的專屬權利，任何人都不可擅自為之。然宮中是講求權勢的地方，有權勢者或得皇帝寵信者召外人入宮，門司不僅不敢阻攔，連皇帝也鮮有怪罪之意。麟德初，武后召方士郭行真入禁中為蠱祝，宦人王伏勝發之，高宗怒武后專恣，但並未懲處，仍待之如初。[112]則天時鳳閣侍郎周允元朝罷入閣，太平公主喚一醫人自光政門入，醫白公主有鬼隨允元後，則天令給使覘問。[113]看來太平公主在未得則天同意前，已召醫人入宮，而則天似也不以為意。鄭普思謀為妖逆，其妻第五氏以鬼道為韋庶人所寵，居止禁中，[114]中宗既未責其容止宮中之罪，韋庶人也就更囂張了。天寶中孫甑生深於道術，太真妃特樂其術，數召入宮試之，[115]應也是越過玄宗的召入權而自為之。至於貴妃與安祿山的關係更非比尋常，祿山「出入宮掖不禁」，「或通宵不出」，[116]玄宗全不懷疑，竟不知讓渡皇權的後果是為禍不遠矣。如果連皇帝都不能固持自己的專屬

108 《新唐書》卷一四五〈王縉傳〉，頁4716。

109 《全唐詩》（北京：中華書局，1960），卷八二二廣宣〈禁中法會應制〉，頁2016。

110 《新唐書》卷二〇八〈宦者下‧劉季述傳〉，頁5893。

111 《唐文拾遺》卷三玄宗〈進封事不限旦晚敕〉、《全唐文》卷四七代宗〈求言詔〉：「如須側門論事，亦任隨狀面奏，即便令引對。」既是面奏、引對，當由皇帝召見。

112 《新唐書》卷七六〈后妃上‧高宗則天武皇后傳〉，頁3475。

113 張鷟撰，趙守儼點校，《朝野僉載》（北京：中華書局，1997），卷一，頁3。

114 《舊唐書》卷八八〈蘇瓌傳〉，頁2878。

115 鄭處誨撰，田廷柱點校，《明皇雜錄》（北京：中華書局，1997），〈補遺〉，頁42。

116 《資治通鑑》卷二一六玄宗天寶十載條，頁6903。

權利，不在意別敕宣召的體制被破壞，那麼門司面對權貴，又豈敢伸張職權，只能睜一隻眼，閉一隻眼，順從地將不該入宮的人放入，否則若太正直，一板一眼地從事，反而得罪權貴，為自己招來禍端。

　　還有些特殊情形頗值得注意，洛陽人王慶之以死泣請立武承嗣為皇太子，不去，太后乃以印紙遺之曰：「欲見我，以此示門者。」自是慶之屢求見，太后頗怒之。[117]這個印紙，大概就是敕書的代替品，只是別敕召入的發動者為皇帝，而出示印紙者為王慶之。至於門者，只要審勘有證明文件就算已盡職，何必去管是求見或召見？張昌宗、張易之恃寵驕橫，易之引蜀商宋霸子等侍宴殿中，韋安石跪奏：「商等賤類，不當戲殿上。」顧左右引出。[118]商人身分被賤視固不足論，而張易之乃敢引之侍宴，似也太狂妄，好在則天不覺得自己權利遭侵犯。但懿德太子、永泰公主等竊議張易之兄弟「何得恣入宮中」，顯然認為其不循法禁，有擅出入之嫌，卻不料觸到則天痛腳，竟被杖殺。[119]劍南節度使章仇兼瓊厚結楊釗（國忠），釗以蜀貨遺諸妹，於是諸楊言釗善樗蒲，引之見上，「得隨供奉官出入禁中」。[120]諸楊引見楊釗後，楊釗次次出入禁中似只隨供奉官後，既未見門籍驗證，也非別敕召見，可說是權勢蔭庇下的又一特例。晚唐皇帝受制於宦官與強藩，不唯劉季述等在內廷擅作威福，指責皇帝，[121]而昭宗入朱全忠軍，夜三召，皆辭，[122]更是不把皇帝詔命放在眼裏。

---

[117] 《資治通鑑》卷二○四則天天授二年條，頁6475。

[118] 《新唐書》卷一二二〈韋安石傳〉，頁4349。

[119] 《舊唐書》卷八六〈中宗諸子〉，頁2835。

[120] 《資治通鑑》卷二一五玄宗天寶四載條，頁6867。

[121] 《新唐書》卷二○八〈宦者下・劉季述傳〉，頁5894。

[122] 《新唐書》卷二○八〈宦者下・韓全誨、張彥弘傳〉，頁5901。

四、宮中人出入的查驗

　　住居宮中的人，也有進出宮廷的問題，這包含三類人等，一是皇室成員，二是宮中服侍者，三是宿衛宮廷的兵將。皇室成員除了后妃外，主要有諸王、公主等，另外還有少數特許供養宮中者可以附帶列入。宮中服侍者不外宦官、宮女之類，他們仍有等級之別。宿衛宮廷的兵將，或因輪調未必久居宮中，但一旦宿衛宮禁，就有應守的規範。

　　凡皇家五等親及諸親三等，皆立簿書，並載於宗正寺，[123]即諸王、公主等並列名於宗正寺屬籍。唐前期，諸王年幼或受寵，養於宮中，成人後自宮中遷出，謂之出閣，可以開府置官，有自己的府第、儀仗，自此與群臣同列，與宮內即相隔。[124]諸王出閣後如至朝堂，或參與朝會，應同官吏入宮要驗門籍，由宗正寺具官爵、姓名牒門司，送監門衛審勘。諸親王并給隨身魚符，以金造；嗣王、郡王有官階者，亦許佩魚袋，[125]蓋為「明貴賤，應徵召」之需要。

　　則天稱制之際，宗室諸王密謀起兵匡復李唐，因而引起則天之深嫉宗室。史書說「睿宗諸子同處于宮中，凡十餘年不出庭院」，[126]這是諸王不得出閣，幽禁於宮中形同囚犯。而中宗「在房陵，與后同幽閉」，[127]一樣過著不見天日的生活。直到聖曆元年（698）李顯自房州召回為太子，睿宗與諸子才許出外邸。這段幽禁期間，諸王行動受限制，根本無法隨意進出宮廷，就算有門籍，有魚袋，恐怕也無用武之地。

---

[123] 《舊唐書》卷四三〈職官志〉，頁1822。

[124] 唐前期，諸王出閣後，散居外邸，可開府置僚屬，但也可遙領、不之官。相關討論見：謝元魯，〈唐代諸王和公主出閣制度考辨〉，《唐史論叢》第十二輯（2009），頁29-30；雷巧玲、任培秦，〈從居住方式的變遷看唐王子權利的消長〉，《晉陽學刊》1996年3期，頁92-94；孫英剛，〈隋唐長安的王府與王宅〉，《唐研究》第九卷（2003），頁190-192。

[125] 《唐令拾遺》卷二一〈公式令〉二十七開元七年令，頁516。《唐會要》卷三一〈輿服上〉頁580。

[126] 《舊唐書》卷八六〈高宗諸子〉，頁2833。

[127] 《資治通鑑》卷二〇八中宗神龍元年條，頁6584。

　　玄宗因發動內難而登上皇位，尤其疑忌宗室諸王，不僅不令出閣，還採集中居住，宦官監管的方式，防閑禁錮之，已完全廢除唐前期成年皇子出閣的制度。早在開元十年（722）玄宗已禁宗室、外戚、駙馬相往還，[128]防備之心甚為明顯。而在東封年後（開元十三年），皇子「以漸成長，乃於安國寺東附苑城同為大宅，分院居，為十王宅。令中官押之，於夾城中起居」。後諸孫成長，又於十王宅外置百孫院。[129]至於玄宗兄弟，號五王宅，皆環於興慶宮側，「諸王每日於側門朝見」，歸宅之後即縱飲歡樂，中使相望，不絕於歲月。[130]雖說諸王於側門朝見，或許還有門籍，但朝見後便歸宅，生活形同幽閉。而十王宅、百孫院即使已遷出太極宮、大明宮內院，可是皇子出入全面受管制，由中官押之起居，意謂著皇子名冊在中官之手，有沒有門籍已無關緊要。

　　唐後期諸皇子的遭遇依然惡劣，元稹〈上陽白髮人〉描寫其悲慘境遇是：「諸王在閣四十年，七宅六宮門戶閟。……王無妃媵主無壻，陽亢陰淫結災累。」[131]由於「累朝子孫，雖白首不入宮禁」，[132]長期被漠視，故而引起士人的議論，李德裕上言文宗曰：「天下議皆以為幽閉骨肉，虧傷人倫。」然諸王出閣的事，竟以所除官不決而罷。[133]鄭樵總結禁錮皇子之制與唐祚不振曰：「自明皇以後凡十四代，諸王不出閣，不分房，子孫閟而不見。……所以唐室自明皇之後，一日不振於一日。」[134]皇子既不能隨意出入宮禁，又不能出閣任事，何能侈言屏藩王室，為勤王之師？

　　與諸王出閣制度相對應的，是公主的出閣。《通鑑》胡注：「出閣而適人，使有配偶。」[135]公主的出閣主要指出嫁。唐前期女主專政，公主出閣無所關礙，

128　《資治通鑑》卷二一二玄宗開元十年條，頁6751。

129　《舊唐書》卷一〇七〈玄宗諸子〉，頁3271。

130　《舊唐書》卷九五〈睿宗諸子〉，頁3011。

131　《元稹集》卷二十四〈上陽白髮人〉，頁278。

132　《冊府元龜》（臺北：臺灣中華書局，1972），卷三九〈帝王部‧睦親〉，頁441。

133　《資治通鑑》卷二四四文宗太和七年條，頁7886。

134　鄭樵，《通志》（臺北：臺灣商務印書館，1987），卷二八〈氏族略〉，頁469-3。

135　《資治通鑑》卷二四四文宗太和七年條，頁7886。

方其再入宮禁時，與諸王相同，都設門籍之制。張說撰〈延州豆盧使君萬泉縣
主薛氏神道碑〉云：「詔婚之禮，於焉為盛。……每至婚姻會同，少長咸集。……
縣主既通籍門闌，奉御又尚司殿省。」[136]縣主是太平公主之女，歸於豆盧氏，
不僅婚禮盛大，會親時也熱鬧非凡。縣主是命婦，可參與皇后主持的各項禮典，
又是皇親，可出入宮廷看望親人，〈神道碑〉說縣主「通籍門闌」，顯然同諸
王一樣，要通過門籍查驗，才可入宮。

　　先天之後，玄宗因疑忌諸王而設十王宅、百孫院，以集中管理諸宗親，但
也因此連帶影響到他們的婚姻，即「諸孫納妃嫁女，就十王宅」。[137]玄宗時諸
王、公主的婚嫁或許尚不成問題，但唐後期的情況便大為改觀，蓋「至德以來，
國家多事，公主、郡、縣主多不以時嫁，有華髮者，雖居禁中，或十年不見天
子」。[138]至德宗建中元年（780）始引見諸宗女，嫁岳陽等九十一縣主。[139]此後
李吉甫、李德裕父子兩度提及諸王女不以時嫁的情形，才在元和六年（811）、
太和七年（833）詔十六宅縣主以時出適。[140]大體上，皇帝愛女都可順利出嫁，
[141]但諸王之女因著諸王不得出閣而形同幽閉，像萬泉縣主那樣「通籍門闌」，
對她們來說，既是奢言，也無必要了。

　　住居宮中的皇親還有后妃等人，后妃如因典禮要出宮，自有有司安排所有
事宜，其車駕進出宮廷當暢行無阻，何需考慮申報門籍、查驗門籍？然宮中貴
主未必都謹守安居宮中之分寸，尤其是中宗時之宮掖醜聲日聞於外，袁楚客諫
魏元忠書曰：「近封數夫人者，皆先朝之宮女，……若備內職，則不當知外；
不備內職，自可居外，安得出入內外，往來宮掖者哉？……內外互言，禁衛何

---

[136] 張說撰，熊飛校注，《張說集校注》（北京：中華書局，2013），卷二十一〈延州豆盧使君萬泉縣主薛氏神道碑〉，頁 1025-1026。

[137] 《新唐書》卷八二〈玄宗諸子〉，頁 3616。

[138] 《資治通鑑》卷二二六德宗建中元年條，頁 7290。

[139] 《資治通鑑》卷二二六德宗建中元年條，頁 7291。

[140] 《資治通鑑》卷二三八憲宗元和六年條，頁 7687；又，卷二四四文宗太和七年條，頁 7886。

[141] 蒙曼，〈唐代長安的公主宅第〉，《唐研究》第九卷（2003），頁 224-228。

施，必弄君之法，縱而不禁，非所以重宗廟、固國家也。」[142]上官昭容及宮人貴倖者，皆立外宅，出入不節，或累日不歸。[143]袁楚客所謂「禁衛何施」、「縱而不禁」，皆直指宮廷縱放其出入，禁衛門籍之法已形同虛設。

　　隨著宮貴人的恣意行事，依附他們的外親、宮官、女巫等便也依勢用事，出入或居止禁中。[144]原本外親入宮是要驗門籍的，如武昭儀誣王皇后與母挾媚道蠱上，帝遂解魏國夫人門籍。[145]但韋后、上官昭容等之外親，及所引進之女巫等人，是否都按門籍制度出入，或門衛是否敢依職權查驗，頗讓人存疑。至於宮官如尚宮柴氏、賀婁氏等，依高宗上元二年（675）詔：「婦人為宮官者歲一見其親。」[146]亦即她們除非得特許才能出宮，[147]否則只能閉鎖宮中，連親人也難得一年會見一次。只是賀婁氏等樹用親黨，廣納貨賂，很難相信她們只在宮中，而不交通外人。總之，宮禁不嚴，似在中宗時期最為嚴重，這與中宗縱容宮貴人有莫大關係。

　　宮中所居不只是皇親，有些功臣或宗親的年幼子女也養在宮中。如周道務孺褓時，以功臣子養宮中，年十四乃得出，後娶太宗女臨川公主。[148]天后御極時，武平一齠齔之歲，見育宮中，故親覩法書之收藏與流失情形。[149]王忠嗣父戰死吐蕃，時年九歲，玄宗命養禁中。[150]和政公主子柳晟，年十二居父母喪，

---

[142] 《全唐文》卷一七六袁楚客〈規魏元忠書〉，頁1796。

[143] 《舊唐書》卷五一〈后妃上‧中宗韋庶人〉，頁2172；《冊府元龜》卷四八〇〈臺省部‧奸邪二〉，頁5724。

[144] 《舊唐書》卷五一〈后妃上‧中宗韋庶人〉，頁2172-2173；又，卷八八〈蘇瓌傳〉，頁2878。

[145] 《新唐書》卷七六〈后妃上‧高宗王皇后〉，頁3473。

[146] 《新唐書》卷三〈高宗紀〉，頁72。

[147] 唐前期皇帝派遣尚宮出宮辦事頗為常見，如問安、慰問、賞賜、弔喪等。見本書〈唐代後宮女官研究——宮官制度的形成、演變與影響〉。

[148] 《新唐書》卷八三〈諸帝公主〉，頁3646。

[149] 《全唐文》卷二六八武平一〈徐氏法書記〉，頁2724。

[150] 《舊唐書》卷一〇三〈王忠嗣傳〉，頁3197。

代宗憐之，召養宮中，其昆弟並悉保養於內闈。[151]另外，也有些失怙恃之女子也養於宮中，如玄宗貞順皇后武氏，為恆安王攸止女，父卒時尚幼，隨例入宮。[152]僕固懷恩死，代宗憐其有功，養其女宮中。[153]文宗憐李孝本女鬐亂孤露，一度收養宮中，後以物論疑似之間而出之。[154]這些功臣或宗親子養於宮中，應該還保有行動自由，像柳晟便與太子諸王受學於吳大（道）瓘并子通玄，而通玄兄弟得出入宮掖，[155]柳晟也得「通籍中禁」，[156]這是說他們有門籍可以方便進出宮中。但養於宮廷的女子，恐怕如一般宮人那樣，只能安分的居止宮中。

　　宦官、宮女都是宮中服侍者，可是他們的職務不同，能出入宮廷的機會也不同，無法等量齊觀。宦官自玄宗以來，人數、權力都大幅增長，除了內殿供奉之外，還委以華重，傳命遠使，由於他們出宮的可能性頗多，故出入之際的身分查核是不能輕易看待的，以免有人藉機混入宮廷。

　　中上層宦官擁有自己宅第的情形頗為普遍，他們為了侍從、供職方便，多選擇在長安城北面，太極宮及皇城東西兩側諸坊內。[157]像高力士「常止宿宮禁，或時出外第」，[158]李輔國「專掌禁中，常居內宅」，代宗「賜輔國大第於外」。[159]這些大宦官有宅第在宮外，而單貧無室屋居止的下層宦官只能窩居宮中。[160]既然宮外有宅第，勢必有時出宮看望家人，或回家放鬆一下，則他們出入宮禁，

---

[151] 《沈下賢集》卷一二〈為漢中宿賓譔其故府君行狀〉，頁 68 下；吳鋼等編，《全唐文補遺》第三輯（西安：三秦出版社，1996），〈河東柳府君（昱）墓誌銘〉，頁 138-139。

[152] 《舊唐書》卷五一〈后妃上‧玄宗貞順皇后武氏〉，頁 2177。

[153] 《資治通鑑》卷二四四代宗大曆四年條，頁 7208。

[154] 《資治通鑑》卷二四五文宗開成元年條，頁 7925-7926。

[155] 《新唐書》卷一五九〈柳晟傳〉，頁 4961。傳中謂柳晟受學於吳大瓘，但《舊唐書》做吳道瓘（《舊唐書》卷一九〇下〈文苑傳〉，頁 5057。）

[156] 《沈下賢集》卷一二〈為漢中宿賓譔其故府君行狀〉，頁 68 下。

[157] 杜文玉，〈唐代長安的宦官住宅與墳塋分布〉，《中國歷史地理論叢》1997 年第 4 輯，頁 79-89。

[158] 《舊唐書》卷一八六下〈酷吏下‧吉溫傳〉，頁 4854。

[159] 《資治通鑑》卷二二一肅宗乾元二年條，頁 7073；《新唐書》卷二〇八〈宦者下‧李輔國傳〉，頁 5879。

[160] 《唐會要》卷六五〈內侍省〉，頁 1133。

應該也有查核方式。史傳稱李輔國「禁中符印，悉佩之出入」，[161]李輔國曾任殿中監、兵部尚書、內諸司使諸職，自然有職印在身，再加上五品以上官有隨身魚符，以便應召，也是通例。李輔國常在禁中，佩符印出入宮廷，相信無人敢攔阻或質疑，而像他這樣的大權宦佩符印進出禁中，絕非止此一人，難保不形成另一種規制。章懷太子墓甬道東壁的內侍，是一個手持魚符，下繫鑰匙的宦官。[162]他可能是東宮宮門郎，從六品下，執掌管鑰之事，所持魚符則是出入宮廷，證明自己身分之用。可見宦官佩符印出入是有憑據的。太宗外甥女段蕳璧墓壁畫的給使圖，腰帶下一側佩革囊，一側佩帛魚。[163]帛魚指的是魚袋，一般宦官就算非五品以上，出入宮廷也要佩魚符。

| 章懷太子墓持魚符之管鑰宦官 | 段蕳璧墓給使圖（摹本） |

[161] 《舊唐書》卷一一二〈李峴傳〉，頁 3344。

[162] 董理主編，《魅力獨具的唐墓壁畫》（西安：陝西人民出版社，2007），頁 155。

[163] 陝西歷史博物館，昭陵博物館合編，《昭陵文物精華》（西安：陝西人民美術出版社，1991），頁 38。給使所佩為帛魚，見：介眉編著，《昭陵唐人服飾》（西安：三秦出版社，1990），頁 71。

　　唐律雖云「宮內諸門，不立籍禁」，[164]意謂官吏入殿院門不再重覆查核。但宦官的活動範圍主要在宮內，如果他們出入殿院完全不要查核，反而可能帶給宮廷難以預期的危機。白居易所擬制敕曰：「內常侍趙宏亮等，列名禁籍，祗命宮闈，……宜加勳賞。」[165]看來宦官不只在內侍省有名冊，在禁中也別有專為宦官所設之門籍。蓋禁中是宮內最核心的禁地，愈近御在所或皇居，門衛自然愈嚴。大宦官固然「列名禁籍」，小黃門恐怕也有其他的查驗方式，否則若不知侍奉宮闈者為何人，一旦要追究責任，要到何處捉人？門衛又豈能無干係？

　　宦官出宮辦事，在唐代並不少見。如要遠使外地，則要申請過所，太宗時司門員外郎給給使過所稽緩，遭貶官。給使是禁中給使令之宦官，[166]他們奉皇帝之命出外辦事，唐後期監軍之類的人大概也有過所，以證明自己的身分。至於宦官傳宣大臣，無論是持奉詔文書或是口宣，總以快速為宜，如宋申錫案，「中人馳召宰相，馬奔乏死於道，易所乘以復命」。[167]長安街市走馬奔馳，極易傷人，後晉刑部郎中馬承翰奏：「其或自內中急傳宣旨者，即請賜銀牌或牙牌，令以手持之，俾路人及所由辨認，易為奔避。」[168]不過唐時似還無此措施。唐後期宦官即使囂張跋扈，但身分依然卑微，不能與士人官吏相提並論，故其出入不能由正門、端門，〈唐重修內侍省碑〉：「禁庭出入之處，是左右銀臺之樓。」[169]便表明宦官由銀臺門進出，這就是為何李輔國「常止銀臺門決事」，[170]兩軍中尉召李順節至銀臺門殺之，[171]都指向銀臺門了。由此推測，內侍省所

164　《唐律疏議》卷七〈衛禁律〉「闌入宮殿門及上閤」（總59條），頁151。

165　白居易著，顧學頡校點，《白居易集》（北京：中華書局，1988），卷五十二〈內常侍趙宏亮加勳制〉，頁1104。

166　《資治通鑑》卷一九五太宗貞觀十四年條，頁6158。

167　《新唐書》卷一五二〈宋申錫傳〉，頁4845。

168　《冊府元龜》卷六一三〈刑法部‧定律令五〉，頁7362。

169　《全唐文補遺》第一輯〈唐重修內侍省碑〉，頁38。

170　《新唐書》卷二〇八〈宦者下‧李輔國傳〉，頁5880。

171　《舊唐書》卷二十上〈昭宗紀〉，頁747。

列之門籍，應該也置於銀臺門，只是未必所有宦者都要列於門籍，在宮中服侍，無機會出宮的小黃門，大概無此需要吧！

在宮中服侍的還有為數甚多的宮女，她們除非被放出宮，不然可能一輩子待在宮內，形同幽閉。如果被放出宮，意謂著不會再回來，則頂多只有放出名籍，不會有回宮門籍。至於在宮內服侍之宮女，或可以《冥音錄》簿屬教坊之妓樂為例：「每一月之中，五日一直長秋殿，餘日得肆遊觀，但不得出宮禁耳。」[172]雖說是陰司，也是仿宮內情形而言。宮女依工作性質，分為勞作型雜役宮女、娛樂型技藝宮女、服務型侍從宮女三類，她們皆是按番次輪值工作，以確保宮中秩序與宮務不缺。[173]唯如《冥音錄》所言：「餘日得肆遊觀，但不得出宮禁耳。」宮女們就算不上值，也被拘於宮中。玄宗是最優待宮女的皇帝了，《教坊記》說宜春內人每月兩次及生日時可與親人相見，[174]卻依然不得出宮。而且她們無論隸屬教坊或梨園，大概也是整批行動，少有個人自由。

宮女與外人通聯，在唐宮中是不被允許的。《冥音錄》言：「近日襄陽公主以我為女，思念頗至，得出入主第，私許我歸。……帝或聞之，當獲大譴，亦上累於主。」[175]只是借機回家，被發現，都會遭大譴，可見宮禁之嚴了。正因為宮女不得與外人交通，才要找各種門路解決自己的心事，如高宗時太常樂工宋四通等為宮人通傳信物，[176]不就是宮牆阻隔了人的來往，只好委託他人代傳訊息。景龍四年（710）正月望夜，放宮女數千夜遊縱觀，因與外人陰通逃逸不還。[177]同樣是難以斬斷入宮前的關係，便趁此遊觀良機而私逃出宮。看來宮女只要一日在宮中，就不得與外界有任何聯繫，任何巧門不過是特例而已。由於宮女終日閉鎖在宮內，無出入宮廷之自由，故除了掖庭局有宮女名簿外，宮

---

[172]　《太平廣記》（北京：中華書局，2006），卷四八九〈雜傳記〉，頁4021。

[173]　見本書〈唐代的宮女群體及其對宮廷政治的影響〉。

[174]　崔令欽撰，羅濟平校點，《教坊記》（瀋陽：遼寧教育出版社，1998），頁1。

[175]　《太平廣記》卷四八九〈雜傳記〉，頁4021。

[176]　《舊唐書》卷六三〈蕭鈞傳〉，頁2405。

[177]　《舊唐書》卷五一〈后妃上·中宗韋庶人〉，頁2174。

門口是不會有其門籍的。

　　宿衛宮廷的兵將，是指諸衛大將軍以下，衛士以上，以次當上者。[178]前者是指左右金吾衛、左右監門衛等十六衛，主要職責是宮廷巡警與門禁守衛，屬南衙衛軍。後者是折衝府番上京師宿衛的府兵，到開元年間府兵日益弛壞，兵源成了問題。[179]唐律云：諸衛、府「上番之日，皆據籍書」，又云：「宿衛長上人，雖一日上，兩日下，皆有長籍」。但即使有籍，已下值而擅入宮殿，仍減闌入罪五等論之。[180]籍書的製作，應由諸衛、府主司為監當之官，亦即府官所由列出當上之兵，衛官再加以審核，才能安全有保障，這與京司以籍先送宮殿門司，再送監門勘同的情形，頗為類似。

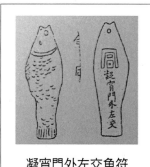

凝宵門外左交魚符

　　　　　籍書以整批製作為主，但個別兵將的身分，及所巡查之門，則另有配置。中宗景龍元年（707）敕：[181]

宮殿門、皇城門、京城門、禁苑門，左右內外，各給交魚符一合，巡魚符一合；左廂給開門魚一合，右廂給閉門魚一合，左符付監門掌，交番巡察。

　　目前所見各門魚符有：「嘉德門內巡」、「凝宵門外左交」兩件、「延政門外左交」，以及武周龜符：「宸豫門開門」、「宸豫門閉門」、「嘉善門校尉」等件。[182]嘉德門在太極宮承天門內；凝宵門應即凝霄門或凌霄門、青霄門，在大明宮北，玄武門之右；延政門在大明宮望仙門東；宸豫門、嘉善門都是龜符，應是東都某門，此處的嘉善門未必是長安東宮明德殿兩廊之門。如各符所

---

[178]　《唐律疏議》卷七〈衛禁律〉「宿衛冒名相代」（總62條），頁153。

[179]　張國剛，〈唐代禁衛軍考略〉，《南開學報》（哲學社會科學版）1999年6期，頁152-153。

[180]　《唐律疏議》卷七〈衛禁律〉「宿衛冒名相代」（總62條），頁153；又，「未著籍入宮殿」（總64條），頁155。

[181]　《唐會要》卷三十〈諸宮〉，頁560。

[182]　《增訂歷代符牌圖錄二卷》，頁509、508、517、518、519。文中所用的圖片出自頁509。

見，有左、右、內、外交番巡察字樣，或開門、閉門字樣，正與景龍敕所言相吻合。筆者推測，此制或許早已有之，只是在景龍時重申之或強化執行而已。這些符可能不是出入宮廷者所佩戴，而是守衛各門者審核出入之用。嘉德門非入宮的第一道門，但仍置門衛巡察，他如宸豫門等也都是宮內之門，照樣置門衛，而且各門的左、右、內、外都有門衛，要開門、要閉門還另有審核，可見無論宮城門或宮內之門，門門要查，關關設警，宮廷防衛之嚴密，於此可知。諸符中只有「嘉善門校尉」一件註明守門者職務，他大概是隨府兵番上而領諸衛士守門的軍官。此外，還有一件魚符是「九仙門外右神策軍」，[183]顯然是唐後期神策軍所掌，他除了負責九仙門的守衛外，也表明其身分與一般折衝府衛士不同。

　　通常以為出入宮禁憑借籍書，然其實門符亦是重要的依據，如應徵召者持隨身魚符，宦官佩魚符出入，諸衛府長官有銅魚符，門衛亦有開閉巡察之魚符。由於門符與宮廷安全息息相關，唐律中「門符」一詞就出現十二次，其中與宮廷有關的「宮殿門符」、「禁苑門符」共七次，頻率不可謂不高。而門符遭盜竊、偽造或稽留之情況，最重可處絞刑或流刑。[184]門符在宮廷門禁制度中的作用，絕不可小覷。

　　宿衛宮廷的兵將有籍書，任職門衛者以魚符或龜符合符巡察出入者。他們在諸衛監管下，整批行動，應該沒有隨意出入宮廷的自由與權利。來番上的府兵會輪調，更要注意其忠誠度，及其在宮中的勤務訓練。總之，宿衛宮廷的兵將有高度的集團性，無論執勤或在宮中行動，都有主司帶領，不會任其獨行於禁地。

---

[183]　《增訂歷代符牌圖錄二卷》，頁507。

[184]　門符的重要性及其在唐律中出現的次數，井上和人有分析，但他對唐律的統計次數稍有失誤。見：井上和人，〈唐代長安の諸門について──『唐律疏議』における「門」字の分析〉，頁39-40。

五、庶民出入宮禁之檢查

　　宮廷是嚴肅、神聖之地，一般庶民是沒有資格隨意入宮廷的，除非他有特定任務或特殊原因，才得入宮廷。庶民出入宮廷，分為任務型與個別型兩種。任務型包括伎樂、工匠、輸送者之類；個別型主要是來投匭、擊登聞鼓的。前者原則上有人帶領，採團進團出的方式，但有時也會有個別人等出入宮廷。後者通常在朝堂處或宮門外遞狀、擊鼓，卻也可能入通內之門。

　　任務型的庶民因事入宮，唐律謂之「迎輸、造作之類」，既云「之類」，當然也包括技藝人的入宮表演。疏議曰：[185]

> 將領人入宮殿，有所迎出，有所輸送；造作，謂宮內營造，門司皆須得牒，然後聽入。若未受文牒而輒聽入，及所入人數有剩者，門司各以闌入論。

　　此等庶民皆為無門籍者，但將領人應錄名向有關單位申請文牒，名單核可後文牒下門司，門司據文牒名數放入因事入宮者。[186]如將領主司與門司知所入人數不符文牒所錄，即有夾帶入或冒名入等情形，則各以闌入論。易言之，申請名錄的將領主司，與查核名單的門司，都有各自擔負的責任。

　　丁匠、樂伎等入宮服侍，蓋為唐朝宮廷之常態。尤其是玄宗酷愛新聲，太常樂工之外，又置梨園、教坊，《樂府雜錄》：「古樂府都計五千餘人，內一千五百人俗樂，係梨園新院于此，旋抽入教坊。」[187]這些為宮廷服務的歌舞技

---

[185] 《唐律疏議》卷七〈衛禁律〉「因事入宮輒宿」（總63條），頁154-155。

[186] 庶民無籍及錄名付衛府等情節，可參考仿唐制之日本《令義解》卷五〈宮衛令〉「應入禁中條」：「凡無籍應入禁中，及請迎、輸送、丁匠入役者，中務省臨時錄名付府。五十人以上，當衛錄奏。」注云：「當衛者，衛門及兵衛府也。」見：清原夏野等撰，《令義解》，收入：黑板勝美編，《新訂增補國史大系》（東京：吉川弘文館，1989），頁175。

[187] 段安節撰，羅濟平校點，《樂府雜錄》（瀋陽：遼寧教育出版社，1998），頁21。

藝之人，不論男女，都隨時待命，聽從召喚，在人帶領下，入宮表演，娛樂君王。他們的訓練與演出要互相搭配，是具組織性的集團，故其入宮服務時也應是整批整團的帶入。

　　宮中營造或修繕工程不少，丁匠出入宮廷的情形似乎也很普遍，無論他們是來自徭役或和雇，[188]這些孔武有力的粗人，為宮廷帶來的風險似乎比樂伎要大得多，姚珽諫節愍太子書：「伏以內置作坊，工巧得入宮闈之內、禁衛之所，或言語內出，或事狀外通，小人無知，不識輕重，因為詐偽，有玷徽猷。」[189]這還只是洩漏或外通禁中事，更有甚者，玄宗發難誅韋后，總監鍾紹京帥丁匠二百餘人，執斧鋸以從，[190]便有干預朝政之嫌。敬宗初，染署工張韶輸材入宮，陰結諸工百餘人，匿兵車中若輸材者，因以為亂，[191]則都是工徒丁匠參與了宮廷政變。

　　將領人帶任務型的庶民入宮，工作完成了，就該原班人馬整團帶出才是。唐律云：在宮殿內作罷而不出者，至少處徒一年。如是不覺眾出或迷誤失道，非故不出，得上請，但將領主司同負罪責。只是有些任務未必能當日完成，或天天出入難免麻煩，宮中可能也會考慮留宿的問題。不過「不合宿者而輒宿，及容止所宿之人」，唐律依然要究責，處以減闌入罪二等論之。[192]

　　庶民入宮在執行任務時，若得皇帝賞識，則會有些特殊待遇，起碼是不必隨將領人依名錄而進。如則天託言薛懷義有巧思，故使入禁中營造，[193]就越過團進團出的模式。玄宗時梨園弟子胡雛善笛，有寵，嘗負罪匿禁中。[194]他把宮廷當作藏身之所，想來是不會按正常程序入宮的。明皇甚善念奴歌聲，嘗自宮

188　他們有可能來自力役、雜徭或色役，也有可能是和雇來的。見：張澤咸，《唐五代賦役史草》（北京：中華書局，1986），第二編。

189　《舊唐書》卷八九〈姚珽傳〉，頁 2905。

190　《資治通鑑》卷二〇九睿宗景雲元年條，頁 6645。

191　《新唐書》卷二〇七〈宦者上・馬存亮傳〉，頁 5870-5871。

192　《唐律疏議》卷七〈衛禁律〉「因事入宮輒宿」（總 63 條），頁 154。

193　《資治通鑑》卷二〇三則天垂拱二年條，頁 6441。

194　《新唐書》卷一三〇〈崔隱甫傳〉，頁 4497。

外悄然召入，[195]同樣是有別於一般將領人帶入的方式。敬宗善擊毬，諸毬工得見便殿，與帝狎息戲樂，雖說他們籍於宣徽院或教坊，[196]卻似乎可以隨意進出宮中。這些庶民既無門籍，又略過文牒審核，若非皇帝召入，就只憑藉得寵幸而無人敢攔阻。若果真如此，則宮中的門禁制度猶如虛設，並不能發揮檢查功能或防杜不法的作用。即如染署工張韶之變，「韶每輸染材入宮，衛士不呵」，[197]竟成為他起異心的一個原因。與其說這些庶民的入宮僅歸責於衛士或門司的疏忽怠慢，實也不盡然，得寵幸、因熟識、成慣例，讓門衛失去戒心，讓庶民長養驕心，才是讓宮廷門禁難以嚴格把關的主因。

　　個別型的庶民入宮，通常有不得已的原因，大致以訴冤為主要目的，垂拱二年（686）置匭於朝堂，以收天下表疏，並置使知匭事。[198]凡官人、百姓等有冤滯未申、獄訟失職、進獻謀猷等，都可投匭。[199]由於官人進獻封事、側門論事之管道甚多，投匭進狀尚不為最重要的方式，但對百姓來說，於朝堂詣闕上書幾乎不可能，而往後的發展，就指向投匭，乃至擊登聞鼓了。[200]

　　投匭者不限身分，不限事由，難免有攻訐陰私，謗訕朝政的情形，故自匭函設立之初，便有先行審閱投書的規定，[201]自此政策一直在廢除檢閱與恢復檢閱間搖擺不停。[202]唐人有時將投匭者視如告密人，寶應元年（762）敕：「如有

---

[195] 《元稹集》卷二四〈樂府‧連昌宮詞〉，頁270。

[196] 《新唐書》卷二〇八〈宦者下‧劉克明傳〉，頁5883。

[197] 《新唐書》卷二〇七〈宦者上‧馬存亮傳〉，頁5871。

[198] 《舊唐書》卷五十〈刑法志〉，頁2142-2143；《唐會要》卷五五〈省號下‧匭〉，頁956。

[199] 宋敏求，《唐大詔令集》（臺北：鼎文書局，1972），卷八二〈申冤制〉，頁473。

[200] 投匭、擊登聞鼓，都是直訴的方式，相關討論可參考：陳登武，〈訴訟程序與審判管轄權——以「越訴」與「直訴」為中心〉，收入：《從人間世到幽冥界——唐代的法制、社會與國家》（臺北：五南出版公司，2005），頁30-45；陳璽，《唐代訴訟制度研究》（北京：商務印書館，2012），頁153-162；松本保宣，〈從朝堂至宮門——唐代直訴方式的變遷〉，頁243-306；根本誠，〈唐代の投匭について〉，《早稻田大學大學院文學研究科紀要》13（1967），頁125-138。

[201] 《舊唐書》卷五十〈刑法志〉，頁2143。

[202] 松本保宣，〈從朝堂至宮門——唐代直訴方式之變遷〉，頁249。

告密人登時進狀，分付金吾留身待進止。」[203]長慶四年（824）理匭使李渤對此有進一步的約束：「今緣匭院無械繫之具，忽慮兇暴之徒，難以理制，請勒安福門司領付金吾仗留身，然後牒送御史臺、京兆府，冀絕兇人喧競。」[204]而開成三年（838）知匭使李中敏則「恐進狀人勞擾，又慮煩併」，要求停止通報金吾。[205]

　　庶民投匭以訴冤為主，但這其實不是件容易的事。首先，他如果住居遠方，必須長途跋涉地到宮門口，並有勇氣通過門衛、金吾、京兆府的層層檢查或盤問，才能投狀於匭函。其次，他狀告或申訴的人若是權貴，自身便須承擔相當大的風險，未必皆能如願成功訴冤。如張易之兄弟驕貴，張昌期彊奪婦女，壻投匭三四狀，並不出，張昌期反誣以他罪決死之。[206]侍御史徐有功對投匭的效用已有陳論：「陛下所令朝堂受表，設匭投狀，空有其名，竟無其實，並不能正直，各自防閑，延引歲時，拖曳來去，叩閽不聽，擂鼓不聞，抱恨銜冤，吁嗟而已。」[207]看來投匭訴冤的功能，並不如想像中的大，不僅遷延時日，讓訴冤者空等待，更糟的是，令人「專監其所投之狀」，[208]而過濾掉不想讓人知道的冤案，這種不聽不聞的情況，或許就是不時有人提出廢除檢閱副本，以防壅塞的原因。

　　匭函設置的地點最初在朝堂，胡注云：「置匭四枚，共為一室，列於朝堂。」[209]朝堂外有肺石、登聞鼓，則匭函應在朝堂內之某室。[210]太極宮東、西朝堂在承天門外，大明宮東、西朝堂在丹鳳門內，含元殿之閣下。百官入朝時，監門

---

[203]　《冊府元龜》卷四七四〈臺省部・奏議五〉，頁 5658。

[204]　《冊府元龜》卷四七四〈臺省部・奏議五〉，頁 5658-5659。

[205]　《唐會要》卷五五〈省號下・匭〉，頁 958。

[206]　《朝野僉載》補輯，頁 161。

[207]　《唐會要》卷五五〈省號下・匭〉，頁 956。

[208]　《舊唐書》卷五十〈刑法志〉，頁 2143。

[209]　《資治通鑑》卷二三八憲宗元和六年條胡注，頁 7687。

[210]　楊一凡、劉篤才，〈中國古代匭函制度考略〉，《法學研究》1998 年 1 期，頁 85；毛蕾，〈唐"銅匭"設置地點小考〉，《唐史論叢》第十一輯（2009），頁 25-26。

衛要驗門籍，但庶民無門籍，如要投匭，該如何入朝堂？《雍錄》謂含元殿閣下即朝堂，有登聞鼓，外人可得而進承天門（丹鳳門）、光範門。[211]這顯示無籍庶民因故可入宮城門。則天置匭時，匭院有司，置使知匭事，[212]而投匭時不僅有專司專使負責，可能還有專人負責接引，開成三年（838）知匭使李中敏奏：[213]

> 伏以舊例，詣光順門進狀，即有金吾押官責定住處。匭院投狀，即本司收投使狀人名，便差院子審復家第及主人，旋牒報京兆府，若又令牒金吾責狀，恐進狀人勞擾，又慮煩併。

按舊例，入光順門進狀，有金吾押官領付；至匭院投狀，院子領付之外，還要報京兆府知。因此庶民即使無門籍，在其表明要投匭時，全程都會有人監管，不會任其如入無人之境。

庶民訴冤的地點，不限於到朝堂或匭院投匭，更多的情況似乎止於宮城外門，這就不會涉及入內接引的問題。如衡方厚被枉殺，妻程氏徒行詣闕，截耳於銀臺門，告夫被殺之冤。[214]于敏奴王再榮詣銀臺門，告賄賂梁正言及支解其僮事。[215]狂人劉忠詣銀臺，稱白起令上表，天下有火災。[216]銀臺門本就是官吏上表陳情或奉表陳謝最頻繁的地點，[217]李輔國決事於銀臺門，宦官由銀臺門出入，在此收取表章或訴狀，乃唐後期頗為常見的事。又，其他宮門口也可訴冤，

---

[211] 《雍錄》卷四〈光範門〉，頁70。

[212] 劉餗撰，程毅中點校，《隋唐嘉話》（北京：中華書局，1997），〈隋唐嘉話下〉，頁35。

[213] 《唐會要》卷五五〈省號下·匭〉，頁958。

[214] 《舊唐書》卷一九三〈列女傳〉，頁5150。

[215] 《舊唐書》卷一五六〈于頔傳〉，頁4131。

[216] 《新唐書》卷三六〈五行志〉，頁955。

[217] 如王維〈謝除太子中允表〉：「謹詣銀臺門冒死陳請以聞。」獨孤及〈代于京兆請停官侍親表〉：「謹詣銀臺門奉表乞以聞。」乘如〈謝修戒壇表〉：「謹詣銀臺門奉表陳謝以聞。」于邵〈謝賜銀器及匹帛等表〉：「詣右銀臺門別狀奉進。」見：《全唐文》卷三二四，頁3286；卷三八五，頁3922；卷九一六，頁9545；卷四二四，頁4323。

如楊炎惡異己，使御史劾京兆尹嚴郢，長安百姓日數千人遮建福門訟郢冤。[218]
建福門是百官入朝正門，百姓群聚於此，既可達到訴冤的效果，又不必入門引
起騷亂，不失為對朝廷施壓的方式。此外，北門也可是告狀之處，則天廢廬陵，
飛騎飲於坊曲，一人言不遜，一人出詣北門告之，席未散，皆捕得。[219]飛騎雖
不同於一般百姓，但從上述各例看，百姓可申告之處似乎不限於特定地點，其
方式也不限於投匭。

　　最讓人訝異的是，庶民還可入光順門投書或訴冤。光順門是通內之門，是
命婦朝皇后的地點，大概只有延英召對的宰相或翰林學士等可入禁中，一般官
吏只能候於宣政殿外。庶民要入光順門，不是要穿過建福門、光範門，就是要
越過銀臺門，對把守宮城門的門衛來說，要放入無門籍的庶民，所承擔的責任
與壓力是極大的。如長安縣耆老巨石靈等人，詣光順門上表，請復德宗尊號；
[220]元和年間，撫州山人張洪騎牛冠履，獻書於光順門；[221]寶曆時，山人杜景先
於光順門進狀，稱有道術。[222]這些人看來不像有什麼背景，耆老等人數眾多，
張洪還騎牛入門，門衛如只因其要獻書、進狀就放行，心中豈能全無猶豫？何
不勸其入朝堂或匭院投匭？

　　能入光順門訴冤或上疏的，案情通常不單純。貞元年間裴延齡擅權，方謀
害在朝正直之士，乃掩捕李充腹心吏張忠，捶掠令為之辭。忠妻、母於光順門
投匭訴冤，詔御史臺推問，得雪。[223]又，試太子通事舍人李涉知憲宗待吐突承
璀意未衰，乃投匭上疏。知匭使孔戣詰責不受，涉乃行賂，詣光順門通之，戣
乃極論其與中官交結。[224]前案是吏人母、妻，後案則尚未正命，可說都還是庶
民。張忠母、妻在光順門投匭訴冤，是光順門亦設匭函？李涉能在光順門進疏，

---

[218]　《新唐書》卷一四五〈嚴郢傳〉，頁 4729。

[219]　《朝野僉載》補輯，頁 160。

[220]　《柳宗元集》卷三七〈代京兆府耆老請復尊號表〉，頁 942-943。

[221]　《舊唐書》卷十四〈憲宗紀〉，頁 427。

[222]　《舊唐書》卷十七上〈敬宗紀〉，頁 520。

[223]　《舊唐書》卷一三五〈裴延齡傳〉，頁 3727-3728。

[224]　《舊唐書》卷一五四〈孔戣傳〉，頁 4097；《資治通鑑》卷二三八憲宗元和六年條，頁 7687。

乃行賂中官所致。大中四年（850）敕：「應投匭及詣光順門進狀人，其中有已曾進狀，……又潛易姓名，依前進擾公廷，……宜令知匭使及閤門使，如有此色，不得收狀與進狀。」[225]投匭與光順門進狀，是不同的處置與措施，也分別由不同的使職來負責，匭函系統的管理者屬南衙諫官，光順門進狀則由宦官閤門使管理。閤門使屬北司，是皇帝的側近勢力。[226]如前述李中敏所奏：「伏以舊例，入光順門進狀，即有金吾押官責定住處。」張忠母、妻顯然是在金吾押官的監視下入光順門訴冤，但她們為何不在朝堂或匭院投匭，而要深入通內之門，是否別有隱情或有他人導引，則不可知。至於李涉，是在投匭不成後，賄賂中官而於光順門進狀。總之，沒有門籍的庶民，也不是完全不可能入宮城深處的光順門來投書或訴冤。

庶民訴冤的最後救濟手段，就是撾登聞鼓或立肺石下了。[227]凡天下冤滯不申欲訴理者，先由本司本貫。不伏，至尚書省。又不伏，經三司陳訴。又不伏，上表不達，聽撾登聞鼓；惸獨老幼乃立肺石下。[228]登聞鼓置於西朝堂，肺石在東朝堂。顯慶五年（660）有抱屈人齎鼓於朝堂訴，[229]始置。垂拱元年（685）制：「朝堂所置登聞鼓及肺石，不須防守，有撾鼓立石者，令御史受狀以聞。」[230]由於登聞鼓及肺石立於朝堂前，為了方便百姓陳訴及不受驚嚇，所以不須防守。然大曆十二年（777）詔：「其擊登聞鼓者，委金吾將軍收進，不得輒有損傷，亦不須令人遮擁禁止。」[231]即撾鼓立石者還是要受金吾將軍監管，並收訴狀。因為這是訴冤的最後手段，如垂拱制：「令御史受狀以聞」，應該是要上

---

[225] 《唐會要》卷五五〈省號下‧匭〉，頁 959。

[226] 松本保宣，〈從朝堂至宮門 —— 唐代直訴方式之變遷〉，頁 254-255；毛蕾，〈唐"銅匭"設置地點小考〉，頁 23-29。

[227] 趙旭，〈論唐宋之際登聞鼓職能的強化及影響〉，《唐史論叢》第十一輯（2009），頁 30-45；陳璽，《唐代訴訟制度研究》，頁 154-162。

[228] 《唐六典》卷六〈刑部郎中員外郎〉，頁 192。

[229] 《唐會要》卷三十〈大內〉，頁 549。

[230] 《資治通鑑》卷二〇三則天垂拱元年條，頁 6433。

[231] 《唐大詔令集》卷一〇五〈令百官言事詔〉，頁 536。

達天聽的。《開元令》亦曰：「立於石者，左監門衛奏聞；撾於鼓者，右監門衛奏聞。」[232]同樣是直訴於天子。但右金吾將軍裴諝以為：「訟者所爭皆細故，若天子一一親之，則安用吏理乎！」[233]於是乃悉歸之有司。由實際處理案件來看，所謂有司，不外御史臺或三司使。[234]

登聞鼓在朝堂外，擊打方便，又有直訴效果，所以擊登聞鼓者可能為數不少，於是有「撾登聞鼓者甚眾」、「爭者輒擊登聞鼓」等語。[235]但史料所載擊登聞鼓的例子其實不多，如右僕射裴遵慶之侄孫擊登聞鼓告其謀反；[236]穆贊鞫事被誣下獄，其弟撾登聞鼓訴理；[237]京兆尹楊虞卿家人出妖言，弟子等八人撾登聞鼓稱冤；[238]大理寺直王景初因事坐貶，撾登聞鼓，再貶。[239]這些都是官吏之家人或本人擊登聞鼓，難謂是尋常百姓。或許因為庶民「訟者所爭皆細故」，[240]不足以動天聽，故反而不為人重視，白居易曾曰：「登聞之鼓，歲終而不聞一聲」，[241]不是庶民不去擊鼓申訴，而是群下冤情難達於上聞也。

個別型的庶民入宮，多以訴冤為主。朝廷為了防壅蔽，並不刻意阻攔，但也為了維護宮中的安全與秩序，總有專人接引或監管。因此庶民無論是投匭進狀，內門上疏，或擊登聞鼓，似乎都沒有太大的困難，也沒有驗證門籍或身分

---

[232]　《唐令拾遺》卷二一〈公式令〉四十開元七年令、開元二十五年令「辭訴皆從下始」，頁532；《唐六典》卷六〈刑部郎中員外郎〉，頁192。

[233]　《資治通鑑》卷二二五代宗大曆十四年條，頁7261。

[234]　《唐會要》卷六十〈御史臺〉貞元九年二月御史臺奏：「今後府縣諸司公事，有推問未畢，輒撾鼓進狀者，請卻付本司推問斷訖，猶稱抑屈，便任詣臺司按覆。」這是由御史臺負責審理曾擊登聞鼓者。《資治通鑑》卷二二五代宗大曆十四年詔：「天下冤滯，州府不為理，聽詣三司使，以中丞、舍人、給事中各一人，日於朝堂受辭，推決尚未盡者，聽撾登聞鼓。」穆贊的案子，其弟穆賞就詣闕撾登聞鼓，詔三司使覆。（《舊唐書》卷一五五〈穆贊傳〉）

[235]　《資治通鑑》卷二二五代宗大曆十四年條，頁7261；《唐會要》卷五八〈左右司郎中〉，頁1002。

[236]　《冊府元龜》卷五七〈帝王部・明察〉，頁642。

[237]　《舊唐書》卷一五五〈穆贊傳〉，頁4116。

[238]　《舊唐書》卷十七下〈文宗紀〉，頁558。

[239]　《東觀奏記》中卷，頁110。

[240]　《資治通鑑》卷二二五代宗大曆十四年條，頁7261。

[241]　《白居易集》卷六四〈策林三〉「達聰明致理化」，頁1334。

的問題。只是寢而不報，冤而不申的情形，恐怕所在多有，這就不是庶民能夠
預期的了。

六、夜間與非時出入的檢核

　　宮門開閉有一定時辰，大致在寅時開，酉時閉。[242]一旦入夜，宮門闔閉，
任何人都不得隨意出入。只是當宮中有特殊需要時，宮門的開閉便不能依常時
的規範進行。《唐六典》：[243]

　　　　若非其時而有命啓閉，則詣閤覆奏，奉旨、合符而開闔之。

　　這裏的非時開閉，包含奉敕夜開宮門。凡不在常時內的開閉，如應開而不
開，應閉而不閉，都是非時開閉，或為擅開閉。[244]但如果是奉旨合符，或依法
式開閉，就算非其時，也不是擅開閉。若真是擅開閉宮殿門，則最高可處以絞
刑。[245]

　　唐朝只有少數特例，是允許重門弛禁的，如神龍之際京城正月望日，盛飾
燈影之會，「金吾弛禁，特許夜行」。[246]先天元年（712）正月大酺、二年正月

---

[242] 見本書〈唐朝宮門的開與閉〉。

[243] 《唐六典》卷八〈門下省〉城門郎條，頁 250。

[244] 《唐律疏議》卷八〈衛禁律〉「越州鎮戍等城垣」（總 81 條）疏議曰：「擅，謂非時而開閉者。」

[245] 《唐律疏議》卷七〈衛禁律〉「奉敕夜開宮殿門」（總 71 條）：「諸奉敕以合符夜開宮殿門，符雖合，
　　　不勘而開者，徒三年；若勘符不合而為開者，流二千里；其不承勅而擅開閉者，絞。」違式開閉宮
　　　殿門的情況多種，除了夜間違式開閉外，還有開閉方法違式，進出門籥違式等，都會影響諸門不能
　　　按時開閉。有關討論可參考：劉俊文，《唐律疏議箋解》（北京：中華書局，1996），頁 599-601；
　　　戴炎輝，《唐律各論》，頁 28-30。

[246] 劉肅撰，許德楠、李鼎霞點校，《大唐新語》（北京：中華書局，1997），卷八〈文章〉，頁 127-
　　　128。

望夜燃燈，夜開城門，睿宗御延喜、安福門縱觀，經月不息。[247]唐朝諸衛掌宮廷警衛之法，以防守宮內為主，唯金吾衛又兼負京城晝夜巡警，故京城燈會或酺宴，主要是京城門弛禁，金吾不以犯夜逮捕遊觀者，但宮門是否弛禁，監門衛是否不再驗門籍或不再合符，在此看不出來，不過可能性是相當小的。

　　夜開宮門，不是不可，但皆本於帝意，非人臣能夠作主。如楊貴妃妬悍不遜，玄宗怒送歸第，然上不懌，高力士揣知上意，「及夜，力士伏奏請迎貴妃歸院，遂開禁門而入」。[248]這是得到玄宗同意而夜開宮門的。元稹〈兩省供奉官諫駕幸溫湯狀〉其中一個理由是：「若鑾車夕入，則門禁失啓閉之時。」[249]凡車駕行幸及所至之處，並同正宮殿之法。[250]鑾車夕入，該當是宮門已閉之時，但敕旨既下，就算門禁失時，宮門也不得不開。

　　比較讓人憂心的是，如果國事緊急而需夜開宮門，宮中承擔的風險就很大。德宗時發生涇原兵變，賊攻城，舒王誼「晝夜傳詔，慰勞諸軍」。[251]既是詔從中出，則晝夜傳詔，必涉及夜開宮門的問題，何況賊兵還正在攻城。文宗太和年間有甘露之變，「訓亂之夜，文宗召右僕射鄭覃與（令狐）楚宿于禁中，商量制敕」。[252]這個震驚宮城，血濺朝路的大事，皇帝夜召大臣入宮，必要夜開宮門。唯因夜開宮門取決於帝意，可以想見其在執行上，應有很慎重的程序，以免有人因不當作為而干夜禁，危及宮廷的安全。

　　《唐律疏議》「奉敕夜開宮殿門」條引〈監門式〉曰：[253]

　　　　受敕人具錄須開之門，並入出人帳，宣敕送中書，中書宣送門下。其宮

247　《唐會要》卷五六〈左右補闕拾遺〉，頁 971；又，卷四九〈燃燈〉，頁 862；《新唐書》卷一二九〈嚴挺之傳〉，頁 4482。

248　《資治通鑑》卷二一五玄宗天寶五載條，頁 6873。

249　《元稹集》卷三四〈兩省供奉官諫駕幸溫湯狀〉，頁 398。

250　《唐律疏議》卷八〈衛禁律〉「闌入行宮營門」（總 77 條），頁 167。

251　《舊唐書》卷一五○〈德宗諸子〉，頁 4043。

252　《舊唐書》卷一七二〈令狐楚傳〉，頁 4462。

253　《唐律疏議》卷七〈衛禁律〉「奉敕夜開宮殿門」（總 71 條），頁 160。

內諸門，城門郎與見直諸衛及監門大將軍、將軍、中郎將、郎將、折衝、
果毅內各一人，俱詣閤覆奏。御注聽，即請合符門鑰。監門官司先嚴門
仗，所開之門內外並立隊，燃炬火，對勘符合，然後開之。

夜開宮門，自然是有急事，為了爭取時效，其進行的步驟應是非常快速的。
宣敕送兩省，可能以口宣或墨敕為多，而兩內省的宿直官員則立即處理急務。
此處宮門的門司大體分三類人，即城門郎、監門衛、諸衛與折衝府。他們在得
到指令時，先詣閤覆奏，確認後，再合符開門。[254]

〈監門式〉所列程序，應包含夜間時分人員之奉敕入宮或出宮。但實際情
形可能會有些出入。貞觀十年（636）文德皇后之葬，段志玄與宇文士及分統兵
馬出肅章門。太宗夜使宮官持手敕至二將軍所，但段志玄以「軍門不可夜開」、
「夜中不辨真偽」，留使者至明。[255]按營門與宮門同，也有闌入之罪。[256]段志
玄在軍中，即使宮官有手敕，段志玄也不得覆奏請示真偽，故宮官持手敕可出
宮，卻不得入軍門。相對地，如果外間因事請求入內，就要依循〈監門式〉的
程序。貞元間議唐蕃會盟，其夜三更邠寧節度使韓遊瓌遣使叩開苑門，奏云盟
會不成，將士覆沒，上驚。[257]按禁苑之門雖有籍禁，但皆不得夜出入，[258]唯詣
閤覆奏，合符才可入內。因此叩開苑門的這個舉動，必是奏報過德宗，得其認
可的。只是同樣的奏報，結果卻未必相同，蓋昭宗之遇害，就緣於蔣玄暉等夜
扣內門，言軍前有急奏要面見上。內門開，帝遂被弒。[259]

特殊情況的非時開閉，可能發生在白晝，也可能出現在夜間。唐朝多次的

---

[254] 關於「奉敕夜開宮殿門」的討論，請參考本書〈唐代宮門的開與閉〉。

[255] 《資治通鑑》卷一九四太宗貞觀十年條，頁6122。

[256] 《唐律疏議》卷八〈衛禁律〉「闌入行宮營門」（總77條）疏議曰：「外營門、次營門與宮門同，
闌入者得徒二年。」

[257] 《唐會要》卷五一〈議量上〉，頁894-895。

[258] 《唐律疏議》卷七〈衛禁律〉「闌入宮殿門及上閤」（總59條）疏議曰：「禁苑，謂御苑，其門有
籍禁。」又，「夜禁宮殿出入」（總72條）：「諸於宮殿門雖有籍，皆不得夜出入。」

[259] 《舊唐書》卷二十上〈昭宗紀〉，頁783。

宮廷政變，都涉及非時開閉的問題。景龍元年（707）敕：宮殿門、禁苑門等「左廂給開門魚一合，右廂給閉門魚一合，左符付監門掌，交番巡察，每夜并非時開閉，則用之。」[260] 入夜及非時出入宮門，除了門籍或敕符之外，又多了一道魚符的驗證。如此重重把關，看似嚴謹周密，但在發生事變時，許多不確定的因素攪擾進來，讓整個防衛體系全然破功。蓋政變發動，事機急迫，守方只求閉門自保，攻方則欲斬關而入。由於事起倉促，誰還有時間往來覆奏開門或閉門，而且兵變乃是矯制發動，更不可能向上奏報。至於守方，也只能自為處斷，頂多向外求援，哪會想到按程序走，依旨意關閉宮門？張鷟《龍筋鳳髓判》正有一個非時開閉的擬判：[261]

> 田達當討救之際，索馬不與，拒門不開，覆奏往來，宜失機速。合處極法，不伏。

這顯示事機危迫時，田達略過覆奏往來的程序，而竟被判處極法。判詞對奏聞皇帝的重要性有一段說明：

> 循環覆奏，務在從真；倉促輒來，焉知非詐。

但弔詭的是，守方往來覆奏，便失機宜權變的急速；攻方目的在政變，又豈會報知所欲推翻的人？此判最終雖然免除田達之過，不以極法處之，然非時開閉，特別是緊急狀態下的處理困境，已表露無遺。

如果夜間已閉宮門，而門內卻發生事故，此時反而要靠宮外巡警，強開宮門，協助平亂。如大足中，妖妄人李慈德自云能行符書厭，則天於內安置。不料其於三更反於內，宮人擾亂相殺，羽林將軍楊玄基聞內裏聲叫，領兵斬關而

---

[260] 《唐會要》卷三十〈諸宮〉，頁 560。

[261] 張鷟撰，田濤、郭成偉校注，《龍筋鳳髓判校注》（北京：政法大學出版社，1995），卷三〈左右羽林衛〉，頁 106。

入，殺慈德等數十人。[262]閉鎖宮門本有保護皇室、宮人之意，但在突然有變的情況下，宮外巡警可能也無暇奏聞，便破門而入了。另個更危急的事件發生在大中年間，有宮人謀弒宣宗，「是夜，（嚴）季寔直咸寧門下，聞變，入射殺之」。[263]連皇帝都困在宮內，談何先請示、再入內？值夜者的權宜處斷，相信無人會怪罪他不奉敕而開宮門吧！

出入宮禁，一般要驗證門籍，但唐律「夜禁宮殿出入」條：[264]

> 宮殿門雖有籍，皆不得夜出入。

夜間入宮，門籍已非必要條件，唯奉敕、合符才得夜開宮門。非時開閉的情形亦如之：[265]

> 若非其時而有命啓閉，則詣閤覆奏，奉旨、合符而開闔之。

夜間與非時出入宮禁，門籍已不重要，皆必須奏聞皇帝，下符勘合，才可開閉。如此的慎重其事，就因為夜間與非時出入是特殊情境，不同於平時、白晝之出入，故須加強警戒，多走些程序，才能更提升宮廷的防護力量，確保皇帝的安全。只是唐朝預設的夜間與非時開閉制度，只適於承平時期，一遇事變，便緩不濟急，程序上的繁瑣，反成為當事人的束縛。在應變不及的情況下，往往選擇略過程序，自為處斷，這是宮廷防護最不該出現的大忌，卻也很真切地反映在歷次的宮廷政變中。

---

[262] 《朝野僉載》卷三，頁 66。

[263] 《新唐書》卷二〇七〈宦者上・嚴遵美傳〉，頁 5872。

[264] 《唐律疏議》卷七〈衛禁律〉「夜禁宮殿出入」（總 72 條），頁 162。

[265] 《唐六典》卷八〈門下省〉城門郎條，頁 250。

七、闌入與闌出

唐律〈衛禁律〉:「闌,謂不應入而入者。」闌入比闌出要嚴重,闌出頂多是逃亡、縱放不法之徒,但宮中至少是少了個危害者。闌入則因不知擅入者有何企圖,所持武器為何,闖入區域是何處禁地,將做出何等不利於皇帝或宮中人的事,故〈衛禁律〉規範的多是闌入罪,處罰的不僅是闌入者,也包含宿衛人與有司,其犯意無論知或不覺,都要論罪。同樣視為闌入的,還有留而不出的行為,其對宮廷造成的可能風險,是不能不討論的。

唐朝宮禁宿衛甚嚴,入宮要驗證門籍或符印,但儘管如此,闌入案例依然不少,而且多是平民。神功元年(697)有人走入端門,又入則天門,至通天宮,閽及仗衛不之覺。[266]此人先入洛陽皇城之端門,再入宮城之則天門(後避武后尊號改為應天門),通天宮即明堂的位址,後改為含元殿,是宮之正衙。這麼重要的宮廷要區,守門與仗衛竟都未察覺他的闌入,此人如入無人之境,實在令人不可思議。

太平公主當權時,方士史崇玄聲勢光崇,得出入禁中,群浮屠疾之,以錢數十萬賂狂人段謙冒入承天門,升太極殿,自稱天子。有司執之,辭曰:「崇玄使我來。」詔流嶺南。[267]段謙冒承人名而入,至太極殿,當以闌入論,處徒二年半。[268]但他口出狂言,自稱天子,此乃「口出欲反之言,勘無實狀可尋,妄為狂悖之語者」,應處流刑。[269]基於二罪從重的原則,[270]唐政府以流嶺南罪之,是相當合理的。

德宗貞元年間,史載有多次人、畜突入宮門。如鹿入含元殿,衛士執之。

---

[266] 《新唐書》卷三六〈五行志〉,頁955。

[267] 《新唐書》卷八三〈諸帝公主〉,頁3656-3657。

[268] 《唐律疏議》卷七〈衛禁律〉「宮殿門無籍冒名入」(總61條),頁152-153。

[269] 《唐律疏議》卷十七〈盜賊律〉「口陳欲反之言」(總250條),頁325。

[270] 《唐律疏議》卷六〈名例律〉「二罪從重」(總45條),頁123。

[271]按畜產唐突，走逸入宮殿，守衛不備，杖一百。[272]這是課以守衛之責。又，許州人李狗兒持杖入含元殿，擊欄檻，又格擒者，誅之。[273]李狗兒光是持杖闌入殿門，已得流二千里之罪，[274]但他還與捕者拒捍格鬥，最終被誅殺之。[275]這算是一起嚴重擾亂宮廷秩序的事件，守門的衛士讓他直闖宮殿，想必也要究責。另外一件犯衛禁的案子，與止宿宮中有關。左神策大將軍柏良器，為監軍竇文場所惡。會良器妻族酣醉，寓宿宮舍。良器坐友人闌入，左遷右領軍衛。[276]按唐律：「不合宿而輒宿，及容止所宿之人」，減闌入罪二等。[277]即良器友人輒宿宮內，處徒一年；容止其所宿者，亦然。良器則受其牽連而左遷。

　　敬宗時，有編戶徐忠信闌入浴堂門，杖四十，配流天德。[278]浴堂殿是唐後期重要殿廷之一，皇帝經常在這裏召見群臣及文人學士。[279]一個平民能避開諸衛禁，深入此內殿，實非易事。或許他是因迎輸、造作等入內，卻迷誤而不得出。按律，若闌入至御在者，斬；迷誤者，則上請聽勅。[280]如在宮內作罷不出，至御在所者，絞；不覺及迷誤者，得上請。[281]無論編戶徐忠信是哪種情形，至御在所都是死罪，而他大概是迷誤失道，非故不出，故得上請減死罪，配流天德。文宗時的另一起案件，就沒那麼幸運。狂病人劉德廣突入含元殿，付京兆府杖殺。[282]含元殿前有一個廣大的區間，是官吏下車、下馬的緩衝區，[283]正因

---

[271] 《舊唐書》卷十二〈德宗紀〉，頁352。

[272] 《唐律疏議》卷七〈衛禁律〉「車駕行衝隊仗」（總74條），頁164-165。

[273] 《舊唐書》卷十二〈德宗紀〉，頁373。

[274] 《唐律疏議》卷七〈衛禁律〉「闌入宮殿門及上閤」（總59條），頁150-151。

[275] 《唐律疏議》卷二八〈捕亡律〉「罪人持仗拒捕」（總452條），頁527。

[276] 《資治通鑑》卷二三四德宗貞元八年條，頁7539；《新唐書》卷一三六〈柏良器傳〉，頁4596。

[277] 《唐律疏議》卷七〈衛禁律〉「因事入宮輒宿」（總63條），頁154。

[278] 《舊唐書》卷十七上〈敬宗紀〉，頁509。

[279] 杜文玉，《大明宮研究》（北京：中國社會科學出版社，2015），頁168-170。

[280] 《唐律疏議》卷七〈衛禁律〉「闌入宮殿門及上閤」（總59條），頁151。

[281] 《唐律疏議》卷七〈衛禁律〉「宮殿作罷不出」（總65條），頁156-157。

[282] 《舊唐書》卷十七下〈文宗紀〉，頁571-572。

[283] 見本書〈唐代官吏入宮車馬與僕從的管理——兼論命婦入宮規範〉。

殿前朝堂百姓還可入內投匭或擊登聞鼓，而此區間開闊，又人馬雜沓，狂病人劉德廣易於混入，但他並未按闌入殿門論處，而是交付京兆府杖殺之。

個人闌入宮中，無論是無籍而入，有心冒入，或迷誤不覺，容止不出，都因易於圍捕，危害性尚小。若是團體性的群聚，一時哄起，便可能引發不小的宮廷事變，于志寧諫太子承乾曰：[284]

> 丁匠官奴皆犯法亡命，鉗鑿槌杵，往來出入，監門、宿衛、直長、千牛不得呵問。

即點出丁夫官奴不受監管，恐有不測之憂。姚珽諫節愍太子亦曰：[285]

> 伏以內置作坊，工巧得入宮闈之內，禁衛之所，……小人無知，因為詐偽。……猶望宮外安置，庶得工匠不得於宮禁出入。

工巧入內，應由將領人帶領，不算是闌入，但長時在作坊，或久在宮內，所見所聞，熟知熟識，一旦起了異心，就是一場驚天動地的大事。敬宗初，染署工張韶與卜者蘇玄明善，玄明曰：「今主上晝夜毬獵，多不在宮中，大事可圖也。」卜者所言必得自張韶的陳述，而張韶欲為變，則來自「每輸染材入宮，衛士不呵」的經驗。[286]于志寧、姚珽雖然有先見之明，有憂患意識，但卻依然不能阻止這場由工人團體所發動的變亂。

集團性的闌入以宮廷政變為主，即使他們不是由宮外闌入宮中，但未經許可而由宮中或苑內某門擅入禁中，也是闌入。神龍元年（705）張柬之將誅張易之等，王同皎等詣東宮迎太子，從玄武門「斬關而入」，[287]顯然就是密謀起事，

---

[284] 《新唐書》卷一〇四〈于志寧傳〉，頁4004。

[285] 《舊唐書》卷八九〈姚珽傳〉，頁2905。

[286] 《資治通鑑》卷二四三敬宗長慶四年條，頁7836；《新唐書》卷二〇七〈宦者上‧馬存亮傳〉，頁5871。

[287] 《資治通鑑》卷二〇七中宗神龍元年條，頁6579-6580。

闌入玄武門。景龍元年（707）太子重俊矯制發羽林千騎，自肅章門「斬關而入」，「叩閣」索上官婕妤，而在平亂後，「太子兵所經諸門守者皆坐流」。這是場發動於太極宮內的政變，亂兵已至上閣，情況相當危急。事後究責，所經諸門守者皆坐流，正是因為他們把關不利，讓亂兵闌入，才做此裁處。按唐律，闌入上閣或通內之門並得絞罪。[288]若非大獄始決，人心未安，他們恐怕悉被誅之。[289]景雲元年（710）臨淄王李隆基率劉幽求等及總監、丁匠入自玄武門，「斬關而入，至太極殿」，葛福順、李仙鳧則攻通內之玄德門、白獸門，約會於凌煙閣前。[290]這次的政變，同樣是闌入宮內諸重要門禁，只是敗方門將已被誅，韋后等已死，平息了事方為上策。最糟糕的一次闌入宮禁，是玄宗幸蜀時的百姓亂入，「取左藏大盈庫物，既而焚之，自旦及午，火勢漸盛，亦有乘驢上紫宸、興慶殿者」。[291]這些亂民不是有組織的闌入，其目的也不在謀奪政權，只是想搶些財寶而已，故官府殺十數人便足以威嚇之，讓闌入情況安定下來。至於晚唐昭宗的被弒，則是蔣玄暉與龍武軍等百人，言有急奏，叩開內門後之所為。[292]表面上看，內門開是得到昭宗同意，不算闌入，而其實是以詐術取得昭宗信任，難謂不是闌入。

　　唐代宮廷的門禁制度不可謂不嚴，無論宮門或殿院，白晝或夜晚，也無論用籍書、門符、別敕或領付，乃至監搜，都設下重重關卡，並經歷一再驗證查檢，以防止不依身分者亂入其門，不肖者乘虛而入，或持器械危及宮內安全。然闌入宮廷的情況其實還滿嚴重，如官吏友人可以混入，權貴倖臣不經宣詔便縱入，百姓無查核下突入，宮廷政變不問發自宮內宮外就暴入。就門禁的制度設計來說，各門都有層層把關的人，依據各種狀況做檢核，按理來說應無可闌入的機會。然事實卻不盡然，其中一個原因似出在宮門口有個車馬緩衝區，官

---

[288] 《唐律疏議》卷七〈衛禁律〉「闌入宮殿門及上閣」（總 59 條），頁 150-151。

[289] 《資治通鑑》卷二〇八中宗景龍元年條，頁 6611-6612。

[290] 《資治通鑑》卷二〇九睿宗景雲元年條，頁 6644-6645；《舊唐書》卷五一〈后妃上〉，頁 2174。

[291] 《舊唐書》卷一一一〈崔光遠傳〉，頁 3318。

[292] 《舊唐書》卷二十上〈昭宗紀〉，頁 783。

員與僕從混雜在一起，門衛稍不注意，有心人便可乘隙溜入宮中。再說，百姓可在朝堂前擊登聞鼓，甚至可在通內門進狀或訴冤，都為他製造闌入宮內的可能性。然而，門禁的疏失，人為因素的影響力或許比制度面更大，門衛查核不謹讓人冒入、突入，他自當負最大責任。但門衛面對權倖或高官，是否真的敢驗籍符或敕書，還是順從的便放入；他能否勇於擋下其所帶來的友人或僕從，還是眼看著他們一起入內。如果這完全歸咎於門衛失職，似也不全然合理，因為得罪權倖或高官的後果，他可能承擔不起。但門衛對經常出入者失去戒心，沒有仔細查檢；對熟識者疏忽怠慢，以為不會有問題，卻不料可能因此放入危險人物，甚而釀成大禍。門禁制度是宮廷極重要的安全防護網，這套機制能發揮多大作用，是觀察宮廷安全的重要指標。

闌入與闌出相比，唐政府遠在乎闌入宮中，而不太在意闌出宮中。闌出的罪名，唐政府主要放在州縣城垣的越罪，以及私度、越度、冒度關津方面，闌出宮廷反而不是重點，蓋闌出至少不會引發宮內騷亂，對統治者來說，發兵到宮外圍捕，總比關在宮內平亂，要安心得多。唐代闌出宮廷的例子頗為罕見，有之，勉強算是至德中吐蕃囚自金吾仗亡命一事。此案之亡命囚其實尚未出宮，大概是想逃出而尚未逃出，故皇帝才會敕命晚開宮門，連宰相都待漏於太僕寺車坊。[293]無論亡命囚最後是否被捕，下場如何，其欲闌出宮門是無可置疑的。

八、小結

宮廷是皇帝的居所，也是權力核心所在，為了維護宮廷秩序，確保其隱密性，宮廷設有嚴謹的門禁制度，以防不肖份子混入。官吏應是最常出入宮廷的人員，在京文武九品以上官都應置門籍於宮門口，入宮時要驗門籍，朝會時為保證皇帝安全，監門校尉還要再執以唱籍，官吏則依其品級由指定的門進入。宮中有職任的官吏，門籍亦設於最近其職任處或出入處，非其門則不得擅入。

---

[293] 《舊唐書》卷十四〈憲宗紀〉，頁 421。

但入閣無門籍，準敕引入；通內諸門也不立籍禁，應入者引入。門籍每月更替一次，並隨官職遷轉而易籍。常態性的門籍驗證之外，官吏入宮還要監搜，僅大和元年以後宰臣可勿搜。為了防止冒名而入，入宮門還要驗職印或牌，以證明官人的身分。命婦沒有門籍，但朝參時也會製作名冊，作為核對其出入宮廷的依據。

門籍驗證是官吏出入宮門的常制，但皇帝臨時性的宣詔朝臣，最要防的是「召命之詐」，亦即矯詔不可自內出，外臣不可冒入。唐朝在京文武職事官五品以上，並給隨身魚符，在應徵召時，「出內必合之」，就是召命之符契，與應召者之隨身魚符勘合，才可入內。皇帝別敕宣召，已不問其人是否有門籍，重要的是降墨敕，並由有司準敕引入。然宮中有權勢者或被寵信者，有時也會召外人入宮，而侵犯皇帝宣召的專屬權利，此時如果連皇帝都不在意，則體制無形中就被破壞，而門司亦無所適從。

住居宮中的皇親，其出入宮禁的情況因時而異。唐前期諸王長成後可出閣，其朝參或再次入宮應同官吏，要驗門籍；應徵召，則給隨身魚符。但自則天稱制後，深嫉諸王，始幽禁宮中，限制其行動。自玄宗起至晚唐，且進一步採取集中居住，宦官監管的方式，廢除成年皇子出閣的制度，也就沒有設置門籍的必要了。公主出閣的情形與諸王相對應，前期公主出閣後，需「通籍門闌」，通過門籍查驗，才可入宮，後期諸王之女，因諸王不得出閣而形同幽閉，連婚嫁都成問題，自然也不必設門籍了。宮中之后妃、女官等，不得恩准，不得隨意出宮。如因典禮要外出，也依有司的安排。唯中宗時縱容宮貴人，任其往來宮掖，使禁衛門籍之法形同虛設。

宮中的服侍者包含宦官與宮女。宮女除非被放出宮，否則一輩子閉鎖在宮內，也不得與外人通聯，故無需門籍。宦官情況則不然。宦官無論奉命辦事、傳宣大臣或遠使外地，都會進出宮廷，而中上層宦官有外宅者也頗為普遍，他們既不時出入宮禁，身分查核自然非常重要，以免有人混入宮中。宦官禁廷出入之處是左右銀臺門，則宦官門籍應置於銀臺門。此外，為了證明自己的身分，禁中佩符印出入，可能也是一種規制，大權宦尤其欲借此顯示自身的威勢。

　　宿衛宮廷的兵將有籍書，已下值則不得擅入。他們在諸衛監管下整批行動，由主司帶領。任職門衛者要佩魚符或龜符，各門之左右內外、開門閉門都有相應的符，以為交番巡察之用。

　　庶民也有可能出入宮廷，任務型的庶民如迎輸、造作、伎樂之類，由將領人錄名申請文牒，採團進團出方式。個別型的庶民則主要為投匭訴冤或擊登聞鼓而來。庶民無門籍，如表明要投匭，無論投匭地點在朝堂、宮門口或通內的光順門，都有金吾或院子領付，並報知京兆府，不會任其在宮內亂走。登聞鼓置於朝堂前，百姓擊打方便，沒有驗證身分的問題，但因所爭多細故，訴冤成效還很難說。

　　宮門開閉有一定的時辰與法式，夜間或非時出入則必須奉敕而行，程序嚴謹，而且此時門籍已非必要，宣敕與合符才是出入的關鍵。然此制度只適用於承平時期，遇有宮廷政變等特殊狀況，便會因來不及奏報皇帝，而自為處斷。如此的權宜機變，雖是不得不然，但難免有破壞體制之嫌。

　　宮廷安全是極重要的大事，凡不應入而入，或留而不出，都是闌入，唐律於此有很細緻的論罪條目。個人闌入宮中，無論是有意的，或不覺、迷誤，其危害性都比較小，也易於圍捕。若是集團性的闌入，其犯意就很明顯，通常會引發宮廷政變。唯因成者為王，敗者為寇，闌入罪要如何究責，就看勝方的態度了。至於闌出罪，因其對宮廷的影響不大，從來就不是關注的焦點。

　　總之，出入宮廷的人身分複雜，唐政府不是用同一標準，同一方式為驗證機制，並隨著出入宮廷有常態性、臨時性、特殊性的差異，而設定不同的查驗體系。宮廷門禁如此嚴密，目的就是要防冒偽、禁詐入、止留宿，以維護宮廷的安全。雖然門禁的制度設計仍小有缺失，但人為因素所造成的防禁漏洞，卻比之要嚴重的多，尤其是門司遇到權貴或依託求入者，可能不敢確實查核；遇到熟識者或慣常出入者，便易失去戒心，任其出入。無論他們是畏於權勢或疏忽怠慢，甚至是倒向某方政變者，都因未控管好門禁，而為宮廷的安全與秩序，投下未可預知的變數。

唐代官吏入宮車馬與僕從的管理 —— 兼論命婦入宮規範

一、前言

　　宮廷門禁森嚴，出入總有嚴格的查核制度，即使是高官也不例外。為了維持宮廷的莊嚴與安全，官吏入宮時，其車輿騎乘與馭夫僕從，不可隨之入宮，以免躍馬奔車，喧沸叫囂，擾亂宮廷秩序與安寧。然而，官吏要在何處下車下馬，僕從要在何處停止等候，唐政府是否設有禁區，是否有專責管理制度，是一個令人好奇，卻又乏人關注的課題。

　　官吏早朝入宮，人數尤其多，車馬僕從必然紛雜吵鬧，因此是否依官吏品階將他們安排在適當位置，使入宮時井然有序，出宮時快速找到人馬，而不致造成混亂。宮城有許多門，官吏未必只從正門、端門出入，則各門是否皆設停管處，官吏的車馬僕從要如何安置與看管，恐怕也是守門者與宮廷警衛必須擔起的責任。此外，宮中不是不可行走車輿，也不是不可騎乘馬匹，但什麼身分的人，或得到什麼恩旨，才能有此殊遇，可與一般官吏的入宮規範，做個對比。

　　命婦除了皇室女性成員外，官吏母、妻也可因夫、子而受封。[1]她們會因朝謁皇后、參與禮典等事而入宮，只是婦女行走不便，且較男性需要更多的障蔽遮掩，故其入宮時是否如男性官吏般地皆要下車下馬，或僕從侍女皆不能隨之

---

[1]　命婦制度的演變與相關討論，可參考：廖宜方，《唐代的母子關係》（臺北：稻鄉出版社，2009），
　　第一、二章；岑靜雯，《唐代宦門婦女研究》（臺北：文津出版社，2005），頁 231-235。

左右扶持，亦即其車馬僕從的管理方式有何特殊之處，也有待進一步討論。

官吏為了自己的威嚴與便捷，車馬僕從是必不可少的，但宮廷亦有其神聖性與隱密性，不容許有任何失序、脫序行為，壞了宮廷的規矩與體統，所以必須對不易管控的車馬，與身分低賤的僕從，做出必要的處置。本文擬探討官吏入宮時應在何處下車下馬，宮廷劃定管理車馬僕從的禁區在哪裏，負責管束監理的單位是什麼，何種情況下例外地許可官吏乘車馬入宮。此外，本文亦針對命婦入宮的車馬僕從要如何規範，是否一準男性官吏的方式，也做出分析與比較。總之，本文希望了解官吏與命婦的入宮規範是否有別，唐政府在制度設計上的理念是什麼，性別差異與制度變遷對入宮規範有何影響，入宮規範在什麼情形下會被破壞，造成的挑戰與威脅是什麼，這些都是本文有待處理與解決的課題。

二、官吏入宮車馬的管理

唐朝官吏出行，多騎馬而少乘車，〈輿服志〉謂：「有唐已來，三宮已下車輅，皆太僕官造貯掌。若受制行冊命及二時巡陵、婚葬則給之。自此之後，皆騎馬而已。」[2]亦即車輅只在官吏出席典禮，盛服冠履時用之，通常情況則騎馬而已。景龍二年（708）皇太子將釋奠於國學，令從臣皆乘馬著衣冠，太子左庶子劉子玄議曰：「褒衣博帶，革履高冠，本非馬上所施，自是車中之服。」[3]可見官吏乘車輅或騎馬，視所在場合與所服衣冠而定。

自貞觀以後，皇帝非元日冬至受朝及大祭祀，皆常服而已。官吏同樣非元正大會，雖謁見君上，出入殿省，一切通用常服。[4]因此每日朝參的官吏，服常服，也便於騎馬。楊國忠子舉明經不及格，禮部侍郎達奚珣遣其子先白之，其

2　《舊唐書》（臺北：鼎文書局，新校標點本，1976），卷四五〈輿服志〉，頁1935。

3　《舊唐書》卷四五〈輿服志〉，頁1950。

4　《舊唐書》卷四五〈輿服志〉，頁1938、1951-1952。

子「伺國忠入朝上馬，趨至馬下」告之，國忠怒，「策馬不顧而去」。[5]以楊國忠之貴勢，朝參仍騎馬而不乘車，可見騎馬入朝已是官吏慣常的舉措。[6]

　　中唐時藩鎮專橫，遣盜趁宰臣將曙入朝時刺殺之。武元衡才出靖安里第遂遇害，賊人批顱骨持去，「馬逸還第，中外乃審知」。[7]李石自親仁里出，盜引弓追及，「斷馬尾，竟以馬逸得還私第」。[8]兩位宰臣入朝遇盜時，也都是騎馬。至於一般大臣上朝，不外也以馬為交通工具，張籍〈早朝寄白舍人嚴郎中〉詩曰：「鼓聲初動未聞雞，羸馬街中踏凍泥。」白居易〈早朝〉詩：「鼓動出新昌，雞鳴赴建章。翩翩穩鞍馬，楚楚健衣裳。」[9]無論馬之良窳，官吏上朝習於騎馬，已是不爭的事實。

　　官吏騎馬至宮門，不能就此長驅直入，但要在何處下馬，由誰負責管束馬匹呢？《唐國史補》：「舊百官早朝，必立馬于望仙建福門外，宰相于光宅車坊，以避風雨。元和初，始制待漏院。」[10]這是說宮門未啓之前，百官立馬於大明宮南面的望仙門或建福門外等候，唯宰相可在光宅坊的車坊休憩，直到元和年間置待漏院，百官才有避風雨之所。《雍錄》：「故事，建福門、望仙門，昏而閉，五更五點而啓。」[11]五更五點是今時四點四十分，[12]二門才開啟，百官方得魚貫而入。只是百官入二門是徒步前行，還是騎馬而進呢？《唐兩京城坊

5　《資治通鑑》（臺北：世界書局，1994），卷二一六玄宗天寶十二年條，頁6920。

6　官吏入朝通常搭載交通工具，但也有極少數的例外情形，如歐陽詢之子通，居母喪，詔奪哀，「每入朝，徒跣及門。」（《新唐書》卷一二三〈儒學上〉）

7　《新唐書》（臺北：鼎文書局，新校標點本，1976），卷一五二〈武元衡傳〉，頁4834。

8　《舊唐書》卷一七二〈李石傳〉，頁4486。

9　張籍撰，李建崑校注，《張籍詩集校注》（臺北：華泰文化事業公司，2001），卷五〈七言律詩〉〈早朝寄白舍人嚴郎中〉，頁234；白居易著，顧學頡校點，《白居易集》（北京：中華書局，1988），卷二五〈律詩〉〈早朝〉，頁572。

10　李肇；曹中孚校點，《唐國史補》，收入：丁如明等校點，《唐五代筆記小說大觀》（上海：上海古籍出版社，2000），卷中〈百官待漏院〉，頁180。

11　程大昌撰；黃永年點校，《雍錄》（北京：中華書局，2002），卷八〈待漏院〉，頁171。

12　關於唐人的計時方式與宮門開閉時間，請參考本書〈唐朝宮門的開與閉〉。

考》：[13]

> 望仙、建福二門各有下馬橋，跨東西龍首渠。

大明宮南牆距含元殿約四百餘步（588米），[14]官吏步行而入有些遠，老弱者更覺吃力，在此區間內既有下馬橋，意謂百官可驅馬至此，下馬後再入朝堂，可節省不少腳力與時間。《唐六典》云：「凡宮殿門及城門，皆左入右出。」[15]百官入朝時分別在建福、望仙門前等候，二門各有三個門道，[16]門開後自各門之左邊（東側）門道入，到下馬橋處下馬。若退朝時，則在下馬橋處上馬，由右邊（西側）門道出。至於中間的門道是否另有特殊用途，俟後論。

大明宮南面除了左、右兩邊的建福、望仙門外，中央還有丹鳳門，但丹鳳門非一般的通道門徑，它是皇帝專用的御道。[17]據考古發掘得知，丹鳳門有五個門道，中央應是御輦鑾駕所行處，其餘門道或為皇帝儀仗之用，或為重要典禮時供重臣貴戚隨行用。[18]

官吏入朝大明宮設有下馬處，說明官吏下馬後只可徒步進入，不可縱馬直驅朝堂，而下馬處應有負責管理馬匹的單位，才不會造成混亂。唐朝掌宮禁宿衛的有十六衛，左、右金吾衛在含元殿前設左、右金吾仗院，[19]由其承擔管理之任，最為切當。貞元二年（786）九月敕：[20]

13　徐松撰；李健超增訂，《增訂唐兩京城坊考》（西安：三秦出版社，1996），卷一〈西京·大明宮〉，頁23。

14　肖愛玲等著，《隋唐長安城》（西安：西安出版社，2010），頁72。

15　《唐六典》（北京：中華書局，1992），卷二五〈左右監門衛〉，頁640。

16　楊鴻勛，《大明宮》（北京：科學出版社，2013），頁45-47。

17　肖愛玲等著，《隋唐長安城》，頁71-72。

18　楊軍凱，〈唐大明宮"五門"考〉，《文博》2012年4期，頁53-54；辛德勇，《隋唐兩京叢考》（西安：三秦出版社，1998），頁12-14。

19　《資治通鑑》卷二四五文宗太和九年條胡三省注，頁7911。

20　《唐會要》（臺北：世界書局，1974），卷七一〈十二衛〉，頁1284。

> 自今以後，每朝，下馬至朝堂以來，宜令左右金吾作等級差人引接。其
> 朝退，亦送至上馬處。

　　貞元二年敕似乎是讓金吾的管理更制度化，更有秩序，但不代表在此之前不由金吾負責。為了顯示品階與身分，不僅下馬處依「等級差人引接」，就連建福門外的百官待漏院，也是有司「據班品置院」。[21]正因為有金吾作等級差人引接或送還，才使得官吏入朝或朝退，人馬雖多，而仍依章法進行，絲毫不亂，保持住朝廷的威儀與肅穆，以及宮廷的安全與秩序。

　　宮禁管理制度再怎麼嚴密，仍可能因權勢而被突破。婆羅門僧惠範，挾邪弄權，中宗時「常乘官馬，往還宮掖」，「從以給使，出入禁門」。[22]惠範氣岸傲誕，乘官馬往來宮中，誰敢阻攔其於宮門口，令其下馬，不過是自找死路而已。同樣為人姦矯的薛懷義，仗著太后寵信，「出入乘御馬，宦者十餘人侍從」，連武三思等人都為之執轡，[23]想來他大概也是直闖宮掖，不會拘守下馬規範。

　　官吏入宮下馬的地點，在緊急或特殊情況時，難免會有權宜之變。文宗太和九年（835）的甘露之變，禁兵殺戮極慘，次日朝官自建福門入，死僵塞路，「及下馬橋，死者亦然，光範門關鎖甚固。自橋北，盡兵嚴畏之，兩省官不得進，皆取金吾右仗，人及龍尾道方令下馬」。由於兵變時金吾吏卒死傷慘重，[24]或許因此下馬橋處無人照看，遂使官吏經金吾右仗，到含元殿前的龍尾道才下馬。光範門是含元殿前第一道宮牆上的西門，自延英召對與待漏院在建福門外，官吏因而多由建福門入，光範門乃成守住第一道宮牆的重要關卡。與光範門相對的昭訓門則是宮牆上的東門，應也有同樣的作用。

　　由前文的論述可知，官吏如果騎馬上朝，一般在跨龍首渠的下馬橋處下馬，左右金吾差人依官吏品階引接，並安置馬匹，待至朝退，依樣將馬送至上馬處

21　《舊唐書》卷一四〈憲宗紀〉，頁 421。

22　李昉等編，《太平廣記》（北京：中華書局，2006），卷二八八〈妖妄一‧惠範〉，頁 2292。

23　《資治通鑑》卷二○三則天垂拱元年條，頁 6436-6437。

24　王若欽等編，《冊府元龜》（臺北：中華書局，1972），卷九三五〈總錄部〉，頁 11020。

給官吏。下馬橋如果是宮廷門禁的一處防線，那麼光範門、昭訓門連成的這道宮牆，便是含元殿前的一道禁止線，線內是不得讓馬匹進入的禁區，線外至建福門、望仙門的這個區間，是官吏可引馬入，並上、下馬匹的一個處所，亦可謂是禁止線外的一個緩衝區。像甘露之變後官吏騎馬長驅直入至龍尾道，應該已經犯禁，只是巨變之後，高官與金吾損折嚴重，無人也無暇再理會這樣的小節了。

大明宮因含元殿前有廣大空間，南面並有水渠通過，故而官吏可在下馬橋處上、下馬。太極宮的情形則不然，東、西朝堂在承天門外，承天門是太極宮的正門，門前有廣三百步的橫街，[25]史料雖未見官吏於何處上馬、下馬，但朝堂既在承天門外，官府可能在與朝堂有一段距離的橫街南邊設上馬、下馬處，才能確保朝堂不被無端衝撞。唐朝有皇帝冬至祀圜丘之禮，鑾駕出宮，「駕出承天門，至侍臣上馬所」，文武侍臣皆上馬；鑾駕還宮，「駕至承天門外侍臣下馬所」，文武侍臣皆下馬。[26]這裏的上馬所、下馬所是否就是官吏入朝之上馬處、下馬處，並不確知，但顯然都在承天門外的橫街上，而且似乎有固定的上、下馬處所。東都洛陽宮的東、西朝堂在應天門外，[27]官吏的上、下馬處似應仿太極宮，也設於皇城橫街某處。做為唐朝王城時間最長的大明宮，也最考慮官吏出入的方便性。太極宮、洛陽宮外的橫街雖然也還算寬闊，但若顧及往來通行的車馬行人，則官吏上、下馬匹之區間可能就要狹隘些，而宮城門內與朝堂則是官吏車馬的禁區。

長安還有南內興慶宮，是玄宗即位後由坊擴建而成，與前述狀況同中稍異。它「取永嘉、勝業坊之半以置朝堂」，[28]是以西面興慶門為正門，門內興慶殿為正衙，可能在興慶門外設朝堂。又，勤政務本樓在宮之西南，玄宗千秋節時在

---

[25]　《增訂唐兩京城坊考》卷一〈西京・皇城〉，頁 14。

[26]　蕭嵩著，池田溫解題，《大唐開元禮》（東京：古典研究會，1972），卷四〈吉禮・皇帝冬至祀圜丘〉，頁 39、44。

[27]　《增訂唐兩京城坊考》卷五〈東京・宮城〉，頁 242。

[28]　《唐六典》卷七〈工部郎中員外郎〉，頁 219。

此受百官朝賀，百官先立班於樓前橫街之南。[29]興慶宮西、南兩面既是政治熱點，百官聚集處，則街道自應有一定寬度。長安城縱向十一街皆廣百步，[30]即興慶門前百官入朝處當有百步之廣，再加上勝業坊東牆西移約 500 公尺，[31]相信足可挪出空間設置下車下馬處。勤政務本樓面對的是春明門至金光門的長安六街之一，史料即使有「皇城之南橫街十各廣四十七步」的說法，[32]但考古實測該街南北寬 120 公尺，[33]而且他與東市相鄰，東市「四面街各廣百步」，[34]由此推測勤政務本樓前街道大約也寬百步，即 150 公尺左右。[35]就百官入朝或行朝賀之禮來說，百步之寬的街道足以容納相當可觀的官僚與儀衛，何況呂大防「長安圖」在道政坊的北邊鄰街道處畫了一個「下馬陵」，[36]似與含元殿前的「下馬橋」有異曲同工之妙，意謂百官在此下車下馬，並置放車馬或令僕從在此等候，則這個制度的設計，顯然參考百官入朝含元殿而來。

太極宮、洛陽宮之南都傅著皇城，皇城為百僚廨署所在，但左右金吾衛在皇城內無官廳，而是部署在皇城東西，[37]因為金吾衛負責的是比較動態的宮中與京城巡警，皇城周邊，包含宮城、皇城間的橫街，都是其管轄範圍，因此可以推斷金吾衛就是管理官吏入朝馬匹的單位。大明宮較特殊的是，它原本為避暑

---

[29] 杜佑撰，王文錦等點校，《通典》，（北京：中華書局，1988），卷一二三〈禮典·嘉禮二〉「皇帝千秋節受羣臣朝賀并會」，頁 3158-3159。

[30] 趙彥衛撰，傅根清點校，《雲麓漫鈔》（北京：中華書局，1996），卷八，頁 140。

[31] 傅熹年，《中國古代建築史》第二卷（北京：中國建築工業出版社，2001），頁 417。

[32] 《雲麓漫鈔》卷八，頁 140

[33] Xiong, Victor Cunrui. *Sui-Tang Chang'an：A Study in the Urban History of Medieval China.* Ann Arbor：Center for Chinese Studies, University of Michigan, 2000, p.202, Table8.1.City streets in Chang'an.

[34] 宋敏求，《長安志》（宋元方志叢刊，北京：中華書局，1990），卷七〈唐京城一〉，頁 109-2。

[35] 一步以 1.475 公尺計，見：陳夢家，〈畝制與里制〉，收入：丘光明等編，《中國古代度量衡論文集》（鄭州：中州古籍出版社，1990），頁 240；胡戟，〈唐代度量衡與畝里制度〉，收入：《中國古代度量衡論文集》，頁 317。

[36] 妹尾達彥，〈從太極宮到大明宮：唐代宮城空間的變遷與都城社會構造的轉型〉，收入：《跨越想像的邊界：族群·禮法·社會 —— 中國史國際學術研討會論文集》（臺北：威秀資訊科技公司，2018），頁 421，圖 6「呂大防「長安圖」（部分）」。

[37] 《增訂唐兩京城坊考》卷一〈西京·皇城〉，頁 14。

之地，高宗時重修之才移居於此，因此距皇城與金吾衛駐防地較遠，才別置左右金吾仗院以為分支機構。但無疑的是，金吾衛或金吾仗院都負責接引官吏入朝馬匹，也才能讓候在禁門外的官吏，能夠有秩序地等待入朝。

　　官吏不僅入宮要依規定下馬，凡到皇帝指定的處所，也有相關規範。太和九年（835）上巳日，文宗賜百官宴於曲江，故事，尹於外門下馬，揖御史。京兆尹賈餗恃勢乘馬入，殿中侍御史與之爭，餗坐罰俸。[38]官吏於外門下馬，其情況一如於宮外下馬。雖不明管理馬匹者為何人或何官署，但殿中侍御史掌殿廷供奉之儀，糾離班、語不肅者，[39]則其於曲江宴中負巡察之任，也甚為合理。可知官吏入朝或赴事，在外門下馬已是常態。

　　官吏未必只有早朝才入宮，凡因事或被召見都有可能入宮；而入宮之門也未必只限於宮城南面各門，其他諸門，甚至禁苑之門，官吏也會就其近便或依旨前往。如李白〈贈從弟南平太守之遙二首〉：「承恩初入銀臺門，著書獨在金鑾殿。」[40]王叔文「召自右銀臺門，居於翰林，為學士。」[41]大明宮之右銀臺門常是百官出入之所。代宗忌辰，駙馬諸親悉詣銀臺門奉慰；[42]太和元年（822）宗正卿率諸宗屬詣右銀臺門，為太皇太后進名起居，[43]則是皇室諸親也在右銀臺門聚集。右銀臺門還是決政事的地方，李輔國專權擅政，「常在銀臺門受事，置察事廳子數十人」。[44]就連藩鎮勢力興起後，昭義留後薛嵩被其將裴志清逐，也降服待罪於銀臺門。[45]正因為翰林院、內侍省、客省等機構密集在右銀臺門周

38　《資治通鑑》卷二四五文宗太和九年條，頁 7903。

39　《新唐書》卷四三〈百官志〉，頁 1239。

40　李白著，王琦注、校點，《李太白全集》（北京：中華書局，1977），卷十一〈古近體詩〉〈贈從弟南平太守之遙二首〉，頁 587。

41　《舊唐書》卷一三五〈王叔文傳〉，頁 3734。

42　《唐會要》卷二三〈忌日〉，頁 449。

43　《冊府元龜》卷三八〈帝王部・尊親〉，頁 423。

44　《舊唐書》卷一八四〈宦官・李輔國傳〉，頁 4760。

45　《新唐書》卷一一一〈薛嵩傳〉，頁 4145。

圍，遂使右銀臺門有很高的政治性，並成為出入大明宮的重要通道。[46]

　　諸多官吏既然進出銀臺門，它的位置較南面各門更偏遠，可以想見官吏騎馬到此必然很普遍，那麼他們要在何處下馬，馬匹由誰管理，也成了問題。翰林學士經常出入大明宮，「每下直，出門相謔，謂之『小三昧』，出銀臺乘馬，謂之『大三昧』。」[47]可證他們待詔是乘馬出入右銀臺門的。昭宗大順二年（891）天威都將李順節恃恩驕橫，出入以兵從。兩軍中尉以詔召順節，順節入至銀臺門，甲士止於門外，《通鑑》云：「二人邀順節於仗舍坐語」（《舊唐書》語近似）《新唐書》則云：「引順節坐殿廡」，其後嗣光審斬其首。[48]這裡的仗舍是否仍是金吾仗舍，待考；而所謂的殿廡，能否說是最近右銀臺門之內侍省的廊廡，也不確定。但因中唐以後宦官勢力增長，內侍省又在右銀臺門旁，把守銀臺門的可能已由金吾衛改換為禁軍，也未可知。總之，官吏如在銀臺門外下馬，馬匹應由仗舍管理。即使是驕橫將帥，也不應帶甲士入內。五代梁太祖開平三年（909）定門禁敕：「其諸司使並諸司諸色人等，並勒於左右銀臺門外下馬。」[49]似乎就是蹈襲唐朝體制，可見銀臺門外下馬，應已是長久以來的慣例。

　　官吏出入其他宮門其實也很頻繁，如肅宗崩，太子見群臣於九仙門。[50]九仙門在大明宮牆之西北角，還在右銀臺門之北，群臣在緊急狀態下會聚於此，很不尋常。再者，文宗引入鄭注，也由此門。[51]另外，唐朝有所謂的北門學士，他們不經南衙，於北門出入。[52]這裡的北門，可能不是指特定的某個門，而是泛指

46　銀臺門的作用與活動，及唐後期宦官勢力在此之攬權，可參考：杜文玉，《大明宮研究》（北京：中國社會科學出版社，2015），頁 17-20；王靜，〈唐大明宮內侍省及內使諸司的位置與宦官專權〉，《燕京學報》新十六期（2004），頁 103-105。

47　洪遵，《翰苑群書》，卷一李肇《翰林志》，收入：傅璇琮、施純德編，《翰學三書》（瀋陽：遼寧教育出版社，2003），頁 5。

48　《資治通鑑》卷二五八昭宗大順二年條，頁 8421；《新唐書》卷二〇八〈宦者下・楊復恭傳〉，頁 5891；《舊唐書》卷二〇上〈昭宗紀〉，頁 747。

49　王溥，《五代會要》（臺北：九思出版社，1978），卷二四〈皇城使〉，頁 381。

50　《新唐書》卷六〈代宗紀〉，頁 167。

51　《舊唐書》卷一六九〈鄭注傳〉，頁 4400；《雍錄》卷四〈唐翰苑位置〉，頁 71。

52　《資治通鑑》卷二〇二高宗上元二年條，頁 6376。

宮城北邊諸門，[53]史載蘇良嗣遇僧懷義於朝堂，懷義不為禮，良嗣怒批其頰，懷義訴於太后，太后曰：「阿師當於北門出入，南牙宰相所往來，勿犯也。」[54]可知北門與南衙是相對的概念。官吏有時也出入禁苑，景龍四年（710）中宗令供奉官、三品以上及諸學士，自芳林門入集於禁苑之梨園毬場，分朋拔河。[55]唐末，芳林十哲亦自此門入而交中官。[56]芳林門是禁苑南面之東門，在太極宮之北，位置也相當偏遠。這些宮廷或禁苑之門，官吏非騎馬實不容易到。《唐兩京城坊考》曰：「門皆有仗舍。」又曰：「疑各門自有兵衛，皆有仗舍。」[57]意謂各門皆有檢查哨之類的設施，無論官吏由何門出入，都有兵衛負責馬匹安置與管理。只是這些門的守軍未必皆為金吾衛，像大明宮西面之九仙門，東面之太和門，門外皆有北軍，禁苑亦為北軍駐防與訓練之所，故吾人與其認為金吾衛的防區有如此之大，不如視北軍也參與門衛的把守與秩序管理。尤其在宦官勢力日盛，並掌控禁軍後，宮城門即使仍由金吾衛負責秩序維護與馬匹管理，但其他諸門接手安全之責的可能已轉為北軍，宦官且直接參與監門之職，也因此染坊工人張韶之變，朝廷懲處「監門宦者三十五人」，[58]就顯示宮廷門禁宦官已插手其間了。

　　總之，無論制度嚴謹的唐前期，或宦權高漲的中晚唐，即使入宮管理單位有變動，但入宮管理規範其實差異不大。只是總有些囂張的特權人士無視規制，以及在宮廷有急變時的權宜作法，讓入宮管制出現不尋常的改變。亦即常態的管理面，偶然會因執行上的特殊狀況，受到衝擊。

53　程大昌以為「北門學士」居處在弘文、集賢之北而得名。（《雍錄》卷四〈南北學士〉）辛德勇指北門學士經右銀臺門出入而供奉於內廷，不是如弘文館學士述職於南衙外朝。（辛德勇，〈大明宮夾城南部遺址與翰林院和學士院的位置〉，收入：《隋唐兩京叢考》，頁 114-116。）然鄭注「遷工部尚書，充翰林侍講學士。召自九仙門，帝面賜告身。」（《舊唐書》卷一六九〈鄭注傳〉）顯然翰林學士也非均自銀臺門出，而所謂的「北門」像泛指宮城北邊諸門。

54　《資治通鑑》卷二〇三則天垂拱二年條，頁 6441。

55　《舊唐書》卷七〈中宗紀〉，頁 149。

56　《雍錄》卷九〈苑囿・梨園〉，頁 192。

57　《增訂唐兩京城坊考》卷一〈西京・大明宮〉，頁 24。

58　《資治通鑑》卷二四三穆宗長慶四年條，頁 7837。

官吏入宮騎馬似已為當時之常態，只是未必人人都習於騎馬，而且馬匹高大，上下不便，[59]相信也困擾不少不擅此道的官吏，尤其是官服長裙廣袖，鳴珮紆組，行徑間，如果馬受驚逸，官被顛墜，反而有損官人顏面。故為了自身的安全，也為了顯示官威與排場，官人有時會選擇乘車入宮。李隆基年始七歲，朔望，「車騎至朝堂」，金吾將軍武懿宗忌其嚴整，訶排儀仗，欲折之。[60]金吾將軍正管入宮之事，或許是震懾於李隆基幼小而有此威儀，遂有折之之舉，但不見得他官入朝不乘車騎。也在則天朝中的宋之問，於宮中宿直時做詩曰：「氣耿凌雲筆，心搖待漏車。」[61]這裡的待漏應是朝參的代用語，意謂期待乘車入朝，有此榮耀。唐代宰相李林甫，擅威權，「每出入車騎滿街」，[62]想來其入宮也極可能乘車前往。穆宗時，郭太后居興慶宮，遇壽誕或良辰，六宮命婦，戚里親屬，「車騎駢嗌於南內」，[63]同樣也是官吏戚屬乘車或騎馬入宮朝賀。

雖說魏晉以降朝士多駕牛車，然唐朝馬車已很盛行。官吏入宮為了自身的體面，駕起高大壯麗的馬車，總比牛車、驢車的緩慢、寒傖，要炫人心目得多，故官吏入宮如果不騎馬，其車騎應以馬車為主。前述大明宮前建福門、望仙門各有三個門道，官吏人馬左入右出之外，中間這個門道可能供車騎出入。據考古實測，含元殿前的渠道南岸有一條東西向的車道遺跡，推測此路向東通昭訓門，向西通光範門。[64]但車如何得進含元殿前廣場，丹鳳門之御道乃鑾駕或儀仗所行處，非百官所能走，故最可能的行徑路線就是從建福門、望仙門入。唐人採取左入右出的制度，如果車也走左、右兩邊，不免有人車爭道的問題。官吏既常在建福門、望仙門前等候入朝，則步行入者可能比車騎入者要多，因此左

59　如高宗欲至則天門樓，但「氣逆不能上馬」（《舊唐書》卷五〈高宗紀〉），是體弱不便騎馬。

60　《舊唐書》卷八〈玄宗紀〉，頁 165。

61　沈佺期、宋之問撰；陶敏、易淑瓊校注，《沈佺期宋之問集校注》（北京：中華書局，2001），《宋之問集校注》卷二〈和庫部李員外秋夜寓直之作〉，頁 464-465。

62　《舊唐書》卷一〇六〈楊國忠傳〉，頁 3244。

63　《舊唐書》卷五二〈后妃下‧憲宗懿安皇后郭氏〉，頁 2197。

64　楊鴻勛，《大明宮》，頁 264。

右門道留給行人走的機率較大，而車騎就由中間門道進來。[65]

乘輿也是尊卑身分的象徵，有權勢者喜乘輿以顯示自己的地位。昭宗宰相崔昭緯、鄭延昌歸第，市人擁肩輿訴，並投瓦石擊二相之輿。《通鑑》胡注：「舊制：朝臣入朝，皆乘馬。……觀此，則唐末宰相亦有乘肩輿者矣。」[66]《南部新書》則曰：「丞相乘肩輿，元和後也。」[67]於時宦官專權，楊復恭恃援立功，「常乘肩輿至太極殿」；[68]神策軍中尉王仲先辱都將孫德昭等，德昭在其「乘肩輿造朝」時，劫殺之。[69]宮內乘輿原本是承恩特許，對大臣的禮遇，但驕橫權宦以乘輿直闖殿廷，顯非體制所許可。如果是皇帝賜乘輿代步，當可直入殿廷，不必在宮門口下輿；而宰相等自為之乘輿，應如一般車馬在停止處等候。二者情況不同，處分應有所異。如若乘輿入建福、望仙等門，以輿所占體積較人馬寬廣而言，由中道走車處進入，是較可能的。

還有一種代步工具是輦。唐宮中皇帝、后妃、貴婦喜用輦來代步，它比豪

敦煌莫高窟 72 窟八抬屋式肩輿

唐太宗步輦圖

65　妹尾達彥考察的長安西市內大道，也是車道在中間，步道在兩邊。見：《長安の都市計画》（東京：講談社，2001），頁 124。但楊寬認為車騎由左右兩邊入。其說見：《中國古代都城制度史》（上海：上海人民出版社，2006），頁 162。有關車騎或行人究竟要如何分道走，可能還要有更多考古實證。

66　《資治通鑑》卷二五九昭宗景福二年條，頁 8447。

67　錢易撰；黃壽成點校，《南部新書》（北京：中華書局，2002），戊集，頁 67。

68　《資治通鑑》卷二五八昭宗龍紀元年條，頁 8390。

69　《新唐書》卷一三三〈宦者下・劉季述傳〉，頁 5895。

華隆重的車乘要輕便隨意得多。[70]太平公主上朝時也乘輦而往。時太平公主謀不利於太子，「嘗乘輦邀宰相於光範門內，諷以易置東宮」[71]又，李叔明撫東川有功，朝京師，以足疾，德宗「賜錦輦，令宦士肩舁以見」。[72]從李叔明所賜之輦肩舁以進來說，唐人之輦多半已用人力荷抬。然李叔明之輦行於宮內，而太平公主之輦是自宮外入朝，並停止在光範門內。或許可以說，光範門是下馬橋之外，更接近殿廷的一道宮牆，是所有車乘輦輿都不可逾越的禁止線。太平公主是命婦，管理規制與大臣稍有不同（見第四節），她乘輦邀宰相於光範門內，正可顯示光範門做為禁止線的重要地位，以及太平公主之所為是何等的特殊。

建福門、望仙門的下馬橋只是一個定點，而入朝官吏人數眾多，方其一時湧入，人馬雜沓，紛亂不堪，勢必要有個寬廣空間，做為緩衝區，才便於疏散，以確保宮廷的秩序與規矩。因此官吏自入宮城門後，從下馬橋至光範門，以及與光範門平行的昭訓門間，也就是左右金吾仗院管理的區間，當是官吏下馬、下車、下輿輦的地方，同時金吾還差人接引，依品階置放代步工具，並於退朝時送還之。正因為有這樣一番整頓，朝堂前才不致雜亂無章，官吏也才能依序出入朝堂。安史亂時，郭子儀受命為關內河中副元帥，代宗令射生五百騎自光範門送至尚書省門，[73]也是把光範門當成一道禁止線，車騎於此只能出，不能入。

再有些特殊狀況是被恩准的，如許敬宗年老，不能行步，「特令與司空李勣每朝日各乘小馬入禁門至內省」。[74]通常官吏在朝堂外就應下馬，而許敬宗與李勣許其換乘小馬，不僅入禁門，還可行至內省視事。乘小馬的意思，就是避

70　閻艷，〈釋"輦""輿"及其他〉，《藝術百家》2010 年 2 期，頁 185-187；趙聲良，〈轎子小考〉，《文史知識》1991 年 11 期，頁 52-54。八抬屋式肩輿見：段文傑主編，《敦煌石窟全集》（香港：商務印書館，1999-2005），交通畫卷，圖 145。唐太宗步輦圖見：中國美術全集委員會編，《中國美術全集》（北京：人民美術出版社，2006），繪畫篇，隋唐五代繪畫，圖 2。

71　《資治通鑑》卷二一〇睿宗景雲二年條，頁 6663。

72　《新唐書》卷一四七〈李叔明傳〉，頁 4757。

73　《舊唐書》卷一一〈代宗紀〉，頁 277。

74　《舊唐書》卷八二〈許敬宗傳〉，頁 2763。

免大馬奔馳，不敬宮室，這是既尊禮大臣，又維護國家體制的作法。至於左監門大將軍李粲，與高祖有舊，特蒙恩禮，「以年老特令乘馬於宮中檢核」，[75]也是對老將表示敬重之意。比較特別的是，魚朝恩素肥，每乘小車入宮省。[76]魚朝恩悖傲無人臣禮，乘小車入宮省未必承皇帝恩准，而此小車或許近於人力推挽的輦之類。

官吏赴宮廷的代步工具其實很多，車馬之外，輿輦較輕便簡單。但如官吏乘輿輦赴宮廷，也應一準車馬之管理規則，在緩衝區內受金吾之約束。中唐以後，又有檐子、奚車、兜籠等更方便的載具。檐子與步輿相近，不務華飾，[77]文宗因婦人習用檐子已成俗，太和年間定下外命婦乘檐子的品式。[78]然官吏好乘檐子的也不在少數，開成五年(840)定制：宰相、三公、師保、尚書令、僕射、諸司長官及致仕官，疾病許乘檐。餘官並不在乘限。又，中書門下奏：其常參官或諸司長史，品秩高者，有疾及筋力綿怯，不能控馭馬匹，望許牒臺，暫乘檐子，患損勒停。[79]看來唐政府認為，官吏乘馬入朝才是常態，只有在疾患不能控馭馬匹時，才許乘檐子，而且也只有高官才有此權利。《唐語林》：「開成中，李石作相兼度支，一日早朝中箭，遂出鎮江陵。自此詔宰相坐檐子，出入令金吾以三千人宿直。」[80]就是其例。奚車，外藩所用；兜籠，巴蜀婦人所用。但乾元以來，蕃將著勳於朝，兜籠易於擔負，故京城奚車、兜籠代於車輿。[81]如果官吏有乘奚車、兜籠赴宮廷，當亦比照車馬規範來管制。

---

[75]　《舊唐書》卷九八〈李元紘傳〉，頁 3073。

[76]　《新唐書》卷二〇七〈宦者上・魚朝恩傳〉，頁 5866。

[77]　《唐會要》卷三一〈輿服・雜錄〉，頁 577。

[78]　《唐會要》卷三一〈輿服・雜錄〉，頁 574。

[79]　《唐會要》卷三一〈輿服・雜錄〉，頁 577；《新唐書》卷二四〈車服志〉，頁 532。

[80]　王讜撰；周勛初校證，《唐語林校證》（北京：中華書局，1997），卷一〈政事上〉，頁 75。

[81]　《舊唐書》卷四五〈輿服志〉，頁 1957。

三、官吏入宮僕從的管理

　　官吏入朝或赴宮廷，為了顯示威儀與排場，也為了自身的安全，通常前有驅導，以呵止行人，彰顯威望，保全自我；同時還有僕馭與侍從隨行，以供驅使，並打理雜物。文宗時以四方僭者，定車服之制：一品導從七騎，二、三品以五騎，依此遞減。[82]導從是官吏出行時前導的士卒，所謂「引騶清道」，[83]「騶從傳呼」，[84]就是讓百姓閃避，以免衝撞到官吏。但事實上，貴戚官吏之騶導常遠多於車服之制，如張嘉貞兄弟上朝，「軒蓋騶導盈閭巷」，時號所居坊曰「鳴珂里」。[85]珂是馬勒上的飾物，張華〈輕薄篇〉：「乘馬鳴玉珂」，[86]李賀〈馬詩〉：「隨鸞撼玉珂。」[87]都是以騶騎馬飾上的聲響，來震懾百姓，自視崇高。天寶年間權相楊國忠，素與虢國夫人亂，「每入謁，並驅道中，從監、侍姆百餘騎」，[88]可以想見其聲勢之大，排場驚人。正因為故時「宰相騶哄聯數坊」，僖宗相鄭畋「導者止百步」，[89]才顯得多所節制。此外如京兆尹黎幹以承恩，「每出入騶馭百餘」，[90]應也是借喧沸聲來立威。岑參〈衛節度赤驃馬歌〉：「憶昨看君朝未央，鳴珂擁蓋滿路香。」[91]則是頌邊將入朝，謂男兒稱意當如此。

　　雖說唐人好用車服之制示等威，然亦有「官位已高，或以散冗自謙，或以

82　《新唐書》卷二四〈車服志〉，頁 531-532。

83　《南史》（臺北：鼎文書局，新校標點本，1981），卷五九〈王僧孺傳〉，頁 1461。

84　范鎮撰；汝沛點校，《東齋記事》（北京：中華書局，1980），卷一，頁 2。

85　《新唐書》卷一二七〈張嘉貞傳〉，頁 4449。

86　逯欽立輯校，《先秦漢魏晉南北朝詩》（北京：中華書局，1983），〈晉詩〉卷三張華〈輕薄篇〉，頁 610。

87　李賀撰，葉葱奇疏注，《李賀詩集疏注》（北京：人民文學出版社，1959），卷二〈馬詩〉，頁 105。

88　《新唐書》卷七六〈后妃上・楊貴妃傳〉，頁 3495。

89　《新唐書》卷一八五〈鄭畋傳〉，頁 5402。

90　《舊唐書》卷一一九〈楊綰傳〉，頁 3435。

91　岑參著，陳鐵民、侯忠義校注，《岑參集校注》（上海：上海古籍出版社，2004），卷三〈衛節度赤驃馬歌〉，頁 290。

簡便為意，卒相倣效，不置引馬」，致使「街衢之內，品秩莫分」，故有會昌二年（841）御史中丞李回之奏：「其文武常參官，起今已後，並據品秩，準例置引馬。」違者罰俸。[92]置引馬意即置騶導，《唐闕史》卷上〈丞相妻命朱衣吏引馬〉：「自是宰相妻出，得以中書朱紱吏為騶導。」[93]有些官吏不務奢華，以儉素為要，如裴玢「入朝，不事騶仗」；[94]王武俊為避嫌，「出入導從才一二」，[95]正因為擔心品秩莫分，遂有李回置引馬之請。

官吏各示排場，籠街喝道，唐政府即使訂有致敬之式，但仍難免有街上相遇，相爭不相讓的情形。集賢殿校理楊收道與三院御史遇，不肯避，御史臺朝長馮緘錄其騶僕辱之。[96]鮑防與知雜御史竇參遇，導騎不引避，參謫其僕。[97]京兆尹當避臺官，京兆尹李實嘗與御史王播遇，而騶唱爭道，播鉤責從者，實怒辱之。[98]柳公綽為京兆尹，有神策小將躍馬橫衝前導，公綽杖殺之。[99]京兆少尹郭行餘嘗值尹劉栖楚，不肯避，栖楚捕導從繫之。[100]御史中丞溫造嘗遇左補闕李虞於街，怒其不避，捕衹承人決脊十下。[101]官吏路遇而不避，通常被捕繫或遭懲罰的，不是官吏本人，而是其騶僕或導從，因為他們有開道之責，卻只知喧競而過，有損朝體，但做為僕從的主官，自然也連帶受辱。其中唯衝撞柳公綽前導的神策小將被杖殺，理由是輕詔命，杖無理之人，故連憲宗都無可如何。[102]

---

[92]　《唐會要》卷六二〈御史臺下・雜錄〉，頁1088。

[93]　高彥休撰，陽羨生校點，《唐闕史》，收入：《唐五代筆記小說大觀》（上海：上海古籍出版社，2000），卷上〈丞相妻命朱衣吏引馬〉，頁1333。

[94]　《新唐書》卷一一一〈諸夷蕃將・裴玢傳〉，頁4129。

[95]　《新唐書》卷二一一〈藩鎮鎮冀・王武俊傳〉，頁5951。

[96]　《新唐書》卷一八四〈馬植傳〉，頁5392。

[97]　《新唐書》卷一五九〈鮑防傳〉，頁4950。

[98]　《新唐書》卷一六七〈李實傳〉，頁5112。

[99]　《資治通鑑》卷二三九憲宗元和十一年條，頁7725-7726。

[100]　《新唐書》卷一七九〈郭行餘傳〉，頁5324。

[101]　《舊唐書》卷一六五〈溫造傳〉，頁4316。

[102]　《資治通鑑》卷二三九憲宗元和十一年條，頁7726。

　　如果其人後臺很硬，像薛懷義那樣，有太后撐腰，則更是膽大妄為。薛懷義多聚無賴少年，縱橫犯法，右臺御史馮思勖屢以法繩之，懷義遇思勖於途，令從者毆之幾死。[103]薛懷義作威作福，從者狗仗人勢，連臺官都敢毆之，這與前述諸例捕責騶導的情形頗不相同。導從的身分，如依車服之制所設，似為官派士卒，對於講究排場的官吏來說，私置騶導應該也不是什麼沉重的負擔。

敦煌莫高窟 431 窟馬夫與馬圖

敦煌莫高窟 431 窟馬夫牽馬圖

　　在官吏入宮隊伍中，官吏無論騎馬或乘車，都有僕馭或馬夫牽引馬匹，隨行侍奉，以防止馬匹奔逸，驚嚇到官吏或行人。官吏入宮後，僕馭或馬夫就在宮外指定地點休息，並迎候主人。敦煌莫高窟壁畫裏就有類似的場景，431 窟供養人是貴族身分，擁有車馬，主人暫離時，三馬左右對立，馬夫在中間席地假寐，頗為閑適；主人要出來時，馬夫牽馬前迎主人。[104]昭陵陪葬墓的牽駝馬圖、牽馬圖、二馬駕車圖，都畫有御者或控夫，[105]同樣顯示官吏貴戚不是自身騎馬或駕車，而是有馬夫牽馬，御者代駕。如果官吏乘輿、輦、檐子入朝，則需有扶輦者、扛抬者等輿夫之類的人為之服務，[106]他們照樣要在宮外等候區待命。

　　入宮者的身分地位往往由官給從者上更顯其威勢，如前所述薛懷義、惠範

---

[103]　《資治通鑑》卷二〇三則天垂拱元年條，頁 6437。

[104]　趙聲良，〈馬夫與馬〉，《敦煌研究》2014 年 1 期，頁 2；《敦煌石窟全集》動物畫卷，頁 86-87，頁 85。

[105]　胡元超，〈試析昭陵唐墓壁畫反映的乘輿制度〉，《文博》2016 年 3 期，頁 67-68；武仙竹，〈唐初'雲中車馬圖'淺議〉，《四川文物》1995 年 4 期，頁 41。

[106]　《敦煌石窟全集》交通畫卷，頁 179、184、203。

等人,乘官馬,有宦者侍從的排場,實非一般官吏可以比擬,這也是太平公主、中宗等給其羽翼,助長其氣燄的。更囂張的是魚朝恩,其入殿,「嘗從武士百人自衛」。[107]官吏入宮,所有侍從者都應摒之宮門外,而魚朝恩竟帶武士上殿,其狂悖行徑,種下日後殺身之禍。中唐時藩鎮數度遣盜刺殺宰臣,於是元和中「出禁兵舁左右街使衛宰相入朝,至建福門」,及李訓之亂,乃罷。[108]其後,李石入朝又遇盜射,「因差六軍兵士三十人衛從宰相」。[109]在動盪不安中,官府出動禁軍為宰相侍從,這是非常時期的非常狀況,但也只限於路途護衛,到宮門口即撤去。

　　大臣的侍從如果是吏職,則有可能隨之入宮,甚至上殿。代宗崩,群臣為皇帝服,宰相常袞入臨,遣從吏扶立殿墀上。[110]這個從吏,似是經常隨侍身邊的吏員,才有資格扶持其身,但他是否隨宰相赴朝,或是宮中職司的一員,並不肯定。唐墓與敦煌壁畫在國王、大臣、供養人乘馬車、肩輿之外,有時也繪有隨行的官員或侍從,[111]可見在其隊伍中有從吏跟隨,並不罕見。韋應物曾有詩曰:「執事頗勤久,行去亦傷乖。家貧無僮僕,吏卒升寢齋。」[112]看來他不是真的買不起僮

李壽墓騎馬出行圖

僕,而是乾脆把吏卒當僮僕使喚。這些介於僮僕與吏卒間的侍從,他們既非導

107　《新唐書》卷二〇七〈宦者上‧魚朝恩傳〉,頁5866。

108　《新唐書》卷一六六〈令狐楚傳〉,頁5100。

109　《舊唐書》卷一七二〈李石傳〉,頁4486。

110　《新唐書》卷一四二〈崔祐甫傳〉,頁4667。

111　李壽墓騎馬出行圖有多位侍從隨行,圖見:陝西歷史博物館編,《中國古代壁畫唐代1陝西歷史博物館藏》(南寧:廣西美術出版社,2016),圖版1-5。隨行官員與侍從另可參考:《敦煌石窟全集》交通畫卷,頁135;服飾畫卷,頁219。

112　韋應物著,陶敏、王友勝校注,《韋應物集校注》(上海:上海古籍出版社,1998),卷五〈答裴丞相說歸京所獻〉,頁330。

從、馬夫之類，自然跟在宰相或大臣身邊，宰相或大臣仗恃自己的威勢，帶之出入宮殿。

　　從者的身分是多元化的，視官吏本人的需要與所處情境而定。為帝王、貴戚信任者，所給從者為宦官，如薛懷義、惠範等皆如是。行徑桀傲不馴者，則以甲士自隨，既有自保之意，也產生威嚇作用，像魚朝恩、李順節都是這類人。至於以禁兵衛宰相，則是很特殊的情形，大抵是因盜殺武元衡時，「徒御格鬥不勝」，[113]才有此設置。但所謂的徒御似指馬夫、御者，或私家僕從之屬。同樣是防盜殺，公卿持事柄者「以家僮兵仗自隨」，[114]則肅殺之氣讓私家也不得不加強防備。此外，也有以職司吏員為從者的，如甘露之變前，御史中丞李孝本等許王璠、郭行餘多募士及金吾、臺府卒以為用，[115]而在事變發動後，李孝本「從人殺內官十餘人於殿廷」。[116]這裏的從人實為「御史臺從人」，[117]他們雖然各有職司，未必為李孝本的貼身侍從，但似乎也只有本司長官能調動得了他們。由於從者來源不同，他們到宮門口後，宦者、禁軍、吏員等可能各自回歸所應去之職司，唯強勢的官員可以隨意驅使之，或使其成為自己的護衛與侍從。

　　官吏有私家僮僕是一個普遍現象，愈是貴戚、豪奢之家，僮僕也愈多。出行時僮僕隨行，非但可以壯聲勢，相矜誇，還可以供役使，備差遣。即使官吏入宮，有時也會有僮僕隨行。《集異記》載則天賜張昌宗南海珍寶集翠裘，命披裘供奉雙陸，時宰相狄仁傑入奏事，則天因命二人雙陸，並賭昌宗所衣裘。昌宗累局連北，「狄對御，就脫其裘，拜恩而出。至光範門，遂付家奴衣之，促馬而去。」[118]這裏的光範門應是洛陽宮天子常朝之所宣政殿南之門。[119]官吏

---

[113] 《新唐書》卷一五二〈武元衡傳〉，頁4834。

[114] 《舊唐書》卷十五〈憲宗紀〉，頁453。

[115] 《新唐書》卷一七九〈李訓傳〉，頁5311。

[116] 《舊唐書》卷一六九〈李孝本傳〉，頁4410。

[117] 《資治通鑑》卷二四五文宗太和九年條，頁7912。

[118] 薛用弱撰，《集異記》（北京：中華書局，1980），卷二〈集翠裘〉，頁9。

[119] 程鴻詔，《唐兩京城坊考校補記》（藕香零拾本），以為是大明宮的光範門，應誤。該書收入：平岡武夫，《唐代の長安と洛陽》資料篇，（京都：同朋舍，1985），頁78。

的車馬原則上應停在應天門外朝堂前的橫街上，而導從、馬夫等也應在此迎候主人。《朝野僉載》言，婁師德為納言，諸執事早出，以足疾，待馬未來，於光政門外橫木上坐。[120]光政門即長樂門，在應天門之西。可見在通常情況下，宰相也是在宮城門口等候遷馬過來，而狄仁傑的例子算是很特殊的。狄仁傑入宮時是帶著家奴同去的，即使家奴已隨主人入宮城門，但光範門仍是其禁地，負責管理光範門外秩序的仍可能是金吾衛，故狄仁傑出光範門時，家奴與馬匹都等在那裏，應是金吾衛即時送至的。然狄仁傑的馬匹與家奴不在橫街等候，而在光範門外，這或許是他的殊恩，以避開宮門外太過擁塞的車馬與人員。

宮廷對官吏僕從的管理方式，會因應緊急狀況，做些改變。甘露之變發生於大明宮，事變後「召群臣朝，至建福門，從者不得入，光範門尚閉，列兵誰何，乃由金吾右仗至宣政衙，兵皆露持。」[121]然《通鑑》謂：「唯聽以從者一人自隨。」[122]在變亂之後，群臣之從者至多一人可入建福門，其他都只能候在門外，與平時的情況不大相同。此時，整個金吾仗院都有兵把守，連光範門也都緊閉，而官吏入朝宣政殿，竟是在兵衛監視下進行。由此可以看出，光範門是守護殿廷的一道重要關卡，官吏就算可以出入，但其僕從是絕不可踰越此防線的。而在急變時，僕從連建福門都不可入，可以說國家所設防線更嚴，已退至宮門口了。

唐朝約束官吏僕從的規範，後梁依然承襲之，太祖開平三年（909）定門禁敕：「其諸司使并諸司諸色人，並勒於左、右銀臺門外下馬，不得將領行官一人輒入門裏。」[123]後梁都開封府，宮殿名與都門名已不同於唐朝，但宮門外下馬，頗有唐朝規制之遺意；而禁從官入內，似較唐朝趨嚴，只是能否切實執行，令人存疑。兩年後的乾化元年（911）再發佈類似詔書，不僅規定更苛細，而且加上處罰條款：「左、右銀臺門，朝參諸司使庫使已下，不得帶從人入城，親

---

[120] 張鷟撰，趙守儼點校，《朝野僉載》（北京：中華書局，1997），卷五，頁111。

[121] 《新唐書》卷一七九〈李訓傳〉，頁5312。

[122] 《資治通鑑》卷二四五文宗太和九年條，頁7914。

[123] 《舊五代史》（臺北：鼎文書局，新校標點本，1978），卷四〈梁書〉〈太祖紀〉，頁70。

王許一二人執條床手簡，餘悉止門外，闌入者抵律。闇守不禁，與所犯同。」[124]無論行官或從人，都是隨同官吏的侍從，他們大抵都應在門外候著，違者將被論處。

　　官吏赴宮廷有各式僕從隨行，是唐朝的常態，也見於其他時代，但為了避免宮內喧囂雜亂，並保持宮廷的莊嚴肅穆，僕從一般只能在等候區待命，既不能隨官吏入宮，也不能任意在宮內行走，除非是大權在握的軍將、貴戚或宦官，才有甲士吏卒貼身扈從。

四、命婦入宮規範

　　唐代的命婦制度，皇帝妃嬪及太子良娣以下為內命婦，公主及王妃以下，五品官以上母妻有邑號者為外命婦。自永徽五年（654）十一月武后初立，命婦始有朝皇后之儀。[125]命婦入朝的地點在光順門，[126]光順門是通內之門，內命婦與公主等自內殿至，外命婦等自宮外會集於此，都有一段長路要走。景雲四年（713）六月敕：諸親及內外命婦，「朝參乘馬者，聽乘至命婦朝堂」[127]。命婦朝堂大抵即大明宮的命婦院，是命婦朝皇后最近光順門的地方。景雲敕許命婦朝參者乘馬至此，就是許內命婦走馬於各殿間，出光順門，至命婦朝堂；許外命婦乘馬入光範門，走南北街，深入宮廷的側邊。命婦若是乘車，則「於宮城門外車馬集，內謁者監點引，至命婦朝堂下車訖，又點定。」[128]當是考量車馬體積大，隨從多，又恐馬失控奔馳，危及宮廷安全，所以命其停止於宮城門外。命婦本人至朝堂則轉搭小車，或仍乘其車，但總在宦官引領下集結，而非任憑

[124] 《舊五代史》卷六〈梁書〉〈太祖紀〉，頁96。

[125] 《唐會要》卷二六〈命婦朝皇后〉，頁492。

[126] 命婦朝皇后、皇太后的制度及地點，可參考：杜文玉，《大明宮研究》，頁25-26。

[127] 《唐會要》卷二六〈命婦朝皇后〉，頁493。

[128] 《唐會要》卷二六〈命婦朝皇后〉，頁493。

僕馭自駕。

命婦朝參對車馬的約束，顯然較男性官吏的管理規範寬鬆許多，她們可以乘車、馬突入光範門的禁區，直入命婦朝堂或光順門，這在男性官吏只有得到皇帝特恩才有此可能。在一個講求身分，強調男尊女卑的社會裡，命婦得此殊遇，不只是因為她們體力孱弱，不勝遠行，更是因為不願其太過拋頭露面。武德、貞觀之時，宮人與王公之家騎馬者，多著冪䍦，全身障蔽，不欲途路窺之。永徽之後，皆用帷帽，漸為淺露。則天、中宗以後，宮禁寬弛，至露髻馳騁，帷帽亦廢。[129]雖說命婦朝參許其車馬入宮，與唐政府不願其太暴露有關，但事實上，婦人服飾與乘騎都做了大膽改變，只是其車馬入宮、直入禁區，並未做相應的調整。咸亨二年（671）敕一方面批評：百官家口於衢路之間，「豈可全無障蔽，多著帷帽，遂棄冪䍦」，「曾不乘車，別坐檐子」、「過為輕率，深失禮容」。再方面又斥責：「命婦朝謁，或將馳駕車，既入禁門，有虧肅敬」，「乖於儀式，理須禁斷」。[130]婦人行路無障蔽，似已積重難返，命婦馳駕車入禁門，也是數下詔禁而不止。[131]數十年後的景雲四年敕，依然不禁命婦車馬至光順門或命婦朝堂，只讓隨從車馬停候宮門外，並由宦官引領命婦入內。至於咸亨敕提及的婦人乘檐子，景雲敕則仍令命婦「並不得乘檐子」，但對尊屬年老者稍稍放寬：「敕賜檐子者，不在此例」。[132]

唐朝前期命婦朝參的入宮方式，大致到景雲四年敕成為定制，往後的參賀儀制，皆准此而行。進名參賀的時間，景雲敕云：「宗族命婦，第一第二第三品，並每月二十六日參。」又云：「諸親婦人，并命婦應長參者，每月二十六日，及歲朝冬至寒食，五月五日，並命所司，於命婦朝堂供養。」[133]長慶四年（824）三月禮儀使奏：「故事，命婦有邑號者，正至四立，並合行起居之禮。」

[134]命婦朝參的意義，在問候皇太后、皇后起居，[135]除了長參者每月二十六日要進名參賀外，內外命婦皆要在每年正至四立與寒食、端午行起居之禮，而朝廷則在命婦朝堂供食一餐。然朝參時間的改變，也就在長慶四年，禮儀使奏：「緣其日兩宮起居，若依舊章，專涉煩褻，今請正至日，即詣興慶宮起居訖，訖光順門起居。」[136]也就是化繁為簡，只在元日、冬至問兩宮起居即可。

命婦參賀地點，自武后起在光順門進行，唯肅宗乾元元年（758）百官亦於光順門朝賀張皇后，禮儀使于休烈奏曰：「朝官命婦，並入雜處，殊為失禮。」[137]此後遂分別進行。元和以來，外命婦朝謁皇太后自有常儀，元年十月太常奏：「外命婦有邑號者，并准式赴皇太后所居宮殿門進名參賀。」[138]既然已編入《式》中，便成為常行之制，《冊府元龜》多載元和間命婦候皇太后起居於興慶宮，太和間赴興慶宮奉賀太皇太后、義安太后，赴光順門奉賀皇太后。[139]然此儀制到哀帝天祐二年（905）因迫遷洛陽而出現變化，敕曰：「冊皇太后，內外命婦比合朝賀。今緣命婦未有院宇，兼慮或闕禮衣，若准舊儀，恐難集事，宜令各據章表稱。」[140]朝賀之禮已不可行，無奈之間，只能以章表權充，此無異宣告重視禮數的唐朝已日薄西山了。

無論命婦朝參的地點在命婦朝堂、宮殿門或光順門，都已深入宮城內殿或內門。而她們入宮的方式，不是如男性官吏那樣，在宮門口就要下車、下馬，或再怎麼也不能直入光範門、昭訓門，反倒是命婦的車、馬，可在宦者指引下直達集結地。至於命婦入宮的代步工具，除了車馬之外，景雲敕特許尊屬年老

---

[134] 《唐會要》卷二六〈命婦朝皇后〉，頁 494。

[135] 杜文玉，《唐代宮廷史》（天津：百花文藝出版社，2010），頁 361-362；新城理惠，〈唐代における国家儀礼と皇太后－皇后・皇太后受朝賀を中心に〉，《社會文化史學》39（1998），頁 55-70。

[136] 《唐會要》卷二六〈命婦朝皇后〉，頁 494-495。

[137] 《唐會要》卷二六〈命婦朝皇后〉，頁 492。

[138] 《唐會要》卷二六〈命婦朝皇后〉，頁 494。

[139] 《冊府元龜》卷一〇七－一〇八〈帝王部・朝會〉，頁 1280-1284。

[140] 《唐會要》卷二六〈命婦朝皇后〉，頁 495。

者乘檐子，這到開成中才詔准宰相有此權利。[141]此外，命婦入宮還可乘輦、輿，太平公主欲易置東宮，「嘗乘輦邀宰相於光範門內」。[142]前引宰相狄仁傑也只能在光範門外促馬而行，[143]太平公主之輦能在光範門內邀宰相，恐怕不只是她仗勢為之，而是命婦載具本來就可入內。其有甚者，人力扛抬的肩輿還可直上殿廷，杜甫詩曰：「及乎貞觀初，尚書踐台斗。夫人常肩輿，上殿稱萬壽。」[144]王建〈宮詞〉：「御前新賜紫羅襦，步步金階上軟輿，宮中總未為喜樂，院中新拜內尚書。」[145]前者應是命婦，後者只是宮官，她們乘肩輿上殿，似乎這種載具早已備在殿外隨時待命，讓有身分或指定的人乘坐，這就是為什麼後唐莊宗皇后指所忌宮人為元行欽（紹榮）婦，紹榮未退，肩輿已出，如此迅急，莊宗也無可如何的原因。[146]

　　命婦出行有鹵簿之制，其入宮時不明是否採用相關的儀仗，然咸亨敕既云命婦朝謁，馳駕車入禁門，則應可相信命婦入朝時騎馬、乘輦輿之外，也可能依鹵簿之制而乘車。《大唐開元禮》有內外命婦鹵簿條，[147]《鹵簿令》也制外命婦鹵簿，[148]文宗初又重訂外命婦車服。[149]大體上，內命婦所乘為馬車，外命婦通常乘白銅飾犢車，文宗詔三品以上命婦乘金銅飾犢車。內命婦本就在宮內，乘馬車應也是緩慢行進；外命婦多自宮外來，所乘的車不是馬車，而是駕牛的犢車，或許是擔心馬車奔馳或馬匹受驚亂竄，嚇到婦女，也擾及宮廷安寧，所

---

[141]　《唐語林校證》卷一〈政事上〉，頁 75。

[142]　《資治通鑑》卷二一○睿宗景雲二年條，頁 6663。

[143]　《集異記》卷二〈集翠裘〉，頁 22。

[144]　杜甫著，蕭滌非主編，《杜甫全集校注》（北京：人民文學出版社，2014）卷二十〈送重表姪王砅評事使南海〉，頁 5949。

[145]　《全唐詩》卷三○二王建〈宮詞〉，頁 1860。

[146]　《舊五代史》卷七十〈唐書〉〈元行欽傳〉，頁 926。

[147]　《大唐開元禮》卷二〈序例中〉，頁 27-28。

[148]　《唐令拾遺》卷十九〈鹵簿令〉五開元二十五年「外命婦鹵簿」，頁 456。編譯者以為〈鹵簿令〉中應也有「內命婦鹵簿」，但目前未能復原。

[149]　《新唐書》卷二四〈車服志〉，頁 532。

以才改用速度較慢、較持重的牛車。昭陵陪葬墓中有乘輿壁畫的四座命婦墓，卒於貞觀時期的長樂公主是正一品外命婦公主，畫的是二馬駕車，可能是厭翟車，正合〈輿服志〉的規定。卒於永徽以後的有正一品內命婦韋貴妃，畫的是馬，非馬車。另一位是新城長公主，是正一品外命婦，除了一牛駕車外，還有一匹馬與檐子。定襄縣主是正二品外命婦，牛車之外，別繪一駝一馬。此外，神龍二年（706）遷葬乾陵的永泰公主墓，繪有檐子圖。[150]可以想見高宗以來，婦女不僅不願全身障蔽，還更大膽的棄馬車，改乘馬或檐子，謹慎一點的還乘犢車。咸亨敕已點出了當時的一些現象，景雲敕也只能認可命婦的某些作為。唐前期婦女突破禁制，引領風氣，在命婦入宮車服上已見一般。至於太和年間制定外命婦乘檐子的品式，不過進一步反映婦女習用檐子已成風氣。

新城長公主墓檐子圖

韋貴妃墓備馬圖

　　皇后先蠶禮是內外命婦會集的另個重要場合。《大唐開元禮》吉禮有「皇后季春吉巳享先蠶親桑」條目，共有齋戒、陳設、車駕出宮、饋享、親桑、車駕還宮、勞酒等七個步驟。[151]禮典的時間通常在三月巳日，但也偶有例外。[152]

[150] 胡元超，〈試析昭陵唐墓壁畫反映的乘輿制度〉，頁 67-71。圖見：陝西歷史博物館編，《新城、房陵、永泰公主墓壁畫》（唐墓壁畫珍品）（北京：文物出版社，2002），新城公主墓圖 2；陝西省考古研究院，昭陵博物館編著，《唐昭陵韋貴妃墓發掘報告》（北京：科學出版社，2017），圖 23-1。

[151] 《大唐開元禮》卷四八〈吉禮‧皇后季春吉巳享先蠶親桑〉，頁 274-279。

[152] 如《舊唐書》卷二四〈禮儀志〉：「玄宗先天二年三月辛卯，皇后王氏祀先蠶。」即非巳日。《新唐書》卷五〈玄宗紀〉：「開元元年正月辛巳，皇后親蠶。」則非季春三月。《舊唐書》卷五〈高宗

先蠶禮為中祀，后如不祭，皇帝遣有司享之。[153]先蠶禮的地點有西郊、北郊或北苑之不同。西郊、北郊顯然在都城之外，天后所祀的「邙山之陽」，也屬北郊。[154]唯有肅宗張皇后「祀先蠶於苑內」。[155]《大唐郊祀錄》曰：「其壇在宮北苑中。」[156]既然在苑中，也就是離宮城不遠，程大昌曰：「太極宮之北有內苑，以其在宮北，故亦曰北苑。」[157]大概是唐朝收復長安不到兩年，城外不具備舉行典禮的條件，才在宮北苑行之。

　　皇后親蠶，內外命婦都應陪位。內命婦當隨皇后，自宮內前往。依鹵簿制，皇后親蠶採桑乘二馬駕之厭翟車，內命婦視品階亦乘馬車陪從。[158]至於外命婦，親蠶禮的地點如在北郊、西郊，則其鹵簿根本不必入宮，直接前往壇所即可，《大唐開元禮》曰：「前享一日，金吾奏請外命婦等應集壇所者，並聽夜行。」[159]壇所如在苑內，監門在「享日未明四刻，開所由苑門，諸親及命婦以下以次入」，[160]這是說外命婦的白銅飾犢車，環繞宮城外圍，由苑門入內。在行完先蠶親桑之禮後，車駕還宮之明日，內外命婦還要設會於正殿，如元會之儀。[161]也就是外命婦要再入宮，但她們是依鹵簿之制乘犢車，還是隨興乘馬、乘檐子，或乘馬車，就很難說了。

　　內外命婦既有陪從的性質，所以凡是皇后、皇太后、太皇太后的行動，她

紀〉總章二年三月「癸酉，皇后親祀先蠶。」《唐會要》卷十下〈皇后親蠶〉則記為「總章二年三月癸巳，皇后親蠶。」未知孰是。

[153]　《唐會要》卷十下〈皇后親蠶〉引《通考》，頁 260。

[154]　范芷萌，〈唐代先蠶禮探析〉，《淮北職業技術學院學報》15 卷 4 期（2016），頁 95-96；宗宇，〈先蠶禮制歷史與文化初探〉，《藝術百家》2012 年 8 期，頁 97；新城理惠，〈先蠶儀禮と唐代の皇后〉，《史論》46（1993），頁 37-50。

[155]　《舊唐書》卷二四〈禮儀志〉，頁 935。

[156]　《大唐郊祀錄》，附於《大唐開元禮》，卷十〈饗禮二‧饗先蠶〉，頁 799。

[157]　《資治通鑑》卷一九七太宗貞觀十七年條，頁 6196。

[158]　《舊唐書》卷四五〈輿服志〉，頁 1933-1935。

[159]　《大唐開元禮》卷四八〈吉禮‧皇后季春吉巳享先蠶親桑〉，頁 275。

[160]　《大唐開元禮》卷四八〈吉禮‧皇后季春吉巳享先蠶親桑〉，頁 275。

[161]　《大唐開元禮》卷四八〈吉禮‧皇后季春吉巳享先蠶親桑〉，頁 279。

們原則上都要參與，如皇后等將出、將還，「內命婦以下乘車以從」，當然也包括外命婦在內。[162]只是命婦出入宮中，總不似大臣的徒步行走，乘車、騎馬，或乘輦輿、檐子，要看場合而定。正因為她們非步行，其車馬怕在宮中有所衝撞，故總有宦者導引，如前述的入朝，有內謁者監點引；皇后出，有司賓引內命婦，內典引引外命婦。[163]就連皇太子妃之親、內命婦之母并郡主合乘車出入者，也有內坊之典內監之。[164]命婦出入宮廷許其有代步工具，並可突入金吾衛禁區，這是一般大臣所難有的殊遇，也顯示唐政府對她們的戒心沒那麼強烈。

　　命婦入宮不是單人獨行，總有從人跟隨、扶持。景雲敕述及命婦乘車馬至朝堂後，曰：「從人數準乘車例，即入內者令一人。監門校衛、內侍省高品官對看，然後入。若從內出，準此。其下從入者，即監搜。若有婦人男婦，並不得入。諸親第一第二等，及親王太妃妃，下從婦女六人，扶車三人，散使二人。外命婦二品已下，上（下？）從婦女二人扶車。親王及太妃妃公主，遣阿嬭及內監參，下從扶車散使一人。」[165]此處主要指外命婦的從人，而從內出的內命婦從人也應準此。景雲敕云：「從人數準乘車例。」依《大唐開元禮》，外命婦鹵簿有夾車、從車若干乘，而內命婦鹵簿只有從車若干乘。[166]車上所乘為命婦至親、從人、或其他人，並不清楚。只知可有一人，在監門校尉、內侍省高品官目視下，跟隨命婦入朝堂。其他下從人入內，即要監搜。景雲敕的下從、扶車、散使人數，似較《大唐開元禮》內命婦的青衣、內給使，外命婦的青衣、從人數量少，[167]但景雲敕明確點出從人做的是侍從、扶車、散使等工作。至於太妃、妃、公主除了前述從人外，宮中還派阿嬭與內監參從。楊國忠素與虢國夫人亂，「每入謁，並驅道中，從監、侍姆百餘騎，炬蜜如晝，靚妝盈里，不

---

[162] 《新唐書》卷二十三下〈儀衛志〉，頁 499。

[163] 《新唐書》卷二十三下〈儀衛志〉，頁 499。

[164] 《唐六典》卷二十六〈太子內坊〉，頁 672。

[165] 《唐會要》卷二十六〈命婦朝皇后〉，頁 493。

[166] 《大唐開元禮》卷二〈序例中〉，頁 27-28。

[167] 《大唐開元禮》卷二〈序例中〉，頁 27-28。

施幃障」。[168]楊國忠與虢國夫人儀仗規模之大，內侍與從人數量之多，遠超過禮制的規定，而虢國夫人並非太妃、妃、公主，卻僭越地要求宮中派出阿嬭與內監，顯示命婦入宮規範，已因權勢而破壞。

　　命婦參預其他禮典，也有女侍隨行。皇后先蠶禮，金吾奏：外命婦集壇所時，「其應採桑者四人，各具女侍者進筐、鉤載之而行。」又言：「監門預奏請」。[169]這是說命婦有助其採桑者，以及執筐鉤者隨行，而她們能侍從命婦入壇所，是事先得監門尉許可的。選妃也是唐朝皇室的大事，此等人當時並非命婦，但「既是百官子女，禮合避人」，當指其車馬準命婦制，可入宮，而不是在宮門口下車，拋頭露面，行走於宮內。開元十六年（728）敕曰：「其應預妃者，宜令所司具名錄奏，各令女及近親隨使，于命婦朝堂待進止。」[170]則是命預選女子與近親陪從者，在命婦朝堂等待處分。前論命婦入朝堂，許可一人入內，此處也讓近親隨使入內，蓋女性較少參與複雜的人際場合，為了使其自在方便的行事，減低恐懼不安的心理，朝廷做這樣的安排，思慮相當周到。

　　命婦朝謁或參與禮典，大批車馬集於宮城門外，但本人所乘車馬、輦輿、檐子，可直入至命婦朝堂、光順門、或宮內殿廷等處。在宮門外的車馬，自然由金吾衛負責管理，而停止於宮內各處命婦的代步工具，既然由內侍宦官引導至，大概也就由宦官監管。至於近身陪侍命婦的隨從者，監門衛掌宮禁門籍之法，內侍省掌出入宮掖之職，二單位同樣都有監當女侍的責任。

五、小結

　　為了維持宮廷的安全與秩序，官吏入宮時，車馬與僕從不可隨之入宮，要停在指定區等候。以大明宮來說，官吏應在建福門、望仙門內的下馬橋下車下

---

[168]　《新唐書》卷七六〈后妃上・楊貴妃傳〉，頁3495。

[169]　《大唐開元禮》卷四八〈吉禮・皇后季春吉巳享先蠶親桑〉，頁275。

[170]　《唐會要》卷四〈雜錄〉，頁45。

馬，徒步入朝含元殿。含元殿前的光範門、昭訓門則連成一道禁止線，嚴防官吏車馬入內，同時與宮城門圍成一個緩衝區，讓左、右金吾仗院管理在此等候的車馬，並依官吏的身分與等級，差人引接，做適當的安置，待官吏退朝或出宮，便可快速將車馬送至，不會讓官吏久候。太極宮、洛陽宮的格局與大明宮不同，朝堂分別在承天門、應天門外，官吏的下車下馬處，應在距朝堂有一段距離的橫街某處，而宮城門內與朝堂則是其車馬的禁區。興慶宮由坊改建而成，特別的是它設置了一個下馬陵，應該是車馬與僕從的停管處。至於官吏入宮的管理單位，各宮都應是金吾衛。

官吏因事入宮或入禁苑，未必只走宮城南面正門。宮城或禁苑各邊都設有諸門，而各門有兵衛，有仗舍，亦即有檢查哨之類的設施。大明宮東、西兩門外有北軍，禁苑也是北軍駐防與訓練之所，在宦權勢力高漲後，北軍監管諸門的情形應會更為普遍，因此可以合理地認為，除了南門由金吾衛負責外，北軍也參與其他各門的把守，凡官吏出入與車馬管理，就由其分擔相關責任。宮中雖然禁行車馬，以保持宮廷的肅穆與安寧，但皇帝為了體恤年高足疾的大臣，特賜輿輦小馬等代步工具以優禮之，許其直入殿廷或內省，不受禁區或金吾、北軍等的約束。

命婦也因朝賀問起居或參與禮典而入宮，只是她們的車馬可直入命婦朝堂、光順門等深宮內門，而不似男性官吏那樣必須在光範門前的禁止線下車下馬。這除了因為唐政府考量她們不勝遠行外，也是不願其太過拋頭露面。即使命婦的從車仍需集於宮城門外，而她本人所乘車馬則在宦者導引下入內，就是怕在宮中肆行衝撞，並驚嚇到命婦。依鹵簿制，內命婦所乘為馬車，外命婦所乘為犢車，但命婦入宮，乘車、騎馬、或乘輿輦檐子，既要看場合，也依個人喜好而定，未必全依鹵簿制。命婦入宮的管理規範與其說較男性官吏寬鬆，不如說唐政府對她們的戒心沒那麼強烈，並盡量維護其安全。

官吏與命婦入宮總要有排場，以彰顯威望，並保護自身安全，故僕馭與侍從隨行不可免。官吏上朝時，騶導清道，馬夫引馬之外，乘輿輦檐子者則有扶輦者或輿夫之類，他們都要在停止區待命，並迎候主人。從者的身分多元化，

有以職司吏員為從者，也有以私家僮僕備差遣。前者可能貼身侍從隨之入宮，後者則只能在金吾、北軍管區或宮門口等候。命婦的從人情況與官吏頗有不同，命婦無論入朝堂或參與禮典，身邊都有從人陪侍，或隨之入內，或有扶車、散使等下從婦女供驅使，或有女侍等助其採桑，這是為了讓較少應對經驗的命婦，能安心自在的面對各種場合所做的處置。

官吏與命婦入宮的規範頗有不同，唐政府不是從性別差異的角度來設計此制度，它主要在意的是官吏出入時車馬與僕從對宮廷安全與秩序的影響，從而附帶顧及命婦的方便性，並期望減少其不安的心理。唐朝主政的場所雖有大明宮、太極宮、興慶宮、洛陽宮的不同，但管制理念與方法殊無二致，且不因後期政治制度的變遷而有改變，只是多了宦官與北軍勢力的介入。然無論入宮規範如何嚴謹，總會有些破口，如果受榮寵的重臣許其權宜為之不算破壞規範，那麼囂張跋扈的權臣不循體制，以及急變發生時的特殊處置，顯然都會威脅皇帝的安全與宮中秩序，成為入宮規範最大的挑戰，與管理者難以承受的重責。

唐代宮廷防衛體系的建構及其演變

一、前言

　　長安城在關中平原的中部，關中南有秦嶺之險，西有隴山屏障，北有黃河環繞，東有崤函扼守，這樣的地理形勢與戰略地位，構築了長安城外緣的防禦體系。隋唐長安城建在漢長安城東南龍首原上，其規模之宏大，規劃之細緻，在中國都城史上很具代表性。尤其是宮城、皇城的深固高牆，以及北邊禁苑的苑牆與三面環水，形成宮廷防衛的多層機制。[1]

　　廣義地說，地形地勢與周遭環境或建築，都是宮廷防衛所必須考慮的，但本文只狹義地著眼於宮廷本身的防衛上，亦即宮廷安全不能只靠形險守護，更重要的是宮廷內部的軍事部署與人力調度。宮廷是皇帝寢居與視事之所，也是官吏朝參與議政之處，為了皇帝的人身安全與其神聖性、威嚴性，以及權力中樞的運作秩序與公事的隱密性，宮廷勢必要做周嚴防範，以免外人擅入或窺伺，並阻絕任何可能的攻擊與破壞。

　　宮廷範圍廣大，殿院眾多，除了內外各門有兵衛駐守在崗位上，還應有巡警人員在宮內外與夜間，做機動性的防察。當宮廷有重大典禮時，皇帝的儀仗既有顯其威赫的性質，也有宿衛的作用。但當君臣商討軍國大政時，過度的儀衛反而有洩密的危險。至於皇帝的閒居生活，內官侍從似乎比衛士更貼近皇帝。皇帝有時也會離開宮廷，或到行宮別院，或行宗教祭典，或去巡幸田獵，其車

---

[1]　肖愛玲，《隋唐長安城》（西安：西安出版社，2010），頁 241-252。

駕與排場會依不同情境或皇帝之個人喜好，做適當的處置與調整。宮城北邊的禁苑有重要的戰略位置，唐朝多次的宮廷政變與皇帝的出奔避難，都與禁苑守軍，或取道禁苑，脫離不了關係，故禁苑的防衛佈建，深深影響著宮廷與皇帝的安全。

宮廷防衛處處不可忽略，但這個防護網要如何細密周到的建構起來，實為軍政體系的一大考驗。宮廷防衛的面向很廣，不是幾個處所，多少駐軍就算了事，吾人還應更宏觀的考慮儀式性、禮儀性的仗衛所產生的作用，以及洩密對宮廷保安所造成的危機。本文分四個方向來思考，首先是以皇帝為中心，就其舉行典禮時之儀仗，與御在所之守禦，觀察禁衛組織如何集中力量在最重要的場合。其次是討論皇帝巡幸時，宮衛系統如何做好車駕的防護，與行在居所的安全。再者，宮廷與禁苑雖然地域遼闊，但有牆可區隔外界，有門可通出入，只要守住諸門，加強宮中巡警，增置苑內禁軍，應可將危機降到最低程度。最後本文要論述的是禁衛軍的變化，以理解宮廷防衛如何由前期的衛府軍制，走向由宦官主宰，北衙禁軍負責的制度，而這個防護網是更有效率，還是鬆動了。

以宮廷防衛為主題的研究其實不多，漢代部分的專論有廖伯源〈西漢皇宮宿衛警備雜考〉、張云華〈漢代皇宮宿衛運作制度〉。[2]唐代部分反而較少，李訓亮、謝元魯〈貞觀初年唐太宗宮禁防衛體系構建與道德重建〉[3]頗為簡略；王效鋒〈唐代宮廷防衛體系探析〉，觸及到宮城的防衛設施、軍隊力量、門禁制度，[4]然而分析似不夠深入；肖愛玲《隋唐長安城》有專章探討長安城內部防禦設施，[5]但未將焦點放在宮廷防衛上；杜文玉《唐代宮廷史》談到皇宮的宿衛機

---

[2] 廖伯源，〈西漢皇宮宿衛警備雜考〉，收入：廖伯源著，《歷史與制度——漢代政治制度試釋》（臺北：臺灣商務印書館，1998）；張云華，〈漢代皇宮宿衛運作制度〉，《南都學壇》（人文社會科學學報）26卷3期（2006）。

[3] 李訓亮、謝元魯，〈貞觀初年唐太宗宮禁防衛體系構建與道德重建——以唐太宗頒布的懲處隋末叛臣的三道詔書為例〉，《西南民族大學學報》（人文社科版）26卷（2005）。

[4] 王效鋒，〈唐代宮廷防衛體系探析〉，《乾陵文化研究》七（2012）。

[5] 肖愛玲，《隋唐長安城》第六章第二節。

構，可惜只以金吾衛、禁軍為主，[6]面向窄了些；趙雨樂〈唐末宮禁的終極防衛〉一文，[7]也只論宮衛的最終形勢，難免有無法全面觀照的遺憾；桂齊遜〈唐代宮禁制度在政治與法律上的意義〉，將重心放在宮廷政變與違反〈衛禁律〉的司法懲處上，[8]並未涉及防衛體系。至於文中各節有關朝會儀仗、皇帝鹵簿、禁衛軍等課題的研究成果，則分別於各節再說明。

宮廷防衛關係到皇帝的安危，與整個宮廷的秩序，相關人員責任重大，絲毫馬虎不得。本文以皇帝為軸心，專注在防護網的佈建上，當然也包括宮中巡警與禁苑防備。

二、朝會儀衛與御所守備

元正、冬至朝賀是宮廷中規模最盛大的國家禮典，朝賀之後還有會。皇帝於正、至御承天門聽政的情形不多見，反而常在太極殿受朝賀。高宗移居大明宮後，含元殿受朝賀成為常態。天子自御所出至殿廷受朝賀，禮官百司備羽葆、華蓋、旌旗、罕畢、車馬等，以示慎重，而且「人君舉動必以扇，出入則撞鐘，庭設樂宮」，蓋為彰顯君之尊嚴，臣之肅恭。[9]

正、至朝賀，殿廷的佈置要展現非凡氣勢，有司於陳設之物件與位次，絕不可有遺漏與錯亂，《新唐書》卷二三〈儀衛志〉：

> 黃麾仗、樂縣、五路、五副路、屬車、輿輦、繖二、翰一、陳於庭；扇

---

6 杜文玉，《唐代宮廷史》（天津：百花文藝出版社，2010），頁 134-142，313-316，473-476。

7 趙雨樂，〈唐代宮禁的終極防衛：神策五十四都的活動觀察〉，收入：趙雨樂著，《從宮廷到戰場：中國中古與近世諸考察》（香港：中華書局，2007），頁 161-178。

8 桂齊遜，〈唐代宮禁制度在政治與法律上的意義與作用〉，收入：高明士編，《東亞傳統教育與法制研究（二）唐律諸問題》（臺北：臺大出版中心，2005）。

9 《新唐書》（臺北：鼎文書局，新校標點本，1976），卷二三上〈儀衛上〉，頁 481。

　　一百五十有六，三衛三百人執之，陳於兩箱。

　　車輅輿輦之屬「並為儀仗之用」，[10]純粹為壯天子聲勢。樂懸、繖扇等則於天子出入時用之，前者以音聲振作而撼動人心，後者借其開闔增添其神秘性。這些無疑都是天子儀衛的一部分，可說是借著無形的宿衛力量，震懾不肖者，使其不敢蠢動或生異心。《唐六典》卷四〈尚書禮部〉另有補充曰：[11]

　　　　凡元日大陳設於太極殿（註：今大明宮於含元殿，在都則於乾元殿。）
　　　　二王後及百官、朝集使、皇親、諸親並朝服陪位。……凡冬至大陳設如
　　　　元正之儀，其異者，皇帝服通天冠，無諸州表奏、祥瑞、貢獻。

　　元正多於冬至的是諸州表奏、諸州所上祥瑞，以及諸州、諸蕃呈獻的貢物。[12]這些物件的擺設，環繞太極殿周邊至朝堂，[13]不是為當日使用，而是為突顯九州臣服，萬國歸順之意，也是諸州與各國用物件來展示對唐朝天子的效忠，一如儀衛般的置於指定地點。

　　參與正、至朝賀的官員，包括二王後、群官、諸親、客使等。唐以周隋之後為二王後，[14]朝賀時上公一人還代表群臣於御座前跪讀賀詞。群官則包括京官九品以上，以及朝集使、諸州使人。朝集使與諸州使人的參與朝賀，顯現國家對地方有強大的統治力，中央與地方有緊密的連結，而朝賀之禮則是皇權至上

10　《舊唐書》（臺北：鼎文書局，新校標點本，1976），卷四五〈輿服志〉，頁1932。

11　李林甫等撰，陳仲夫點校，《唐六典》（北京：中華書局，1992），卷四〈禮部郎中員外郎〉，頁113。又見：《舊唐書》卷四三〈職官志〉，頁1828。

12　杜佑撰，王文錦等校點，《通典》（北京：中華書局，1988），卷一二三〈禮典・嘉禮二・皇帝正至受群臣朝賀并會〉，頁3154；蕭嵩等撰，池田溫解題，《大唐開元禮》（東京：汲古書院，1972），卷九七〈嘉禮・皇帝元正冬至受群臣朝賀并會〉，頁454。

13　渡邊信一郎，〈元會的建構──中國古代帝國的朝政與禮儀〉，收入：溝口雄三等著，《中國的思維世界》（南京：江蘇人民出版社，2006），圖1「太極殿元會儀圖」，頁391。

14　二王後在唐朝還有爭議，但仍以周、隋之後為二王後。《新唐書》卷二〇一〈文藝上・王勃傳〉，頁5740。

的表徵，傳遞的是天朝威儀的政治意涵。諸親指皇宗親與異姓親，主要是皇室諸王侯與外戚。客使乃諸蕃國使人，他們也來共襄盛舉，代表唐朝企圖建構萬邦來儀的天下秩序。學者推估，參與元正朝會之在京九品以上官就有 2600 人，再加上來自地方的朝集使與外國蕃客，至少有 3000 人以上。[15]但讓朝會儀式更盛大壯觀的，則是由諸衛府組成的儀衛兵仗。

　　朝會儀衛的佈置不只限於護衛殿庭，《通典》云：「其日，將士填街，諸衛勒所部列黃麾大仗屯門及陳於殿庭如常儀。」[16]更精確的說應該是：「諸衛各勒兵屯諸門，黃麾大仗陳於殿庭。」[17]屯門之兵與殿庭持黃麾大仗者，其實是不同的兩批人。按朝會時太極殿前的南北街，也就是殿庭的兩側，佈滿了將士。而殿前的諸道門，還有與承天門平行，面對宮外的長樂門、永安門，也都是屯戍的重點。諸衛有挾門隊、長槍隊。依《新唐書》所述，承天門內有左右衛挾門隊，門外有左右驍衛挾門隊；長樂、永安門內有左右威衛挾門隊，門外有左右領軍衛挾門隊；嘉德門內有左右武衛挾門隊。另外還有長槍隊待命。[18]可說是警備森嚴，防衛周密，外人要想闖開層層戒護，破壞朝會儀式，幾乎是完全不可能的。這裡的挾門隊是真正帶刀捉仗的衛士，與手持儀式性黃麾仗陳於殿庭者不同，但他們都是天子行朝會時的儀衛隊。

　　朝會前，文武官員先集於朝堂。為了維護朝堂的秩序與百官的安全，置引駕，職在糾繩。[19]即有左右引駕三衛六十人，分五番，番置一人為主帥。引駕俠

---

[15]　渡邊信一郎，〈元會的建構──中國古代帝國的朝政與禮儀〉，頁 390。

[16]　《通典》卷一二三〈禮典・嘉禮二・皇帝正至受群臣朝賀並會〉，頁 3152

[17]　這是文宗即位宣政殿時的情景，但由於與含元殿、太極殿儀衛陳列的方式相近，且用語較《通典》更精確，故列於此。文宗即位事見：《冊府元龜》（臺北：臺灣中華書局，1972），卷十一〈帝王部・繼統三〉，頁 121。

[18]　《新唐書》卷二三上〈儀衛上〉，頁 482。

[19]　《資治通鑑》卷一九九高宗永徽二年：「左武候引駕盧文操踰牆盜左藏物，上以引駕職在糾繩，乃自為盜，命誅之。」可見引駕之職責在糾繩，用之於朝堂，當在維護朝堂秩序。又《唐六典》卷二五〈諸衛府・左右金吾衛〉註：「又置引駕三衛六十人，並於左右衛取明閑隊仗法用，兼能糾彈事者充。」引駕既與隊仗相關，同樣也職在糾彈。

飛六十六人，分六番，每番有主帥一人。[20]皇帝坐日引駕升殿，有金吾大將軍一人押之，中郎將、郎將各一人檢校。[21]合計殿上有金吾衛所屬與引駕相關的人員共 26 人。

　　元日朝會有規模最大的儀衛隊伍，如以御座為軸心，自北而南，儀衛佈列在殿上及殿庭之左右廂、東西廊，其位置、次序、佈陣方式、統屬關係、所置人數，本文表列出來，以見其驚人的聲勢。

唐元日朝會儀衛排列次序表

位置	儀衛	統屬關係	備　　　註	總人數 [衛士(含主帥以下)+統帥]	出　　處
御座左右	千牛仗	左右千牛衛	以千牛備身、備身左右為之。皆執御刀、弓箭，升殿列御座左右。千牛備身各十二人；備身左右各十二人。一日上，兩日下。	8	《新唐書》23 上《新唐書》49 上《舊唐書》44《唐六典》5
正殿兩廂	執扇三衛	左右衛	扇一百五十有六，三衛三百人執之，陳於兩箱。皇帝升御座，扇開。左右留扇各三。	300	《新唐書》23 上《新唐書》49 上
正殿左右	供奉仗	左右衛	以左右衛為之。立於殿上。每月各配三十六人而上下焉。	36	《新唐書》23 上《唐六典》5
	散手仗	左右衛	以親、勳、翊衛為之。立於殿上。每月各配三十六人而上下焉。	36	《新唐書》23 上《唐六典》5
庭左右廂	黃麾仗	分屬十衛	陳於庭。左右廂各十二部，部十二行，行十人。每部有折衝	3144 [2880(240)+24]	《新唐書》23 上《舊唐書》44

			都尉或果毅都尉各一人，領主帥各十人。		
兩階之次	黃旗仗	左右衛	隊有主帥以下四十人。三旗隊，折衝都尉各一人檢校。又有夾轂隊，廂各六隊，隊三十人。廂各折衝都尉一人、果毅都尉二人檢校。皇帝御正殿，則內廂宿衛仗。	612 [240+6] [360+6]	《新唐書》23 上 《新唐書》49 上 《舊唐書》44 《唐六典》24
東西廊下	赤旗仗	左右驍衛	主帥以下如左右衛。五旗隊，折衝都尉或果毅都尉各一人檢校。大朝會在正殿前，以黃旗隊及胡祿隊坐於東西廊下。若御坐正殿，則以其隊仗次立左右衛下。	410 [400+10]	《新唐書》23 上 《舊唐書》44 《唐六典》24
左右廂	親、勳、翊衛仗	左右衛	廂各三隊壓角，隊皆有旗，校尉以下翊衛以上三十五人。三旗隊，大將軍、將軍、郎將各一人主之。	216 [210+6]	《新唐書》23 上
東西廊下	白旗仗	左右武衛	主帥以下如左右衛。八旗隊，果毅都尉或折衝都尉各一人檢校。	656 [640+16]	《新唐書》23 上 《舊唐書》44 《唐六典》24
東西廊下	鈒戟隊	左右武衛	持鈒隊，果毅都尉各一人、校尉二人檢校。鈒、戟隊各一百四十四人，分左右三行應蹕。果毅執青龍等旗，將軍各一人檢校；旅帥二人，檢校後隊。	302 [288+14]	《新唐書》23 上 《唐六典》24
階下	黑旗仗	左右威衛	主帥以下如左右衛。四旗隊，果毅都尉各一人檢校。大朝會，分為左右廂隊。	328 [320+8]	《新唐書》23 上 《唐六典》24

階下	青旗仗	左右領軍衛	主帥以下如左右衛。六旗隊，折衝都尉或果毅都尉各一人檢校。大朝會，分為左右廂儀仗。	492 [480+12]	《新唐書》23 上 《舊唐書》44 《唐六典》24
左右廂	殳仗	分屬十衛	殳仗左右廂千人，廂別二百五十人執殳，二百五十人執叉。殳、叉以次相間。左右廂有主帥三十八人。廂有左右衞各三人，左右驍衞、左右武衞、左右威衞、左右領軍衞各四人，以主殳仗。	1076 [1000(38) +38]	《新唐書》23 上
左右廂	步甲隊	分屬八衛	左右廂各四十八隊，前後皆二十四隊。隊別三十人。每隊折衝都尉或果毅都尉各一人主之。	2976 [2880+96]	《新唐書》23 上 《通典》107
左右廂	辟邪旗隊	左右金吾衞	折衝都尉各一人檢校。		《新唐書》23 上 《舊唐書》44
左右廂	清游隊	左右金吾衞	建白澤旗二，各一人執、二人引、二人夾。折衝都尉各一人，各領四十人。	92 [90+2]	《新唐書》23 上 《舊唐書》44
左右廂	朱雀隊	左右金吾衞	建朱雀旗，一人執，引、夾皆二人。折衝都尉一人主之，領四十人。又二人持㦸稍。龍旗十二，副竿二，各一人執，分左右。果毅都尉各一人主之。大將軍各一人檢校二隊。	128 [122+6]	《新唐書》23 上 《舊唐書》44
左右廂	玄武隊	左右金吾衞	建玄武旗，一人執、二人引、二人夾。折衝都尉各一人主之，各領五十人。又二人持㦸稍。	116 [114+2]	《新唐書》23 上 《舊唐書》44
合計				10928	

說明：十衛是指左右衛、左右驍衛、左右武衛、左右威衛、左右領軍衛。八衛則無左右領軍
　　　衛。另外，左右千牛衛在御座左右，左右金吾衛在左右廂領辟邪隊等，左右監門衛守
　　　諸門。

　　最接近御座的是千牛仗，千牛備身執御刀，備身左右執御弓矢。千牛備身、備身左右各十二人，因一日上、兩日下，所以千牛備身、備身左右各 4 人在御座左右。按荊軻刺秦王時，「秦法：群臣侍殿上者不得持尺寸之兵。」時諸郎中執兵皆陳殿下，非有詔召不得上，故秦王惶急而陷險境中。[22]於唐之情況觀之，似已改變秦法，千牛備身、備身左右皆執御刀、弓矢侍於御座左右。這些刀、矢是真正的兵器，而非羽儀之類。王及善為右千牛衛將軍，高宗謂曰：[23]

　　　他人非搜辟不得至朕所，卿佩大橫刀在朕側，知此官貴否？

　　橫刀乃兵士之佩刀，[24]係戰陣所用，弓矢亦用於實射。千牛、備身執刀、弓於御座旁，顯然有加強宿衛皇帝的作用，但因與皇帝近在咫尺，為防不測，入選者應是極信用可靠的人。

　　正殿兩廂還有三衛執扇的儀仗，達三百人之多。玄宗時閻用之奏：[25]

　　　三衛皆矯悍有材力，不當升階陛逼御座，請以宦者代。

　　執扇者因近御座，為了皇帝的安全，替換為宦者，此後遂為故事。再者，近御座處執扇者之數量可能也沒那麼多，〈儀衛志〉載：「皇帝升御座，扇開。

---

[22] 《史記》（臺北：鼎文書局，新校標點本，1986），卷八六〈刺客列傳·荊軻〉，頁 2534-2535。

[23] 《舊唐書》卷九十〈王及善傳〉，頁 2910。

[24] 《唐六典》卷十六〈衛尉寺〉，頁 461。

[25] 《全唐文》（北京：中華書局，1983），卷三九二獨孤及〈唐故左吾衛將軍河南閻公墓誌銘〉，頁 3986；《新唐書》卷一〇〇〈閻用之傳〉，頁 3943。

左右留扇各三。」大概不願殿上階陛顯得壅塞，才如止做。這在元日朝會時是如此，在儀仗減半的朔望受朝，甚至常朝時似乎也如此。[26]《舊唐書》謂：「若常聽朝，皆去扇，左右各留其三，以備常儀。」[27]即是也。

立於殿上的還有供奉仗、散手仗。二者屬於三衛五仗，五品以上子孫才有資格為之，他們原本帶刀捉仗列坐於東西廊下，大朝會時應釋刀仗，並移轉立於殿上。供奉仗、散手仗不明人數多少，只知三衛五仗每月各配三十六人上下，則元日朝會供奉仗、散手仗最多共 72 人在殿上。他們是不帶武器的儀仗隊，站在宰相、兩省官之外的側邊，也就是正殿的左右兩邊。

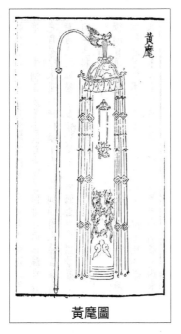

黃麾圖

元日朝會最壯觀的儀仗隊伍是黃麾仗，它不在殿內，而陳於殿外的庭。殿庭的空間寬敞，還有樂縣、輿輅之屬。黃麾仗在殿庭的左右廂，左右各十二部，部十二行，行十人，算起來執黃麾仗者就有 2880 人。每部有折衝都尉或果毅都尉一人，左右廂各十二部就有 24 人。又，每部領主帥十人，左右廂各十二部共計 240 人。總計執黃麾仗者及領兵之官有 3144 人，這個陣式排列開來是極驚人的。黃麾乃古代振兵所設之旗麾，唐太宗制大麾，色黃，但形制不明。如以宋制來看，以絳帛為之、朱漆竿、金龍首、朱絲蓋、四角垂佩，黃麾篆字下繡交龍及雲日。[28]沈佺期〈上之回〉詩：

[26] 《新唐書‧儀衛志》在述及皇帝升座時扇開，似乎並論含元殿受朝及宣政殿、紫宸殿受朝。如《舊唐書》卷十八上〈武宗紀〉會昌二年四月中書奏：「……三朝大慶，萬邦稱賀。……臣等請御殿日昧爽，宰相、兩省官闕班於香案前，俟扇開，通事贊兩省官再拜，拜訖，升殿侍立。」看來三朝禮典在皇帝出時，都有扇開此一程序。

[27] 《舊唐書》卷四四〈職官志〉，頁 1866。

[28] 王圻著，王思義編輯，《三才圖會》（上海：上海古籍出版社，1988），〈儀制三‧國朝儀仗圖上〉「黃麾」，頁 1863-1864。

「黃麾搖盡日，青幰曳松風。」[29]可見是一種旗旛。黃麾既為振兵所設，此儀仗用於朝會禮典，自然具有威赫效果，何況每行也有執器械如刀楯戟稍者，亦即黃麾仗雖以旗麾為主，也與武力結合，一方面助長皇帝聲勢，再方面也護其周全，亦即宮廷防衛的特色，不僅只是駐兵多少，軍人若干，儀仗其實也會讓人在心理產生無形的壓力，進而引發敬畏感，不敢有任何不軌意圖。在黃麾仗外，十廂還各有獨揭鼓十二重，重二人。獨揭鼓是天子賜臣下及軍旅用之，[30]這裡則用於殿庭。每黃麾仗一部，另有鼓一，由十衛將軍等檢校。[31]黃麾旗旛搭配著鼓隊，既炫人目光，也震人心神。

　　朝會正殿上，除了千牛仗執御刀弓箭宿衛皇帝左右外，其他執扇者及供奉仗、散手仗都是不佩兵器的儀仗隊。正殿之外的殿庭裏，站在最前方的黃麾仗是規模最大，色彩斑斕的隊伍。黃麾仗以下諸仗隊，分別立於殿庭的階、廊與左右廂，他們依次環繞在殿庭周邊宿衛，夾侍在樂縣、輦輅、百官兩側，讓殿庭顯得氣勢磅礡，肅穆凜然。由諸衛所領的黃旗仗、赤旗仗、白旗仗、黑旗仗、青旗仗，各旗隊對稱式的列於東西廊或兩階，有引旗者、執旗者標識其顏色與圖形外，重要的是他們都著甲鎧，持弓箭刀楯等，如此的旌旗飄揚，披甲執銳，無疑在大朝會中扮演保護皇帝與防衛宮廷的重要角色。

　　殿庭非常寬敞，左右廂還有殳仗、步甲隊與清遊隊等。殳仗人數眾多，考古發現的殳有兩類，一是有刃的兵器，一是無刃的禮器。[32]這裏執殳、叉者都非戎服勁裝，也未佩戴武

秦始皇兵馬俑
三號坑銅殳

---

[29]　沈佺期撰；陶敏、易淑瓊校注，《沈佺期集校注》（北京：中華書局，2001），卷四〈上之回〉，頁226。

[30]　《初學記》（四庫全書本）卷十六〈樂部下〉引《古今樂錄》：「鼓吹有龍頭大桐，中鼓獨揭，小鼓（皆有品秩，天子以賜臣下及軍旅用之）。」

[31]　《新唐書》卷二三上〈儀衛上〉，頁484。

[32]　沈融，〈中國古代的殳〉，《文物》1990年2期，頁70-73。秦漢以後流行杖殳，宮廷儀仗也一直使用著，見：楊琳，〈兵器殳的歷史演變〉，《南方文物》2014年4期，頁165。

器，主帥還執儀刀，應是禮制中的儀仗隊伍。步甲隊的陣容龐大，前後左右都佈列兵士，而且具持刀兵，全然是支武裝勁旅，為大朝會時在殿庭後面壓陣的皇帝禁衛軍，也是一旦有不肖之徒自宮城門攻入時的先遣應戰部隊，機動性相當大。殿庭最後有金吾衛統領的清遊隊、朱雀隊、玄武隊，《唐六典》曰：「凡車駕出入，則率其屬以清遊隊建白澤旗、朱雀旗以先驅，又以玄武隊建玄武旗以後殿。」[33]金吾衛所統領的這幾支隊伍放在最後面，似為皇帝車駕隨時要出行做準備，嚴格說並不能算是大朝會的儀仗隊伍。

　　正、至朝會是唐朝宮廷最盛大的國家禮典，各類官員數不下 3000 人，殿庭儀衛在萬人以上，還有守諸門的諸衛挾門隊、長槍隊，甚至連北衙左右羽林軍的羽林儀仗也參與其事：「若大朝會，則率其儀仗以周衛階陛。」[34]要動員如此龐大的人力，非有周密的計畫與萬全的準備不可，因為這些儀衛所執利器，可以做防衛之用，也可能有反叛之虞，故每個儀仗隊都有領兵官主管或檢校，就是多一層約束力量，多一層保障。開成元年（836）皇城留守奏：「諸司儀仗有鋒刃者，請皆輸軍器使，遇立仗別給儀刀。」[35]所奏諸司儀仗，當不只限於皇城，如含宮廷儀仗，則無異於解除宮廷宿衛或大朝會儀衛的武力，這對皇帝的人身安全及宮廷的防守力度來說，都是極大的考驗與威脅。

　　正、至朝會人員之多，旗幟之眾，是如此的壯觀，但 97% 以上的官員與儀衛其實是站在殿廷裏，[36]只有少數儀衛，以及宰相、兩省官、御史臺官員是在殿上。[37]顏真卿為從弟允南做神道碑曰：[38]

---

[33]　《唐六典》卷二五〈諸衛府・左右金吾衛〉，頁 638。

[34]　《唐六典》卷二五〈左右羽林軍〉，頁 643。

[35]　《資治通鑑》卷二四五文宗開成元年條，頁 7924。

[36]　（殿上儀衛數 380 人＋殿上官員數 30 人）/（總儀衛數 10928 人＋總官員數 3000 人）=2.94%

[37]　《通典》卷二四〈職官典・御史臺〉：「其太極以前二臺朝列之制，侍御史與殿中隨仗入，分居兩行。」註列出東行、西行之兩省官員與御史臺官員。

[38]　《全唐文》卷三四一顏真卿〈正議大夫行國子司業上柱國金鄉縣開國男顏府君神道碑銘〉，頁 3459-3460。

> 每正至朝賀，宰相以下登殿者不過三十人，而君與真卿、王鍇法服於含
> 元殿蹈舞，而衣接焉。

　　朝賀的地點無論在太極殿或含元殿，相關的制度規範應無所異。正因為殿
上臨近御座，故非宰臣或供奉官、糾舉官，是不得登殿的，也許這樣更突顯登
殿者的身分貴重，及其得皇帝的信任。

　　大朝會的地點，唐初多在太極殿，玄宗時曾在興慶宮、華清宮舉行，往後
則以含元殿為主，但有時也在宣政殿、紫宸殿受朝。[39]至於儀仗之規模，即使安
史亂後似乎也沒受太大影響，《冊府元龜》集錄唐歷朝朝會的情形，在代宗廣
德二年（764）至大曆十四年（779）的大朝會，多加上「仗衛如常儀」一語，
[40]顯示正、至大禮在此期間未因戰亂攪擾而變得寒酸。德宗建中元年（780）以
兵興以來，四方州府不上計，內外不會同者二十五年，乃欲復舊制，該年州府
計吏至者一百七十三人。次年受朝賀時，並記「四方貢賦珍寶列為庭實，復舊
制也。」[41]可惜的是，這樣的好景不過曇花一現。涇原兵變，德宗出逃後，朝廷
威望不復，要重建朝集使制度更是不可能，[42]也就是說無論大朝會之儀衛數量是
否減少，象徵地方順服中央的意義已幾乎不存在。而當唐朝國力衰退，朝集使
消失在元會禮，外蕃來朝人數大減之後，朝賀就只以京官為主，其原本蘊含的

---

[39]　唐代朝會情形見《冊府元龜》卷一○七、一○八〈帝王部〉「朝會一」、「朝會二」。有關大明宮三
　　　大殿之功能與三朝朝會的實際情況，其實相當複雜，也頗有變化，可參見杜文玉的各篇研究：〈唐
　　　大明宮含元殿與外朝朝會制度〉，《唐史論叢》15輯（2012），頁1-22；又，〈大明宮宣政殿與唐
　　　代中朝制度研究〉，《乾陵文化研究》七（2012），頁153-164；又，〈唐大明宮紫宸殿與內朝朝會
　　　制度研究〉，《江漢論壇》2013年7期，頁120-127。各篇亦收入：杜文玉，《大明宮研究》（北
　　　京：中國社會科學出版社，2015），頁49-65，67-85，86-103。此外又見：楊鴻勛，《大明宮》（北
　　　京：科學出版社，2013），頁90-108。

[40]　《冊府元龜》卷一○七〈帝王部〉「朝會一」，頁1277-1278。

[41]　《冊府元龜》卷一○七〈帝王部〉「朝會一」，頁1278；《唐會要》（臺北：世界書局，1974），
　　　卷二四〈受朝賀〉，頁457。

[42]　朝集使制度的功能與變遷，雷聞有很詳細的論述，見：〈隋唐朝集制度研究〉，《唐研究》7卷（2001），
　　　頁289-310。

上國威儀,再也無法繼續下去了。[43]

德宗貞元以後,正、至朝賀的本質雖已不若往昔,但儀衛威風凜凜,氣勢不凡的情景,連皇帝都不自覺的為之驚歎,貞元九年(783)德宗於紫宸殿受朝賀後,[44]製〈元日退朝觀軍仗歸營〉詩:「綵仗宿華殿,退朝歸禁營。分行左右出,轉旆風雲生。歷歷趨複道,容容映層城。勇餘矜捷技,令肅無喧聲。」[45]姑不論儀衛的數量是否如常儀,僅就其勇武壯盛,紀律嚴明來說,至少已保有朝賀時的防衛力道。

朔望朝與常朝也是由皇帝主持的重要朝會。朔望受朝之所,西內在太極殿,東內在宣政殿;常日視朝之所,西內在兩儀殿,東內在紫宸殿。但事實上,宣政殿除了朔望朝外,常朝也在這裏舉行;而唐後期紫宸殿也舉行朔望朝。[46]朔望朝之儀仗減正、至大朝會之半。歐陽修曰:「宣政,前殿也,謂之衙,衙有仗。」[47]這是說宣政受朝必有半仗立。紫宸殿是便殿,天子見群臣,乃自正衙喚仗由閤門入,[48]這似乎意味著若非承旨喚仗,紫宸受朝未必有仗。歐陽修指出其原因是:「衙,朝也,其禮尊;閤,宴見也,其事殺。」[49]然禮之尊、殺如以正衙或便殿來區分,未免太狹隘;如以儀仗有無來判別,也不盡合理。宣政殿是前殿正衙,是皇帝經常舉行朝會的場所,自然要設計儀仗制度,以體現天子威嚴。紫宸殿雖是便殿,卻是議政重要之地,為了君臣安全與政事隱密性,立仗儀注也不可忽略。

儀仗對皇帝來說是一種護衛,但對聽政來說反而可能是一種障礙。按元正

---

[43] 朝賀意義的改變,見:金子修一、小澤勇司,〈唐代後半期的朝賀之禮〉,《唐史論叢》12 輯(2010),頁 14-15。

[44] 《唐會要》卷二四〈受朝賀〉,頁 458;《舊唐書》卷十三〈德宗紀〉,頁 376。

[45] 《全唐詩》(北京:中華書局,1960),卷四德宗〈元日退朝觀軍仗歸營〉,頁 45。

[46] 杜文玉,〈大明宮宣政殿與唐代中朝制度研究〉,頁 153-158;又,〈唐大明宮紫宸殿與內朝朝會制度研究〉,頁 121-126。

[47] 《資治通鑑》卷二四一憲宗元和十五年條注,頁 7783。

[48] 《資治通鑑》卷二四一憲宗元和十五年條注,頁 7783。

[49] 《新五代史》(臺北:鼎文書局,新校標點本,1976),卷五四〈李琪傳〉,頁 618。

朝賀通常只由戶部尚書、禮部尚書、中書令、黃門侍郎等奏陳所受貢物與表文，太史令（司天監）奏天象變化。[50]此乃固定儀節，雖然典禮隆重，儀衛人數眾多，可是並不討論國家大政。朔望朝的情形則不然。按「每月朔望，皇帝受朝於宣政殿，先列仗衛，及文武四品以下于庭」。[51]朔望朝儀仗減半，至於半仗人數多少，是否仍由衛府兵士參與，並不清楚，但可知的是四品以下官列於庭，而多數仗衛也列於庭，能在殿上的仗衛應該為數不多，《資治通鑑》玄宗開元五年條：[52]

> 貞觀之制，……諸司皆於正牙奏事，御史彈百官，服豸冠，對仗讀彈
> 文。……及許敬宗、李義府用事，政多私僻，奏事官多俟仗下，於御坐
> 前屏左右密奏，……諫官、御史皆隨仗出，仗下後事，不復預聞。……
> 及宋璟為相，欲復貞觀之政，戊申，制：「自今事非的須秘密者，皆令
> 對仗奏聞。」

這裏的對仗與仗出、仗下的「仗」，指的都是在殿上的儀仗，而非列於庭的仗衛。李義府等人不願對仗奏陳，不是顧忌殿上儀仗對他有什麼威脅，而是私心邪僻怕被人知曉而不欲彰露。因此朔望朝即使是半仗，也代表這是一個公開的場合，君臣公開的論政，唯有官吏隨仗退出後，才是密奏或商討機密事的時機。[53]

殿上的仗衛原本象徵天子之威儀，但仗下議政似漸成為一種慣例。《新唐

---

[50] 《通典》卷一二三〈禮典·嘉禮二〉「皇帝正至受群臣朝賀并會」，頁 3153-3154；《唐六典》卷四〈禮部郎中員外郎〉條，頁 113。

[51] 《唐會要》卷二四〈朔望朝參〉，頁 463。

[52] 《資治通鑑》卷二一一玄宗開元五年條，頁 6728-6729。

[53] 有關對仗與仗下奏事的討論，可參考：松本保宣，〈唐代の正殿奏事──對仗奏事と仗下奏事〉，收入：《唐王朝の宮城と御前會議──唐代聽政制度の展開─》（京都：晃洋書房，2006），頁 128-131；又，〈唐朝御史對仗彈奏小考〉，《立命館文學》598（2007），頁 372-378；又，〈唐初の対仗·仗下奏事──討論集会か，密談か〉，《立命館文學》619（2010），頁 129-142。

書》起居郎條:「每仗下,議政事。」[54]《通鑑》胡注:「天子御正殿,則郎居左,舍人居右,有命,俯陛以聽。每仗下,天子與宰相議政,郎、舍人亦分侍左右。」[55]天子與宰相議政,討論的應是軍國要事,非唯百官不宜知,更不能讓仗衛聽聞,故仗下議政有防止洩密的用意。仗衛是宮庭防衛的重要環節,但國政機密也同樣是宮廷防衛所應固守者,兩事相權下,仗下議政似比形式化的仗衛天子更重要。

天子御紫宸便殿見群臣,曰入閣,乃自正衙喚仗由閣門入。天子在即仗衛在,「內謁者承旨喚仗,左右羽林軍勘以木契,自東西閣而入。」[56]這是說紫宸殿的仗衛規模比照宣政殿而設,但卻多了一道羽林軍勘契的手續,看來更嚴謹了。入閣升殿者的身分也有限定,除金吾大將軍、千牛衛將軍中郎將外,餘並以左右衛中郎將充,其諸衛及率府中郎將皆不得升殿。[57]入閣議事的常參官通常為五品以上及供奉官、員外郎、監察御史、太常博士等,但如有要事議論,也不限於此。武太后常御洛陽宮紫宸殿視朝,時有顏餘慶案,詔殊死,徐有功以為非魁首,與太后展開激辯:[58]

> 當時,百僚供奉及仗衛有三二百人,莫不股慄,而有功神色不動。

有功為司刑丞,從六品上,非常參官,但也入閣議事。按正、至朝賀可登殿的官僚不過三十人,但可入閣議事之在京五品以上文職事官就約百人,再加上可隨仗入之殿中侍御史、侍御史,以及特許議政之大理丞(司刑丞)等,則當時殿上的三二百人中,半數為可議政之百官,其餘之將軍與仗衛大約也只有百餘人,似不如正、至朝賀殿上的仗衛數。或許由這樣的例子可以推知,愈是

---

54   《新唐書》卷四七〈百官志〉,頁 1208。

55   《資治通鑑》卷二四六文宗開成三年條注,頁 7932。

56   《新唐書》卷二三上〈儀衛上〉,頁 489。

57   《唐會要》卷二五〈文武百官朝謁班序〉,頁 481-482。

58   《通典》卷一六九〈刑法典·守正〉,頁 4375。又,《資治通鑑》卷二〇三則天光宅元年條,頁 6419。

儀式化的典禮，殿上的官吏就愈少，表現天子威儀的仗衛就愈多。反之，愈有議政功能的朝會，殿上的官員就愈多，護衛天子的仗衛就愈少，甚至機密事務是在仗下後官吏才奏聞。

唐後期還有延英召對，是皇帝與宰相面議政事的重要形式，《南部新書》：「上元中，長安東內始置延英殿，每侍臣賜對，則左右悉去，故直言讜議，盡得上達。」[59]後唐盧文紀曰：「竊見前朝自上元以來，置延英殿，或宰相欲有奏論，天子欲有咨度，旁無侍衛，故人得盡言。」[60]雖然唐後期兩中尉與樞密使等侍側，使宰相與皇帝面議機密不再是其專利，[61]但仍可見議政時無他人或侍衛在旁，總是比較能暢所欲言。

從宮廷防衛的角度言之，殿上仗衛少，並不代表皇帝暴露在不安全的情境中。蓋自魏晉以來，凡入殿奏事官，以御史一人立殿門外搜索，而後許入，謂之「監搜」。《石林燕語》考異曰：[62]

> 唐制：百官入宮殿門必搜，非止為奏事官也。藥樹，有監搜御史監搜，位非泛用，御史一人亦非立也。大和元年詔，今後坐朝，眾僚既退，宰臣復進奏事，其監搜宜停止，謂宰臣勿搜，非皆罷也。

蓋自唐初以來，非止奏事官，凡百官入宮殿門必搜，有監搜御史在藥樹下監搜，只大和元年（827）詔宰臣勿搜。監搜的目的在防範有人夾藏器械，將不利於皇帝，故這是保衛皇帝的一道重要關卡。

再者，只要皇帝在殿上或閣中，除了御座左右的千牛衛可執御刀弓箭外，其他仗衛或任何人，都不可佩刀劍入。如貞觀元年（627）吏部尚書長孫無忌被

59　錢易撰，黃壽成點校，《南部新書》（北京：中華書局，2002），甲集，頁2。

60　《資治通鑑》卷二七九後唐清泰二年條，頁9132。

61　延英奏事之情況與變化，趙翼有評議，見：趙翼著，王樹民校證，《廿二史劄記校證》（北京：中華書局，1984），卷二十〈新舊唐書〉，頁426。

62　葉夢得撰，宇文紹奕考異，侯忠義點校，《石林燕語》（北京：中華書局，1997），卷二，頁28。

召，不解佩刀入東上閣，監門校尉不覺，引起戴冑與封德彝論刑之爭議。[63]佩刀即橫刀，乃兵士所佩具殺傷力的利器，[64]按唐律「闌入宮殿門及上閣」條疏議曰：[65]

> 仗雖入上閣內，不應帶橫刀而輒帶入者，減罪二等，合徒三年。

太宗時已有入閣之制，[66]喚仗則仗入。[67]仗入都不應帶橫刀，閣內不立仗衛則更不應帶橫刀。長孫無忌雖是親信重臣，也不該有此疏忽。監門校尉有查禁之責，即使是不覺，依然是失職。這起案例雖因戴冑的堅持而大事化小，但對往後的入閣者或近御座之臣子，無疑是一大警惕；對守門者或查核之主司來說，更要引以為戒。玄宗時，閣用之為左右郎將，知引駕仗，金吾將軍李質升殿不解刀，公呵下殿陛，請按以法。[68]金吾將軍是少數可入殿上的人，卻在沒有檢核的情況下，佩刀而入，則不唯他本人要繩之以法，負責檢核的門司可能也要受干係。按官吏見皇帝，解除武裝是一種安全措施，也是一種禮儀，大朝會時上公代表群官升階於御座前致跪賀之辭，要先至解劍席，跪解劍，置於席；賀訖，降陛詣席後，再跪著劍。[69]此舉說明至御在所解刀劍，已成為常規。

殿上仗衛有儀式與宿衛兩種功能，殿外仗衛的防禦性更強，是宮廷防衛不

---

[63]　《舊唐書》卷七十〈戴冑傳〉，頁 2532。相關討論可參看：高明士，〈唐代的律令政治〉，收入：高明士著，《律令法與天下法》（上海：上海古籍出版社，2013），頁 193-199。

[64]　《唐六典》卷十六〈衛尉寺〉武庫令刀之制，注曰：「橫刀，佩刀也，兵士所佩。」是具殺傷力的武器。

[65]　長孫無忌等撰，劉俊文點校，《唐律疏議》（臺北：弘文館出版社，1986），卷七〈衛禁律〉「闌入宮殿門及上閣」（總 59 條）疏議，頁 152。

[66]　《資治通鑑》卷一九二太宗貞觀元年條注：「太極殿兩廡有東西二上閣，則是兩閣皆有門可入，已又可轉北而入兩儀也，此太宗時入閣之制也。」

[67]　《唐律疏議》卷七〈衛禁律〉「闌入宮殿門及上閣」（總 59 條）疏議曰：「上閣之內，謂太極殿東為左上閣，殿西為右上閣，……若有仗衛者，上閣之中，不立仗衛，內坐喚仗，始有仗入。」

[68]　《新唐書》卷一○○〈閣用之傳〉，頁 3942；《全唐文》卷三九二獨孤及〈唐故左金吾衛將軍河南閣公墓誌銘〉，頁 3986。

[69]　《通典》卷一二三〈禮典‧嘉禮二〉「皇帝正至受群臣朝賀并會」，頁 3152-3153。

可或缺的重要角色。開成元年（836）正月朔上御宣政殿，仇士良請以神策仗衛殿門，諫議大夫馮定言其不可。[70]如果文宗所行為元正朝賀，則廷上應有諸多仗衛，而不只是把守殿門而已。若此非朝賀，則仗衛宣政殿門的守軍責任更重。於時南衙衛兵雖已名存實亡，然馮定仍不欲增宦官勢焰，故諫止以神策軍仗衛殿門的請求。三朝朝會仗衛甚嚴，朝會結束後放仗，但三大殿不太可能內外皆空蕩無人，至少殿門總有人守衛，以防不肖者入殿破壞。

　　朝會只是皇帝生活的一小部分，他絕大多數的時間是在便殿、寢殿等御在所，或與詞章文學之士論詩文、談治道，或召見翰林學士諮詢國政、起草詔書，或於閒居無事時舉辦些娛樂活動、讌設酺會。御在所內應也有仗衛，如唐律云：[71]

　　　　宿衛人於御在所誤拔刀子者，絞；左右並立人不即執捉者，流三千里。

　　唐律既規範宿衛人在御在所的行為，可見御在所的守備是很嚴密的。[72]然而，皇帝也有可能會摒去仗衛，只留下宦官或宮女任其差遣，這樣他可以更自在，更無拘忌。便殿、寢殿等御在所雖非朝會之地，但有時君臣仍在此議政，為了防止機密漏洩，甚至連宦官、宮女都會支開，王建詩描述翰林學士在金鑾殿草詔之隱密性曰：「承恩不許離床謝，密詔常教倚案書」，[73]說明密詔當著皇帝的面起草，不容第三者近侍於旁。但便殿或寢殿內即使無仗衛，殿門外仍不應全無人看守，李肇《翰林志》：「署有高品使二人，知院事。每日晚執事於

70　《資治通鑑》卷二四五文宗開成元年條，頁7923。

71　《唐律疏議》卷七〈衛禁律〉「向宮殿射」（總73條），頁164。

72　戴炎輝稱御在所是整個宮殿或皇帝居室；妹尾達彥則說是皇帝所在的空間。唐律中論及御在所之條文甚多。見：戴炎輝，《唐律各論》（臺北：成文出版社，1988），頁25-26；妹尾達彥，〈從太極宮到大明宮：唐代宮城空間的變遷與都城社會構造的轉型〉，收入：《跨越想像的邊界：族群・禮法・社會——中國史國際學術研討會論文集》（臺北：威秀資訊科技公司，2018），頁402-403。

73　《全唐詩》卷三〇〇王建〈上杜元穎相公〉，頁3408。

思政殿，退而傳旨。小使衣綠黃青者，逮至十人，更番守曹。」[74]皇帝退朝後，常在思政殿處理政事，召見翰林學士，高品使是幫助皇帝傳達旨意的宦官，小使則更番守學士院等處。連學士院都有小使守曹，則皇帝常在的各殿不會無人守衛殿門。

　　唐人的宮廷防衛極嚴，闌入宮殿門要處徒刑，持仗則加二等。如闌入上閣門與通內門，並得絞罪。無論是否持兵器杵棒之屬而至御在所，都處斬刑。即使是御膳所，其門亦禁，闌入者流三千里。[75]何人在宮殿門、閣門擋下闌入者，何人在御在所、御膳所緝捕擅闖者，靠幾個小使或宦官，絕對無能為力。正如仇士良請以神策仗衛殿門之例，三大殿之殿門或許當時還由南衙諸衛兵把守，但通內之門或皇帝所在之便殿、寢殿之門，是否仍掌握在南衙手中，可就不敢講。仇士良或許已有以神策仗衛守備便殿、寢殿之門的經驗，才會大膽提出仗衛宣政殿門的請求。何況唐後期防衛大明宮的左三軍、右三軍都是北軍，他們負責御在所的門禁，應該不是什麼令人訝異的事。

三、皇帝鹵簿與行在宿衛

　　鹵簿之名自秦漢以來已有之，蔡邕《獨斷》：「天子出，車駕次第謂之鹵簿。」[76]《漢官儀》：「天子車駕次第謂之鹵簿，有大駕、法駕、小駕。」[77]唐封演《封氏聞見記》說明的更詳盡：[78]

　　　　輿駕行幸，羽儀導從謂之鹵簿。……鹵，大楯也。……鹵以甲為之，所

---

[74]　洪遵，《翰苑群書》，收入：傅璇琮、施純德編，《翰學三書》（瀋陽：遼寧教育出版社，2003），卷一李肇《翰林志》，頁6。

[75]　《唐律疏議》卷七〈衛禁律〉「闌入宮殿門及上閣」（總59條），頁150-152。

[76]　蔡邕，《獨斷》（四部叢刊本，臺北：臺灣商務印書館，1981），卷下，頁14。

[77]　《後漢書》（臺北：鼎文書局，新校標點本，1975），卷十下〈皇后紀〉引《漢官儀》，頁442。

[78]　封演著，趙貞信校注，《封氏聞見記校注》（北京：中華書局，2005），卷五〈鹵簿〉，頁38。

> 以捍敵。……甲楯有先後部伍之次，皆著之簿籍。天子出則按次導從，
> 故謂之鹵簿耳。儀衛具五兵，今不言他兵，但以甲楯為名者，行道之時，
> 甲楯居外，餘兵在內。

　　以此可知，皇帝出行之車駕與儀仗隊伍，謂之鹵簿。[79]唐代鹵簿不只皇帝出行有，皇太后皇后、皇太子太子妃、親王等皆有鹵簿，王公以下，職事四品以上、散官二品以上、爵郡王以上及二王后，依品給。國公准三品給。若京官職事五品之婚葬，並尚公主、娶縣主，及職事官三品以上，有公爵者嫡子婚，並准四品給。此外，內外命婦也應有鹵簿。[80]是則「鹵簿者，君臣皆得通稱也」。[81]而且，鹵簿不只出行用之，婚葬也得有之。再者，皇帝車駕鹵簿有甲楯，但皇后、公卿、命婦之鹵簿不必有甲楯。[82]然本節所論為皇帝出行之鹵簿。

　　唐制，天子出行曰「駕」，行幸所稱為「車駕」，皆有衛有嚴，道路有鹵簿、鼓吹。之所以如此慎重，蓋「慎重則尊嚴，尊嚴則肅恭」，故「儀衛所以尊君而肅臣也」也。[83]皇帝出行依不同目的與行程遠近，而有不同規格的羽葆、華蓋、旌旗、車馬與兵衛。皇帝如為郊祀、巡狩、講武、田獵而出行，通常會舉行一些禮儀。然皇帝車駕之儀衛等級有別，最盛大的儀衛是大駕鹵簿，法駕、

---

[79] 皇帝無論因郊祀、巡狩、講武、田獵等活動而出行，都有相關之鹵簿與禮儀，見：趙芳軍，〈唐代御駕出行禮儀述論〉，《濮陽職業技術學院學報》21 卷 5 期（2008）；拜根興，〈試論唐代帝王的巡幸〉，《南都學壇》（哲學社會科學版）1997 年 1 期；張琛，〈唐代巡幸迎謁制度研究〉，《唐史論叢》27 輯（2018）。禮儀中尤以吉禮、軍禮最常見，可參考：李蓉，《隋唐軍事征伐禮儀》（北京：國防工業出版社，2015）；丸橋充拓著，張樺譯，《唐代軍事財政與禮制》（西安：西北大學出版社，2018），第三部唐代軍事禮制研究。Wechsler, Howard J. *Offerings of Jade and Silk：Ritual and Symbol in the Legitimation of the T'ang Dynasty.* New Haven：Yale University Press, 1985. 第五章郊祀與第八章巡狩。

[80] 《大唐開元禮》卷二〈序例中〉，頁 20-28；仁井田陞著，栗勁等編譯，《唐令拾遺》（長春：長春出版社，1989），卷十九〈鹵簿令〉，頁 447-457。

[81] 孫承澤著，《春明夢餘錄》（四庫全書本，臺北：臺灣商務印書館，1986），卷七〈正殿〉，頁 83。

[82] 《資治通鑑》，附錄《通鑑釋文辯誤》卷八，頁 117。

[83] 《新唐書》卷二三上〈儀衛上〉，頁 481；《通典》卷一〇八〈序例下〉，頁 2809。

小駕在導駕、車隊、衛隊、鼓吹上分別做遞減。[84]天子服乘的車輿有八等，五輅供祭祀、鄉射、行道、巡狩、畋獵等用，另三等車供耕籍、臨幸、拜陵之用。[85]車馬、儀衛都施於鹵簿內，以是知鹵簿的規模相當可觀。皇帝離開宮廷御所，無論到何處，都有車馬、儀衛，楊復恭應答昭宗之詢問曰：「凡曲江、溫湯若畋獵曰大行從，宮中、苑中曰小行從。」[86]顯然皇帝行遠與近處的鹵簿是有區別的。

皇帝出行，排場最大的是大駕鹵簿，《唐六典》鼓吹署條註曰：「凡大駕鹵簿一千八百三十八人，分為二十四隊，列為二百一十四行。」[87]令人質疑的是參與大駕鹵簿的人數。有學者統計，大駕鹵簿約 1.1 萬人，其中樂工 2143 人，歌手 96 人。[88]宋代大駕鹵簿的規模，不同時期的人數總在二萬人上下。[89]即以唐代大駕鹵簿的前後左右廂步甲隊（各）四十八隊，隊各三十人計已有 2880 人；黃麾仗左右廂各十二部，部各十二行，行引十人計，則有 2880 人，僅此兩項已遠超過《唐六典》所載了。

唐代的大駕鹵簿在《通典》、《大唐開元禮》、《新唐書》裏都有描述，但詳略有出入。大駕鹵簿分為五個部分：導駕、引駕（前部鼓吹）、車駕、後部鼓吹、後衛部隊。（參見附表）導駕有萬年縣令先導，依次有京兆牧、太常卿等六人，〈鹵簿令〉謂之「六引」。[90]導駕裡還可分三隊：清遊隊、旗隊、車隊。負責督導的應是金吾衛，各隊之領隊或檢校者分別是金吾大將軍、金吾折衝都尉或果毅都尉。金吾衛之職，《唐六典》曰：[91]

84　《新唐書》卷二三下〈儀衛下〉，頁 508。

85　《舊唐書》卷四五〈輿服志〉，頁 1932-1933。

86　《新唐書》卷二〇八〈宦者下・楊復恭傳〉，頁 589。

87　《唐六典》卷十四〈太常寺・鼓吹署〉，頁 408。

88　曾美月，〈唐代鼓吹樂研究〉，《樂府新聲》（瀋陽音樂學院學報）2009 年 2 期，頁 51。

89　伊沛霞撰，段曉琳譯，〈大駕鹵簿：皇家勝景和北宋開封的視覺文化〉，《歷史文獻研究》40 輯（2017），頁 132 註 2。

90　《唐律疏議》卷二十四〈鬥訟律〉「越訴」（總 359 條）疏議，頁 448。

91　《唐六典》卷二五〈諸衛府・左右金吾衛〉，頁 638。

凡車駕出入，則率其屬以清遊隊建白澤旗、朱雀旗以先驅，又以玄武隊
建玄武旗以後殿。

　　金吾衛在導駕裡承擔的正是先驅之責，而鹵簿後衛部隊為後殿的也恰是玄
武隊玄武旗。《唐六典》的說明適可與鹵簿行次相對應。金吾衛為先驅，目的
在偵察探看前路狀況，[92]《新唐書》謂其掌「烽候、道路、水草之宜」，[93]也就
是為皇帝車駕安排好適當、平穩的路徑，並排除所有不該出現的人、物與可能
的障礙，以確保車駕的安全與前行之順利，如天子親祠，車駕赴祠祭所，「州
縣及金吾清所行之路，不得見諸凶穢及縗絰者」[94]，就顯示金吾有清道之先驅作
用。

　　導駕中所陳列之鐵甲伏飛、虞候伏飛、外鐵甲伏飛，具領於金吾衛，皆帶
弓箭橫刀，甲騎具裝，[95]是有武力，可護駕之先頭部隊。但虞候伏飛與外鐵甲伏
飛，分別引到步甲隊、黃麾仗，而步甲隊、黃麾仗是後衛部隊的主力陣式，這
似乎意謂著前驅與後殿之間有著前後呼應，機動巡察的動態關係。以次是車隊，
指南車指方向，置於最前，甚為合理；記里鼓車也是一個機械裝置，記里程數。
各車的形製、駕士等情形，唐代沒有留存大駕鹵簿圖以供比對，但中國國家博
物館所藏宋代的〈大駕鹵簿圖書〉可以參照。[96]

　　大駕鹵簿的第二個駕次是引駕，有引駕十二重為前導。這個駕次最重要的
就是由鼓吹令指揮的前部鼓吹隊。鼓吹隊的規模極大，不僅鼓吹樂器的種類多，
數量多，樂工還並騎橫行，每鼓皆二人夾，可以想見方其一時俱發，則聲勢驚
人，極為壯觀。鼓吹本是古之軍聲，振旅獻捷之樂。其後各朝施於鹵簿、殿庭，

---

[92] 關於金吾先驅後殿的職責，可參看：田頭賢太朗，〈金吾衛の職掌とその特質──行軍制度との關
係を中心に─〉，《東洋學報》88卷3号（2006），頁5-8。

[93] 《新唐書》卷四九上〈百官志〉，頁1284-1285。

[94] 《舊唐書》卷二一〈禮儀志〉，頁819。

[95] 鐵甲伏飛，《新唐書》卷二三上〈儀衛上〉有之，但《通典》、《大唐開元禮》無。各伏飛的裝束，
《新唐書》描述的也較詳盡。

[96] 伊沛霞撰，段曉琳譯，〈大駕鹵簿：皇家勝景和北宋開封的視覺文化〉，頁140-141。

做為儀仗之樂。[97]由於皇帝鹵簿的規模大，前後距離太長，用人員傳呼既費力，又聽不真切，為使整個車駕隊伍行動一致，於是用鼓吹來傳遞特定訊息，所謂「鑾駕動，警蹕，鼓傳音」、「鳴鐘鼓者，所以聲告內外」，「小鼓九曲，上馬用一曲，嚴警用八曲。長鳴一曲三聲，上馬，嚴警用之」，皇帝入，解嚴，「叩鉦，將士皆休」。[98]這是說用鼓來傳遞起駕信號，以鉦來傳遞解嚴信號，小鼓、長鳴等傳遞嚴警、上馬信號，該種聲告內外的作法，讓鼓吹部隊起著通知時間、催促、警戒的作用，也因為音聲洪亮、威嚴，有著提振士氣，驅邪避邪的用意。[99]

在前部鼓吹隊之後，接著還有太史局隊、鈒戟前隊、幡幢隊、鈒戟後隊與馬隊。太史局隊有「殿中侍御史二人導」。[100]殿中侍御史之職「掌駕出於鹵簿內糾察非違」，或「監其隊伍」。[101]是其在前引導、監察太史局隊。太史局隊由太史令率領，負責一路上天相、時辰的觀測。其後的鈒戟前、後隊，則在護衛太史局隊、幡幢隊、馬隊，並有左右衛、左右武衛的將軍或果毅監領與押陣。整個隊伍在此呈現前引後押的形勢。幡幢隊置於其間，意在以旌旗飄飄，炫人眼目。御馬二十四疋左右並列，一則可壯聲勢，再則為大駕之備用馬匹。

大駕鹵簿的第三個駕次是全隊的核心，皇帝的車輅就在其中，所以儀仗與護衛極為周嚴。皇帝車駕的前導有大批文官，主要是中書、門下兩省之侍臣，以及御史臺官。文官隊之後有陣勢龐大，由左右衛將軍領導的班劍儀刀隊。班劍意為「木劍無刃，假作劍形，畫之以文，故曰班也」。[102]李勣墓曾出土一把

---

[97]　孫曉暉，〈唐代的鹵簿鼓吹〉，《黃鐘》（武漢音樂學院學報）2001 年 4 期，頁 62。

[98]　《新唐書》卷二三上〈儀衛上〉，頁 490、496；《通典》卷一二二〈嘉禮・皇帝納后〉，頁 3128；郭茂倩編，《樂府詩集》（北京：中華書局，1979），卷二一〈橫吹曲辭一〉，頁 310。

[99]　曾美月，〈唐代鼓吹樂研究〉，頁 52；趙芳軍，〈唐代御駕出行禮儀述論〉，《濮陽職業技術學院學報》21 卷 2 期（2008），頁 117。

[100]　《新唐書》卷二三上〈儀衛上〉，頁 491。

[101]　《通典》卷二四〈職官典・御史臺〉，頁 673、374。

[102]　《資治通鑑》卷九二晉明帝太寧元年條胡注引李周翰語，頁 2911。

班劍，劍為木質，劍柄及劍鞘外均有紋飾。[103]儀刀亦「以木為之，以銀裝之，具刀之儀而已」。[104]可見班劍儀刀隊旨在表現皇帝威儀，軍容壯盛，並不真是保衛皇帝的禁衛軍。《新唐書》對班劍儀刀隊的描述頗為詳盡，左右廂各十二行，分別由十二衛的親勳翊衛組成，每行人數自 53 人遞增為 75 人，每行最後 3～14 人陪後門。在班劍儀刀隊左右廂之次，還有左右衛、左右驍衛郎將、中郎將所領之三衛，甲騎具裝，佩橫刀，分佈在其內外。[105]橫刀具殺傷力，且由其甲騎具裝，非執羽儀來看，是皇帝真正的護衛隊。

李勣墓鎏金鞘銅柄木劍圖

皇帝乘的玉輅在全隊的中間，前有護衛隊，左右有大將軍夾侍，後有千牛將軍等隨從。另個引人注目的是玉輅之後有「牙門」，《新唐書》謂之「衙門旗」，旗內外有監門校尉檢校，這似乎比照朝會時百官入殿前，監門校尉的執門籍。而牙門之後與兩側，還有約三百人的衛隊。玉輅後置門，有方便人員出入，或隨時通報訊息的意涵，以免有狀況時傳遞者任意穿越整齊部隊，打亂大駕的行進。

再後跟著的是頗為龐大的繖扇車馬隊。這個隊伍由殿中省主管，殿中少監總督其事，尚輦、尚乘局官員與諸司供奉官從屬之。凡聽朝，殿中監、少監率其屬執繖扇以列於左右；凡行幸，則侍奉於仗內。[106]由監門校尉檢校門籍，殿中省掌繖扇來說，朝會與行幸的典儀有許多是相通的。繖扇車馬隊後有為數不

---

[103] 陝西歷史博物館，昭陵博物館，《昭陵文物精華》（陝西：陝西人民美術出版社，1991），頁 13；昭陵博物館，〈唐昭陵李勣（徐懋功）墓清理簡報〉，《考古與文物》2000 年 3 期，頁 9-10。

[104] 《資治通鑑》卷二四五文宗開成元年條胡注，頁 7924。《唐六典》卷十六〈衛尉寺〉：「刀之制有四：一曰儀刀，二曰鄣刀，三曰橫刀，四曰陌刀。」註曰：「今儀刀蓋古班劍之類，……裝以金銀，羽儀所執。鄣刀蓋用鄣身以禦敵。橫刀，佩刀也，兵士所佩。……陌刀，長刀也，步兵所持，蓋古之斷馬劍。」可知儀刀為儀仗所用，而後三種刀都是真正的兵器，供殺伐之用。

[105] 《新唐書》卷二三上〈儀衛上〉，頁 492。

[106] 《新唐書》在繖扇車馬隊中有後持鈒隊，《通典》、《大唐開元禮》無。

多的麾仗隊，算是該駕次最後的總結。本駕次自文官前導，到各隊在後扈從，兼具儀隊與衛隊，是行列最嚴整的一個駕次。

大駕鹵簿第四個駕次是後部鼓吹，同樣由殿中侍御史監其隊伍。後部鼓吹看似規模不如前部鼓吹，但有由金吾所領的大角百二十具，橫行十重，聲勢也很可觀。接著後部鼓吹隊的是輦輅車隊。少府監左尚署掌供天子之五輅、五副、七輦、三輿、十有二車。這些輦輅車分批施於鹵簿內，皇帝既已乘玉輅，其他四輅、[107]五副、輦輿、屬車等並陳於此，應為儀仗之用。負責檢校輦輿的有殿中省的尚輦直長、太僕寺的乘黃令，都各盡其職，各安其位。車隊最後有黃鉞車、豹尾車壓陣。門下省符寶郎於車駕行幸時，奉寶以從於黃鉞車內。[108]最後一車懸豹尾，豹尾以前比省中，[109]意謂之前一如皇帝在宮中，需警戒以備不虞。

大駕鹵簿最後一個駕次是由諸衛組成的後衛部隊。該駕次總共有六隊，左右威衛所領衛隊掩在豹尾車後，有 200 人。左右領軍所統步甲隊有 2880 人。檢校黃麾仗的十衛軍將，也統黃麾仗 2880 人。此外，殳仗隊少說 1000 人，諸衛馬隊不下 1920 人，玄武隊也不下 50 人。如再加上軍將、執旗者、夾者、從者，總計約 9000 人。六隊中的衛隊、步甲隊、馬隊、玄武隊，依《新唐書》所記，被甲、持戟刀楯弩或佩橫刀，[110]是具戰鬥力的禁衛軍。僅黃麾仗隊與殳仗隊是一種壯大氣勢的儀仗隊。該駕次最後一隊，是由金吾所領的玄武隊。前引《唐六典》言，金吾衛於車駕出時，率清遊隊、朱雀隊為前驅，玄武隊為後殿，印證大駕鹵簿的行次，確實如此。

大駕鹵簿最後列有牙門（衙門），左右廂各開五門。這個牙門在玄武隊前，殳仗行內。左右廂所開各門，分別在十衛所領之步甲隊或黃麾仗前後。《唐六典》：「凡車駕巡幸，所詣之所，計其應啓閉者，先發而請其管鑰，及至，即

---

[107] 《新唐書》卷二三上〈儀衛上〉有木輅，《通典》、《大唐開元禮》無。

[108] 《通典》卷六三〈禮典‧嘉禮八〉，頁 1770。

[109] 《後漢書》卷二九〈輿服志〉，頁 3649。

[110] 《新唐書》卷二三上〈儀衛上〉，頁 486-487，494-495。

開閣如京城之制。」[111]顯然宮城門的開閣之節，也適用於車駕巡幸時，而且不只車駕所至之處門有啓閉，車駕行徑中亦置牙門。隊伍最後的門，與玉輅之後的門，目的不盡相同。隊伍最後的門似代表整個大駕鹵簿止於此，任何人都不得擅自出入。玉輅之後的門，則意在方便向皇帝報告訊息，讓皇帝即時掌握最新狀況。但這兩種牙門的共通處是都有執銀裝刀的監門校尉，往來檢校諸門，並有左右衛率隊護衛，或有金吾衛循仗檢校，糾察仗內不法。[112]

　　唐代的大駕鹵簿共有五個駕次，約有二十四個隊伍，[113]總數可能如宋代的規模，在二萬人上下。雖然規模如此龐大，但部伍嚴整，秩序井然，不僅內外層次分明，前後調度機動性強，而且各隊依循著前引後押、前導後從、前驅後殿的原則排列，並將儀仗隊與禁衛軍交錯相間，仗內與衛隊左右重疊，既表現皇帝車駕之壯盛威儀，也護衛天子之人身安全，可以說宮廷防衛體系除了用於宮中，還整套置於皇帝行幸時，故所謂的宮廷防衛，非獨讓兵士防護皇帝周全，也包含用儀仗宣示至尊無上的皇權，二者共同構成無比強大的威赫力量。

　　唐朝雖未留下大駕鹵簿圖，但敦煌莫高窟 156 窟有一幅張議潮統軍出行圖，是為慶祝收復河西，攻克涼州而繪製。[114]張議潮的名銜是「河西節度使檢校司空兼御史大夫」，這幅統軍出行圖可視為張議潮出行時之鹵簿，包含儀衛、旗隊、樂舞、節度使坐騎、子弟軍親兵，以及後備供給等幾個部分。從張議潮出行之鹵簿組成上看，與大駕鹵簿的結構極為相似，只是大駕鹵簿較為肅穆，而張議潮出行圖的歡樂氣氛較明顯，多了對舞情節。[115]

---

[111] 《唐六典》卷八〈門下省〉城門郎條，頁 250。

[112] 《新唐書》卷二三上〈儀衛上〉，頁 493、496。

[113] 導駕有清遊隊、朱雀隊、車隊等三隊；引駕有前部鼓吹隊、太史局隊、鈒戟前隊、幡幢隊、鈒戟後隊、馬隊等六隊；車駕有文官隊、班劍儀刀隊、大駕、監門隊、衛隊、繳扇車馬隊、麾仗隊等七隊；後部鼓吹有後部鼓吹隊、輦輅車隊等兩隊；後衛部隊有衛隊、步甲隊、黃麾仗隊、殳仗隊、馬隊、玄武隊等六隊。詳細駕次請見附表。

[114] 榮新江，《歸義軍史研究──唐宋時代敦煌歷史考索》（上海：上海古籍出版社，1996），頁 68。

[115] 中國敦煌壁畫全集編輯委員會，《中國敦煌壁畫全集》卷八晚唐（天津：天津人民美術出版社，2001），圖 2、圖 4。

張議潮統軍出行圖-1

張議潮統軍出行圖-2

皇帝行幸之勝景，唐人頗有描述，張說〈大唐開元十三年隴右監牧頌德碑〉：
「皇帝東巡狩，封岱岳，輦輅既陳，羽衛咸備，大駕百哩，煙塵一色。其外又
有閑人萬夫，散馬千隊，……行如動地，止若屯雲。」[116]又，〈大唐祀封禪頌〉：
「六甲按隊，八陣警蹕」，「千旗雲引，萬戟林行」，「萬方縱觀，千里如堵」。
[117]大駕綿延百里，應該包含皇帝鹵簿之外徵調的隨行兵將。當千旗萬戟展示於
萬民之前，豈不在宣揚皇家威望？皇帝行幸動用的人數頗難估算，也因所幸之
處與行幸之目的而有差異，開元二十年（732）冬玄宗校獵上黨，「勒兵三十萬，
旌旗亘千里」，[118]即使有誇大之嫌，也會讓所動員之兵將在軍事訓練中，感受
到強大的帝國秩序。[119]會昌元年（841）入唐求法僧圓仁親眼目睹皇帝祀南郊，
「諸衛及左右軍廿萬眾相隨」，[120]如此的規模，讓圓仁感到無比的震憾，而記
錄下來。懿宗好宴遊，「每行幸，內外諸司扈從者十餘萬人」，[121]無論所載是

---

[116] 張說撰，熊飛校注，《張說集校注》（北京：中華書局，2013），卷十二〈大唐開元十三年隴右監牧
　　　頌德碑〉，頁 624。

[117] 《張說集校注》卷十二〈大唐祀封禪頌〉，頁 609。

[118] 《全唐文》卷四一玄宗〈后土神祠碑序〉，頁 446。

[119] 軍禮與帝國秩序的關係，丸橋充拓有所詮釋，見：丸橋充拓著，張樺譯，《唐代軍事財政與禮制》，
　　　頁 273-290。

[120] 圓仁著，白化文、李鼎霞、許德楠校注，《入唐求法巡禮行記校注》（石家莊：花山文藝出版社，
　　　2007），卷三會昌元年正月八日條，頁 364。

[121] 《資治通鑑》卷二五〇懿宗咸通七年條，頁 8117。

否為實際參與的人數，光是這等氣勢，在視覺效果上就已達到震懾人心的作用了。

　　皇朝禮儀，早已排定時程，如果皇帝確實要出行，大約四十日前便開始準備。[122]以祭祀之儀來說，通常大駕發動時間訂在晝漏上水五刻，即今之六時十二分。[123]其前要擊鼓三嚴，侍中版奏中嚴、外辦，意思是皇帝外出，設鼓角以警嚴，並戒備宮禁。[124]此時，諸衛與侍臣皆已準備好，依陣勢隨從鑾駕前行。鑾駕動，稱警蹕。事情完成後鑾駕回宮，同樣要擊鼓三嚴，鼓吹振作。直至皇帝入宮後，侍中版奏請解嚴，將士才各還其所。在禮制上，皇帝無論因何事出宮，都有警嚴之制，諸衛、侍從等奉迎如常儀。只是此等耗繁、鋪張的規模，連皇帝都嫌拘束，也未必適合各種場景。如高宗不喜乘輅而乘輦，玄宗則不論遠近騎於儀衛內，[125]大概就嫌玉輅空間狹窄，令人感到悶氣，但置身儀衛內，仍不失安全與尊嚴。在某些險峻的山路，盛大的儀仗是根本無法通過的，如則天太后應胡僧邀車駕觀葬舍利，狄仁傑諫止曰：「山路險狹，不容侍衛，非萬乘所宜臨也。」[126]又御幸玉泉寺，以山道險，欲御腰輿，王方慶奏：「今山阿危峭，磴道曲狹，……陛下奈何親踐畏塗哉？」[127]玄宗幸東都，次崤谷，因「馳道隘狹，車騎停擁」，河南尹、知頓使並失於部伍，而遭玄宗責難。[128]可見地形地勢影響車駕行進甚大，就算是馳道也未能都築於寬敞處。

　　禮典固然排場大，但行事煩瑣又制式化，總沒有輕車簡從，微服出行，說

---

[122]　《舊唐書》卷四四〈職官志〉太僕寺乘黃署：「若有大禮，則以所御之輅進內。……凡將有事，先期四十日，尚乘供馬如輅色，率駕士預調習指南等十二車。」但也有不少實例是下詔不足一個月即舉行禮典，關於詔敕發佈親祭與實際親祭的相隔時間，金子修一做了分析，見：金子修一著，徐璐，張子如譯，《中國古代皇帝祭祀研究》（西安：西北大學出版社，2018），頁 73-78。

[123]　《新唐書》卷二三上〈儀衛上〉，頁 489；《通典》卷一〇九〈禮典·吉禮一〉，頁 2827。一刻為 14.4 分鐘，夜五更而盡，晝漏自卯時起，故晝漏上水五刻即今時六時十二分。

[124]　《資治通鑑》卷二二八德宗建中四年條胡注：「設鼓角以警嚴。一曰設卒以警備嚴衛。」

[125]　《舊唐書》卷四五〈輿服志〉，頁 1933。

[126]　《資治通鑑》卷二〇六則天久視元年條，頁 6546。

[127]　《新唐書》卷一一六〈王方慶傳〉，頁 4224。

[128]　《舊唐書》卷九六〈宋璟傳〉，頁 3032。

走就走的隨興感。如太宗辟人，只從兩騎幸故未央宮，途中遇不及解佩刀之衛士，[129]好在無不軌意圖。則天避暑三陽宮，張說諫曰：「陛下往往輕行，警蹕不肅，……卒然有逸獸狂夫，驚犯左右，豈不殆哉！」[130]玄宗在華清宮，乘馬出宮門，欲幸虢國夫人宅，陳玄禮曰：「未宣敕報臣，天子不可輕去就。」玄宗為之迴彎。又欲夜遊，玄禮奏：「宮外即是曠野，須有備預。」玄宗又不能違。[131]比起禮典的慎重其事，皇帝可能更喜歡輕鬆適意的自在感，就算輕騎而行，無警蹕，無備預，似乎也無所謂，反倒是侍臣與宿衛者擔心發生不測而勸止之。再者，皇帝有時會甩開侍從，微服外遊，或私幸大臣宅第，想體驗一下民間生活的恣意與從容，並給臣下一些驚喜。如中宗與皇后上元夜微行觀燈，因幸中書令蕭至忠第；中宗又數微服幸武三思第與胡僧慧範舍。[132]這種隨興出行的方式，既不驚動扈從者，也不影響人民作息，有其方便性，也有隱密性，即使維安上難免不周，但在無旌旗、儀衛遮蔽下，讓皇帝眼界更開闊，更了解外在風情，或許才是他著迷此道的原因。

　　皇帝車駕行進中有儀衛守護，中途停頓或到目的地，同樣有宿衛或宿直，如宮禁之制。《資治通鑑》胡注：[133]

> 天子行幸所至，宿次之地，宿衛將士外設環衛，近臣宿直各有其次，與宮禁無異，故行宮內亦謂之禁中。

　　行在所雖有將士環衛，但畢竟少了宮城的障蔽，故另有帳幕與排城的設計，殿中省尚舍局就專掌之：「凡大駕行幸，預設三部帳幕，有古帳、大帳、次帳、小次帳、小帳，凡五等。古帳八十連，大帳六十連，次帳四十連，小次帳三十

---

[129]《唐會要》卷二七〈行幸〉，頁 515。

[130]《舊唐書》卷九七〈張說傳〉，頁 3050。

[131]《舊唐書》卷一〇六〈陳玄禮傳〉，頁 3255。

[132]《舊唐書》卷七〈中宗紀〉，頁 149；《資治通鑑》卷二〇八中宗神龍元年條，頁 6585、6587。

[133]《資治通鑑》卷二五六僖宗光啟二年條注，頁 8329。

連，小帳二十連。凡五等之帳各三，是為三部。其外置排城以為蔽捍焉。」[134]
五等三部帳，各以帷幕連結成幾重，外加排城，使行在所固若金湯。這個設計
可能與貞觀十三年（639）阿史那社爾率犯九成宮御營有關。他只陰結部落四十
餘人，便踰第四重幕，幸賴宿衛官奮擊乃退之。自此太宗遣造漆盾，於三衛幕
外，編以為城，於盾而綵畫為獸頭，咸外向，令馬騎見之，不敢進，遂為永式。
[135]太宗所造之幕外漆盾，即是排城，《唐六典》注：「排城連版為之，每版皆
畫辟邪猛獸，表裏漆之。」[136]顯慶三年（658）有司奏請造排車七百乘以運載排
城，高宗以為勞煩，乃於舊頓築牆為固。[137]由此可見車駕行進時，行在所的防
護措施絕不能馬虎，但要輸運這麼多的帳幕與城版，所耗費的人力資源與車馬，
恐怕是大駕鹵簿之外另個沉重的負擔。至於高宗令於舊頓築牆，大概也只限於
離宮別院才有可能，宿次途中停頓處，應該很難快速的築起圍牆。

　　皇帝出行，一切用度比照宮廷，因此人力、物力皆需盡心籌畫，方能供擬
無缺。但人力的調集如太頻繁或遷延時日多，反而會引起民間的反彈與不安，
如貞觀十五年（641）太宗將幸洛陽，行及溫湯，衛士崔卿等憚於行役，冀上驚
而止，乃夜射行宮，矢及寢庭，以大逆論。[138]車駕行經處，雖有衛士在駕前攘
辟左右，清道止行人，卻可能仍有百姓想橫越長長的隊仗而衝撞車駕，此時依
律法，入隊仗間之犯者處以徒刑。[139]唐判有一條曰：「右衛狀稱，駕幸西京，
訴事人梁璬衝三衛仗，遂被翊衛張忠以刀斫折右臂，斷璬徒，不伏。」[140]車駕
行衝隊仗，唐律確實判徒刑，梁璬不服的，可能是翊衛張忠斫其臂，有行事過

---

[134] 《唐六典》卷十一〈殿中省‧尚舍局〉，頁329。

[135] 《唐會要》卷三二〈乘車雜記〉，頁584；又，卷七三〈安北都護府〉，頁1314；《舊唐書》卷一九
　　四上〈突厥上〉，頁5161。

[136] 《唐六典》卷十一〈殿中省‧尚舍局〉，頁329。

[137] 《唐會要》卷三二〈乘車雜記〉，頁584。

[138] 《資治通鑑》卷一九六太宗貞觀十五年條，頁6165。

[139] 《唐律疏議》卷七〈衛禁律〉「車駕行衝隊仗」（總74條），頁164。

[140] 張鷟撰，田濤、郭成偉校注，《龍筋鳳髓判校注》（北京：中國政法大學出版社，1995），卷三〈左
　　右衛〉，頁108。

當之嫌。然從判詞謂張忠「方申禦侮之勞」，「式展干城之效」來看，梁璥的申訴未能被接受，而其不服的怨氣也只能自己吞下。

皇帝行幸最難的是糧食供頓問題。元稹曾言玄宗車駕周行各處的情形是：「物議喧囂，財力耗頓，數年之外，天下蕭然。」[141]可見行幸之糧食備預，是極重要而又最不易達成的事。通常政府有一定法規，所司準式而行，如玄宗〈行幸東都詔〉：「凡厥有司，式遵乃事，至於行從兵馬，供頓貯積，務在撙節，勿使煩勞。……東都宮殿，應須修理，量加補葺，不得煩人。……所過州縣，無費黎元，亦不得輒有差科，傍求進獻。」[142]人員配置與宮殿修整，說是不得煩人；糧食貯積與食宿安排，明言不得干擾百姓，妄有科喚。然事實上，官府所須之人員與物用，無不出自百姓，李林甫對緣頓所須，抑配百姓的補救辦法是：「假令妨農，獨赦所過租賦可也。」[143]只是這小小的稅務放免，恐怕難抵民戶之凋耗困弊，否則也不致如元稹所形容的「物議喧囂」、「天下蕭然」了。

大駕鹵簿，要讓百姓看到的是威儀壯盛的景緻，但鹵簿所需的後勤補給，才是支撐其持續前進的重要力量。張議潮統軍出行圖比大駕鹵簿的五個駕次，更清楚的展示駄運的情形，連其夫人宋氏出行圖也備有駱駝載運出行物品，[144]以此想見長途跋涉的大駕鹵簿，沿線州縣、百姓供頓之外，皇帝出行時有司的備運必不可少。

安史亂後，唐朝國力衰弱，官物供給不足，除了要求地方進獻或徵及百姓外，竟將腦筋動到從行者身上，德宗貞元六年（790）有事於南郊太廟，詔：「行從官吏將士等，一切並令自備食物。……其儀仗禮物，並仰御史撙節處分。」[145]這可能是唐後期皇帝的一次系列性親祭，[146]比起遠程的巡幸，這次只到長安

---

[141] 元稹，《元稹集》（臺北：漢京文化公司，1983），卷三四〈兩省供奉官諫駕幸溫湯狀〉，頁398。

[142] 宋敏求編，《唐大詔令集》（臺北：鼎文書局，1978），卷七九〈行幸東都詔〉，頁451。

[143] 《新唐書》卷二二三上〈姦臣上・李林甫傳〉，頁6344。

[144] 《中國敦煌壁畫全集》卷八晚唐，圖5、圖15。

[145] 《全唐文》卷五三德宗〈令郊廟從行官吏等自備食物詔〉，頁576。

[146] 自高宗移居大明宮，並於天寶十載定下自丹鳳門出，至太清宮——太廟——南郊之系列性祭祀順序後，唐後期皇帝也多次舉行系列性親祭。見：金子修一著，肖聖中等譯，《古代中國與皇帝祭祀》

張議潮統軍出行圖-3　　　張議潮宋氏夫人出行圖

城南郊，時日也不多，卻要求從行之官吏、將士自備食物，儀仗等也力求撙節，可見府庫空虛不充的情形頗為嚴重，儀仗禮器等也無力重新置辦。這樣的大駕鹵簿隊伍，比起前述的開元盛世，應該遜色許多。只是有些皇帝不知民生疾苦，也不知減省用度，仍一味虛耗國庫，逞自身巡幸之樂。穆宗長慶四年（824）三月賜教坊樂官綾絹三千五百疋，又賜錢一萬貫，以備行幸。[147]皇帝鹵簿有鼓吹隊伍，這些賞賜是給教坊樂官的，數量不可謂不多。但最奢侈的是懿宗，「所欲遊幸即行，不待供置，有司常具音樂、飲食、幄帟」，「每行幸，內外諸司扈從者十餘萬人，所費不可勝計」。[148]皇帝任性而為，有司不及準備，只好常供以備不虞。然喜歡隨興遊逸的皇帝或許不只懿宗一人，而有司處於緊張狀態下可能也是常態。

　　皇帝在宮苑中的行幸，只是宿衛兵將或伶工、飲宴的移動，其範圍不出宮中，這是人力、物力的調度問題，不需有大量的增置與採辦。可是離開宮苑，尤其是離開長安城的遠行，宮中除了依然要有人宿衛外，還要新增兵力，籌集糧用與各項物件，以保障車駕行進中的安全，與置頓處的用度不缺。前述大駕

（上海：復旦大學出版社，2017），頁 20-21，45-54，141-145；又，《中國古代皇帝祭祀研究》，頁 255-261。妹尾達彥，〈唐長安城的禮儀空間——皇帝禮儀的舞臺為中心〉，收入：溝口雄三等著，孫歌等譯，《中國的思維世界》，頁 476-487。Wechsler, Howard J. *Offerings of Jade and Silk：Ritual and Symbol in the Legitimation of the T'ang Dynasty*, pp.107-141. 則談到郊祀祭昊天上帝，以及宗廟之祖先崇拜，都是一種政治性象徵。

[147] 《唐會要》卷三四〈雜錄〉，頁 631。

[148] 《資治通鑑》卷二五〇懿宗咸通七年條，頁 8117。

卤簿儀衛所顯示的氣勢，不過是遠行隊伍最顯眼的一個部分，其他如帳幕、排城的運載，糧食、物用的押送，以及隨隊防備盜匪、亂民劫掠的將士，同樣是皇帝行幸中不可忽略的環節。如果皇帝行幸還帶著后妃等人，則所備用之物，所攜帶之人員，所思考之事項，會更為複雜。由於行幸中的變數多，不可預知的狀況多，有司需各盡其職的早做籌謀，並善為應變。至於身繫皇帝安全，護衛整個隊伍順利行進的宿衛兵將，在指揮連絡，前後巡防，偵察警戒，執捕姦非方面，有極重要的功能。行在如同宮禁，他們就負擔行在宿衛的角色。

　　皇帝出行的人數，少則萬餘人，多則數十萬人。然而，皇帝的出行如果是避難，即使美其名為巡幸、出狩，[149]也很難擺出如前述之侈大排場，或真用巡狩等禮典。由於是倉促出逃，皇帝來不及事先調遣兵將扈從，也來不及預先準備儲積供擬，故一路行來，其狼狽、驚險之狀，可以想見。如玄宗倉皇出奔，僅少數兵士及皇子、宦官、宮人從行，途中還靠百姓所獻麥豆糲飯充飢，[150]及至蜀郡，扈從官吏軍士到者僅一千三百人，宮女二十四人而已。[151]避難期間還曾發生馬嵬之變，玄宗被逼殺掉楊國忠，縊死楊貴妃，則軍士說是護駕，也不無要脅之意，這與做為行在宿衛之期待，顯有落差。廣德元年（763）吐蕃犯京畿，代宗出幸陝州，時官吏逃散，禁軍不集，無復供擬，扈從將士不免凍餒，直至魚朝恩大軍迎奉，形勢才轉危為安。[152]建中末發生涇原兵變，德宗幸奉天時，因倉促變起，羽衛不集，右龍武將軍李觀時上直，領衛兵千餘人扈從；[153]右龍武軍使令狐建方教射軍中，聚射士四百人隨駕為後殿。[154]德宗避難走駱谷

[149] 如《唐會要》卷九一〈內外官料錢上〉興元元年十二月詔：「自巡幸奉天，轉運路阻絕，百官俸料，或至闕絕，至是全給。」又，卷八七〈轉運鹽鐵總序〉：「中和元年，黃巢犯闕，車駕出狩興元府。」其實都是皇帝外出避難。

[150] 《資治通鑑》卷二一七肅宗至德元載條注，頁6972。

[151] 《舊唐書》卷九〈玄宗紀〉，頁234。

[152] 《資治通鑑》卷二二三代宗廣德元年條，頁7151；《舊唐書》卷一八四〈宦官・魚朝恩傳〉，頁4763。

[153] 《舊唐書》卷一四四〈李觀傳〉，頁3913。

[154] 《舊唐書》卷一二四〈令狐建傳〉，頁3530；又，卷十二〈德宗紀〉，頁337。

道，[155]道路險阻，儲供無素，從官乏食，[156]其窘迫艱難之狀可知。

　　唐末期皇帝更是可憐，完全身不由己，有多少侍從人員，還得看奸宦與權臣臉色。僖宗兩次出奔逃難，一次在廣明元年（880）避黃巢之進逼，僅田令孜率神策兵五百護送，中人西門匡範統右軍以殿。[157]第二次出奔在光啓元年（885）十二月底，是被田令孜脅持南行。時中夜出幸，隨駕者黃門衛士數百人而已。[158]帝將次梁、洋，命神策軍使王建為清道斬斫使，建以長劍五百前驅奮擊，乘輿乃得前。[159]僖宗的兩次出幸，外有亂兵進犯，內有奸宦威逼，而宿衛行在的禁軍也為數不多，他在位期間有半數歲月在逃難中度過，返京後不到一個月即駕崩，其惶懼不安的心情，可以想見。至於昭宗，情況也好不到哪去，朱全忠迫其遷都於洛陽，是時惟諸王、小黃門、打毬供奉內園小兒共二百餘人從之，然朱全忠仍慮此輩為變，乃盡以汴卒為侍衛，[160]昭宗也終於被弒。

　　皇帝只要巡幸，無論在宮苑或外出遠行，正常情形下都有大批儀衛侍從，既壯其聲勢，也護其安全，同時也有宣揚國威，兼隆人主之美意。然中期以後，皇帝數度迫遷，行在宿衛多闕，能安然回京者已算是萬幸，而因此殞命者實大勢不可為也。吾人從皇帝儀衛陣勢之榮枯多寡，便依稀可知皇帝所處之情境。

四、宮中警衛與禁苑防備

　　宮中警衛以宮門為第一道防線，宮門為入宮之關卡，主要在防止外來威脅致宮廷生變。如建中四年（783）涇原節度使姚令言將兵至京師，詔以糲食菜肴

155 德宗避難的去程路線，可參考：古怡青，《唐朝皇帝入蜀事件研究——兼論蜀道交通》（臺北：五南出版公司，2019），頁148-159。

156 《舊唐書》卷一三三〈李晟傳〉，頁3665。

157 《新唐書》卷二二五下〈逆臣下‧黃巢傳〉，頁6458。

158 《舊唐書》卷一七九〈孔緯傳〉，頁4649。

159 《資治通鑑》卷二五六僖宗光啓二年條，頁8331。

160 《舊唐書》卷二十上〈昭宗紀〉，頁779。

犒師而軍士譁變，陳於丹鳳門外，德宗命六軍集而無至者，賊突入含元殿，德宗被迫出奔。[161]就是門衛失守，軍士逃散，終成大禍。反之，元和十年（815）淮西兵犯東畿，李師道潛內兵於留後院，謀焚宮闕，縱兵殺掠，幸賴留守呂元膺坐鎮皇城門，不僅都人賴之以安，也保全東都宮闕。[162]則是守住皇城門，讓宮廷形勢轉危為安。即使皇帝在行宮，門衛的重要性依然不遜於兩京宮廷。永徽五年（654）高宗幸萬年宮，山水漲溢，衝玄武門，宿衛士皆散走，時薛仁貴登門桄大呼以警宮內，高宗遽出，而免遭溺於寢殿。[163]門衛失於通報與迅速反應，幾乎釀成皇帝的性命之憂。宮門做為守護宮廷安危的重要防線，其意義已不言可喻。

　　宮內區域廣大，殿宇眾多，而且人事複雜，人情多變，只靠宮門守衛，是絕對不足以維繫宮廷秩序的。唐朝禁中營繕甚多，工徒出入宮闈，早為有識者所憂慮，果不其然，張韶之變的發生，就與其頻繁進出宮廷，熟知宮中事務有關。高宗時左武候引駕盧文操踰垣盜左藏庫物，[164]這件起於宮內的偷盜案，也非殿院之門衛能夠防制，至少唐政府應還有其他方式守護宮廷。永泰時禁中火，近東宮，代宗疑之，命監察御史趙涓為巡使，迹火之所來。[165]太和二年（828）禁中昭德寺火，延燒宣政殿東垣，文宗命神策兵救之。[166]兩起火災都發生在宮內，宮中若別無巡察體系，早先發現或救下，事態恐會擴大。唐朝還有多次禍起蕭牆的兵變與政變，甚至不時還有百姓乘門衛疏失闖入宮廷的事件，如神功元年（697）有人走入端門，又入則天門，至通天宮，闇及仗衛不之覺。[167]又如

---

[161]　《新唐書》卷二二五中〈逆臣中・朱泚傳〉，頁 6442-6443。

[162]　《資治通鑑》卷二三九憲宗元和十年條，頁 7715-7716。

[163]　《資治通鑑》卷一九九高宗永徽五年條，頁 6285。

[164]　《資治通鑑》卷一九九高宗永徽二年條，頁 6275。

[165]　《新唐書》卷一六一〈趙涓傳〉，頁 4982。

[166]　《唐會要》卷四四〈火〉，頁 788。

[167]　《新唐書》卷三六〈五行志〉，頁 955。

編虻徐忠信闌入浴堂門，[168]狂病人劉德廣突入含元殿，[169]都有門衛失責的問題。在質疑宮中警備鬆散之餘，或許也該檢視一下政府是否曾在宮廷防衛上做過什麼努力，設計過什麼制度。

　　宮中警衛無分晝夜，無論諸門或殿院間，隨時隨地都有人把守或巡行。《新唐書・儀衛志》雖然說的是朝會情形，但既曰「每夜」，似乎就不只是朝會前之夜，而應是夜夜都保持警戒。唐朝夜間自戌時起，至寅時止。入夜第一嚗嚗鼓聲絕，宮殿門閉；第二嚗嚗鼓聲絕，宮城門及左、右延明門、皇城門閉，[170]都在戌時之初。執行守夜的諸隊仗，在第一嚗嚗鼓聲響起時，配好弓箭、胡祿（劍囊），[171]出鋪立廊下，並做出張弓、捻箭等預備動作。鋪是一種駐防哨所，遍置於宮城內外、皇城四面及京城、苑城諸門，京城六街也有鋪，城門坊角還有武候鋪。十六衛中除了監門衛、千牛衛別有任務外，其他十二衛分兵主守諸鋪與門，蓋總領宮廷警衛之法，尤其是左右衛、左右驍衛負責宮城內外之鋪與門，左右領軍衛負責苑城諸門，左右金吾衛掌宮中巡警。[172]因此守夜諸隊仗出鋪後要承擔持更行夜的工作。

　　在第二嚗嚗鼓聲結束後，持更者舉稍，做出警戒的動作，而且諸衛各隊仗分散開來，走到各自的崗位上。站定後，持更人按稍，持弓者握箭，各隊仗進行輪番分更，夜間探察的宿衛職責。至於守衛門閤的仗隊，也是穿戴盔甲，全副武裝的為宮廷安全盡一份心力，即使供奉仗、散手仗也不例外。

　　神龍元年（705）誅張易之後，太平公主、相王等皆進號、封賞，並在「相王、衛王重俊、成王千里宅，遣衛士宿衛，環其所居，十步置一仗舍，持兵巡徼，同於宮禁。太平、長寧、安樂三公主，置鋪一如親王」。[173]則天深嫉宗室，

---

168 《舊唐書》卷十七上〈敬宗紀〉，頁509。

169 《舊唐書》卷十七下〈文宗紀〉，頁571-572。

170 見本書〈唐朝宮門的開與閉〉，附表。

171 杜朝暉，〈從"胡祿"說起──兼論古代藏矢之器的源流演變〉，《中國典籍與文化》2007年4期，頁90-95；員琰，〈唐代射箭裝備"胡祿"源流再考〉，《體育文化導刊》2018年5期，頁130-135。

172 《新唐書》卷四九上〈百官志・十六衛〉，頁1279-1288。

173 《舊唐書》卷一八三〈太平公主傳〉，頁4738-4739。

諸王不得出閣，如同幽禁宮中。神龍政變後，在諸王公主的住處周邊置仗舍或鋪，保護、監視之意該當兼而有之，夜間諸衛兵應也會出來巡夜。值得注意的是，相王等宅環所居置仗舍，兵衛巡徼同於宮禁，可見宮中不僅有鋪為哨所，或許還有更大的指揮仗舍為駐防據點。相王等宅較小，所以十步置一仗舍，若想到含元殿前左、右金吾仗院控制範圍之大，似可揣測宮中所謂的仗舍，通常是大區域的指揮所，其下管轄若干鋪。

〈儀衛志〉只陳述宮中夜間警衛的佈置方式，卻未說明持更人如遇不尋常狀況時的處置之法，這方面可參考折衝府宿衛的持更人：[174]

> 晨夜有行人必問，不應則彈弓而嚮之，復不應則旁射，又不應則射之。
> 晝以排門人遠望，暮夜以持更人遠聽。有眾而囂，則報告主帥。

持更人要隨時注意周遭情形，並迅速做出反應，若夜行者眾，要立即上報，以免事端擴大，不易控制。相信這是所有持更行夜的通則，宮中宿衛應該也不例外。唐律「宮內外行夜不覺犯法」條疏議曰：[175]

> 宮內外行夜，並置鋪、持更，即是守衛者。又有探更、行更之人，此行夜者。若當探、行之處，有犯法者，行夜主司不覺，減守衛者罪二等。

唐政府如此重視夜間防備，殆因諸多不法事總在夜闌人靜，無人注意時發生，故需對持更行夜者做特別規範，以強化其警惕之心。

夜間警衛隨承天門擊曉鼓而告一段落。貞元二年（786）制四月一日以後五更二點（今時 3：40）擊鼓，九月一日以後五更三點（今時 4：00）擊鼓。鼓聲絕，皇城門、京城門開；第一鼕鼕鼓聲絕，宮城門及左、右延明門、乾化門（虔

---

[174] 《新唐書》卷四九上〈百官志‧十六衛〉，頁 1288。

[175] 《唐律疏議》卷八〈衛禁律〉「宮內外行夜不覺犯法」（總 78 條）疏議，頁 168。

化門）開，[176]與此同時，持更者、張弓者也有收武器、收弓箭的準備動作，而立門隊與諸隊仗往廊下移動，待第二擊擊鼓聲絕，即收兵、收弓、收鋪，回到哨所修整，等待下一個夜間勤務。至於立門隊、挾門隊等則交替出來服勤，負責白晝時的宮中警衛。

　　日間警衛最先要守住的是宮城門及入宮後進向朝會、視朝之三大殿的諸宮殿門、閤門。諸衛有挾門隊、長槍隊，太極宮南面三門承天門、長樂門、永安門之內外廊下，分別由左右衛、左右驍衛、左右威衛、左右領軍衛的挾門隊把守，向內的嘉德門有左右武衛的挾門隊把守。諸衛還有長槍隊，與諸隊相間而立。此外，宮城其他處的內外諸門有立門仗，由排道人帶刀捉仗而立。內廊閤外還有內仗。宣政殿左右之閤門有門仗、內仗，分三番而立，號曰交番仗。[177]這裡的仗是兵仗，非儀仗。前者有殺傷力，後者為禮儀性。唐律「宿衛兵仗遠身」條疏議曰：「兵仗者，謂橫刀常帶，其甲、矟、弓、箭之類。」[178]以此知夜間出鋪持更的諸隊仗，白晝把守內外諸門的門仗、內仗，都持著兼具攻擊力與防衛力的真實武器，對敵人有強大嚇阻作用。〈儀衛志〉交錯地將太極宮、大明宮的情景敘述在一起，意謂二宮格局雖有不同，但內外各門的宿衛同樣嚴謹，有立門仗與挾門隊、長槍隊等，閤門則有門仗和內仗。如此多層次的周密佈局，搭配高大厚實的宮牆，[179]構築成如銅牆鐵壁般的宮廷防衛體系。除了這些定點與建築之外，左右金吾衛掌宮中巡警之法，機動性的游走於宮內各處，讓躲在暗處的不法之徒，侵入宮內的不肖分子，早些發現並揪出，而產生震懾作用，以確保宮廷的安全。

　　唐代宮中還有許多庫藏，左藏庫、右藏庫是負責國家收支之最重要的正庫，另外還有如大盈庫、瓊林庫、宣徽庫、維城庫等專庫。[180]這些庫藏，有的是供

---

[176] 見本書〈唐朝宮門的開與閉〉，附表。

[177] 《新唐書》卷二三上〈儀衛上〉，頁 481-483。

[178] 《唐律疏議》卷八〈衛禁律〉「宿衛兵仗遠身」（總 76 條）疏議，頁 167。

[179] 太極宮之宮城牆高三丈五尺（合 10.3m），牆基寬一般在 18m 左右。大明宮之牆高不明，牆基寬約 13.5m。見：肖愛玲，《隋唐長安城》，頁 58、69。

[180] 關於唐代各類庫藏之討論，可參考：葛承雍，《唐代國庫制度》（西安：三秦出版社，1990）。

政府財政之用，有的作為皇室用度，也有的貯藏器械等兵仗。[181]無論哪種庫藏，宮中警衛日夜都有巡察守護之責，這是在諸門、殿院之外，另一類防備的重點，《唐六典》左藏署條：「凡藏院之內禁人然火及無故而入者。院內常四面持仗為之防守，夜則擊柝分更以巡警焉。」[182]各類庫藏都該做如此嚴密的衛戍部署，才能保得財物不遭偷盜，防止庫物損失。至於與官吏職守有關的貪汙、勒索、賄賂、監守自盜等案，則另當別論，與守衛者無關。

　　宮廷內外諸門甚多，門衛數量必然可觀，為了認證領兵軍府的來源與兵士的身分，發給軍旅、守長銅魚符，讓其約束所屬衛士，不失為一種簡單又有效的管理方法，凡「京都留守、折衝府、捉兵鎮守之所及左右金吾、宮苑總監、牧監皆給之」，[183]意即授給銅魚符的地區範圍非常廣泛，遍及王畿內、外，而與宮廷相關的折衝府、金吾衛、宮苑總監等官長，無論在駐點宿衛、宮中巡警、或苑內防備上，唐政府都付與其相當大的責任。現今可見的魚符或龜符中，如「右領軍衛道渠府第五」、「右武衛和川府第三」、「左鷹揚衛金城府第四」，[184]各折衝府就由諸衛武官統領之。還有一件魚符是「九仙門外右神策軍」，[185]標示的是唐後期神策軍的駐防地，應該也是官長所持號令下屬的符制。這些魚符或龜符不是宿衛者個人所佩戴，而是官長調遣與統領的憑據。唯一一件註明身分的是「嘉善門校尉」的龜符，[186]此件可能是武周時由折衝府下之校尉所領的一團人，在守衛東都嘉善門，該件龜符似也是官長所持，非個別門衛所佩。此外，宮殿門、禁苑門之左、右、內、外各給交魚符、巡魚符一合，左、右廂給開門魚、閉門魚一合，付監門衛掌，[187]顯然是由其負審核之責。從唐代的魚

---

[181] 《舊唐書》卷十七下〈文宗紀〉：「先是宰相武元衡被害，憲宗出內庫弓箭、陌刀賜左右街使，俟宰相入朝，以為翼從。」這是藏兵仗的內庫。

[182] 《唐六典》卷二十〈太府寺‧左藏署〉，頁545。

[183] 《新唐書》卷二四〈車服志〉，頁525。

[184] 羅振玉編輯，《增訂歷代符牌圖錄二卷》，收入：《羅雪堂先生全集》七編（臺北：臺灣大通書局印行，1976），頁510、519。圖片出自頁519。

[185] 《增訂歷代符牌圖錄二卷》，頁507。

[186] 《增訂歷代符牌圖錄二卷》，頁517。

[187] 《唐會要》卷三十〈諸宮〉，頁560。

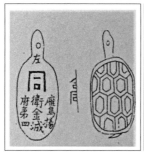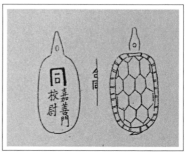

符之制可知，政府只要掌握持魚符的官長，就可指揮其下的門衛，此種一條鞭式的運作方式，使宮廷防衛體系的監管與調度能更順暢。

夾城複道是宮廷防衛體系中另一種措施，是運用城牆與外廓的空間建築，建立的秘密通道。唐初洛陽宮之北有曜儀城、圓壁城兩大城牆相夾，徐松在《唐兩京城坊考》中稱為隔城。洛陽宮的東、西兩邊還有太子所居之東隔城、皇子、公主所居之西隔城，宮城再東面另有東城一道夾城保護。曜儀夾城的城門始建於高宗顯慶年間，自此夾城建築廣泛運用在洛陽宮與上陽宮間，以及西京的三宮間。長安太極宮之北的西內苑為夾城設計，其內有飛龍廄，是宮城可通禁苑，並設守禦的一種結構。大明宮東、西、北三面皆有夾城包圍，並與興慶宮東面的夾城相連，亦即自大明宮東面的夾城向南，經通化門達興慶宮，次經春明門、延興門，可至曲江、芙蓉園。長安三宮的夾城體系大致在開元年間完成，於是三宮得相連貫，形成一套完備的宮廷防衛系統。[188]

夾城的作用在保障帝王活動的安全，方便君主行走往來，並可縮短宮內走動的距離，還可避免皇帝的形蹤外洩。如穆宗將幸華清宮，宰相率兩省官等切諫當扈從，次日未明，上自複道至興慶宮而出城，幸華清宮，[189]晡時還宮。胡三省注曰：「不欲出皇城，使百官知之而扈從也。」如果穆宗由百官扈從，隊

---

188 趙雨樂，〈玄、肅政權與夾城之關係〉，收入：趙雨樂，《從宮廷到戰場——中國中古與近世諸考察》，頁99-120；又，〈唐代之宮廷與宦官〉，收入：趙雨樂，《唐宋變革期之軍政制度——官僚機構與等級之編成》（臺北：文史哲出版社，1994），頁15-29；趙雨樂，〈唐代宮廷防衛與宦官權力淵源〉，收入：朱雷主編，《唐代的歷史與社會》（武漢：武漢大學出版社，1997），頁46-50。

189 關於華清宮在行宮中之類型與地區，可參考：吳宏岐、郝紅暖，〈隋唐行宮制度與中央政治空間格局的變化〉，《暨南史學》第五輯（2007），頁362-371。

伍將浩浩蕩蕩自皇城出，再轉折向東而行，不僅隊伍拉長，距離放遠，行程變慢，還失去皇帝沿途賞玩的自在與隨意。穆宗雖然選擇由複道出城，但仍有中尉、神策六軍使帥禁兵千餘人扈從。[190]這個陣容尚稱不小的隊伍通過夾城，顯示夾城應有一定寬度。大明宮遺址的考古發掘，宮西之夾城寬 55 米，北夾城寬逾百米，東牆最狹約 40 米。[191]長安城東之夾城寬度則不明。〈宮衛令〉曰：「凡宮牆四面道內，不得積物，其近宮闕，不得燒薧惡及通哭聲。」[192]就是要保持夾城複道的淨空，不得有雜物阻礙隊伍的行徑。但夾城中不是空蕩無人的，該有的守備絕不能少，德宗賦詩〈元日退朝觀軍仗歸營〉：「綵仗宿華殿，退朝歸禁營」，「歷歷趨複道，容容映層城」。[193]禁營中參與朝會的兵士，或經複道歸營，或回複道戍守，而且即使暫離複道別有任務，也不會任憑複道成為全無兵力的治安死角，讓不肖者有可乘之機。

　　複道中駐軍是有跡可尋的，玄宗「嘗從複道中見衛士食畢，棄餘食於竇中，怒，欲杖殺之，左右莫敢言」，幸宋王憲諫之而遽釋衛士。[194]複道中衛士當是駐防於此，公家才會供給飲食，玄宗也才會見其棄餘食而大怒。複道中不僅有常態性的衛士駐守，而且似乎還有水溝之類的排水設施，衛士為求方便而棄食竇中。再者，長安三宮之夾城外都有飛龍廄。太極宮以北之西內苑，在玄德門外有飛龍廄；大明宮穿北邊夾城，在重玄門外可入飛龍廄之南口；興慶宮東夾城的另一邊，如呂大防〈長安城圖〉所示有飛龍院的設置。天寶年間高力士為「三宮內飛龍廄大使」，表明夾城與飛龍廄已連防成捍衛三宮之系統性軍事力量。[195]故所謂的夾城複道，不應只是單純的祕密通道，它有駐軍，可調遣馬匹，還可提供基本生活需求，成為保障宮廷安危，掩護皇帝安全出入，甚至緊急避

190　《資治通鑑》卷二四一憲宗元和十五年條，頁 7786-7787。

191　馬得志，〈唐長安大明宮發掘簡報〉，《考古》1959 年 6 期，頁 296-301。

192　仁井田陞著，池田溫編輯，《唐令拾遺補》（東京：東京大學出版社，1997），〈唐令拾遺補訂〉〈宮衛令第十五〉參考資料追加四，頁 606。

193　《全唐詩》卷四德宗〈元日退朝觀軍仗歸營〉，頁 45。

194　《資治通鑑》卷二一二玄宗開元七年條，頁 6735。

195　趙雨樂，〈唐代宮廷與宦官〉，頁 29-32；趙雨樂，〈唐代宮廷防衛與宦官權力淵源〉，頁 50-52。

難時的一道防護網，在宮廷防衛體系中具有不可忽略的重要地位。

　　長安宮城位於城北，東、南、西三面有皇城與坊市、外郭城環繞，北有禁苑，形成拱衛宮城的格局。洛陽宮城偏於城之西北，東、南兩面同樣有皇城與坊市、外郭城藩衛，北有兩重隔城，西有禁苑，也佈建成嚴密的防禦形式。其中最引人注目的是禁苑的功能。長安三苑，太極宮之北有西內苑（北苑），又北有禁苑，大明宮在禁苑東南，其東南隅有東內苑。洛陽的禁苑即神都苑，亦稱西苑。兩京的禁苑都非常廣袤，長安禁苑其周一百二十里，洛陽禁苑周迴一百二十六里。[196]禁苑中除了有許多宮殿、林園、陂地，供君臣遊宴賞玩之外，也是皇帝校獵，並養鷹犬鳥獸之處。[197]苑內另開園池、田地，設官總司禽魚果木種植之事。[198]此外，禁苑還是軍隊訓練、駐防之所，並是攻守雙方兵家必爭之地。

　　禁苑廣大，自來便是屯兵、練兵之處。突厥阿史那社尒在貞觀九年（635）率眾內屬，典屯兵於苑內。[199]想來苑內必已有其他屯兵，不會單置此軍於太極宮之北而成威脅之勢。安祿山反，楊國忠請選監牧小兒三千人訓練於苑中，詔從之。[200]潼關不守，玄宗幸蜀，安祿山遣安守忠屯兵苑中。[201]無論是唐朝或反賊，同樣都看重禁苑練兵、屯駐的軍事功能。代宗永泰元年（765）吐蕃入寇，魚朝恩以神策軍屯苑中，自是浸盛，為天子禁軍，非他軍能比；[202]代宗且御六

---

[196] 《唐六典》卷七〈工部郎中員外郎〉條，頁219、222。

[197] 如《舊唐書》卷二〈太宗紀〉太宗立為皇太子，「乃縱禁苑所養鷹犬，并停諸方所進珍異。」《新唐書》卷一二九〈崔沔傳〉：「請發太倉粟及減苑圍鳥獸所給以賑貧乏，人賴其利。」

[198] 如《唐六典》卷十九〈司農寺〉京、都苑總監：「苑總監掌宮苑內館園池之事，……凡禽魚果木皆總而司之。」京、都苑四面監：「四面監掌所管面苑內宮館園池與其種植修葺之事。」《冊府元龜》卷六二一〈卿監部・監牧〉：「肅宗至德二年十二月詔：圍苑內有閑廄使總監，各據所管地界耕種，牧草粟以備國馬。」

[199] 《舊唐書》卷一〇九〈阿史那社尒傳〉，頁3289。

[200] 《舊唐書》卷一〇四〈哥舒翰傳〉，頁3214。

[201] 《舊唐書》卷二〇〇上〈安祿山傳〉，頁5371。

[202] 《新唐書》卷五十〈兵志〉，頁1332。

軍屯苑中，下詔親征。[203]唐後期左右三軍屯於苑中，已是眾所皆知的事，故涇
原兵變，德宗出苑北門時，右龍武軍使令狐建方教射於軍中，聞難，聚射士四
百人扈從；[204]貞元十一年（795）帝又幸苑中，遇見神策軍訴度支欠廄馬芻草之
事。[205]東都禁苑亦為屯軍駐守之地，於時李希烈叛，東都留守鄭叔則陳兵西苑，
入保神都苑。[206]正因禁苑開闊空蕩，又在宮城之背後或旁側，與宮城有犄角相
依之勢，自然成為守護宮城的最佳屏障，何況在苑中練兵或屯駐，既不會騷擾
百官運作與居民生活，在需要調遣時又可快速集合，執行指令，無怪乎唐朝無
分前期、後期，禁苑一直在宮廷防衛中扮演極重要的角色。

　　唐朝有多次兵變或政變，而成敗關鍵多與誰能掌握禁苑軍隊，誰能控制禁
苑形勢有絕大關係。神龍元年（705）張柬之等逼太后退位，就結合右羽林衛大
將軍李多祚，引楊元琰為右羽林將軍，又用桓彥範、敬暉、李湛為左右羽林將
軍，委以禁兵。在發難日，彼等帥左右羽林兵五百餘人至玄武門，斬關而入，
進至太后寢殿。[207]可見張柬之等已然掌控駐防禁苑之羽林軍，並自玄武門攻入，
而成功促成中宗復位。類似情形在玄宗（臨淄王）誅韋后時亦出現。中宗遇毒
暴崩，韋后令韋氏分掌左右屯營及左右羽林、飛騎、萬騎。唯因御下無方，眾
怒不為所用。另一方面，臨淄王等乘夜入苑中，結合苑總監鍾紹京，由押萬騎
果毅葛福順、李仙鳧直入羽林營，斬韋氏諸將，並帥左右萬騎自玄武門入，臨
淄王亦勒兵玄武門外，聞譟聲，帥羽林兵而入，終於成就這次的宮廷政變。雖
然羽林、萬騎等最後皆倒向臨淄王，但顯然雙方都知道禁苑的重要性，並急欲
掌握禁苑各軍種，以此可知，禁苑的警備力量在維護宮廷安全上，為欲掌權者
所倚重。

　　唐中期以後政局不穩，皇帝多次被迫出逃京師，出逃的路線常自禁苑某門

203　《新唐書》卷二二四上〈叛臣上‧僕固懷恩傳〉，頁 6372。

204　《舊唐書》卷十二〈德宗紀〉，頁 337。

205　《舊唐書》卷一三五〈裴延齡傳〉，頁 3727。

206　《新唐書》卷二二五中〈逆臣中‧李希烈傳〉，頁 6438；《增訂唐兩京城坊考》卷五〈東京‧神都
　　苑〉，頁 255。

207　《資治通鑑》卷二〇七中宗神龍元年條，頁 6578-6581。

而去。如玄宗西幸，車駕自禁苑西面南門，即延秋門出。[208]代宗廣德元年（763）吐蕃犯京師，駕出苑門，幸陝州。[209]德宗建中四年（783）涇原兵變，與太子諸王妃主等百餘人出苑北門，至奉天。[210]皇帝在倉皇緊急下出奔，只有少數人從行，不擺出大規模的儀衛陣式，並選擇從禁苑出。禁苑在宮城之北，依山傍河，有地形遮蔽，也適合急行，由此奔行，可以掩人耳目，快速行動，並避開皇城、坊市的狹窄街道，以免驚擾百官百姓，造成騷動或恐慌。不過也有皇帝沒有選擇從禁苑出奔，如僖宗兩次隨宦官田令孜西出避難，分別從長安城西的金光門、開遠門出，大概認為近驛道，行之較方便吧！

　　禁苑還是唐政府與賊寇交戰時的兵家必爭之地。安祿山反，同羅、突厥從者屯長安苑中，幸肅宗遣使宣慰，降者甚眾。[211]賊將安守忠寇鳳翔，崔光遠之行軍司馬王伯倫、判官李椿，乘勝至中渭橋，殺守橋者千人，追擊入苑中，賊燒營而去。[212]賊兵與外族兵將不約而同紮營苑中，或許因苑中禽魚果木多，飲食無虞，又有陂池樹林可做營寨與掩蔽之處。代宗時郭子儀自商州進向長安，吐蕃懼而抽軍還，餘眾尚在城，時軍將王撫及御史大夫王仲昇領兵自苑中入，椎鼓大呼，吐蕃皆奔走，乃收上都。[213]這是官軍在苑中用鼓譟之術，驚嚇城中吐蕃而退敵的策略，其所以選擇在苑中鼓譟，就是讓吐蕃感到背後有追兵。永泰間吐蕃再寇京畿，代宗親帥六軍屯苑內，下詔親征，[214]則是把禁苑當成與賊人交鋒時的軍事據點，是發動攻擊吐蕃的根據地。德宗時朱泚僭逆，李晟與之對決，雙方即在禁苑展開一場精彩的爭奪戰。李晟自渭北移軍光泰門外，光泰門是禁苑東面南門，李晟與諸將議用兵之道，晟曰：「外城有里閈之隘，若設伏格戰，居人囂潰，非計也。賊重兵精甲聚苑中，今直擊之，是披其心腹，將

---

[208]　《舊唐書》卷九〈玄宗下〉，頁232。

[209]　《舊唐書》卷十一〈代宗紀〉，頁273。

[210]　《舊唐書》卷十二〈德宗上〉，頁337。

[211]　《資治通鑑》卷二一八肅宗至德元載條，頁6986。

[212]　《舊唐書》卷十〈肅宗紀〉頁247。

[213]　《舊唐書》卷一九六上〈吐蕃上〉，頁5239。

[214]　《舊唐書》卷十一〈代宗紀〉，頁280。

圖走不暇。」乃使人夜開苑牆二百餘步，命李演、王佖等拔賊柵而入，賊崩潰
西走，晟遂收付京師。[215]賊人重兵集結苑中光泰門側，既有苑牆保護，又在龍
首原上，是居高臨下之勢，而且近大明宮，確實是可攻可守的好據點。李晟軍
幾度與之做殊死戰，才擊敗賊寇，擒馘略盡。以禁苑為雙方的主戰場，避免讓
宮室與長安街坊遭受戰火摧殘，李晟的想法著實有見地，而禁苑做為宮廷的後
院，及防衛宮廷的基地，也是不容否認的事實。

　　禁苑向來是唐朝禁軍屯駐、訓練之所，也是賊人企圖攻占或藏匿之處，但
依然無損於它備禦賊寇襲擊，維護宮廷安全的使命。宮廷完聚，都城就有保障，
禁苑不啻為守護唐朝核心利益的命脈。

五、後期防衛體系的變動

　　府兵番上不僅宿衛京師，凡朝會之儀衛、皇帝出行之鹵簿，以及守宮廷諸
門的挾門隊、長槍隊等，無不由隸於諸衛的衛士負擔主要責任。然自高宗、武
后以來，府兵之法浸壞，番役更代多不以時，衛士逐漸亡匿逃散，以致宿衛之
數不能給。開元十一年（723）張說請召募壯士充宿衛，號「長從宿衛」，亦分
隸諸衛，更番上下。至十三年，更名「彍騎」，總十二萬人，分隸十二衛，為
六番，每衛萬人。[216]這可以說是前期儀衛在兵源上、募集方式上的一大改變，
但都置於南衙，是所謂的衛軍。

　　唐初衛軍的防務範圍相當廣大，玄武門是宮廷防衛的重要據點，武德時已
置屯營兵於玄武門，但貞觀時仍領於諸衛將軍，由諸衛節制，[217]還不算是獨立

---

[215]　《新唐書》卷一五四〈李晟傳〉，頁4867。

[216]　張說請募士宿衛的時間、次數、人數，諸書有出入，見唐長孺，《唐書兵志箋正》，收入：楊家駱主
　　　編，《新舊唐書合鈔（新增附編二種）》（臺北：鼎文書局，1973），卷一，頁26-27。

[217]　《舊唐書》卷一八七上〈忠義・敬君弘傳〉：「武德中為驃騎將軍，掌屯營兵於玄武門。」但屯營兵
　　　在貞觀時仍不是獨立的禁軍系統，《新唐書》卷五十〈兵志〉：「（貞觀）十二年始置左右屯營於玄

的禁軍體系。唐初不少諸衛將軍就掌北門宿衛，如阿史那社尒、程知節、姜行本、薛仁貴等都曾為之。[218]禁苑在往後是禁軍常駐之所，但唐初衛軍的勢力顯然強過禁軍，北門與禁苑防務依然倚重衛軍。不過自高宗起，該種形勢慢慢有轉變的跡象，顯慶五年（660）高宗講武於并州，左衛大將軍張延師為左軍，統左右驍騎衛等六衛及左羽林騎士，左武候大將軍梁建方為右軍，領左右威衛等六衛及右羽林騎士。[219]龍朔二年（662）才有羽林軍之名，然在此之前先已有羽林騎士，還統於諸衛之下。但隨著府兵漸次貧弱，逃亡略盡，宿衛之制趨於不給之際，新的軍種自然代之而起，相對加重任務的就是天子之禁軍，而衛軍、禁軍就在這互補、交替過程中，步步走向不可逆轉的變化。

北衙禁軍肇始於南衙諸衛輪番宿衛北門的制度，是在南衙衛軍的母體內發展孕育出來的。[220]但北衙禁軍做為天子親從軍隊的性質，是自太宗以來逐步演變而成。貞觀初，太宗擇善射者百人曰「百騎」，為二番於北門長上，以從田獵。十二年始置左右屯營於玄武門，號「飛騎」，復擇馬射為「百騎」，為游幸翊衛。百騎之名兩出，唐長孺以為是事增之弊。[221]然百騎為善射之騎兵，是帝王田獵、游幸時之近身侍衛部隊，是不容否認的。而飛騎則屯守於北門，與月一番上的北衙七營，[222]逐漸站上防衛宮禁的軍政舞臺，並成為擴大北衙禁軍的基礎力量。高宗龍朔二年（662）是北衙禁軍發展的一個重要階段，[223]自府兵

武門，領以諸衛將軍，號曰飛騎。」《通典》卷二八〈職官典〉：「貞觀十二年左右屯衛始置飛騎。」龍朔二年改左右屯衛為左右威衛，以此可見左右屯營或飛騎原隸於衛軍之下。

[218] 《舊唐書》卷一〇九〈阿史那社尒傳〉，頁3289；卷六八〈程知節傳〉，頁2504；卷五九〈姜行本傳〉，頁2333；卷八三〈薛仁貴傳〉，頁2780。

[219] 《唐會要》卷二六〈講武〉，頁502。

[220] 趙雨樂，〈唐前期北衙的騎射部隊——"北門長上"到"北門四軍"的幾點考察〉，《陝西師範大學學報（哲學社會科學版）》31卷2期（2002），頁74-80；又，本文改寫為〈玄武門的宿衛兵種與北衙系統的建立〉收入：《從宮廷到戰場：中國中古與近世諸考察》，頁36-68。

[221] 唐長孺，《唐書兵志箋正》卷三，頁84。

[222] 《新唐書》卷五十〈兵志〉，頁1331。

[223] 龍朔二年正式成立羽林軍，但尚未建立獨立的軍政領導機構，到垂拱元年羽林軍才正式定兵額，升格為獨立的北衙禁軍，見：張國剛，〈唐代禁衛軍考略〉，《南開學報》（哲學社會科學版）1996年6期，頁149-150；又，〈唐代北衙六軍述略〉，收入：張國剛，《唐代政治制度研究論集》（臺北：文津出版社，1994）頁147-148。

中取越騎、步射組成左右羽林軍。[224]越騎乃府兵中能騎射者，是府兵中之精銳，以此組成羽林軍，可見高宗重視之程度。貞觀中之百騎，來自官戶及蕃口驍勇者，則天永昌元年（689）漸加其人，謂之千騎，分隸左右羽林營。中宗景龍元年（707）改千騎為萬騎，仍分為左右營。[225]無論飛騎或百騎、千騎、萬騎，都是禁兵，自羽林軍成立後，便繫屬羽林，[226]故有羽林飛騎、羽林百騎、羽林千騎、羽林萬騎之名，[227]他們都是羽林軍中最核心的部隊。至開元二十六年（738）才因羽林軍過度壯大，析出為左右龍武軍，以左右萬騎營隸焉。[228]羽林軍的快速成長，其實是衛府兵力逐漸萎縮、弱化的一個反映，天子禁軍在宮廷防衛中扮演的角色已愈來愈重要，尤其它屯戍於北門，更是控遏進入禁中的通道，唐前期的幾次宮廷政變，無不與羽林軍、千騎、萬騎有關，故禁軍已成為天子或欲發難者必欲掌握的關鍵因素。

如前文所述，元日朝會在殿廷上的儀衛以及皇帝出行時的鹵簿，皆是由諸衛統領的衛士擔綱守護之責。自龍朔二年置羽林軍後，情況似乎有了變化，《唐六典》左右羽林軍條：[229]

> 若大朝會，則率其儀仗以周衛階陛。若大駕行幸，則夾馳道而為內仗。

禁軍不止屯戍於禁苑，在北門宿衛，它還實質參與了皇帝最重要的政務活

---

[224] 《新唐書》卷五十〈兵志〉，頁1331。

[225] 《舊唐書》卷一〇六〈王毛仲傳〉，頁3252；《資治通鑑》卷二〇九睿宗景雲元年條，頁6644；《通典》卷二八〈職官典‧左右羽林軍，左右龍武軍、左右神武軍等軍附〉，頁791-792。

[226] 蒙曼認為百騎系統（千騎、萬騎）與飛騎都是北衙禁軍，而且在很長時間內同屬羽林軍番號，但對皇帝而言，百騎系統較飛騎更具私密性。見：《唐代前期北衙禁軍制度研究》（北京：中央民族大學出版社，2005），頁83-85。

[227] 羽林飛騎見《資治通鑑》卷二一〇玄宗開元元年條，頁6679；羽林百騎見《通典》前引與《舊唐書》卷六〈則天皇后紀〉，頁120；羽林千騎見《資治通鑑》卷二〇八中宗景龍元年條，頁6617；羽林萬騎見《全唐文》卷十八睿宗〈立平王為皇太子詔〉，頁219。

[228] 《舊唐書》卷九〈玄宗紀〉，頁210。

[229] 《唐六典》卷二五〈左右羽林軍〉，頁643。

動，與其出行的保安工作。即使現有的朝會或鹵簿資料，完全看不出禁軍佈列其間，但禁軍隱身其中，居於內仗，做為皇帝最親信的隱衛，著實令人刮目相看。禁軍的兵源雖然有元從子弟、屯營兵、戶奴等，但從南衙府兵中抽調，並分番上下，[230]使其更易於擴張。然而當府兵之制漸壞，衛士亡散日趨嚴重時，衛軍勢必難以盡其宿衛之責，而禁軍便在替換中產生取代之勢。吾人就算不能知衛軍、禁軍的替換率是如何進展的，但在開元十一年置「長從宿衛」，更號「彍騎」之前，[231]禁軍已先於開元二年（714）召募兵勇稱「屯衛飛騎」，即簡入羽林；[232]又於開元十二年（724）詔左右羽林軍、飛騎闕，取京旁州府士，為二籍，羽林、兵部分掌之。[233]以召募取代徵調，禁軍有了較多的兵源，羽林一如兵部，設專司掌兵籍，顯示羽林已有相當規模。垂拱元年（685）羽林軍已領羽林郎六千人，天寶七載（748）羽林軍飛騎以一萬五千人為定額。[234]這樣的數量或許比不上總數十二萬，分隸十二衛的彍騎，然《唐六典》左右羽林軍條卻有一個引人遐思的註：[235]

　　　　羽林禁兵旗幟、名數，秘莫得知，略之。

　　修撰《唐六典》的南衙官員對國家制度瞭如指掌，卻對專屬皇帝的禁軍所知有限，於此更增禁軍的神秘性。隨著羽林軍與龍武軍的建置，以及天寶以來彍騎之法的變廢，宮廷與禁苑的宿衛之責也只能更加倚重禁軍了。

　　朝會儀衛、宴見大臣、皇帝出行本來都應由衛府負責宿衛，並假儀仗以示

---

[230] 有關前期北衙禁軍的兵源，可參考：黃修明，〈唐代前期的北衙禁軍〉，《南充師院學報》（哲學社會科學版）1988 年 1 期，頁 77-79；張國剛，〈唐代北衙六軍述略〉，頁 144-146；蒙曼，《唐代前期北衙禁軍制度研究》，頁 160-178。

[231] 《新唐書》卷五十〈兵志〉，頁 1326-1327。

[232] 《冊府元龜》卷一一八〈帝王部‧親征三〉，頁 1407。

[233] 《新唐書》卷五十〈兵志〉，頁 1331。

[234] 《唐會要》卷七二〈羽林軍〉，頁 1291、1293。

[235] 《唐六典》卷二五〈左右羽林軍〉，頁 643。

威嚴。但因禁軍力量的擴充，禁軍仗衛已在唐前期漸侵奪衛府的職權。如高宗時高麗泉男生入朝，詔右羽林將軍李同以飛騎仗廷寵之。[236]飛騎仗與南衙儀仗原本各有主管的領域，互不干涉，而飛騎仗只有在承墨敕及繁複手續後，才得入南衙。[237]高宗此時不用尋常的衛府儀仗，而以墨敕召入飛騎仗，可見禁軍儀仗已頗受皇帝的重視與寵信。類似情形也見於景龍中，突厥使入謝，中宗御前殿，列萬騎羽林二仗，引見勞賜。[238]開元十八年（730）吐蕃使者至，玄宗御宣政殿，列羽林仗見之。[239]禁軍儀仗其實並不盡用於見外族時陳列，凡皇帝想以盛大之勢，榮耀自己與寵愛之人，都可用之，如上元三年（676）高宗在九成宮宴集群臣，包括南北軍將軍等。[240]此時南、北軍已並舉，至少從稱號上顯示北軍的地位在提升中。則天神功元年（697）九鼎成，自玄武門曳入，太后令宰相、諸王帥南北牙宿衛兵十餘萬人，並仗內大牛、白象共曳之。[241]這裏看不出南北衙宿衛兵各占比例多少，卻說明北衙兵同樣肩負著宿衛宮廷的責任。又如安樂公主適武延秀，假皇后仗，分禁兵以盛其儀衛，就是禁兵也參與羽儀仗衛之事。[242]同樣是安樂公主，驕矜的她奪臨川長公主宅，修成後，假萬騎仗，送主還第。[243]玄宗於節慶時，賜宴設酺，會勤政樓，除了金吾引駕騎，並由北衙四軍陳仗，列旗幟，披金甲，[244]極盡壯盛威武之能事。此時北衙四軍的陣式似已凌駕衛軍，天子對它的重視可能不止於妝點門面而已，就連皇帝離開宮苑，外出巡幸這種較具風險的活動，有時也只憑藉禁軍護衛，如玄宗幸新豐及同州，蘇頲所為敕

---

[236] 《新唐書》卷一一○〈諸夷蕃將‧泉男生傳〉，頁 4124。

[237] 《唐六典》卷二五〈左右羽林軍〉，頁 643。

[238] 《新唐書》卷二一五下〈突厥下〉，頁 6066。

[239] 《舊唐書》一九六上〈吐蕃上〉，頁 5231。

[240] 《舊唐書》卷二八〈音樂志〉，頁 1049。

[241] 《資治通鑑》卷二○六則天神功元年條，頁 6517。

[242] 《資治通鑑》卷二○九中宗景龍二年條，頁 6629。

[243] 《新唐書》卷八三〈諸帝公主‧安樂公主傳〉，頁 3655。

[244] 《新唐書》卷二二〈禮樂志〉，頁 477。

書曰：「發日唯量將飛騎萬騎行，更不須別遣兵馬。」[245]與其說這是由於府兵點簡不足，侍衛不周，不如說天子禁軍整隊更方便，更得信任。

雖說唐王朝用禁軍儀衛的情況日漸增多，但禁軍的召募卻出了問題，以致大損禁軍的兵力。玄宗時號稱有北門四軍，可是長安良家子避征徭，納資以求隸於其中，看似每軍至數千人，實則禁衛多是市井商販之人，不能受甲，何知戰事。及天寶末，禁兵浸耗，猝然間安祿山反，朝廷措手不及，玄宗西幸蜀地時，禁軍從者才千人，這也是肅宗日後亟力整補北軍，建置新軍種的原因。[246]

唐後期北軍的建置，名類多而廢置不一。肅宗方收京城，以羽林耗減，乃別置神武軍，故所謂的北衙六軍，即左右羽林軍、左右龍武軍、左右神武軍。[247]肅、代、德之際唐朝還有三種射生兵，肅宗的殿前射生，號稱英武軍，代宗有寶應射生軍，德宗的射生軍改名為神威軍。[248]這是在北衙六軍之外的禁軍。代宗避吐蕃幸陝，魚朝恩以神策軍迎扈；德宗時涇原兵變，唯神策軍表現護駕忠誠，自是神策軍之勢浸盛，居北軍之右。而羽林、龍武、神武、神策、神威，總曰左右十軍。[249]元和年間，廢神武軍，[250]又合神威軍為天威軍，再廢天威軍，以其眾隸神策軍。然代、德以後之宿衛，左神策、左龍武，左羽林為左三軍，在大明宮之苑東，右神策、右龍武、右羽林為右三軍，在九仙門之西。自僖宗幸蜀，此六軍潰散，田令孜於成都募新軍五十四都，離為十軍，分居左、右神

---

[245] 《全唐文》卷二五四蘇頲〈幸新豐及同州敕〉，頁 2573。

[246] 《舊唐書》卷一〇六〈王毛仲傳〉，頁 3253；《新唐書》卷五十〈兵志〉，頁 1331。但《舊唐書》卷十〈肅宗紀〉謂玄宗西幸時「四軍將士纔二千人」。

[247] 《舊唐書》卷四四〈職官三〉，頁 1904。

[248] 張國剛，〈唐代北衙六軍述略〉，頁 153。

[249] 《新唐書》卷五十〈兵志〉，頁 1332-1334；《資治通鑑》卷二二三代宗永泰元年條，頁 7184；又，卷二三三德宗貞元七年條，頁 7523-7524。有關神策軍的相關討論，可參考：張國剛，〈唐代的神策軍〉，收入：《唐代政治制度研究論集》，頁 113-141；何永成，《唐代神策軍研究：兼論神策軍與中晚唐政局》（臺北：臺灣商務印書館，1990）；黃樓，《神策軍與中晚唐宦官政治》（北京：中華書局，2019）；日野開三郎，〈中央政權の再強化と藩鎮統御〉，收入：《東洋史學論集》第一卷《唐代藩鎮の支配体制》（東京：三一書房，1980），頁 129-135。

[250] 唐長孺以為神武乃英武之誤，見《唐書兵志箋正》卷三，頁 106。

策，即所謂左、右軍者。[251]

　　從大明宮的夾城構築與禁軍守衛的配置，可以看出其軍事防禦比太極宮更加強化了。[252]而且因著宦官勢力的增長，宦官不僅掌握內廷之行政、財政，其典掌禁軍的態勢也已成形。[253]但宮廷禁衛是否就此全然掌握在宦官手裏，由禁軍負責，則尚有商榷之餘地。如代宗廣德二年南郊赦：行幸陝州時，六軍、英武、威遠、威武、寶應射生、衛前射生，左右步軍等扈從到行在，賜一子或加兩階；自陝州至上都，六軍，神策、寶應射生、衛前射生，及左右步軍、英武、威遠、威武等諸軍，左右金吾將士，緣大禮扈從，及在城留後者，賜錢。[254]又如敬宗寶曆元年正月南郊赦：在城神策、六軍、威遠營、左右金吾及皇城將士，應大禮移仗宿衛、御樓立仗等，普恩之外，賜爵、加階、賜物。[255]此外如德宗貞元四年詔：三節賜左右神威、神策、龍武等三軍，及金吾、英武、威遠及諸衛將軍錢。[256]元和十五年中尉梁守謙等共立太子，殺吐突承璀等，賜左右神策軍、六軍、威遠人，左右金吾人錢。[257]各條所列大致分為兩類人，一是北衙禁軍，即神策、六軍、射生，英武等，另一是南衙衛隊，即金吾、諸衛、威遠，皇城將士。[258]他們除了在節慶與參與鬥爭時得到賞賜外，還有就是在皇帝出行

---

[251] 《資治通鑑》卷二六〇昭宗乾寧二年條，頁 8471。關於五十四都的成立與北衙禁軍的最後發展情形，見：趙雨樂，〈唐末北衙禁軍的權力基礎—神策五十四都的活動試析〉，收入：《第三屆中國唐代文化學術研討會論文集》（臺北：中國唐代學會出版，1997），頁 523-538。

[252] 妹尾達彥認為，與太極宮相較，大明宮的空間特色與機能之一是，宮城防衛的強化與禁軍的重編。見：〈從太極宮到大明宮：唐代宮城空間的變遷與都城社會構造的轉型〉，頁 419-428。

[253] 關於大明宮的決策部門與宦官的專權，王靜二文可以參考：〈唐大明宮的構造形式與中央決策部門職能的變遷〉，《文史》2002 年 4 輯，頁 101-119；又，〈唐大明宮內侍省及內使諸司的位置與宦官專權〉，《燕京學報》新 16 期（2004），頁 89-116。

[254] 《唐大詔令集》卷六九〈廣德二年南郊赦〉，頁 385。

[255] 《唐大詔令集》卷七十〈寶曆元年正月南郊赦〉，頁 395。

[256] 《唐會要》卷二九〈追賞〉，頁 541。《舊唐書》卷十三〈德宗紀〉與卷一三七〈劉太真傳〉記錄同一事，但所賜禁軍在表述上略異。

[257] 《資治通鑑》卷二四一憲宗元和十五年條，頁 7777。

[258] 關於金吾、威遠、皇城將士之來源、性質、任務，可參考：齊勇鋒，〈唐後期的北衙六軍、飛龍、金吾、威遠和皇城將士〉，《河北學刊》1989 年 2 期，頁 79-82。

時擔任扈從的工作。所謂大禮移仗宿衛，御樓立仗，不外就是宿衛行在與守衛宮廷兩種任務。這顯示唐後期宦官即使囂張跋扈，禁軍即使軍種多樣化，也不得不與南衙衛隊保持合作關係，還是不能將所有保安事項一把抓。

　　南衙、北司雖然同時存在，但權力輕重卻差別甚大，白居易〈王元輔可左羽林衛將軍知軍事制〉：「左右羽林，尤稱親重，自諸衛而移鎮者，謂之美遷。」259便點出禁軍地位高於衛軍的現象。左神策大將軍柏良器得罪監軍竇文場，坐左遷右領軍。胡三省注曰：「時南衙諸衛，具位而已。北軍掌禁兵，權重，故良器為左遷。」260類似情況如右羽林統軍張直方坐出獵累日，不還宿衛，貶左驍衛將軍。261這是因為失職而由羽林統軍貶為衛軍，但亦透露出羽林有宿衛之任。

　　朝會與宮殿之宿衛攸關皇帝安全，唐前期幾乎全由衛軍負責，只偶然才見禁軍身影，但唐後期則有大幅改變。按代宗即位於兩儀殿，「百辟卿士洎南北軍仗衛萬餘人，咸呼萬歲」。262南北軍仗衛在此已對舉，至少顯示北軍參與的數量必然可觀，依前文的推估，朝會時殿廷上的儀衛不少餘萬人，而代宗的即位大典當是比照朝會規模。《冊府元龜》在述後期朝會時常有「仗衛如常儀」一語，相信在人數、排場上不會遜於前期，只是在仗衛的內容、結構上或許已有變化。德宗崩，太子疾，即位太極殿，衛士疑而引領望之。263這裏的衛士未必僅指衛軍。諫議大夫韋力仁曾因軍司、府縣職權相爭曰：「禁軍是陛下衛士，警夜巡晝，以備不虞，不合攪擾百姓，以干法理。」264顯然衛士已非衛府兵士的專稱，禁軍宿衛皇帝亦可稱衛士，故順宗即位典禮上引領而望的衛士，包含南北軍仗衛吧！白居易〈羽林龍武等軍將士各加改轉制〉：「夫軍衛警則內外

259 白居易撰，顧學頡點校，《白居易集》（北京：中華書局，1988），卷五十〈中書制誥三‧王元輔可左羽林衛將軍知軍事制〉，頁1051。

260 《資治通鑑》卷二三四德宗貞元八年條注，頁7539。

261 《資治通鑑》卷二四九宣宗大中五年條，頁8049。

262 《冊府元龜》卷十一〈帝王部‧繼統三〉，頁118。

263 《資治通鑑》卷二三六順宗永貞元年條，頁7607。

264 《冊府元龜》卷四一〈帝王部‧寬恕〉，頁468。

嚴。……爾等咸以材力，列於禁營。屬去年以來，屢陳儀仗。……因詔有司。舉行賞典。」[265]屢陳儀仗的禁軍將士，應該不只羽林、龍武軍；而各軍種之禁軍所陳儀仗，相信也不只去年一年。一般都認為禁軍屯駐禁苑，遠離宮殿，但事實上似已有大批禁軍，入於殿廷，仗衛國家重要典禮，甚至連金吾專責的宮中晝夜巡警，如韋力仁之語，禁軍也分任之。

在宦官勢力擴張後，由宦官主導的禁軍勢力也深入宮禁。永泰元年（765）魚朝恩欲奉上幸河中以避吐蕃，百官立班久之，閤門不開，朝恩忽從禁軍十餘人操白刃出，要脅公卿。[266]文宗朝甘露之變，宦官扶帝輦入閤門後，仇士良率禁兵五百餘人，露刃出東上閤門，逢人即殺。[267]唐後期禁軍已深入閤門內，這在前期是不太可能的，《新唐書·儀衛志》言朝會之仗：「每月以四十六人立內廊閤外，號曰內仗。」[268]這些為數不多的內仗，尚且立於閤外，是否就是禁軍，也還存疑。但長慶二年（822）冊皇太子，是日備宮懸於殿庭，「列內仗于兩閤門內」。[269]看來到後期，禁軍內仗已列於閤門內，似可與魚朝恩、仇士良率禁兵出閤相呼應。正因禁軍已在閤門內，離殿庭不過咫尺之地，故仇士良請用神策仗衛殿門，[270]就不是什麼突兀之舉。雖然此案因馮定抗疏而作罷，仍不能否認禁軍勢力已遍佈禁中。昭宗酒醉夜歸，明旦宮門不開，劉季述曰：「我內臣也，得以便宜從事。」乃帥禁兵千人破門而入，並為廢立之決定。[271]可見禁軍不只駐防於禁苑，宮城內、閤門內都有大批禁軍把守，皇帝幾乎已成其禁臠了。

皇帝出行，大駕鹵簿所列原本盡是十六衛，僅夾馳道之內仗有羽林軍。然而，唐後期之禁軍因為近身侍從皇帝，已以衛兵稱之。如吐蕃入犯，代宗幸陝，

---

[265]　《白居易集》卷五三〈中書制誥六·羽林龍武等軍將士各加改轉制〉，頁 1124。

[266]　《資治通鑑》卷二二三代宗永泰元年條，頁 7178。

[267]　《舊唐書》卷一八四〈宦官·王守澄傳〉，頁 4770-4771。

[268]　《新唐書》卷二三上〈儀衛上〉，頁 482。

[269]　《唐會要》卷四〈雜錄〉，頁 47。

[270]　《資治通鑑》卷二四五文宗開成元年條，頁 7923。

[271]　《資治通鑑》卷二六二昭宗光化三年條，頁 8538。

時「禁軍不集，徵召離散」，及魚朝恩大軍迎奉，「六師方振」。[272]可知代宗東幸時所召集的應是北衙六軍，而《新唐書》則以「衛兵離散」一語總括之。[273]建中末，涇師亂，右龍武將軍李觀時上直，「領衛兵千餘人扈從奉天」，[274]這裏的衛兵應即龍武軍，不會是十六衛之府兵。同一事件在不同書傳中的用語，亦可見禁軍已有皇帝親衛的性質，《新唐書》曰：「帝以禁衛盡委白志貞，……及涇師亂，帝召近衛，無一人至者。」[275]《舊唐書》則曰：「德宗以親軍委白志貞，……涇師之亂，帝召禁軍禦賊，……是時並無至者。」[276]無論是「近衛」，或是「親軍」，都指的是禁軍，蓋以居守之地近密皇帝，易受寵狎，也因此在急難時最先召集之。此外，皇帝出遊守護鑾輿的主要也是禁軍，如穆宗不顧大臣反對，自複道出城幸華清宮，獨「中尉、神策六軍使帥禁兵千餘人扈從」。[277]懿宗尤好遊幸，「每行幸，內外諸司扈從者十餘萬人，所費不可勝紀」。[278]然楊復恭答昭宗詢問懿宗之遊興費曰：「諸衛士三千。」皇帝出行規模不等，有大行從、小行從之別。[279]禁兵少者千餘或數千，多者萬餘或數萬，這樣的數量或許禁軍尚可支應。目前所見唐後期扈從人數最多的是圓仁所記武宗親祀南郊，「諸衛及左右軍廿萬眾相隨」，[280]此時除了禁軍之外，應該還有衛軍，諸衛與左右軍對舉，顯示宮中依然有衛軍存在的空間。

　　唐前期內外諸門有立門仗，入宮之重要各門有挾門隊、長槍隊，皆由諸衛負責防守。但宦權增長後，禁軍宿衛門禁的情形也相應的增多。敬宗時發生張韶之變，因其匿兵於柴草車入銀臺門，故事後盜所歷諸門，監門宦者三十五人

---

[272] 《舊唐書》卷一八四〈宦官‧魚朝恩傳〉，頁 4763。

[273] 《新唐書》卷二〇七〈宦者上‧魚朝恩傳〉，頁 5863。

[274] 《舊唐書》卷一四四〈李觀傳〉，頁 3912-2913。

[275] 《新唐書》卷二〇七〈宦者上‧竇文場、霍先鳴傳〉，頁 5866-5867。

[276] 《舊唐書》卷一八四〈宦者上‧竇文場、霍先鳴傳〉，頁 4766。

[277] 《資治通鑑》卷二四一憲宗元和十五年條，頁 7786-7787。

[278] 《資治通鑑》卷二五〇懿宗咸通七年條，頁 8117。

[279] 《新唐書》卷二〇八〈宦者下‧楊復恭傳〉，頁 5890。

[280] 《入唐求法巡禮行記校注》卷三會昌元年正月八日條，頁 364。

並杖而不誅。[281]這裏的監門宦者，似乎是任監門衛職官者，並非是守門禁軍，否則不應只三十五人。宦官曾任監門衛軍將的例子不算少，[282]程元振、魚朝恩、竇文場、霍仙鳴、田令孜等大宦官都曾為之，墓誌中禁軍職也有任監門衛者，如劉漢潤的名銜是「左神策軍護軍中尉副使兼……右監門衛將軍……」，[283]奉天定難功臣朱玘是「雲麾將軍行右監門率府副率上柱國左神武軍宿衛」，[284]楊志廉在德宗時曾任「左神策護軍中尉左街功德使左監門衛大將軍知省事」。[285]監門衛掌宮廷門禁，宦官自然不會放過這進入宮廷的第一道關卡，故派任可信之人為監門衛，令所統領之禁軍防守諸門，不失為固權自保的好方法。事實上，禁軍可能不只駐防宮門，皇城諸門似也由禁軍守衛，昭宗時楊守信稱兵闕下，皇城南之含光門尚未開，而門內禁軍已列於左右，俟門開即劫掠兩市。幸宰相劉崇望慰諭之，才免去長安街市的一場浩劫。[286]由此以見，原先由衛兵把守的諸門，在唐後期已有大量禁軍介入其間。

從朝會儀衛到行在宿衛，自閤門守備到諸門駐守，禁軍的力量已幾乎無所不在，而禁苑更是其屯防之處，也就是說後期宮禁的防衛主體，已由諸衛漸次轉移於禁軍，至於總領禁軍的權宦，則成為真正主導宮廷事務，乃至廢立皇帝的推手。宦官由幕後走向臺前，禁軍也由隱衛化身親軍，路途雖然曲折漫長，但畢竟確實改變了宮禁的防衛生態。[287]只是我們不要以為諸衛就此完全消失在宮中，它殘餘之身或多或少還有些影響力，故有力者總要兼禁、衛兩邊的名號，

---

[281] 《資治通鑑》卷二四三穆宗長慶四年條，頁7836。

[282] 宦官任監門衛之職，見：史諍罡，〈唐代宦官帶監門衛將軍考〉，《黑龍江史志》2015年5期，頁10-11。

[283] 周紹良編，《唐代墓誌彙編》（下）（上海：上海古籍出版社，1992），大和033，頁2119。

[284] 周紹良編，《唐代墓誌彙編續集》（上海：上海古籍出版社，2001），元和015，頁811。

[285] 《唐代墓誌彙編續集》，元和002，頁800。

[286] 《舊唐書》卷一七九〈劉崇望傳〉，頁4665。

[287] 宦官所掌防衛宮廷的軍事力量，除了禁軍之外，內諸司使中的飛龍、小馬坊、軍器、弓箭庫等使，也是宮廷內外廣佈的個別軍事機構。雖然他們的活動在史料中不甚多，但就宮廷防衛而言，仍是王權安定的保障。有關討論見：趙雨樂，〈唐代內諸司使之權力構造〉，收入：趙雨樂，《唐宋變革期之軍政制度——官僚機構與等級之編成》，頁50-54。

如王守澄為左右神策觀軍容使兼十二衛統軍，[288]田令孜為左右神策十軍兼十二衛觀軍容使，[289]楊復恭為六軍十二衛觀軍容使，[290]崔胤判六軍十二衛事，[291]朱全忠兼判左右神策及六軍諸衛事。[292]唐朝本有十六衛，此處只言兼判十二衛，蓋左右衛及左右金吾謂之四衛，餘謂之雜衛，[293]而十二衛不包括四衛在內，可能主要是因為唐後期金吾衛的功能依然不弱，經常獨立行使職權，故一併將金吾等四衛排除在十二衛之外。

　　衛府兵制與三衛番上，支撐著唐前期的宮廷防衛，即使後來漸被禁軍系統取代，尚可見其殘留痕跡，只是它已不再是政府倚重的宿衛者了。如代宗〈停止禁衛充手力等敕〉就因左右金吾引駕仗三衛等，被充手力驅使，取資課供用，而禁其擅離職掌。[294]三衛本取諸品子，甚受國家重視，唯其後入官艱辛，非權勢子弟輒退番，故益賤。[295]文宗太和年間多次提及金吾之宿衛官健與三衛，也多是負面性的，如左右金吾引駕仗奏：「臣伏以宿衛官健，素有名額，因循相習，漸慢常經。……據人數才二百以來，準元額不及大半。」遂抽收四百四十名供驅使。[296]兵部又奏：「伏以三衛出入禁署子弟，期於恭恪，近日頑弊，皆非正身。諸司公言納資，訪聞亦不雇召。」因請停廢資蔭三衛。[297]閑廄宮苑等使亦奏：「准舊例，京兆府取諸縣百姓，供前件三衛充門仗諸雜役，每月交替

288　《資治通鑑》卷二四五文宗太和九年條，頁 7908。

289　《新唐書》卷五十〈兵志〉，頁 1335。

290　《資治通鑑》卷二五八昭宗大順二年條，頁 8419。

291　《資治通鑑》卷二六三昭宗天復三年條，頁 8595。

292　《資治通鑑》卷二六四昭宗天祐元年條，頁 8629。

293　《通典》卷二八〈職官典・武官上・將軍總敘〉，頁 782。另一說法是十二衛指左右衛、左右驍衛、左右武衛、左右屯衛（威衛）、左右領軍衛、左右候衛（金吾衛），見《資治通鑑》卷一九〇高祖武德五年條注。此處不含掌門禁的監門衛與在御座左右的千牛衛。然從前文論及宦官多任監門一職來看，此說法的可能性似不大。

294　《唐會要》卷七一〈十二衛〉，頁 1284。

295　《新唐書》卷四九上〈百官志〉，頁 1281-1282。

296　《唐會要》卷七一〈十二衛〉，頁 1284-1285。

297　《唐會要》卷七一〈十二衛〉，頁 1288。

者。伏以百姓往來，費損至多，非惟頻與追呼，實亦難虞寇盜。」故省停供，另圖他法。[298]以此知三衛無論在素質與人數上，都已不復當年景象，在任用方式上，也由資蔭轉為雇召。至於府兵早已耗散，折衝府徒有兵額而已，轉換為募來的彍騎，唐後期雖然還存在，同樣不過在諸司供雜役，出資課，故有蠲省之主張。[299]府兵與三衛的質變與量變，無疑是促成宮廷防衛體系必須重新建構的重要原因。

　　唐後期禁軍是宮廷防衛的主體，衛軍僅聊備一格，或是承擔輔助性、支援性的角色。衛軍中一枝獨秀，最引人注目的唯金吾衛。其職掌包含宮中與京城之晝夜巡警，並為車駕外出之先驅與後殿。唐後期金吾衛在宮中仍負責許多重要事項，如金吾仗院守在含元殿前，大臣有過待罪於金吾仗，百姓擊登聞鼓或進狀由金吾將軍收進或領付，朝會時金吾將軍奏左右廂內外平安，皇帝甚且令金吾伺察密奏朝官相過從之事。[300]至於其他諸衛縱然無甚緊要職能，但還可以安插個位子，以為將來任官的跳板，如開府儀同三司左衛上將軍兼內謁者監仇士良請以開府蔭其子為千牛，被給事中李中敏否決了。[301]仇士良帶左衛上將軍銜，對他來說是個榮譽職，他的權力並不由此而來。他請求蔭其子為千牛，千牛掌執御刀，衛從皇帝身旁，是個好出身，但被給事中李中敏駁回了。

　　總之，唐後期宮廷防衛體系的主力在禁軍，它是皇帝的親軍，卻由宦官主導、指揮。衛軍的力量已然削弱下來，只有金吾衛還保持著一定功能。然而，禁軍的整補來自安史亂後皇帝的不安，禁軍的衰敗固然與中晚唐的多次變亂有關，也源自內部的腐化，所謂「長安姦人多寓占兩軍，身不宿衛，以錢代行」，而且「益肆為暴，……京尹、赤令皆為之斂屈」。[302]王建〈羽林行〉：「長安惡少出名字，樓下却商樓上醉。……百回殺人身合死，赦書尚有收城功。……

---

[298]　《唐會要》卷六二〈閑廏使〉，頁 1129。

[299]　《新唐書》卷一五九〈吳湊傳〉，頁 4955。

[300]　楊鴻年，〈隋唐金吾之職掌〉，《歷史研究》1983 年 5 期，頁 151-152。

[301]　《資治通鑑》卷二四六文宗開成五年條，頁 7948。

[302]　《新唐書》卷五十〈兵志〉，頁 1334。

出來依舊屬羽林，立在殿前射飛禽。」[303]禁軍納課掛名而不服役，殺人越貨而不受罰，戰力與軍紀兩失之，還能對他有何冀望？當崔胤假朱全忠兵力誅宦官，並謂全忠曰：「六軍十二衛，但有空名，請召募以實之。」[304]即顯示唐王朝的禁軍與衛軍都已潰散，唐政權已無力回天了。

六、小結

　　宮廷防衛的重點，在確保皇帝的人身安全與權力中樞的順當運作，而朝會正是觀察宮廷防衛嚴密與否的重要方式之一。元正朝會是國家最盛大的禮典，總人數逾萬，是極為壯觀的儀衛隊伍，以驚人的氣勢，展現皇帝威儀與保衛決心。其中包括持儀式性旗幡與禮器的儀仗隊，以及由諸衛率領披甲執銳的武裝勁旅，二者結合為大朝會中保護皇帝與防衛宮廷的主要力量。

　　朔望朝與常朝也是皇帝主持的重要朝會，為體現天子威嚴，自然也有儀衛制度。宣政受朝儀衛減半，紫宸受朝則承旨喚仗入。大抵多數仗衛列於廷，殿上仗衛在許敬宗、李義府用事後，仗下議政反而成為一種慣例，蓋國務機要不宜讓百官知，更不能讓仗衛聽聞，而防止洩密，也是宮廷防衛所應固守者。事實上，護衛皇帝的措施不僅在仗衛人數多少，官吏入宮殿門或入殿奏事要監搜，入閣、升殿要解劍、解佩刀，也都是一種安全防務。便殿、寢殿等御在所，皇帝即使撤掉仗衛，可以更自在的生活，但殿門外是絕不會無人宿衛的。

　　宮廷防衛體系不僅用於宮中，也安排於皇帝行幸時。皇帝出行依不同目的與行程遠近，有不同等級的鹵簿。以排場最大的大駕鹵簿言之，分為五駕次，二十四隊。最前面的導駕由金吾衛負責督導，承擔的是清道的先驅之責。其次的引駕即前部鼓吹部隊，是用鼓吹來傳遞特定訊息，使整個車駕隊伍行動一致。第三個駕次是皇帝車駕，也是整個鹵簿的核心，隨之者有儀式性的班劍儀刀隊，

---

[303] 《全唐詩》卷二四王建〈羽林行〉，頁 317。

[304] 《資治通鑑》卷二六四昭宗天復三年條，頁 8623-8624。

也有甲騎具裝可實戰的護衛隊。第四個駕次是後部鼓吹與儀式用的輦輅車隊。最後一個駕次是由諸衛組成的後備部隊，是最具戰鬥力的禁衛軍。皇帝鹵簿依循著前引後押、前導後從、前驅後殿的原則行進，並讓儀仗隊與禁衛軍交錯相間，以達到宣揚皇家威望，保護行幸安全的雙重目的。

　　制式化的鹵簿規模合乎警嚴之制，卻未必適於各種崎嶇的地形地勢，也未必能讓皇帝感受輕車簡從的隨興與自在，故皇帝出行常在安全與適意間拉扯，在威儀與隱密間權衡，宿衛者只能順從皇帝的願望，儘其所能地做好防衛工作。

　　皇帝車駕遠行還有宿次之地的防衛問題。自太宗時已有帳幕與排城的設計，但所耗費的人力與車馬，是鹵簿之外另個沉重的負擔。至於糧食物用之供頓所需，宮殿橋道之修整科配，無不出自百姓，而途中防盜匪亂民劫掠，又要增置兵力，這除了影響民間的農事與人工，就連隨駕士卒也有勞弊凍餒之患，因此皇帝出行時間愈久，行程愈長，動用資源愈多，防衛的效能與車駕的安全性難免會打折扣。再者，如果皇帝是因事變而倉促出奔避難，則什麼排場也沒有，連扈從兵將都少得可憐，又談何皇帝威儀與宿衛安全！

　　宮中警衛嚴密非常，無分晝夜，無論諸門或殿院間，隨時隨地都有人把守或巡行。宮中有鋪為哨所，有仗舍為大區域的指揮所。入夜時分，守夜諸隊仗出鋪承擔持更行夜的任務，直至承天門擊曉鼓後，日間警衛才接手出來服勤。入宮後進向三大殿的各宮門、閣門，是阻絕外來威脅的重要防線，故有挾門隊、長槍隊與立門仗、交番仗等持攻擊性武器守諸門的軍事佈局。長官如要認證或調遣所領軍，則有魚符為憑。為保障帝王活動的安全與方便，唐人在宮牆周邊有夾城複道的設計，其中有駐軍，可調遣馬匹，並提供基本生活需求，構築成宮廷防衛體系中的一道防護網。

　　禁苑環衛宮城，是軍隊訓練、駐防之所，也是攻守雙方兵家必爭之地。唐前期多次宮廷政變，成敗關鍵多在能否掌握禁苑軍隊。而中後期皇帝的幾次被迫出奔，也選擇從禁苑出，以掩人耳目，快速急行。當政府軍與賊寇交戰時，雙方常不約而同地以禁苑為軍事據點，或以禁苑為主戰場。禁苑作為防衛宮廷的戰略要地，是不容置疑的。

　　宮廷防衛的兵力組成，前、後期有很大的變動。前期朝會與皇帝的儀衛，乃至守諸門的門仗，都由隸屬於諸衛的府兵擔綱。即使北門與禁苑防務，唐政府也倚重衛軍。但是當府兵之制漸壞，宿衛人員趨於不足時，禁軍的任務相對加重，它已不只在北門宿衛，還愈來愈多次的在殿廷陳仗，或皇帝出行時任護衛之職。衛軍、禁軍的交替、取代之勢，因安史之亂而更加明顯。唐後期諸帝亟力整補禁軍，並因宦官勢力的增長，禁軍典掌在宦官手中。禁軍此時非僅屯駐禁苑，也大量入於殿廷，仗衛國家重要典禮；深入宮禁，列仗閤門內；皇帝行幸時，還扈從行在。禁軍雖已是後期宮禁的防衛主體，衛軍的殘餘力量不過聊備一格而已，但有權勢者總要兼禁、衛兩邊名號，以示全面掌管宮廷防衛力量。然而在禁軍內部日益腐化，宦官又被誅殺殆盡後，唐朝的宮廷防衛體系便全面瓦解，唐政權也就此結束。

　　宮廷防衛以保護皇帝為核心，自層層門衛，到屯諸禁苑，不分晝夜，不論在朝或出行，都有各種軍事部署，以盡到周嚴防範的目的。即使依然會發生宮廷政變，並不能免除亂兵擅入，甚至百姓還會乘隙闌入，但唐代的宮衛體系，從朝會的陣式上看是驚人的，從皇帝出行的佈局上看是周密的，從宮殿的守衛上看有明確的指揮系統，從禁苑的防禦上看是備戰的重要據點。只是這套精心設計的制度，幾次敗在府兵徵調不足，禁軍召雇缺失，以及宦官典掌不當上。人事的糾葛，抵銷了宮廷防衛體系的禁制力道，並最終導致其與唐朝並同消亡。

附表　唐大駕鹵簿排列次序表

駕次	隊伍	行　次			備　註
		文武官員	旗隊、車隊、馬隊、騎隊、衛隊	鼓吹	
導		萬年縣令→京兆牧→太常卿→司徒→御史大夫→兵部尚書			自縣令以下，並正道威儀，各乘輅。其鹵簿，各依本品給之。
駕	清遊隊		清遊隊，白澤旗二		分左右。金吾折衝二人，各領四十騎，分左右。
		金吾大將軍二人			分左右。自龍旗以前檢校。
		金吾果毅二人	虞候伏飛四十八騎		領虞候伏飛四十八騎，分左右，引到黃麾仗。
			外鐵甲伏飛二十四騎		並行，分左右廂，各六重，引到步甲隊。
	朱雀隊	金吾折衝都尉一人	朱雀旗		一騎執，二騎引，二騎夾。金吾折衝都尉一人，領四十人。
			龍旗十二		各一騎執。每一旗前，二人，騎，為二重，引前；每旗後，亦二人，護後。副竿二，分左右。金吾果毅二人騎領。
	車隊		指南車→記里鼓車→白鷺車→鸞旗車→辟惡車→皮軒車		並駕四馬，駕士各十四人，匠一人。自皮軒車後，金吾果毅一人檢校。

引駕					
		引駕十二重			重二人，並行正道。
	前部鼓吹隊	鼓吹令二人			
				摣鼓十二面，金鉦十二面→大鼓百二十面→長鳴百二十具→鐃鼓十二面→歌簫笳各二十四→大橫吹百二十具，節鼓二面，笛、簫、桃皮篳篥各二十四→摣鼓十二面，金鉦十二面→小鼓百二十面→中鳴百二十具→羽葆鼓十二面，歌簫笳各二十四	自前摣鼓以下，工人皆自副並騎，分左右，橫行。每鼓皆二人夾。每隊皆有主帥五人以上統領。
	太史局隊	殿中侍御史二人			
			黃麾		一人執。二人騎夾。
		太史令一人			
			相風轝		轝士八人。
		司辰一人，典事一人，刻漏生四人		摣鼓金鉦各一	分左右。
			行漏轝		匠一人，轝士四十人。
	鈒戟前隊	左右武衛果毅各一人	鈒戟前隊		騎分左右。
	幡幢隊		五色繡幡一→金節十二→罕畢各一→朱雀幡一→左青龍幢，右白武幢		

		→導蓋一，又一		
鈒戟後隊		稱長一		
		鈒戟		各百四十四人，分左右。
馬隊	左右衞將軍各一			
		御馬		二十四疋。分左右。
	尚乘奉御二人			分左右。
		左青龍旗，右白武旗		各一。
	左右衞果毅各一人			各領三十五人，騎分左右。
車駕	文官隊	通事舍人八人→侍御史二人→御史中丞二人→（御史二人）→拾遺二人→補闕二人→起居郎一人→起居舍人一人→諫議大夫二人→給事中二人→中書舍人二人→黃門侍郎二人→中書侍郎二人→左散騎常侍二人→右散騎常		騎分左右。自通事舍人以下，皆一人步從。

	侍二人→侍中二人→中書令二人			
班劍儀刀隊		香蹬一		
	左右衞將軍各一人			分左右。
		班劍儀刀		左右廂各十二行。
	左右衞郎將各一人			領散手翊衞三十人,在副杖稍翊衞內。
	左右驍衞郎將各一人			各領翊衞二十八人。在散手外,均布曲折至後門。
大駕	左右衞供奉中郎將四人			領親勳翊衞四十八人。在三衞仗內。
		玉輅		青質玉飾,駕青驪六,祭祀、納后則乘之。太僕卿御,駕士四十一人,千牛將軍一人陪乘。
	左右衞大將軍各一人			夾玉輅。
	千牛將軍一人→中郎將二人→千牛備身			分左右。騎在玉輅後。
		御馬二疋		
監門隊	左右監門校尉各一人			在後門內檢校。
		牙門		二人執,四人夾。
	左右監門校尉各十二人			騎。監當後門,十二行仗頭各一人。
衞隊		左右驍衞翊衞各三隊		每隊三十五人。各大將軍、將軍、郎將一人領。

		左右衞夾轂廂各六隊		隊三十人。每隊各折衝一人果毅一人檢校。
繖扇車馬隊		大繖二→孔雀扇各四		在牙門後。分左右。
		腰轝一		
		小團扇四→方扇十二，花蓋二		
	尚輦奉御二人	大輦一		
	殿中少監一人			騎從。
	諸司供奉官二人			分左右。
		御馬二十四疋		分左右。
	尚乘直長二人			分左右。
		大繖二→孔雀扇八，夾繖→小扇十二→朱畫團扇十二→花蓋二→俾倪十二→玄武幢一		
麾仗隊		絳麾二→細矟十二→後黃麾一		
後部鼓吹隊	殿中侍御史二人			騎分左右。
	金吾果毅一人		大角百二十具	金吾果毅一人，領橫行十重。

			羽葆鼓十二面,歌簫笳→鐃鼓十二面,歌簫笳→小橫吹百二十具,節鼓二面→笛、簫、篳篥、笳、桃皮篳篥	後部鼓吹,各有工人。
後部鼓吹	輦輅車隊		芳輦一→小輦一→小輿一	有主輦二百人、六十人,奉輦十二人。
		尚輦直長二人		分左右。
		左右武衞五牛旗輿五		各八人執。左右威衞隊正各一人檢校。
		乘黃令一人→丞一人		騎分左右,檢校玉輅等。
		金輅		赤質以金飾,駕赤騮六。
		象輅		黃質以象飾,駕黃騮六。
		革輅		白質,鞔之以革,駕白駱六。各駕士三十二人。
		五副輅→耕根車→安車→四望車→羊車→屬車十二		駕馬或牛,各有駕士。耕根車,耕籍則乘之。安車,臨幸則乘之。四望車,拜陵、臨弔則乘之。
		門下省、中書省、祕書省、殿中監等局官各一人		並騎分左右。
		黃鉞車→豹尾車		各駕二馬,駕士十二人。
	衞隊	左右威衞折衝都尉各一人		領掩後二百人。各五十人為一行,並橫行。

後衛部隊		左右領軍將軍各一人		各二人執矟稍步從。
	步甲隊	前後左右廂步甲隊四十八隊		前後各二十四隊。隊引各三十人。
	黃麾仗隊	左右廂黃麾仗左右領軍黃麾仗	廂各獨揭鼓十二重	左右廂黃麾仗，廂各十二部，部各十二行。行引十人。左右領軍黃麾仗，首尾廂各五色繡幡二十口。廂各獨揭鼓十二重，重二人，在黃麾仗外。
		左右衛將軍各一人，驍衛、武衛、威衛、領軍衛各大將軍一人		檢校黃麾仗。
	殳仗隊	殳仗		左右廂各十八（千？）人。廂別二百十五（五十？）人執殳，二百十五（五十？）人執叉，每殳一叉一相間。
	馬隊	諸衛馬隊		左右廂各二十四隊。從十二旗，隊別主帥以下四十人，每隊皆折衝果毅一人檢校。
	玄武隊	玄武隊玄武旗		金吾折衝一人，領五十騎，分執稍弩。
		牙門一		玄武隊前，大戟隊後，當正道執殳仗行內置。

| | | 牙門左右廂各開五門 | | 第一門在左右威衛黑質步甲隊後，白質步甲隊前。第二門在左右衛步甲隊後，左右領軍黃麾仗前。第三門在左右武衛黃麾仗後，左右驍衛黃麾仗前。第四門在左右領軍衛黃麾仗後，左右衛步甲隊前。第五門在左右武衛白質步甲隊後，黑質步甲隊前。 |

說明：

1. 本表根據《通典》卷一○七製成，並依其各行次排列。另可參考：《大唐開元禮》卷二，《新唐書》卷二三上。

2. 本表之駕次與隊伍，除了個人的想法外，也參考：朱筱新，〈古代帝王出行的儀仗〉，《百科知識》5（2013）；孫曉暉，〈唐代的鹵簿鼓吹〉，《黃鐘》（武漢音樂學院學報）2001 年 4 期。

3. 《通典》以「次」開頭者，本表分行次陳列；如無，則視為同一列。為省篇幅，同性質陳列在一起者，用→表示，不再分行。

唐代宮中的監獄

·

一、前言

　　監獄一詞多見於明清時代，唐宋之前通常只用「獄」一字表示關押人犯的場所，[1]但「獄」需有人監察、監臨，[2]監獄又是近世的慣稱，所以本篇行文中亦用監獄一詞。現代監獄為刑罰執行場所，看守所則羈押被告，二者明顯區分。唐代監獄則二者合而為一，既監禁已判決等待執行，或正在執行者，也羈押正在審理，尚未判決的嫌犯，甚至還將長期囚禁作為一種刑罰而管收之。[3]唐律〈捕亡律〉「被囚禁拒捍走」條疏議曰：「被囚禁，不限有罪無罪，但據狀應禁者，散禁亦同。」[4]正說明唐代監獄將已判決、未判決之人犯都收禁在一起，有學者認為這是有罪推定原則。[5]

　　一般探討唐代監獄的文章，多關注中央監獄與地方監獄。中央監獄主要有大理寺獄、御史臺獄、刑部獄，另有諸寺、諸衛、諸監獄及財政三司獄，甚至

---

[1]　李甲孚，《中國監獄法制史》（臺北：臺灣商務印書館，1984），頁 18。

[2]　沈家本撰，鄧經元、駢宇騫點校，《歷代刑法考》（附寄簃文存）（北京：中華書局，1985），〈獄考〉，頁 1190；李甲孚，《中國監獄法制史》，頁 6。

[3]　關於古代監獄的概念，學者如薛梅卿、戴建國、楊師群、李甲孚、鍾建麟等有廣義、狹義、宏觀、微觀等各種看法，趙晶皆彙集而評議之，見：〈《宋刑統》研究與中國監獄史學〉，《中國政法大學學報》2009 年 1 期，頁 121-122。

[4]　長孫無忌等撰，劉俊文點校，《唐律疏議》（臺北：弘文館出版社，1986），卷二八〈捕亡律〉「被囚禁拒捍走」（總 465 條）疏議，頁 537。

[5]　薛梅卿主編，《兩宋法制通論》（北京：法律出版社，2002），頁 479。

還把內侍省獄、北軍獄、銀臺獄也列入其中，或者別有非常時期之非常監獄，如羽林獄、新開獄。地方監獄則是各府州縣獄。[6]大體上，學者所論的中央監獄皆集中在長安城，只是宮城、皇城、外郭城禁衛不同，嚴格區別，其監獄的屬性能否一體看待，大有問題。唐人史料裏常見內獄、法司之分，亦即宮城內、外所拘繫之人，所發生之事，所裁決之法，所管理之制，可能很不相同，難以一概而論，也因此有學者設定禁衛軍獄與北司的司法機構為研究議題，專門探討宮城內獄的特色，及其與政局、法司的關係。[7]只可惜宮城中監獄的類型複雜，前述所論未能窺其全貌，且缺乏系統性的分析，故仍有不少可推究的空間。

　　本文所言之宮中，除了兩京諸宮與禁苑、離宮別館外，也包含向外延伸附苑之諸王宅，以及在宮城門外或含元殿前之朝堂、金吾仗院。凡屬於宮中之人或服勤於宮者，在宮城內觸犯法禁或發生事端，都可收押於宮獄，並由其審理，而未必交付外朝法司處分。宮中設置監獄，自秦漢以來就有此制度，[8]蓋內朝人本不得隨意出入宮禁，內朝事更不得漏洩於外或任外人評議，何況宮闈祕聞常是宮中不可告人，最隱密的私事，而宮廷政變則涉及王室威望或皇權轉移，這些祕辛豈能讓外廷法司挖掘出來，損及皇朝威嚴。從這個角度來說，宮獄似乎是法律的化外之境，其中牽扯的政治因素與皇家的愛恨情仇，是很難用司法來裁斷其是非曲直的。此外，唐朝宮中還有影響司法的兩大變數，分別是皇帝

6　探討唐代監獄的文章，如：蕭艾，〈長安監獄〉，《歷史月刊》16 期（1979），頁 144-146；陳登武，〈唐代的獄政與監獄管理〉，收入：《地獄・法律・人間秩序——中古中國的宗教、社會與國家》（臺北：五南圖書公司，2009），頁 347-356；王宏治，〈唐中央獄制考〉，收入：馬志冰等編，《中國監獄文化的傳統與現代文明》（北京：法律出版社，2006），頁 69-79；邵治國，〈唐代監獄制度述要〉，《河北師範大學學報》（哲學社會科學版）27 卷 6 期（2004），頁 115；王素，〈唐代的御史臺獄〉，《魏晉南北朝隋唐史資料》11 期（1991），頁 138-145。

7　王素，〈唐五代的禁衛軍獄〉，《中華文史論叢》1986 年 2 期，頁 117-130；胡永啓，〈唐代北衙禁軍監獄司法職能簡論〉，《蘭臺世界》2012 年 5 月，頁 17；賈憲保，〈唐代北司的司法機構〉，《人文雜誌》1985 年 6 期，頁 86-90；張艷雲，〈論唐中後期的宦官參預司法〉，《陝西師範大學學報》（哲學社會科學版）30 卷 1 期（2001），頁 137-142；室永芳三，〈唐末內侍省における鞠獄の性格と機能について〉，《長崎大学教育学部社会科学論叢》28 号（1979），頁 1-7。

8　宋杰，〈漢代後宮的監獄〉，《中國史研究》2007 年 2 期，頁 29-49；謝元魯，〈漢唐掖庭制度與宮廷政治〉，《天府新論》1999 年 3 期，頁 73-79。

與宦官。皇帝是國家最有權力的人，內朝、外朝事無不由其掌控，詔獄一下，[9]朝官即可禁身於宮獄，而法司鞭長莫及，難有施力點，宮獄便猶如是特別法庭。至於側近皇權，[10]日益囂張的宦官，則完全無視法禁，任意逮捕官吏或平民入宮獄，並經常與法司間展開一場權力的爭奪戰。總之，宮城是一道阻擋外朝法司入侵的防護網，宮城內的案件與交付宮獄審理的案件，會有怎樣獨特的處理方式，頗令人好奇。

　　宮中人的身分多樣化，后妃與女性服侍者之外，還有數量龐大的宦官、軍事防衛人員。有時，官吏或百姓也可出入宮禁或因故入宮。[11]他們如果犯事，大概不會關押在同一個監獄裏，也不會處以同一種待遇，因此宮中監獄的類型，及其隸屬的管理單位，是本文首要了解的課題。宮中監獄的位置，可能依所轄機構而散處不同地方，《通鑑》胡三省注：「鞫於禁中，故曰內獄。」[12]但像留身金吾仗院、朝堂等處，就難說是內獄，故為了方便行文用語，本篇以宮獄一詞統稱宮中諸監獄。

　　宮獄不只是關押人犯的地方，凡與訴訟相關之偵察、逮捕、審訊、判決等都會跟著啟動，而最引人注目的是宮獄要用何種方式問罪囚犯，外朝的司法裁決可否一體適用於宮獄？后妃皇子觸怒皇帝或參與事變，能用一般的司法裁決論處？宮中人不按宮規行事要動用到刑律？禁衛軍違反軍紀要用軍事審判？官吏待罪或宮人幽禁，是何種處置概念？當皇帝展現意志與宦官勢力膨脹後，對外朝法司會產生多大的衝擊，對宮獄的審理又會有多深的影響？這些都是吾人

9　室永芳三，〈唐代における詔獄の存在様態（上）〉，《長崎大学教育学部社会科学論叢》26号（1977），頁1-16；又，〈唐代における詔獄の存在様態（下）〉，《長崎大学教育学部社会科学論叢》27号（1978），頁1-12。

10　横山裕男，〈唐の官僚制と宦官——中世的側近政治の終焉序說〉，收入：中國中世史研究會編，《中國中世史研究：六朝隋唐の社會と文化》（東京：東海大學出版會，1970），頁417-442；三田村泰助，《宦官：側近政治の構造》（東京：中央公論社，1963），頁147-180。

11　官吏入宮或參與朝會，都有門籍驗證身分；若皇帝有別敕召入，則有隨身魚符以防詐偽。至於百姓入宮，如是任務型的，應有人帶領，採圓進圓出方式；若是投匭訴冤或擊登聞鼓，通常也有金吾領付、院子監管。有關討論請參閱本書〈唐代宮廷的門禁制度〉。

12　《資治通鑑》（臺北：世界書局，1974），卷二四四文宗太和五年條，頁7876。

思考宮中監獄論罪方式時不可忽略的面向。

　　唐朝監獄有明確的獄政管理制度，但這些規範也適用於宮獄嗎？宮人出宮不易，宮禁守衛嚴格，罪犯家屬可以入宮送飯或衣物？囚徒依身分與罪刑有刑具與居作制度，宮獄中各類人也依樣處置嗎？獄政檢查的慮囚、巡囚措施，可以無差別的檢視各種宮獄？當其遇到強橫的宦官或禁軍，會有什麼遭遇？獄政管理能否落實，無疑是衡量宮獄能否以人道精神對待囚犯的重要指標。

　　宮中的監獄，在京城卻不屬京城的法司管轄，而形成一個獨立的司法領域。本文擬從監獄類型、論罪方式、獄政管理三個切入點，觀察宮獄的特殊現象，以了解其運作模式與特色。

二、監獄類型

　　唐朝宮中人數極多，宮女多至四萬，少亦不減萬人；宦官高品白身在四千六百人以上；[13]大朝會佈列之儀衛軍數總在萬人左右，還不計入戍守各處的衛士。[14]如此眾多的人數，龐雜的職司，總會有失職、犯禁的時候，也總免不了設置監獄，關押、處罰罪囚。宮中人身分複雜，等級不同，所犯又有諸多樣貌，自然需視狀況拘繫在其所屬單位的監獄裏，才方便處理。至於來往於宮中的朝官，或如殿中省、苑監等服侍於宮中的朝官，除了特殊狀況或制敕指令外，一般不收禁於宮獄中。[15]宮獄本是宮中微不足道的小機構，史料極少以其為焦點而

---

[13]　《舊唐書》（臺北：鼎文書局，新校標點本，1976），卷一八四〈宦官傳〉：「開元、天寶中，……大率宮女四萬。品官黃衣已上三千人，衣朱紫者千餘人。」又，卷十六〈穆宗紀〉元和十五年四月敕：「內侍省見管高品官白身，都四千六百一十八人。」《資治通鑑》卷二七三後唐莊宗同光三年條，宦者曰：「臣昔事咸通、乾符天子，當是時，六宮貴賤不減萬人。」由以上史料，大略可知唐宮中之宮人、宦者數。

[14]　元正朝會儀衛數之推估，參見本書〈唐代宮廷防衛體系的建構及其演變〉。

[15]　《唐會要》（臺北：世界書局，1974），卷四〈雜錄〉：「貞觀十六年六月，苑西守監穆裕，農圃不修，太宗怒甚，命于朝堂斬之。……太子承乾諫曰：『……命即斬之，理恐未盡，請付法司推鞫。』太宗意解，即笞而釋之。」苑監失職，應付法司推鞫，而非宮獄審理。這與漢代情形頗不相同，《漢

專門論述，即使在唐後期因宦官與禁軍勢力的增長，連帶地讓與其相關的獄所，成為與南衙法司爭權的對象，但宮獄的設置與類型，依然有許多模糊不清處。

(一) 內侍省管轄之監獄

內侍省是總理宮中職事最重要的機構，宦官、宮女無不聽其指令，並隨皇帝之所在而設省或別省，以盡其出入傳宣，督責宮人之職。內侍省所設監獄可能不只一處，每個監獄所管收的人犯與事由也未必都相同。以下就其所轄監獄分別論述之：

1. 掖庭獄與永巷

《三輔黃圖》：「永巷，永，長也，宮中之長巷，幽閉宮女之有罪者。武帝時改為掖庭，置獄焉。」[16]掖庭獄始見於漢代，《漢書·劉輔傳》注：「掖庭詔獄令丞，宦者為之，主理婦人女官也。」[17]與掖庭獄同屬少府的還有暴室獄，《漢書·宣帝紀》應劭注：「暴室，宮人獄也。」師古曰：「暴室職務既多，因為置獄主治其罪人，故往往云暴室獄耳。」[18]《後漢書·皇后紀》注引《漢官儀》曰：「暴室在掖庭內，丞一人，主宮人婦人疾病者。其皇后、貴人有罪，亦就此室也。」[19]無論掖庭獄與暴室獄，都由宦者主管，都收禁宮內的有罪婦人，而暴室另為婦人治病。漢代以下宦者所理宮內獄的情形不甚清楚，但大抵不脫兩漢的架構。

唐代內侍省為宦者的專司機構，其下之掖庭局掌管宮禁女工之事，《新唐書》卷四七〈百官志〉掖庭局條：[20]

書》卷十二〈成帝紀〉建始元年罷上林詔獄，師古注：「漢舊儀云：上林詔獄主治苑中禽獸宮館事，屬水衡。」上林詔獄似有宮獄性質。

[16] 何清谷，《三輔黃圖校釋》（北京：中華書局，2005），卷六〈雜錄〉，頁389。

[17] 《漢書》（臺北：鼎文書局，新校標點本，1986），卷七七〈劉輔傳〉，頁3252。

[18] 《漢書》卷八〈宣帝紀〉，頁236。

[19] 《後漢書》（臺北：鼎文書局，新校標點本，1975），卷十〈皇后紀〉，頁445。

[20] 《新唐書》（臺北：鼎文書局，新校標點本，1976），卷四七〈百官志〉，頁1222。

掌宮人簿帳、女工。凡宮人名籍，司其除附；公桑養蠶，會其課業；供
奉物皆取焉。婦人以罪配沒，工縫巧者隸之，無技能者隸司農。諸司營
作須女功者，取於戶婢。

《舊唐書》卷四三〈職官二〉刑部都官郎中條：[21]

凡反逆相坐，沒其家為官奴婢。……凡初被沒有伎藝者，各從其能，而
配諸司。婦人工巧者，入於掖庭。其餘無能，咸隸司農。

掖庭所收婦人為以罪配沒者，其中，反逆緣坐家口似是最大宗，如盧江王
瑗敗，其姬沒入宮；[22]上官儀被誣以謀大逆，上官婉兒隨其母配掖庭；[23]蕃將阿
布思因反而伏法，其妻亦配入掖庭。[24]然沒入掖庭之罪人可能不只是反逆者家
口，周郎中裴珪妾趙氏，以姦沒入掖庭；[25]國子司業韋殷裕論淑妃弟陰事，懿宗
怒殺殷裕，其妻、婢、音聲人等盡配入掖庭。[26]她們雖以罪配沒掖庭，但她們在
掖庭中並非罪犯，而是從事各項工作，包含蠶桑課業，縫製織染等，以應供奉
之物，[27]另外她們也學習其他藝能，《長安志》謂：「掖庭宮，蓋高祖所起，宮

21　《舊唐書》卷四三〈職官志〉，頁1838-1839。

22　《舊唐書》卷七十〈王珪傳〉，頁2528。

23　《舊唐書》卷五一〈后妃上・中宗上官昭容傳〉，頁2175。

24　王讜撰，周勛初校證，《唐語林校證》（北京，中華書局，1987），卷四〈賢媛〉，頁407。

25　張鷟撰，趙守儼點校，《朝野僉載》，收入：《唐宋史料筆記叢刊》（北京：中華書局，1979），卷
一，頁1。

26　《舊唐書》卷十九上〈懿宗紀〉，頁679。

27　除了前引《新唐書》掖庭局所管宮人的工作外，同書〈百官志〉少府織染署：「掌供冠冕、組綬及織
紝、色染。……每掖庭經錦，則給酒羊。」看來掖庭的工作也與織染相關。又，《天一閣藏明鈔本天
聖令校證（附唐令復原研究）》（北京：中華書局，2006），〈唐營繕令復原研究〉復原18條：「諸
營造雜作，應須女功者，皆令諸司戶婢等造。其應供奉之物，即送掖庭局供。」（頁673）也證明供
奉物所須女功由掖庭局提供。該條之討論還可參看：高明士主編，《天聖令譯註》（臺北：元照出
版公司，2017），〈營繕令〉唐令2條，頁603-605。

人教藝之所也。」[28]掖庭局有宮教博士,「掌教習宮人書算眾藝」。[29]掖庭局應該在掖庭宮內,是管理宮人,供給宮中各類需求的重要單位之一。像上官婉兒襁褓入掖庭,她的才學就是在這裏養成的;阿布思之妻配掖庭,善為優而隸樂工,在肅宗宴於宮中時為參軍椿之戲。[30]這些在掖庭中的宮人,她們雖是官婢身分,但只要盡其本分,不犯錯,不失職,就不會受懲罰或被關押。

掖庭宮人數量龐大,所承擔的事物其實比法定項目多,掖庭局有監作「掌監當雜作」,[31]但宮中似乎另有宮監督責之,王建〈宮詞〉:「裏頭宮監堂前立,手把牙鞘竹彈弓。」[32]德宗剛經歷朱泚亂後,求訪所失裏頭內人。胡三省曰:「裏頭內人,在宮中給使令者也。內人給使令者皆冠巾,故謂之裏頭內人。」[33]王建詩裏的「裏頭宮監」,蓋即裏頭內人之屬,若非隸屬於掖庭局,就是在宮官之下,總之在管理宮人事務。眾多宮人很難保證其生活或行事都無不當處,若有差錯,可能就遭拘禁或處分,《資治通鑑》貞觀十年(636)條:[34]

> 上或以非罪譴怒宮人,(長孫)后亦陽怒,請自推鞫,因命囚繫,俟上怒息,徐為申理,由是宮壼之中,刑無枉濫。

此處雖不言該宮人囚繫於何處,但既有推鞫之程序,又言刑無枉濫,顯然這個囚繫之所是有規模的。

如漢代「掖庭獄」這樣的名稱,不見於唐人史料裏,然唐宮中必有囚繫宮人的處所,就內侍省各局看,該處設於掖庭局內的可能性最高。高宗時,王皇

---

[28] 宋敏求,《長安志》(北京:中華書局,1990),卷六〈宮室四〉,頁103。

[29] 《舊唐書》卷四四〈職官志〉,頁1871。

[30] 《唐語林校證》卷四〈賢媛〉,頁407。

[31] 《舊唐書》卷四四〈職官志〉,頁1871。

[32] 《全唐詩》(北京:中華書局,1960),卷三〇二王建〈宮詞〉,頁3444。

[33] 《資治通鑑》卷二三一德宗興元元年條,頁7437。

[34] 《資治通鑑》卷一九四太宗貞觀十年條,頁6120。

后、蕭良娣與武昭儀爭寵失利，被廢為庶人，並遭縊殺。蕭良娣二女，史云：[35]

> 先是義陽、宣城二公主以母得罪，幽於掖庭，垂三十年不嫁。孝敬見之
> 驚憫，遽奏出降。

掖庭一詞在唐代用的很廣泛，在掖庭內工作的掖庭宮人，除非恩免放出，
不然就是「幽閉深宮」。[36]這樣的掖庭之義，似乎不具監獄性質，只緣於她們無
法出宮。義陽、宣城二公主則不然，她們以罪人之女幽於掖庭，看來是單獨囚
繫在禁閉室內，也表示唐宮中有名為掖庭的幽禁之所。掖庭囚室的位置，可能
在內侍省內，《唐會要》言中宗和思皇后：[37]

> 皇后初為英王妃，母常樂公主得罪，妃坐廢，幽死於內侍省。

掖庭局屬內侍省，犯錯或得罪之女性幽於內侍省，其實也就是拘於以掖庭
為名之獄所。只是掖庭局並無負責審理或責罰的職官，內侍省的內寺伯雖然「掌
糺察諸不法之事」，[38]但其處分對象或許以宦官為多，而處分掖庭宮人的任務，
恐落在身為宮官之宮正身上，《唐六典》宮官條：[39]

> 宮正掌戒令、糺禁、謫罰之事。（注：凡宮人已上有不供職事，違犯法
> 式，司正已下起牒，取宮正裁。事小，局司決罰；事大，錄狀奏聞。）

女性的宮官訊問與決罰宮人，較宦者內寺伯方便。即使宮官自有體系，其

35　劉肅撰，許德楠、李鼎霞點校，《大唐新語》（北京：中華書局，1984），卷十二〈酷忍〉，頁184。

36　《唐會要》卷三〈出宮人〉，頁35-36。

37　《唐會要》卷三〈皇后〉，頁25。

38　李林甫等撰，陳仲夫點校，《唐六典》（北京：中華書局，1992），卷十二〈內侍省〉，頁357。

39　《唐六典》卷十二〈宮官〉，頁355。

下所管宮人以服侍后妃為主，其工作性質不同於如女工之掖庭宮人，但未見宮官有收禁人犯處，或許只要是宮人違法、失職，就一律下掖庭獄，一律由宮正處分。玄宗在東宮時，崔湜私附太平公主，後因失旨將徙嶺外，《舊唐書》本傳云：[40]

> 俄而所司奏宮人元氏款稱與湜曾密謀進酖，乃追湜賜死。

宮人元氏在審訊下，道出崔湜曾有進酖之密謀，則其所拘禁與鞠問之處，該當就是掖庭獄。至於奏聞密謀此等大事的所司，毫無疑問的就是宮正。

唐宮中可能還有一處禁繫女性罪犯的地方就是永巷。《三輔黃圖》言永巷：「宮中之長巷，幽閉宮女之有罪者。」又引《列女傳》：「周宣王姜后，脫簪珥，待罪永巷。」[41]漢晉南北朝之永巷，或為幽禁之處，或為宮中巷路。[42]唐代情形亦然。《唐語林》言及一宗干請案：[43]

> 玄宗宴蕃客，唐崇句當音聲，……上極歡。崇因長入人許小客求教坊判官，久之未敢奏。……後數日，上憑小客肩，行永巷中。小客曰：「臣請奏事。」……

---

[40] 《舊唐書》卷七四〈崔湜傳〉，頁 2623。

[41] 《三輔黃圖校釋》卷六〈雜錄〉，頁 389。

[42] 如《漢書》卷九七上〈外戚傳〉：「惠帝崩，太子立為帝，四年，乃自知非皇后子。……太后聞而患之，恐其作亂，乃幽之永巷。」《太平廣記》（北京：中華書局，2006），卷一三九〈徵應部〉「韓僧真」：「後魏肅宗熙平二年……胡太后令付掖庭養之。太后臨朝，為元义、劉騰幽於永巷。後竟被爾朱榮沉於河。」這裏的永巷都是幽禁之處。但呂太后所繫為惠帝子，或許在特殊情形下，永巷亦拘禁男性。《北齊書》（臺北：鼎文書局，新校標點本，1975），卷十三〈趙郡王叡傳〉叡等奏後主：「和士開不宜仍居內任。……太后復以為言，叡執之彌固。出至永巷，遇兵被執，……令劉桃枝拉而殺之。」又，卷三九〈祖珽傳〉：「後主亦令中要數人扶侍出入，著紗帽直至永巷，出萬春門向聖壽堂，每同御榻論決政事。」《隋書》（臺北：鼎文書局，新校標點本，1979），卷八五〈宇文化及傳〉：「（裴）虔通進兵，排左閤，馳入永巷，……從往執帝。」這裏的永巷則為宮中巷路。

[43] 《唐語林校證》卷一〈政事上〉，頁 53。

　　永巷本是連結各宮殿間的巷道，玄宗與侍從才會行於永巷。正因永巷控扼宮中的交通動線，是治安的防護重點，故為朝會儀衛不可忽略的環節，《新唐書・儀衛志》：「凡仗入，則左右廂加一人監捉永巷，御刀、弓箭。」[44]從所持刀、箭非儀式性，而是具殺傷力的武器來看，守護好行道之用的永巷是很重要的。

　　永巷也可能是關押或行刑有罪宮人的處所，《新唐書》謂莊恪太子永被誣死，文宗有感於俳兒緣橦，父畏其顛的情景，於是：[45]

　　　　即取坊工劉楚才等數人付京兆榜殺之，及禁中女倡十人斃永巷，皆短毀
　　　　太子者。

　　永巷本是古代幽閉宮女之有罪者，即使漢武帝改名掖庭，並置獄後，永巷依然是幽閉之所，連北魏胡太后都被幽於永巷六年。[46]文宗斃死於永巷的禁中女倡，也是廣義的宮人。唐代不妨其在宮中長巷畫一個區域來禁繫罪人。這些禁中女倡蓋先拘於永巷，訊後再斃之，則這類永巷一如掖庭獄，也有監獄的性質。《舊唐書・德宗紀》史論曰：「其始也，去無名之費，罷不急之官；出永巷之嬪嬙，放文單之馴象。」[47]所謂「出永巷之嬪嬙」，似指幽閉於永巷的嬪妃等人。以此推測，永巷做為獄所，在行政體系上可能附屬於掖庭局，也在內侍省管轄下，但掖庭獄、永巷兩種獄所關押的人，看不出有身分的明顯區分，二者都可幽閉公主、嬪妃，也可拘禁宮人、女倡，大概只是隔出囚室，依貴賤來安置。然無論掖庭獄或永巷，都是專為宮中有罪女性而設。

44　《新唐書》卷二三上〈儀衛志〉，頁481。

45　《新唐書》卷八二〈文宗諸子・莊恪太子永傳〉，頁3634。

46　楊衒之撰，范祥雍校注，《洛陽伽藍記校注》（上海：上海古籍出版社，1978），卷一〈城內・建中寺〉：「太后拜（元）乂為侍中領軍左右，令總禁兵，委以腹心，反得幽隔永巷六年。」注云：「胡太后以正光元年七月被幽禁，正光六年四月復位攝政，計被幽時期為六年。」

47　《舊唐書》卷十三〈德宗紀〉，頁400。

唐內侍省下別有奚官局，《舊唐書》言其職事曰：[48]

> 奚官令掌奚隸工役，宮官品命。……凡宮人有疾病，則供醫藥，死亡則供其衣服，各視其品命。仍於隨近寺觀，為之修福。……凡內命婦五品以上亡，無親戚於墓側，三年內取同姓中男一人，以時主祭。無同姓，則所司春秋以少牢祭之。

掖庭局掌宮禁女工，奚官局掌隸工役，前者以宮巧婦人為主，後者之工役可能較粗重，也因此未必全是女性。目前可知隸人出自奚官的史料不多，如：「（武）延秀母本帶方人，坐其家沒入奚官，以姝惠，賜承嗣，生延秀。」[49]這是外族女性沒入奚官。玄宗開元二十年（732）命裴耀卿齎絹二十萬匹分賜立功奚官，耀卿採先期而往，分道並進的方式完成任務。[50]這些押運重貨的奚官，應是男性。奚官局之職在主管宮人疾病、死喪之事，病者之起居、照顧、給藥，死喪者之後事、墓祭，都由奚隸負責。奚隸既有男有女，其職司必有區分，服侍宮人疾病者應是女隸，其他雜事、重務則由男隸執行。奚隸人數眾多，總有怠職違法者，故懲處不可免。《通典》奚官局條曰：「齊、梁、陳、隋有奚官署令，掌守宮人使藥、疾病、罪罰、喪葬等事。」[51]比前述唐代奚官局職掌多了「罪罰」一項。然掖庭獄、永巷都只囚繫女性宮人，奚官局的女隸地位似乎更卑微，有過是否亦幽閉於掖庭獄或永巷，並不可知。或許奚官局另有罪罰之獄所，並本著男、女異獄的原則安置。但因史料太少，於今難以為證。

2. 內侍獄

內侍省是宮內權力最大，總管層面最廣的機構，凡宮人、宦者不法事，都由其糾察，內寺伯就掌監其職。宮人之違法犯禁有掖庭、永巷二種獄所，專門

48　《舊唐書》卷四四〈職官志〉，頁 1871。

49　《新唐書》卷二〇六〈外戚・武承嗣傳〉，頁 5839。

50　《資治通鑑》卷二一三玄宗開元二十年條，頁 6798。

51　杜佑撰，王文錦等點校，《通典》（北京：中華書局，1988），卷二七〈職官典・諸卿下〉，頁 758。

拘繫女性罪人，但宦官之有過者，則另有囚禁之處。唐前期宦官人數還不算多，內寺伯僅置二人，但後期宦官人數急速膨脹，內寺伯增為六人。[52]相對來說，關押宦官的獄所數或總容量數，後期比前期只會多，不會少。

太宗貞觀十七年（643）齊王祐反，《資治通鑑》述其事曰：[53]

> 齊府兵曹杜行敏等陰謀執祐，祐左右及吏民非同謀者無不響應。……執祐出牙前示吏民，……祐至京師，賜死於內侍省。

只要宮內有宦者存在，就會預期其有犯罪行為，就有設置內侍獄的必要，故內侍獄可能早在唐代初始時，就已有禁繫男姓或宦官的獄所，而齊王祐才會賜死於內侍省。唐人本於男、女異獄的主張，賜死齊王祐的內侍省，應與幽死英王妃的內侍省，不會是同一獄室，但都在內侍省的管轄下。齊王祐反事發生在貞觀時期，可見內侍獄的設置時間應該很早。

內侍獄本是處分有罪宦者，應是常設監獄，但如齊王祐案，內侍獄已不限於審理宮中人、宮內事。沈佺期為中宗時人，因故得罪而被禁宮中，其所為〈移禁司刑〉詩：「患平終不怒，持劾每相驅。埋劍誰當辨，偷金以自誣。」[54] 這裏的禁司，應指內侍獄，他自認懷冤抱屈，期望得聖恩免理，矜其枉濫。或許宮中名不見經傳的小人物無法引起史筆的關注，而史料所呈現禁繫於內侍獄的人，反而是宮外的官吏。

中、晚唐以降，隨著宦官勢力的坐大，內侍獄的規模與運作也跟著擴張。

52　《舊唐書》內侍省之內寺伯有二人，《新唐書》改為六人。一般來說，《舊唐書》所根據的史料前期較多，後期較少。《新唐書》成書較晚，注意到唐後期的變化，內寺伯人數的改變是一例。又《唐會要》卷六五〈內侍省〉：「貞元四年二月四日，……內侍伯加置四員。」即內寺伯（內侍伯）改為六人。

53　《資治通鑑》卷一九六太宗貞觀十七年條，頁6188。

54　沈佺期撰；陶敏、易淑瓊校注，《沈佺期集校注》（北京：中華書局，2001），卷一〈移禁司刑〉頁68-69。

肅宗將逝，張皇后急謀大事，《通鑑》云：[55]

> 是夜，輔國、元振勒兵三殿，收捕越王係、段恆俊及知內侍省事朱光輝
> 等百餘人，繫之。

李輔國久典禁軍，在宮城內發動事變，即收捕越王等與諸宦者百餘人。當時北軍獄尚未成立，此時最可能的關押處就是內侍獄。而且內侍獄就算依身分設有不同囚室，但可禁繫百餘人，規模頗為可觀。

德宗貞元三年（787）發生了一件震動宮中與長安城的謀逆案，《舊唐書》卷一四四〈韓遊瓌傳〉云：[56]

> 李廣弘者，或云宗室親王之胤，落髮為僧。……有市人董昌者，疏導廣
> 弘。……董昌以酒食結殿前射生將韓欽緒、李政諫、南珍霞，神策將魏
> 修、李俊，……同謀為逆。……事未發，魏修、李俊上變，令內官王希
> 遷等捕其黨與斬之。

同案，《資治通鑑》曰：[57]

> 其黨告之，上命捕送內侍省推之。……腰斬軟奴（李廣弘）等八人，北
> 軍之士坐死者八百餘人。

又，《冊府元龜》曰：[58]

---

[55]　《資治通鑑》卷二二二肅宗寶應元年條，頁7124。

[56]　《舊唐書》卷一四四〈韓遊瓌傳〉，頁3920。

[57]　《資治通鑑》卷二三三德宗貞元十年條，頁7507。《冊府元龜》（臺北：臺灣中華書局，1972），
　　　卷九二二〈總錄部〉「妖妄二」：「李廣弘小字軟奴」，可知《通鑑》所言之「妖僧李軟奴」即李廣
　　　弘。

[58]　《冊府元龜》卷五一五〈憲官部〉「剛正二」，頁6162。

> 貞元三年十月擒獲謀逆賊李廣孔（弘）等六人，令中官王希遷鞫之於內
> 侍詔獄，皆欵伏。

　　參與這件謀逆案的除了李廣弘、市人董昌等外，很重要的是還包括宮內禁軍殿前射生將、神策將。因內部黨羽告發，德宗很快地就鎮壓叛亂，並「命捕送內侍省推之」。此案由內侍省審理，是因皇帝詔命，故又名之為「內侍詔獄」，[59]是一種特別法庭。審理者王希遷知內侍省事，監勾當右神策軍使，[60]同時具內侍省職與北軍職，是典型的宦官領禁軍。但或許因參與者頗多禁軍，皇帝遂以此不交付北軍獄推鞫，以免包庇縱容，難知情實。從北軍之士坐死者八百餘人來看，內侍獄的訊鞫是極嚴酷的，獄所的規模也相當大。學者論及唐後期宮中的監獄，常將內侍獄、北軍獄、神策獄等混雜在一起，以為無所分別。[61]然從此案來看，內侍獄自唐初即一直存在，並未因代宗時北軍獄的設置而被取代，而且內侍獄完全由宦官主掌，與雖受宦官影響，但軍人勢力仍強的北軍有所不同，至於被審理者更隨皇帝指令，不限於宮中人、宮內事。

　　內侍獄至唐末始終存在，但逮捕與訊問的對象，因著宦官權勢的增長而具任意性，與內侍獄原本設置的目的在懲戒、裁罰宮內人，尤其是宦官的初衷，已有落差。《舊唐書》卷一五六〈于頔傳〉敘述一件元和八年（813）發生的賄賂、殺人案：[62]

59　唐後半期的詔獄，內侍省扮演極重要的角色，這與德宗重用內侍省宦官，強化獨裁制有關，見：室永芳三，〈唐代における詔獄の存在樣態〉（下），頁 1-10。

60　室永芳三有相關的考證及其對該案的說明，見〈唐代內侍省における鞠獄の性格と機能について〉，頁 5。

61　陳登武，〈唐代的獄政與監獄管理〉，頁 353；賈憲保，〈唐代北司的司法機構〉，頁 87-89。室永芳三於此多有論述，見：〈唐代內侍省における鞠獄の性格と機能について〉，頁 2-6。然筆者以為，從設置時間上看，唐初就有內侍獄，到中唐以後才有北軍獄。從軍獄權力上看，神策獄最受矚目，但其他諸軍也依然有獄。在統屬關係上看，內侍獄由內侍省管理，神策獄、神威獄等都屬北軍。可見內侍獄、北軍獄、神策獄的差別是很明顯的。雖然自中唐以來，宦官權力高漲，內侍省與北軍都在其控制之下，而各獄又都在內仗（或仗內），所以學者易將諸獄混淆在一起。

62　《舊唐書》卷一五六〈于頔傳〉，頁 4131。

（于）敏奴王再榮詣銀臺門告其事，即日捕頓孔目官沈璧、家僮十餘人於內侍獄鞫問。尋出付臺獄，詔御史中丞薛存誠、刑部侍郎王播、大理卿武少儀為三司使按問。

此案原本由內侍獄捕問涉案的官吏與家奴，大概因牽扯到高官，涉案者又全非宮中人，才出付臺司，詔三司使按問。然內侍獄自認是司法審理機構的意圖已很明顯。《冊府元龜》記錄一件誣構主人的案件：[63]

沙橘者，瓊王府司馬謝少筥之奴也。唐敬宗寶曆元年五月戊申，沙橘告少筥為不軌。詔委內侍省持鞫，不實。沙橘各決流靈州，少筥釋放。

奴告主不軌，事涉謀逆，[64]敬宗詔內侍省按鞫。內侍宦官為皇帝爪牙心腹之地位，已不可動搖，而外朝法司的審判權實遭侵奪。

晚唐百度崩弛，田令孜專權擅政，左拾遺侯昌業上疏極諫，僖宗大怒，「召昌業至內侍省，賜死。」《通鑑》考異引《北夢瑣言》曰：[65]

63　《冊府元龜》卷九三三〈總錄部〉「誣構二」，頁11002。

64　奴告主謀逆事，唐人的處斷頗有曲折。太宗貞觀二年（628）曰：「比有奴告主謀逆，此極弊法，特須禁斷。……自今奴告主者不須受，盡令斬決。」（《貞觀政要》卷八〈刑法〉）太宗完全否定奴對主的告訴權。但高宗修《唐律》時，已許可奴告主反逆罪，《鬥訟律》「部曲奴婢告主」（349條）：「諸部曲、奴婢告主，非反、逆、叛者，皆絞。」疏議曰：「其主若犯謀反、逆、叛，即是不臣之人，故許論告。」則此時《唐律》已不同於太宗之所訂。中唐以來頗有奴告主事，建中三年（782）太僕卿趙縱為奴當千發其陰事，縱下御史臺，留當千於內侍省。張鎰上疏論之，德宗深納之，縱於是左貶而已，當千杖殺之。（《舊唐書》一二五〈張鎰傳〉）元和中王稷奴告主案，憲宗鞫奴于內仗，裴度苦諫而殺奴。（《舊唐書》卷一五一〈王稷傳〉）兩案之奴所告皆非反逆罪，但二奴都先入內侍省或內侍獄，皇帝原本不欲論罪或無意殺之，顯示《唐律》的規定未必皆被依從，最後是在大臣極諫下，改為依律文殺奴。敬宗時的這件奴告主謀逆案，也是先由內侍省審理，但奴並未依《鬥訟律》「誣告謀反大逆」（341條）論處，而是做了很特別的處斷。

65　《資治通鑑》卷二五三僖宗廣明元年條，頁8221。

　　　　左拾遺侯昌業上疏極言時病，留中不出，命於仗內戮之。

　　天子所在大陳仗衛，仗衛多立於殿廷左右廂或東西廊下。[66]此外在內廊閤外
有內仗，內仗也可列於兩閤門內，[67]亦即內仗是比一般仗衛更接近皇帝，更禁密
於帝座的仗衛。內仗亦可稱為仗內，孔戣為信州刺史李位案上奏，《舊唐書》
曰：「不合効於內仗」，《新唐書》則曰：「不容繫仗內」，[68]可見仗內與內仗
是同義詞。僖宗賜死侯昌業在內侍省，是仗內戮之；前述的李廣弘案，德宗命
捕送內侍省推之，《新唐書》云：「鞫仗內」，[69]看來宦官所掌的內侍獄是極得
皇帝信任，也方便皇帝處理外官案件的禁中獄所。內侍省自唐初即存在，內侍
獄也應同時存在，只是中唐之後宦官勢力大增，內侍獄已非單純的懲治宮中人、
宮中事的機構，它接受詔獄，受制於權宦的情形已頗為普遍，內侍獄轉變為可
審理外官，具準司法機構的性質，很令人矚目。
　　內諸司使是唐後期由宦官指揮的一個體系，其專橫的情形也略可從獄事裏
看出。《資治通鑑》元和十三年（818）條：[70]

　　　　五坊使楊朝汶妄捕繫人，迫以考捶，則以息錢，遂轉相誣引，所繫近千
　　　人。

　　五坊使在寶應二年（743）以後皆由宦官為之，[71]楊朝汶所捕繫的近千人，

66　《新唐書》卷二三上〈儀衛志〉，頁483-488。

67　《新唐書》卷二三上〈儀衛志〉：「每月以四十六人立內廊閤外，號曰內仗。」又，《唐會要》卷四
　　〈雜錄〉：「備宮懸于殿庭，列內仗于兩閤門內。」亦即內仗可立於閤門內外。《唐六典》卷二五
　　〈左右羽林軍〉：「若大朝會，則率其儀仗以周衛階陛。若大駕行幸，則夾馳道而為內仗。」禁軍儀
　　衛似是較衛軍仗衛更接近皇帝的內仗。

68　《舊唐書》卷一五四〈孔戣傳〉，頁4097；《新唐書》卷一六三〈孔戣傳〉，頁5009。

69　《新唐書》卷一五六〈韓遊瓌傳〉，頁4907。

70　《資治通鑑》卷二四〇憲宗元和十三年條，頁7753。

71　唐長孺，〈唐代的內諸司使〉（上），《魏晉南北朝隋唐史資料》5輯（1983），頁5。

[72]是繫於內侍獄，或五坊別置獄，史無可證，但僅就其所繫人數之多，便可知其獄所甚具規模。又《新唐書》載元稹舉劾之事：[73]

> 內園擅繫人踰年，臺不及知。

內園也是內諸司之一，其擅繫人而在外法司不知，是亦非法行為。然唐後期內侍省已非宦官唯一施展權力之所在，內侍獄也可能不是唯一繫男性（或第三性）之處所，[74]宮內獄所的濫設，實不足為怪。

（二）禁軍管轄之監獄

1. 羽林獄

武德時已置屯營兵，貞觀年間仍領於諸衛將軍，還不是獨立的禁軍系統。然高宗時設羽林騎士，至龍朔二年（662）才正式出現羽林軍之名，到垂拱元年（685）才升格為獨立的北衙禁軍，[75]而飛騎、千騎、萬騎等也都繫屬於羽林。唐前期禁軍的規模雖不如衛軍，然以千騎、萬騎來看，人數也相當可觀。這麼多的軍人，很難全無犯錯者，軍中置獄應是可理解的，《資治通鑑》光宅元年（684）條有一案件：[76]

> 有飛騎十餘人飲於坊曲，一人言：「鄉之別無勳賞，不若奉廬陵。」一人起，出詣北門告之。座未散，皆捕得，繫羽林獄。言者斬，餘以知反

72　《唐會要》卷五二〈官號中・忠諫〉記五坊使楊朝汶事曰：「繫囚至數十百人。」

73　《新唐書》卷一七四〈元稹傳〉，頁5227。

74　王玉德著，《第三性：中國太監大寫真》（臺北：新視野圖書公司，1996）。

75　張國剛，〈唐代禁衛軍考略〉，《南開學報》（哲學社會科學版）1996年6期，頁149-150；又，〈唐代北衙六軍述略〉，收入：《唐代政治制度研究論集》（臺北：文津出版社，1994），頁147-148。

76　《資治通鑑》卷二○三則天光宅元年條，頁6418。

不告皆絞；告者除五品官，告密之端自此興矣。

這是則天廢廬陵，軍人酒後私下的議論。此案如果不是涉及政局安危，不會引動則天的殺機。羽林獄是否用軍事法庭審理此案，僅此一例還不足以說明。飛騎是禁軍，所犯具政治性，或許被則天認為有謀逆意圖，但他未關入府縣獄，由府縣審訊論罪，而是以軍人身分入羽林獄，被處以死刑。禁軍管轄的羽林獄，除了有宮獄性質外，軍人所犯刑事案件仍由羽林獄按問，是一重要特色。

唐自玄武門之變以來有多起宮廷政變，無論勝方、敗方，都與北門屯營兵、羽林軍等關聯甚大。張鷟《龍筋鳳髓判》左右羽林衛兩條，似都與宮廷政變有關，一是：「內有警急，羽林將軍敬偉不避危險，斫門暫（斬）關，誅除逆賊，肅清宮禁。」判詞則曰：「論功雖則可嘉，議罪便當不敬。……勞不足稱，罪宜先結。」[77]另一是：「田達當討救之際，索馬不與，拒門不開，覆奏往來，宜失機速，合處極法，不伏。」判詞為：「循環復奏，務在從真，倉卒輒來，焉知非詐。……宜除舊過，不奪前班，則勸阻有歸，政刑無失。」[78]兩案當事人的處分不同，前者有罪，後者寬恕之，然案件既有爭議，當事人合當先下獄收繫，以待審理。從判例歸屬於羽林衛來推想，二人應置於羽林獄才是。此時羽林獄尚只拘禁軍人，還看不出來侵奪外朝法司權力的跡象。

2. 北軍獄

安史亂後，唐朝皇室深感禁軍數量不足，所以大肆擴張禁軍，名類頗多，而廢置不一。禁軍為北司所掌，與南衙衛軍相對，故又稱北軍，大致以左右十軍，即左右羽林、龍武、神武、神策、神威最盛，其中又以左右神策兩軍居北軍之右，非它軍可比。唐前期羽林軍有羽林獄，後期的羽林軍仍駐守在大明宮東西兩側，是很重要的軍種，推測其依然有獄。至於其他諸軍是否各自有獄，

---

[77] 張鷟撰，田濤、郭成偉校注，《龍筋鳳髓判校注》（北京：中國政法大學出版社，1995），卷三〈左右羽林衛〉，頁103。

[78] 同上註，頁106。

史料裏不太明顯。《通鑑》大曆五年（770）：[79]

> 神策都虞候劉希暹，……說（魚）朝恩於北軍置獄。使坊市惡少年羅告
> 富室，誣以罪惡，捕繫地牢，訊掠取服，籍沒其家貲入軍，並分賞告捕
> 者。地在禁密，人莫敢言。

虞候職在伺察、刺奸，主不法。[80]北軍是禁軍的泛稱，代宗曾曰：「北軍將
士，皆朕爪牙。」[81]正因皇帝如此倚重北軍，遂使北軍獄擅權濫捕，侵奪法司職
權的事不斷發生。坊市惡少誣告富室，無論告者與被告，都非軍人身分，捕訊
與籍沒也都不應與北軍獄相關，只因地在禁密，又有皇帝縱容包庇，而使北軍
獄成為唐後期干擾、破壞司法體系的重要因素。

貞元十七年（801）五月發生了一起外人妄談禁中事，國子監生何竦、曹壽
等被北軍收捕的事件，《冊府元龜》錄國子司業武少儀上疏曰：[82]

> 太學生何竦、曹壽等，今月十四日，有兩人稱是神威軍官健，本軍奏進
> 止，令追其人，亦不言姓名。緣神威是禁軍，稱奉進止，所由不敢隨去，
> 臣亦不敢牒問。

同一事，《新唐書》將神威軍直稱為北軍，[83]可知北軍獄裏至少有神威軍獄。

79　《資治通鑑》卷二二四代宗大曆五年條，頁7210。

80　《新唐書》卷五十〈兵志〉：「（魚朝恩）又用愛將劉希暹為神策虞候，主不法，遂置北軍獄。」虞
候職在整軍刺奸，消除不法，相關討論見：嚴耕望，〈唐代方鎮使府僚佐考〉，收入《唐史研究叢
稿》（香港：新亞研究所出版，1969），頁220-221；張國剛，〈唐代藩鎮軍將職級考略〉，收入：
《唐代政治制度研究論集》，頁169-170；王永興，〈藩鎮及其他地方軍事官府中的職官制〉，收入：
《唐代後期軍事史略論稿》（北京：北京大學出版社，2006），頁24-25。

81　《資治通鑑》卷二二四代宗大曆五年條，頁7213。

82　《冊府元龜》卷六〇四〈學校部〉「奏議三」，頁7245。

83　《新唐書》卷二〇七〈宦者上・竇文場、霍仙鳴傳〉：「帝晚節聞民間訛語禁中事，而北軍捕太學生
何竦、曹壽繫訊，人情大懼。」

神威軍此次的逮捕行動，是得到皇帝認可的。北軍獄敢任意繫訊百姓，看來不能全推到宦官專政上，皇帝在後面的力挺，也是極重要的原因。

史料裏最常看見的北軍獄是神策軍獄。敬宗初，染署工張韶等作亂，左神策大將軍康藝全、右神策大將軍康志睦率兵討賊，「盡捕亂黨，左右軍清宮」。[84]左右軍所捕亂黨，應各置於左右神策軍獄。大明宮東面太和門外有左三軍，左神策軍在焉；大明宮西面九仙門外有右三軍，右神策軍在焉。左、右神策軍駐防地相隔甚遠，各自有軍獄甚為合理。《唐兩京城坊考》注云：「按左右三軍即北軍也，以中官領之。」[85]即將北軍的內含與統屬關係，說得很清楚。

文宗太和五年（831）朝中掀起一宗震驚中外的大案，「神策中尉王守澄奏得軍虞候豆盧著狀，告宰相宋申錫與漳王謀反」。[86]《新唐書》敘其始末曰：[87]

> 文宗即位，疾王守澄顓很，……密引宰相宋申錫使為計。守澄客鄭注伺知之，……乃令神策虞候豆盧著上飛變，且言：「宮史晏敬則、朱訓與申錫昵吏王師文圖不軌，……若兄終弟及，必漳王立。……」即捕訓等繫神策獄，榜掠定其辭。

朝中大臣涉及謀反刑案，唐律皆有處分，本該由法司推鞫才是。或許因王守澄奏上，此案遂由文宗主導，詔送神策獄繫訊。權宦不僅典領禁軍，也誤導皇帝做出不合宜的按問方式，任由神策獄來審理。

不同的史料對此案的神策獄有不同的提法，《舊唐書》曰：「擒朱訓等於黃門獄，鍛鍊偽成其款。」[88]《資治通鑑》則曰：「上命守澄捕豆盧著所告十六

84　《新唐書》卷二○七〈宦者上·馬存亮傳〉，頁5871。

85　徐松撰，李建超增訂，《增訂唐兩京城坊考》（西安：三秦出版社，1996），卷一〈西京·大明宮〉，頁24。

86　《舊唐書》卷十七下〈文宗紀〉，頁540。

87　《新唐書》卷八二〈懷懿太子湊傳〉，頁3631。

88　《舊唐書》卷一七五〈懷懿太子湊傳〉，頁4537。

宅宮市品官晏敬則及申錫親事王師文等，於禁中鞫之。」[89]黃門是宦官的代稱，神策軍既由宦官統領，其所屬之神策獄別名黃門獄，相信時人不會不理解。至於「禁中鞫之」，朝臣王正雅等上疏：「請出內獄，付外覆實。」胡三省注：「鞫於禁中，故曰內獄。」[90]神策獄屬北軍獄，北軍乃禁軍，是在禁中護衛皇帝的親軍，故神策獄相對於外廷法司來說，就是內獄。

　　神策軍在北軍中是權勢最大的軍種，神策獄也成為大案中最常用的監獄。文宗太和九年（835）轟動一時的甘露之變，仇士良命左、右神策副使帥禁兵出閤門討賊，又命左、右神策將兵分屯通衢，於是舒元輿、王璠等擒入左軍，賈餗被執送西軍（右軍），[91]史書謂「將相皆繫神策獄」，[92]就是皆繫於左右神策軍所屬之獄。文宗夜召令狐楚與鄭覃入禁中，楚建言：[93]

　　　外有三司御史，不則大臣雜治，內仗非宰相繫所也。

　　前文論內侍獄時，已見「鞫仗內」或「劾於內仗」等用法，而繫於神策獄，亦曰繫於內仗，此蓋因內侍省或神策軍，皆在禁中，皆是禁密皇帝或仗衛皇帝的組織，故其所屬獄都可視為內獄。

　　文宗開成二年（839）左神策軍中尉仇士良奏得百姓狀告妖賊賀蘭進興謀大逆案。此案顯然沒有按司法程序告到府縣，北軍也不該受理此案，但仇士良即命「軍司追捕推勘，各得伏欵」。御史中丞高元裕為此上疏：「乞以元惡三人付大理寺重加覆問。」疏入未報。[94]起居舍人魏謩亦上疏曰：[95]

---

[89]　《資治通鑑》卷二四四文宗太和五年條，頁 7875。

[90]　同上註，頁 7876。

[91]　《資治通鑑》卷二四五文宗太和九年條，頁 7913-7915。

[92]　《新唐書》卷一六六〈令狐楚傳〉，頁 5100。

[93]　同上註，頁 5100。

[94]　《冊府元龜》卷五四七〈諫諍部〉「直諫」，頁 6565。

[95]　《新唐書》卷九七〈魏謩傳〉，頁 3883。

事繫軍，即推軍中。如齊民，宜付府縣。今獄不在有司，法有輕重，何
從而知？

　　文宗遂停決，詔「神策軍以官兵留仗內，餘付御史臺。」此案或許因有少
數軍人參與，左神策軍便主導推捕。魏謩等無法以謀逆案應依刑律，由法司處
分為由，要求無管轄權的軍司交出案件，而只能要求將軍、民分案審理。此案
在幾經周折後，依文宗詔，軍人留軍獄，在仗內審；餘人付御史臺獄。
　　禁軍管轄的監獄，唐前期只見囚繫軍人的羽林獄。大曆五年（770）置北軍
獄後，羽林獄理應順勢成為北軍獄中之一種，與神策獄、神威獄等並存。然而
北軍獄有皇帝撐腰，有中官典掌，甚至以詔獄形式審理政治事件，所關押者在
軍人之外，還包含大臣、百姓。如外國僧人得罪宦官，也會被收押在此，會昌
元年 （841）南天竺三藏寶月沒有先諮詢仇士良，也未得到右街功德使的審批，
就直接向皇帝請求回國，結果「被軍內追禁，犯越官罪」。這個軍內，極可能
就是神策軍。[96]總之，禁軍管轄的獄所，常在非戰爭時期，非宮廷內事，收禁無
軍人身分者，而破壞宮獄的特質。至於宮廷政變中失敗一方的軍人，是否在軍
獄中訊問或處決，反而看不出來。

(三) 衛軍管轄之監獄

　　南衙十六衛分掌宮中巡警與諸門禁衛，並於大朝會時任宿衛仗，皇帝巡幸
依鹵簿法為儀仗。衛兵人數甚眾，難免有疏失或犯錯者，設獄收置而處分之，
是理所當然的。《唐律》通常直言犯禁者要如何論刑，但應由哪個有司來執行，
《唐六典》卷六〈刑部郎中員外郎〉條：[97]

凡有犯罪者，皆從所發州、縣推而斷之；在京諸司，則徒以上送大理，

---

[96] 釋圓仁著，白化文、李鼎霞、許德楠校注，《入唐求法巡禮行記校注》（石家莊：花山文藝出版社，
　　2007），卷三會昌元年六月十一日、十五日條，頁388-389。

[97] 《唐六典》卷六〈刑部郎中員外郎〉，頁189。

杖以下當司斷之；若金吾糾獲，亦送大理。

　　唐代案件的審判權，基本上歸屬於犯罪發生地的所在官司。[98]比較例外的是，在京諸司的成員，犯徒以上較重的罪送大理審斷，杖以下較輕的罪由當司自斷。但如成員逃亡，由在京城巡警的金吾糾獲，則無論罪之輕重，都送大理論處。[99]

　　南衙十六衛的官署，除左、右金吾衛在皇城兩側的坊內，[100]其他諸衛與諸省、寺、監等都在皇城內。如十六衛在宮中服勤時兵將犯罪，其人是關押在十六衛皇城中廨署的獄內，還是宮中別有各自的獄或共同的獄，史料裏看不太出來。然諸衛皆有胄曹，其職責之一就是掌「決罰之事」，蓋小事由當司斷之，情節重大者是報大理，或別有獨立的軍獄系統，還很難說。但既然諸衛有決罰權，則應有關押人犯的處所，即使唐政府不以正式的「獄」名之，在實質上也有獄的作用。

　　南衙諸衛中被政府認可，明確稱之為「獄」的，大概只有金吾獄。《通典》卷二四〈職官典〉御史臺論御史巡囚：[101]

---

[98] 案件發生地管轄為一般原則，至於訴訟審級與上訴程序，可參看：陳璽，《唐代訴訟制度研究》（北京：商務印書館，2012），頁130-140，153-162，180-181；陳登武，〈訴訟程序與審判管轄權——以「越訴」與「直訴」為中心〉，收入：《從人間世到幽冥界——唐代的法制、社會與國家》（臺北：五南圖書公司，2005），頁11-46。

[99] 該段引文的解釋，室永芳三據日本《養老令》獄令「犯罪條」，認為金吾衛所捕罪犯，籍貫不屬京師者，送大理寺審理。然未說明為何金吾捕得之非貫屬京者要送大理，而不送州縣。日令雖仿唐令，但唐令無「非貫屬京者」字樣，或許唐令自有其解釋。室永芳三說法見：〈唐都長安城の坊制と治安機構〉（上），《九州大學東洋史論集》2号（1974），頁10-11。另有學者以貴戚長孫昕之奴在長安街中打御史大夫左右，金吾捕後送縣獄之例，證明貫屬京師者不送大理寺。見：陳登武，〈訴訟程序與審判管轄權——以「越訴」與「直訴」為中心〉，頁12-13。長孫昕當時任尚衣奉御，此案顯示他所犯與職務無關，也非在官署內犯罪，金吾本有京城巡警之責，捕之送縣獄，正合於「從所發州、縣推而斷之」的法規，但尚不足以證明非貫屬京師者送大理的論斷。

[100] 《長安志》卷八〈唐京城二〉永興坊條：「西南隅左金吾衛（注：神龍中自崇仁坊徙）。」又，卷十〈唐京城四〉布政坊條：「東北坊右金吾衛。」

[101] 《通典》卷二四〈職官典〉「御史臺・監察侍御史」，頁675。

監察御史……分為左右巡，糾察違失，以承天、朱雀街為界，每月一代。
將晦，即巡刑部、大理、東西徒坊、金吾及縣獄。……開元初，革以殿
中掌左右巡。

刑部是覆核機構，也鞫大獄；大理寺是司法審判機構，二者置獄很合理。
徒坊可能為暫繫囚徒的地方。[102]金吾負責京城治安，[103]執禦非違，捉拿不法，
自當有獄，如右金吾將軍田仁會，「每日庭引百餘人，躬自閱罰，略無寬者，
京城貴賤咸畏憚之」。[104]王方翼之友誅死，尸諸道，方翼往哭之，具禮收葬，
金吾劾繫。[105]但這裏的金吾獄似在長安城中，不在宮內。

金吾職任宮中巡警，如逮捕到不法，必先繫於獄，故應是宮中最可能置獄
的單位。貞觀二十年（646）太宗嘗幸未央宮，辟仗已過，忽見草中帶橫刀者，
太宗曰：「仗司之失，……今若付法，當死者便數人。」[106]太宗行幸，由金吾
衛士執行清道的工作，太宗所言的「仗司之失」，指的就是金吾屬吏失職。此
事既由金吾衛負責，涉案衛士便當關於金吾獄中。永徽二年（651）左武候引駕
盧文操踰垣盜左藏庫物，高宗「命有司誅之」，後因蕭鈞進諫而免死。[107]武候
即金吾，左武候引駕之有司即金吾衛，盧文操在宮內犯罪，則收繫盧文操之所，
應屬宮內的金吾獄。

其他諸衛在宮中有獄也非全然無跡可循。貞觀十七年（643）太子承乾謀反，
詔廢承乾為庶人，「幽於右領軍府」。[108]承乾住居宮內，右領軍府（衛）的官

102　徒坊在開元以前應已存在。《長安志》卷八〈唐京城二〉永寧坊條：「西北隅中書令裴炎宅（注：炎
　　死後沒後為徒坊）。」裴炎卒於則天光宅元年，至少徒坊在此之後有之。

103　金吾衛維持京畿治安的職責，可參看：楊月君，《唐代京畿地區治安管理研究》（北京：中國社會
　　科學出版社，2014），頁32-47。

104　《舊唐書》卷一八五上〈良吏上‧田仁會傳〉，頁4794。

105　《新唐書》卷一一一〈王方翼傳〉，頁4134。

106　《資治通鑑》卷一九八太宗貞觀二十年條，頁6235；《唐會要》卷二七〈行幸〉，頁515。

107　《唐會要》卷五五〈省號下〉，頁949。

108　《資治通鑑》卷一九七太宗貞觀十七年條，頁6193。

署在皇城承天門街西第五橫街之北。承乾不太可能突然調離宮城，關押在距離頗遠的右領軍府（衛）獄，而東宮諸司即使有獄，也不可能反過來拘禁東宮之主。或許宮城內某處設有右領軍府（衛）獄，承乾就被幽於此。同案的魏王泰先已出閣居延康坊，此時先「幽將作監」，後引泰入肅章門，「幽於北苑」。[109]魏王泰既無明顯罪責，又不居宮中，雖不明何以幽將作監，但繫於皇城官署之獄，尚稱合理。當此案議定後，泰自宮城永安門入，穿肅章門，幽於北苑。貞觀時北門與禁苑防務仍倚重衛軍，屯營兵也由諸衛節制。泰幽於北苑的獄所，極可能就是某衛軍之獄。

監門衛掌宮廷門禁，職任甚重，凡不該入而闌入者，或失職而錯放入宮者，都由監門衛處理，故其置獄，並不令人訝異。武德九年（626）九月太宗初即位，發生一件高度具政治敏感性的案件。長孫無忌被召，不解佩刀入東上閣門，監門校尉不覺。此案引起尚書僕射封德彝與大理少卿戴冑對二人刑責的爭辯，學者已多有論述。[110]事實上，長孫無忌以八議的身分，並未科以徒二年的真刑，因為他不到一年，就在貞觀元年（627）七月接任尚書右僕射，或許可以說他根本未曾下獄。但監門校尉的境遇可能就不那麼幸運。雖然最後監門校尉免死，可是這起發生在宮內的案件，兩次廷議間監門校尉究竟關押於何處？一個可能是在大理寺。按大理寺審理的對象包括諸司所送犯徒以上之官吏罪犯，[111]大理少卿戴冑在廷上與封德彝駁論，隱約透露這樣的訊息。另個可能便是監門校尉暫押於宮內的監門獄，靜待廷議的最後處分。如為後者，才算是羈留於宮獄。

張鷟曾擬監門衛的一個判例：「揚州貢大人魯敬，身長九尺，力敵十夫，配上押門。兒粗酗酒，不堪宿衛，請退還本邑。」判詞曰：「押門守當，必藉身材。擊柝防閑，良資壯健。……魯敬家臨海曲，稟大海之精靈。……置之階

---

[109] 《新唐書》卷八十〈太宗諸子‧濮王泰傳〉，頁3570-3571；《資治通鑑》卷一九七太宗貞觀十七年條，頁6196。

[110] 高明士，〈唐代的律令政治〉，收入：高明士，《律令法與天下法》（上海：上海古籍出版社，2013），頁193-199；桂齊遜，〈唐代宮禁制度在政治與法律上的意義〉，收入：高明士編，《東亞傳統教育與法制研究（二）唐律諸問題》（臺北：臺大出版中心，2005），頁147-149。

[111] 陳登武，〈訴訟程序與審判管轄權——以「越訴」與「直訴」為中心〉，頁15。

陛，可以啟發朝端。列於宮闈，可以光輝廊廟。……兇粗小失，可峻之以刑書；沈酗微愆，可懲之以清憲。宜漸戒勵，未可退還。」[112]按律令並無兇粗酗酒之罪，故判詞僅言戒勵而已，亦即他只留繫本司，無需送大理寺。魯敬如守長安城門失職，便可能被關押在皇城監門衛之獄所；然若其守宮內諸門，可以合理地推斷，他應就近繫於宮內之監門獄。

嚴格說，唐前期找不到衛軍在宮內置獄的明確證據，但換個方向思考，宮中既有眾多衛士將校，總會有人犯禁，與其遠押於皇城諸衛獄所，不如從其近便，置於宮中各衛獄所，或拘於諸衛共同獄所。而且從前面諸例看，衛軍獄中關押的似皆是執勤宮中的軍校，或發生於宮中之事主，尚未見到平民百姓被拘於此，故衛軍獄具有宮中之軍獄性質。

唐後期衛軍獄的情況有很大的改變，一則禁軍的勢頭遠過衛軍，衛軍幾乎已成擺飾，其功能幾乎被禁軍取代；再則金吾在衛軍中一枝獨秀，有極重要的地位，[113]其他諸衛除了掌宮廷門禁的監門外，都已無足輕重。在唐後期，衛軍中較明顯置獄的就只有金吾衛，《舊唐書》卷十四〈憲宗紀〉：[114]

> 故事，建福、望仙等門昏而閉，五更而啟，與諸坊門同時。至德中有吐蕃囚自金吾仗亡命，因敕晚開門，宰相待漏於太僕寺車坊。

自高宗移居大明宮後，含元殿前就有左右金吾仗院，是金吾巡察宮中所置的常設機構，為其駐兵與辦公場所，也是百官或吏民入宮的第一道關卡。至德中有吐蕃囚自金吾仗亡命，肅宗下敕晚開宮門，可見金吾在宮內有獄。德宗時嚴郢為京兆尹，得罪宰臣楊炎，《新唐書》曰：[115]

---

[112] 《龍筋鳳髓判校注》卷三〈左右監門衛〉，頁112。

[113] 楊鴻年，〈隋唐金吾之職掌〉，《歷史研究》1983年5期，頁151-153。

[114] 《舊唐書》卷十四〈憲宗紀〉，頁421。

[115] 《新唐書》卷一四五〈嚴郢傳〉，頁4729。

炎惡異己，陰諷御史張著劾郢匿發民浚渠，使怨歸上。繫金吾。長安中日數千人遮建福門訟郢冤，帝微知之。

《冊府元龜》此條則曰：「拘於金吾仗」，[116]以是知這個金吾獄不在皇城兩側的坊內，京兆尹是被繫於宮內的金吾仗院，所以長安百姓才會訴冤於建福門。

金吾仗院在宮門口，也是官吏待罪之所，《舊唐書》言太子詹事蘇弁事：[117]

弁初入朝，班位失序，殿中侍御史鄒儒立對仗彈之。弁於金吾待罪數刻，特釋放。

唐制，大臣被御史對仗劾彈，即俯僂趨出，立於朝堂待罪。[118]大明宮之朝堂在含元殿前，也在金吾仗院守護的範圍內。待罪官吏既不言拘繫於朝堂或金吾仗，可能是根本未下獄，而是另闢一室居之，以待皇帝旨意，也算是對大臣的優禮。類似情景在唐後期不乏其例，如義成節度使姚南仲懼被監軍薛盈珍讒，遂至京師待罪於金吾；[119]敬宗坐朝常晚，李渤、劉栖楚都曾因曠於諫職，待罪於金吾仗。[120]

官吏入朝，在朝堂有門籍驗證制度，但朝堂之前由金吾仗院所管的廣大空間，官吏的車馬、僕從皆可入，並在此等待、迎候主人。這個入朝的緩衝區，人馬雜沓，難免有闌入的問題，如德宗許州人李狗兒持杖入含元殿，敬宗時編戶徐忠信闌入浴堂門，文宗時病狂人劉德廣突入含元殿。[121]門衛疏失讓百姓闌

---

[116] 《冊府元龜》卷六八三〈牧守部〉「遺愛二」，頁8154。

[117] 《舊唐書》卷一八九下〈儒學下‧蘇弁傳〉，頁4976。

[118] 《舊唐書》卷九二〈宗楚客傳〉，頁2973。

[119] 《資治通鑑》卷二三五德宗貞元十六年條，頁7586-7587。

[120] 《資治通鑑》卷二四三穆宗長慶四年條，頁7834-7835。

[121] 《舊唐書》卷十二〈德宗紀〉，頁373；又，卷十七上〈敬宗紀〉，頁509；又，卷十七下〈文宗紀〉，頁571-572。

入，金吾仗應負起很大的責任。但唐政府對入宮之投匭進狀者，仍委以金吾仗院一定的防範措施，李渤〈處理投匭人奏〉：[122]

> 又寶應元年六月敕，如有告密人登時進狀，分付金吾留身待進止。今緣匭院無械繫之具，忽慮兇暴之徒，難以理制。請勒安福門司領付金吾仗留身，然後牒送御史臺京兆府，冀絕兇人喧競。

代宗寶應年間，已命告密人進狀時先付金吾留身。敬宗時理匭使李渤又請將投匭進狀者領付金吾仗留身。留身者未必有罪過，只是待主事者問訊，以斷其所言之真實性。故金吾仗留身之所，即使非獄，也有限制其行動的作用。

唐後期的衛軍主要就是金吾衛，其他諸衛遠被禁軍的氣勢壓過。金吾衛的獄所或留身之所，大概就在金吾仗院內。與前期衛軍獄較不同的是，金吾仗院收納的不只是宮中服勤犯錯的軍人，凡官吏、百姓，或發生在宮外的事，都有可能因此被拘繫或留置，而削弱其做為軍獄的特質。

(四) 東宮管轄之監獄

太子為儲君，居於東宮，因其有備位性質，屬官自有另一套系統，《唐六典》記太子率更令之職為：「掌宗族次序，禮樂、刑罰及漏刻之政令。」[123]亦即太子率更寺負責東宮刑罰之事。該書同條曰：[124]

> 凡諸坊、寺、府之有犯者，令其主司定罪，庶人杖以下決之，官吏杖以下皆送大理。若皇太子未立及未即東宮，其宮、坊、寺、府之犯罪者，皆斷於大理。

---

[122] 《全唐文》（北京：中華書局，1983），卷七一二李渤〈處理投匭人奏〉，頁 7308。

[123] 《唐六典》卷二七〈太子率更寺〉，頁 700。

[124] 同上註，頁 701。

這樣看來，率更寺應有繫囚之獄，主司並有輕罪裁罰權，徒以上罪或官吏未移交大理前，可能也暫押在當司的獄。率更寺掌判刑獄的是丞，該條又曰：[125]

> 宮臣有犯理于率更者，皆親問之，乃斷其罪，而上於詹事。……若所司決囚，與其丞同監之。

率更寺丞專斷宮臣之犯率更者，斷罪之後上報於詹事。凡所司決囚時，寺丞亦監臨之。即使現有史料很難看到東宮所轄之獄處理罪囚的事例，然其存在收禁人犯的獄所，是無庸懷疑的。

自玄宗以後，太子居東宮的制度有重大改變，與防制諸王不令出閣同一思維，也加強了對太子的監控，將其搬離太極宮東邊的東宮，而移居於大明宮的少陽院。只知有少陽院使等中人管理，[126]至於原有管轄獄所的系統是否還保留下來，待考。

（五）其他

1. 殿院囚室

唐人修造宮殿，無不壯麗宏偉，廊舍屋宇甚多，[127]以閒置殿院闢室幽閉罪犯，應非難事。通常囚於殿院者，非一般官吏、軍將，而以皇親為多，包含失寵或獲罪的后妃，也有被懷疑有不軌之心的太子或諸王，他們被困辱於殿院囚室，就算不是直接繫於獄，其實也就同於獄之失去行動自由，無法與外界接觸，並有人看守。

---

[125] 同上註，頁 701。

[126] 任士英，〈長安宮城佈局的變化與玄宗朝中樞政局——兼及"太子不居東宮"問題〉，《唐研究》9 卷（2003），頁 175-177；杜文玉，〈唐長安大明宮內機構考論——以命婦院、少陽院、客省、史館為中心〉，《江西社會科學》2014 年 3 期，頁 114-115。

[127] 如《唐會要》卷三十〈雜記〉：「（元和）三年十月敕修南內宮牆舍共一千六百間」，「（太和）二年八月敕修安福樓及南殿院屋宇一百八十八間。又修兩儀殿及甘露殿共一百七十二間」，「（會昌元年）六月修望仙樓及廊舍五百三十九間」，「大中元年二月敕修百福殿院八十間，……別造屋宇廊舍七百間」。

　　高宗王后與淑妃蕭氏得罪武昭儀而被廢，「並囚於別院」，「其室封閉極密，惟竅壁以通食器」。[128]她們被囚處不名為獄，但比之獄也絲毫不差。高宗念之，間行尚可至別院，看來別院距高宗居處不算太遠，不在偏處太極宮西南角的內侍省內。前文言及英王妃趙氏，因其母得罪天后而坐廢，「幽死於內侍省」。囚高宗后妃之別院只可通食器，而趙氏幽閉處給食料自煮，[129]二者情況不同，大概所關非同一處。而且庶人泣對高宗曰：「使妾等再見日月，出入院中，望改此院名為『迴心院』，妾等再生之幸。」[130]更可證她們被關於殿院中別闢之囚室。

　　玄宗王后與肅宗張后也都被廢。玄宗廢王皇后制曰：「可廢為庶人，別院安置。」[131]肅宗張后因謀為不法事被繫，「以太子之命遷后於別殿。時上在長生殿，使者逼后下殿，並左右數十人幽於後宮。」[132]所謂別院、別殿，可能就在後宮。這些后妃被囚於殿院某室而不在獄中，似乎與其原本身分尊貴有關，蓋不欲其同於宮人而幽於掖庭獄，也不欲其受辱於內侍宦者之手，故另於殿院闢囚室置之，然其看守之牢固與諸多限制，實無殊於獄。

　　唐代還有不少公主被囚之例，如玄宗女新平公主，因駙馬姜慶初得罪賜死，「主幽禁中」；郜國大長公主以淫亂，且厭禱，德宗大怒，「幽主於禁中」；德宗女義陽公主恣橫不法，與駙馬王士平爭忿，憲宗怒，「幽公主於禁中」；順宗女襄陽公主行為不檢點，駙馬張克禮以聞，穆宗「幽主禁中」。[133]史料僅含混地說幽於禁中，卻未明言禁中何處，如比照前述蕭妃之女義陽、宣城二公主之幽於掖庭獄，唐後期的這些公主可能也幽於禁中內侍省管轄之掖庭獄。

　　從后妃所囚之別院、別殿，到英王妃之幽於內侍省，以及大長公主、公主

---

[128] 《資治通鑑》卷二〇〇高宗永徽六年條，頁6294。

[129] 《資治通鑑》卷二〇二高宗上元二年條，頁6376。

[130] 《舊唐書》卷五一〈后妃上〉，頁2170。

[131] 《舊唐書》卷五一〈后妃上〉，頁2177。

[132] 《資治通鑑》卷二二二肅宗寶應元年條，頁7124。

[133] 《新唐書》卷八三〈諸帝公主〉，頁3660；《資治通鑑》卷二三三德宗貞元三年條，頁7497；《舊唐書》卷一四二〈王士平傳〉，頁3877；《新唐書》卷八三〈諸帝公主〉，頁3666。

之幽於禁中，其間有身分等級的差距，或許也因此決定其囚室的級別。后妃為內命婦，車服之禮最隆重，如有罪過，則置之殿院別室，而不下掖庭獄，與其說這在保護后妃，不如說是為了維護皇家顏面。至於公主等外命婦，《唐六典》註引《詩》曰：「車服不繫於其夫，下王后一等。」[134]王妃亦外命婦，地位蓋比於公主。她們如有罪，難保不幽於掖庭獄，只是其中應該還有等級之別，不會與一般宮人繫於同一室。

太子為備位儲君，地位尊崇，如因過被廢，也不下獄，如太子承乾謀反，「幽於右領軍府」，再「幽之別室」，待諸大臣參鞫，並未直接下獄。[135]章懷太子李賢為則天所疑，又於東宮馬坊搜得皁甲數百領，乃廢為庶人，「幽於別所」。[136]在則天威勢控制下，即使已為皇帝，也未必有好下場或好境遇。則天因中宗妄言天下與韋玄貞，乃廢為廬陵王，「幽於別所」。復立豫王旦為皇帝，然政事決於太后，居睿宗於別殿，不得有所預，[137]故徐敬業討武氏檄文有「君之愛子，幽之於別宮」之語。[138]則天專權，諸子無論為太子、為皇帝，也無論有罪、無罪，照樣被幽居於殿院囚室，或被置於別殿，形同軟禁。皇帝、太子的身分比后妃更為貴重，自然更不會下獄。

較特殊的是昭宗被左右軍中尉劉季述、王仲先之幽囚。名義上稱「請陛下頤養於東宮」，實際上則局鎖院門，以兵圍之，日於窗中通食器，完全是囚禁的架式，只是囚禁的地點不同於一般院所，說的好聽是「幽於東宮」，[139]《新唐書》則直言「入囚少陽院」。[140]唐宮中殿院眾多，要找到幽囚之所，實非難事。

唐諸王成年後本有出閣之例，可以開府置僚屬，但因則天深嫉宗室，遂不

[134]《唐六典》卷二〈吏部司封郎中〉，頁39。
[135]《舊唐書》卷七六〈太宗諸子〉，頁2649。
[136]《舊唐書》卷八六〈高宗諸子・章懷太子賢傳〉，頁2832。
[137]《資治通鑑》卷二〇三則天光宅元年條，頁6418。
[138]《資治通鑑》卷二〇三則天光宅元年條，頁6424。
[139]《舊唐書》卷二十上〈昭宗紀〉，頁770；又，卷一八四〈宦官傳〉，頁4776-4777。
[140]《新唐書》卷二〇八〈宦者下・劉季述傳〉，頁5894。

許出閣，諸王「與睿宗諸子皆幽閉宮中，不出門庭者十餘年」。[141]玄宗以宮廷政變而登皇位，同樣疑忌諸王，他於安國寺東附苑城為十王宅，又置百孫院，令中官押之起居，[142]生活全面受管制，已不再能出閣，而且此情勢至晚唐皆如此。王宅即使已遷出宮城內院，卻形同大獄拘繫著諸王子孫，更可悲的是，他們可能因受牽連而遭杖責，邠王守禮曰：「則天時以章懷遷謫，臣幽閉宮中十餘年，每歲被敕杖數頓，見瘢痕甚深。欲雨臣脊上即沉悶，欲晴即輕健，臣以此知之，非有術也。」[143]王宅雖大，依然如獄，諸王失去行動自由，處處受到監視，就算不以獄名之，其與殿院囚室所差幾稀矣！

　　諸王勢力的大反彈，在唐末昭宗受困於強藩時。昭宗欲組建軍隊，並命諸王分率諸軍佈防長安城，卻不料引起強藩的疑懼，華州節度使韓建「請依舊制，令諸王在十六宅，不合典兵」。昭宗不得已從之，是日，「囚八王於別第」。[144]《新唐書》則曰：「因請囚十六宅」。[145]十六宅大院如囚室的性質，進一步得到驗證。只可惜諸王最後仍逃不過韓建與劉季述毒手，慘遭屠殺。

2. 待罪朝堂與闕下

　　朝堂功能甚多，不僅是百官議政之處，舉行重大禮儀之所，還常在此受表、宴集，或決獄、行刑，此外，朝堂還是官員待罪之處。[146]朝堂不僅有廣闊的正堂以容納眾多大臣，還應有各種室屋以遂行不同功能，如朝堂置幕屋收詞訟，[147]置甌室收天下表疏，[148]並為待罪官吏闕室居之。漢代曰請室（清室），應劭

---

[141]　《資治通鑑》卷二○四則天天授二年條，頁6473。

[142]　《舊唐書》卷一○七〈玄宗諸子〉，頁3271。

[143]　《舊唐書》卷八六〈邠王守禮傳〉，頁2833。

[144]　《舊唐書》卷二十上〈昭宗紀〉，頁761。

[145]　《新唐書》卷二二四下〈叛臣下·李巨川傳〉，頁6410。

[146]　杜文玉，〈唐長安大明宮朝堂功能新探〉，《史學月刊》2014年9期，頁50-57；又收入：《大明宮研究》（北京：中國社會科學出版社，2015），頁305-319。

[147]　《唐會要》卷七八〈諸使中〉「諸使雜錄上」，頁1440。

[148]　《舊唐書》卷五十〈刑法志〉，頁2142-2143；《唐會要》卷五五〈甌〉，頁956。

注：「請室，請罪之室，若今鍾下也。」如淳曰：「請室，獄也。」[149]無論官吏待罪之處的名稱若何，自古以來便已置室居之。如淳雖以獄名之，其實只是罪名未定前之暫留狀態。

唐朝官吏待罪朝堂之例甚多，如房玄齡以事被譴，輒累日詣朝堂，稽顙請罪，恐懼若無所容；[150]御史溫造於閣內奏彈左金吾大將軍李祐罷使違敕進奉，祐趨出待罪；[151]韓遊瓌子欽緒與妖賊李廣弘同謀不軌，遊瓌入朝，素服待罪入朝堂；[152]宮中昭德寺火，唯臺官不到，敕曰：「合待罪朝堂，候取進止。」[153]無論官吏是自覺不安請罪，或被御史彈劾趨出待罪，或因敕令待罪朝堂，都如文宗敕所言的「候取進止」，也就是等候皇帝的最終裁決。

殿廷與朝堂常是官吏聚集之處，必然會有肅正綱紀的職官。按大朝會有監察御史押班，常參有殿中侍御史知班，入閣有侍御史監奏，[154]大臣被御史對仗彈劾，必趨出立朝堂待罪。[155]此外，朝堂也在御史臺的權責範圍內。會昌四年（844）御史臺奏：左右金吾仗將軍當值不到，令御史臺差朝堂驅使官覺察。[156]朝堂驅使官這種小吏不見於〈職官志〉，但在御史臺指揮下，看來御史臺還有監察朝堂與金吾仗的權力。唐朝最大宗待罪朝堂的案例是肅宗時兩京被安、史脅從的偽官，《舊唐書・刑法志》曰：[157]

> 初，西京文武官陸大鈞等陷賊來歸，崔器草儀，盡令免冠徒跣，撫膺號

---

[149] 《史記》（臺北：鼎文書局，新校標點本，1986），卷一〇一〈袁盎傳〉，頁 2738。

[150] 《資治通鑑》卷一九三太宗貞觀三年條，頁 6063。

[151] 《舊唐書》卷十七上〈敬宗紀〉，頁 511。

[152] 《舊唐書》卷一四四〈韓遊瓌傳〉，頁 3919。

[153] 《舊唐書》卷一六五〈溫造傳〉，頁 4316。

[154] 李肇撰，曹中孚校點，《唐國史補》，收入：《唐五代筆記小說大觀》（上海：上海古籍出版社，2000），頁 190。

[155] 《新唐書》卷一〇九〈宗楚客傳〉，頁 4102。

[156] 《唐會要》卷八二〈當直〉，頁 1517。

[157] 《舊唐書》卷五十〈刑法志〉，頁 2151。

　　泣，以金吾府縣人吏圍之，於朝謝罪，收付大理京兆獄繫之。及陳希烈

　　等大臣至者數百人，又令朝堂徒跣如初，令宰相苗晉卿、崔圓、李麟等

　　百僚同視，以為棄辱，宣詔以責之。

　　西京脅從官的免冠徒跣，「於朝謝之」，與東京陳希烈等的「朝堂徒跣如
初」，都是先待罪朝堂，以示棄辱。一般個別案件的待罪朝堂，皇帝通常便立
即處理。此案因脅從官為數眾多，又有背國從偽的疑慮，故先收付繫獄，再命
三司使推覈，最後肅宗以六等定罪結案。[158]過程中草儀注的崔器是御史中丞，
三司使除了崔器外，還有御史大夫李峴、刑侍兼御史中丞韓擇木、大理卿嚴向，
與兵侍呂諲五人，[159]御史臺顯然占重要地位，這與臺官管朝堂事務有密切關連。
　　《爾雅‧釋宮》：「觀，謂之闕。」注：「宮門雙闕。」[160]《釋名‧釋宮室》：
「闕在門兩旁，中央闕然為道也。」[161]崔豹《古今注》：「闕，觀也。古每門樹兩
觀於其前，所以摽表宮門也。」[162]宮門前的樓觀即雙闕，《周禮》有「縣治象之法
于象魏」的說法，[163]象魏就是宮闕之門，至漢魏南北朝以來，闕門成為皇帝闡明禮
法與秩序的裝置，[164]故闕下不只是出入宮門的通道，也是一個論刑的法律空間。[165]
前述的兩京脅從官，有些史料記錄為「待罪闕下」。[166]大明宮東、西朝堂前有東、

---

[158] 《資治通鑑》卷二二〇肅宗至德二載條，頁7049。

[159] 《舊唐書》卷五十〈刑法志〉，頁2151。

[160] 《爾雅注疏》（十三經注疏本），〈釋宮第五〉，頁74。

[161] 劉熙著，王謨輯，《釋名》（臺北：大化書局，漢魏叢書本），卷三〈釋宮室第十七〉，頁872。

[162] 崔豹，《古今注》，收入：《漢魏六朝小說筆記大觀》（上海：上海古籍出版社，1999），卷上，頁236。

[163] 《周禮注疏》（十三經注疏本），卷二〈天官‧冢宰〉，頁33。

[164] 渡邊信一郎著，徐沖譯，《中國古代的王權與天下秩序——從日中比較史的視角出發》（北京：中華書局，2008），頁97-114。

[165] 蔡俏霖，《唐代長安城的法律空間》（國立臺灣師範大學歷史所碩士論文，2015），頁59-78。

[166] 如《舊唐書》卷五十〈刑法志〉：「兩京衣冠，多被脅從，至是相率待罪闕下。」《新唐書》卷五六〈刑法志〉：「安史之亂，偽官陸大鈞等背賊來歸，及慶緒奔河北，脅從者相率待罪闕下，自大臣陳希烈等合數百人。」

西兩觀，[167]陳希烈等大臣至者數百人，或許是人數眾多，自朝堂排到兩觀間，故亦可稱為「待罪闕下」。又，官吏朝觀失儀，被御史劾奏，應趨出立朝堂待罪，但有時也可名為「待罪闕下」。如侍御史殷永劾邠寧節度使張獻甫入閣失儀，獻甫「素服待罪闕下」，德宗召見慰諭之。[168]憲宗元和年間發生的于敏支解梁正言僮案，先是命內侍獄鞫問，尋出付臺獄，《舊唐書》曰：[169]

> （父）頔率其男贊善大夫正、駙馬都尉季友，素服單騎，將赴闕下，待罪於建福門。門司不納，退於街南，負牆而立，遣人進表，閤門使以無引不受，日沒方歸。

建福門在宮城南面丹鳳門之西，百官入朝多由此門，推測應有雙闕於門旁，以示壯觀氣象。于頔素服詣闕，待罪於建福門。因不得皇帝傳宣，故不得入內請罪。然宮門闕下，亦大臣待罪之所。

另有些待罪地點比較特殊，如昭義軍知留後事薛崿為其將裴志清所逐，以兵歸田承嗣，崿上表乞入朝，素服待罪於銀臺門，詔釋之。[170]昭宗車駕出鳳翔，入朱全忠軍，全忠泥首素服，待罪客省，傳呼撤三仗，有詔釋之，使朝服見。[171]素服待罪，表示是有罪之身，皇帝釋之，才又能換回朝服。

無論待罪地點何處，都只能說是宮獄的一種特殊形態。因為待罪者可能在朝堂的密閉室屋，也可能在門闕下的開放空間。地點雖在宮內或宮門口，待罪者卻非宮內人、宮內事。而且既然是待罪，就是尚未定罪，處分者既不是權宦，也不是朝官，唯皇帝才有權決斷，就算其他官吏處分，也是受命於皇帝旨意。

---

[167] 杜文玉，《大明宮研究》（北京：社會科學出版社，2015），「唐大明宮平面示意圖」。

[168] 《冊府元龜》卷五二〇下〈憲官部〉「彈劾三下」，頁6215-6216。

[169] 《舊唐書》卷一五六〈于頔傳〉，頁4131。

[170] 《新唐書》卷一一一〈薛嵩傳〉，頁4145。

[171] 《新唐書》卷一三三〈宦者下〉，頁5901。

3. 新開獄

周唐之際，則天疑忌將相，於是大開告密之門，飛語推究，織成反狀，故新置獄焉，《資治通鑑》天授元年條：[172]

> 時置制獄於麗景門內，（注引唐六典曰：洛城南門之西有麗景夾城，自此潛通於上陽宮⋯⋯。）入是獄者，非死不出，（王）弘義戲呼曰「例竟門」。

《通典》卷一七〇〈刑法典〉：[173]

> 時周興、來俊臣等，相次推究大獄。乃於都城麗景門內，新置推事使院，時人謂之「新開獄」。

同書，卷一六七〈刑法典〉：[174]

> 由是告密之輩，推覈之徒，因相誣搆，共行深刻。新開總監之內，洛州牧院之中，遞成祕獄，互為峻網。

麗景門是洛陽皇城西面之門，有夾城可潛通於上陽宮，時置推事使院，即是「新開獄」。其位置在皇城邊上，居洛州，不在宮內，卻近上陽宮。因是則天所置之制獄，酷吏又任意羅織構陷大臣，以此成為「祕獄」，難為法司或外人評斷，故若謂新開獄為則天所置之宮獄，似無不可。

新開獄由酷吏來俊臣等按鞫，亦號為新開門，但入新開門者，百不全一。

172　《資治通鑑》卷二〇四則天天授元年條，頁6465。
173　《通典》卷一七〇〈刑法典〉「刑法八」，頁4427。
174　《通典》卷一六九〈刑法典〉「刑法七」，頁4382。

王弘義戲謂麗景門為例竟門，言入此門者，例竟其命也。[175]新開獄禍害無窮，但所置時間應不太久，大概隨則天遭政變而廢棄。

4. 銀臺察事

肅宗時李輔國專權，宰臣百司奏事，皆因輔國上決；輔國口為制敕，寫付外施行。他還潛令官軍於人間聽察是非，[176]置察事廳子。《舊唐書》本傳：[177]

> 常在銀臺門受事，置察事廳子數十人，官吏有小過，無不伺知，即加推訊。

《資治通鑑》乾元二年條：[178]

> 又置察事數十人，潛令於人間聽察細事，即行推按；有所追索，諸司無敢拒者。御史臺、大理寺重囚，或推斷未畢，輔國追詣銀臺，一時縱之。

銀臺察事，任意逮捕、審訊官吏，這是在宮內置獄，並有準司法機構的作用。察事廳子仗著李輔國的威勢，諸司不敢不聽從。就連中央最高法司御史臺、大理寺的重囚，李輔國都可追至銀臺，隨意縱之。按理來說，銀臺察事是非法機構，不在國家體制內，只因李輔國的權勢與置於宮內，外朝官吏有鞭長莫及之感，法司也對之莫可奈何。然而，宮獄即使隱蔽在宮門這道保護傘之後，但在李輔國失權，支撐它的力量垮臺後，銀臺察事便也消聲匿跡了。

---

[175] 《舊唐書》卷一八六上〈酷吏上・來俊臣傳〉，頁 4838。

[176] 《舊唐書》卷一一二〈李峴傳〉，頁 3344。

[177] 《舊唐書》卷一八四〈宦官・李輔國傳〉，頁 4760。

[178] 《資治通鑑》卷二二一肅宗乾元二年條，頁 7033-7034。

三、論罪方式

　　除非是政治鬥爭、宮廷事變，一般的宮內案件多是小事、輕案，不容易引起外界關注，也因此史料鮮少留下記載。發生於宮外的事，可能因詔命或有權勢之人，轉而收繫涉案者於宮獄，並由有司審理。但這些引動官場的大案，內獄與外司間常有角力。大體上，與宮中相關的案件，處理上不外三種方式，一是執法人員之行政監督，二是直接由皇帝自為裁決，三是透過司法審判來定罪。宮中案件透過這三種方式，論斷犯者之罪過及其處罰之輕重。

(一) 行政監督

　　宮內各機構雖非司法機關，但仍有準司法人員或警察人員的功能，如宮官有宮正「掌戒令、糾禁、謫罰事」，內侍省有內寺伯「掌糾察諸不法之事」，東宮有太子率更寺，凡「刑名不法，皆舉而正之」，諸衛有冑曹掌「決罰之事」，禁軍有虞候「主不法」。此外，還有一些負責教導、檢察的宮內官也分其任，如京兆韋公為掖庭局宮教博士，墓誌曰：「凡嬪嬙恒禮，閫禁經儀，公皆暗識是非，彈射臧否。自金鐺左貂而下，悉以委之。紫府鉤陳，莫不肅肅如也。」[179]可知其彈射整肅的對象含括宮人、宦者在內。又，詹事府司直張君墓誌：「拜詹事司直，以準繩律宮政。」[180]司直「掌彈劾宮寮，糾舉職事」。[181]亦即文武宮臣之過犯者皆受其糾彈，當然包含在宮內犯者。可以說宮內人在宮內之失職、不法事，都有相應的職司來督察或處理，本司視其輕重，重者收禁於當司宮獄，輕者觸犯宮規，被執法者喝斥笞打。

---

[179] 吳鋼等編，《全唐文補遺》第五輯（西安：三秦出版社，1998），〈大唐故朝請大夫內侍省內給事京兆韋公（光閏）廣平縣君宋夫人墓誌并序〉，頁 405。

[180] 周紹良等編，《唐代墓誌彙編》（上海：上海古籍出版社，1992），天寶一五五〈故詹事府司直張君墓誌并序〉，頁 1640。

[181] 《唐六典》卷二六〈太子詹事府〉，頁 663。

　　宮人無時無刻不受宮中執事者的督察，王涯〈宮詞〉：[182]

　　永巷重門漸半開，宮官著鎖隔門回。誰知曾笑他人處，今日將身自入來。

　　永巷所關押的多是女性犯者，應是聽命於宮正的裁斷而鎖禁於此。雖不知其所犯何事，最後如何論罪，但禁繫本身就在接受執法者的處分。至於詩中宮人看著他人被收押，而今自己也身陷囹圄，似意味著類此被收禁的情形並非罕見。

　　宮中女侍從事各種服務工作，如有不慎出了差錯，或因懈怠誤了工作，都會遭到宮監指責，甚至被施以夏楚。王建〈宮詞〉二首：[183]

　　禁寺紅樓內裏通，笙歌引駕夾城東。裏頭宮監堂前立，手把牙鞘竹彈弓。
　　玉簫改調箏移柱，催換紅羅繡舞筵。未戴柘枝花帽子，兩行宮監在簾前。

花蕊夫人〈宮詞〉二首：[184]

　　春風一面曉妝成，偷折花枝傍水行。卻被內監遙覷見，故將紅豆打黃鶯。
　　後宮阿監裏羅巾，出入經過苑圃頻。承奉聖顏憂誤失，就中長怕內夫人。

　　前文已論，裏頭宮監蓋裏頭內人之屬。宮正屬下有阿監、副監，視七品，[185]胥吏之流，或許就是詩作中的宮監、內監。她們是宮內給使令者，任務是監督、催促宮人的言動行止，看到遲滯、不合規定的舉動，便會發出警訊，再有不遜者，則以牙鞘竹弓糾彈之。宮監、內監執行的是行政監督權，主要在監臨

---

[182] 《全唐詩》卷三四六王涯〈宮詞〉，頁3878。

[183] 《全唐詩》卷三〇二王建〈宮詞〉，頁3444-3445。

[184] 《全唐詩》卷七九八花蕊夫人〈宮詞〉，頁8972、8975。

[185] 《新唐書》卷四七〈百官志〉，頁1230。

宮人執役，即使施以小懲，也不致造成身體的嚴重傷害，而減損服役人力。依宮正條，宮人不供職事，違犯法式，「事小，局司決罰；事大，錄狀奏聞」。[186]亦即除非宮人犯大案要奏報皇帝裁決外，一般小事都由本司自理。按在京諸司「杖以下當司斷之」的標準，[187]宮中本司自理的，可能不超過笞杖之罪，但更多的或許是行政監督時的威赫、警示與小小決罰，即宮人在執役當下便被斥責、打彈，而不俟拘繫。

　　供奉禁中的還有宦官，宦官自武則天時人數漸增，中期以後為數益多，牛希濟〈治論〉：「國家自開元天寶以來，中官之盛，不下萬人。」[188]相對地，糾察不法的內寺伯，自二人倍增為六人，即顯示抑壓犯禁宦官的意圖。監督宮人有宮監，監督宦官亦有宮監。劉季述囚昭宗少陽院，《新唐書》曰：「宮監掖帝出思政殿」，「宮監竊取太子以入」。[189]這裡的宮監，不應是宮正的屬官，而是管理宦者的專職，或許隸屬於內寺伯下，並在廢昭宗事件中與聞其事。只是宦官囂張猖狂，貪贓枉法，觸犯刑律的行徑，史料中從未見內寺伯或宮監督責、處罰宦官的例子。反倒是內寺伯本身可能恃權犯禁，無以為宦者之表率。李朝隱為長安令，「有宦者內寺伯干以非法。朝隱正色叱之，仍繫於獄。」睿宗制曰：「近者品官入官，有干儀式，遂能責之以禮，繩之以懲。」因而褒異李朝隱。[190]內寺伯身為執法者，卻不能正其身，又何以督責諸宦？

　　內寺伯正七品下，官品不算高，如果給使或小兒有權宦撐腰，內寺伯可能也不敢動他，沆瀣一氣的結果，就是宮中脫序行為不斷發生。魚朝恩恃權專擅，《新唐書》曰：[191]

---

[186]　《唐六典》卷十二〈宮官〉，頁355。

[187]　《唐六典》卷六〈刑部郎中員外郎〉，頁189。

[188]　《全唐文》卷八四五牛希濟〈治論〉，頁8880。

[189]　《新唐書》卷二〇八〈宦者下‧劉季述傳〉，頁5893-5894。

[190]　《冊府元龜》卷七〇一〈令長部〉「褒異」，頁8362。

[191]　《新唐書》卷二〇七〈宦者上‧魚朝恩傳〉，頁5865。

養息令徽者，尚幼，為內給使，服綠，與同列爭忿，歸白朝恩。明日見帝曰：「臣之子位下，願得金紫，在班列上。」帝未答，有司已奉紫服于前，令徽稱謝。帝笑曰：「小兒章服，大稱。」滋不悅。

同列爭忿，本該由內寺伯或當司評議之，但魚朝恩不問青紅皂白，不諮詢內寺伯，甚至僭越皇權，濫與章服，宮中規矩在其破壞下，執法者還有何權威可言？內寺伯不僅約束不了宦者在宮內的行為，更無力，也無心整肅其對百姓的欺壓，如五坊使楊朝汶不管百姓欠負息錢與否，便以考捶恐懼之，在其威逼囚捕下，所繫近千人。[192]如此大規模的牽引百姓，並驚動外朝大臣紛紛極言上諫，但宮內掌執法的內寺伯卻無任何動靜，擺明地任其為所欲為，與其說這是失職，不如說他位卑職低，懼怕惹火權宦，引禍上身。

唐後半期宮中的生態環境與宦者的勢力，可由下例窺見之。陳敬瑄為西川節度使，僖宗因黃巢亂西幸，《新唐書》本傳曰：[193]

敬瑄以兵三千護乘輿。冗從內苑小兒先至，敬瑄知素暴橫，遣邏士伺之。諸兒連臂謹咋行宮中，士捕繫之，譁曰：「我事天子者！」敬瑄殺五十人，尸諸衢，由是道路不譁。

唐時給役於諸坊、殿及內園者，皆謂之小兒。[194]陳敬瑄知「扈從之人驕縱

---

[192] 《資治通鑑》卷二四〇憲宗元和十三年條，頁7753。此事的詳細情形見：《唐會要》卷五二〈官號中‧忠諫〉，頁910。

[193] 《新唐書》卷二二四下〈叛臣下‧陳敬瑄傳〉，頁6406-6407。

[194] 《資治通鑑》卷二五四僖宗中和元年條註，頁8245。小兒是宮中役使於諸司無官品之雜役，可為宦官，也可非宦官身分。相關討論見：趙雨樂，〈唐代內諸司使之權力構造〉，收入：《唐宋變革期之軍政制度——官僚機構與等級之編成》（臺北：文史哲出版社，1994），頁86-88；寧欣，〈論唐代的"給使小兒"〉，收入：朱鳳玉、汪娟編，《張廣達先生八十華誕祝壽論文集》（臺北：新文豐出版公司，2010），頁311-330；又，〈再論唐朝的"給使小兒"〉，《唐史論叢》24輯（2017），頁45-53。

難制」，[195]殺這些並無權勢，僅供使役的小兒，有殺雞儆猴的作用。小兒被捕，知道攀附天子以求自救，意味著扈從之人皆知攀附權勢，替自己的宦途鋪路，也替自己的不法行徑找到可消解災厄的靠山。但從另個側面來說，「暴橫」、「難制」，即顯示宮中法紀蕩然，執法的內寺伯管不動，也不敢管，對於像女性宮監喝斥、笞打宮女那樣，對給使、小兒也施以行政處分或小懲，恐怕也顧忌其背後的權宦與諸司使，也因此才會讓扈從之人如此狂妄，讓權宦架空皇權。

宮廷防衛是宮中的大事，各處之仗衛、巡警與門司都屬之，人數應極可觀。只是他們位階不高，又在權力核心之外，除非有特殊案件引起皇帝或朝臣的注意，否則相關執勤的史料並不多見。按朝堂置引駕三衛，「以左右衛、三衛年長彊直能糾劾者為之」，[196]這是說引駕仗有糾劾功能。閻立德曾孫閻用之累遷右衛郎將，知引駕仗：[197]

> 金吾將軍李質升殿不解刀，呵卻之，請按以法，左右震悚。

殿內是皇帝見大臣或問政之所，守衛自當嚴謹。昔時有長孫無忌不解佩刀入東上閤門事件，廷議時掌司法的大理少卿表示了很多看法。此案閻用之知引駕仗，職在糾劾李質升殿不解刀，這是基於其行政管理之所為，可能先將其收繫於諸衛獄，靜待下一步處置。至於升殿不解刀要按什麼法，論什麼罪，那是法官的事，非他所該問。行政督察與司法裁決的分際，在此可以看出。

宮中事務各有主司當值，原本職權分得很清楚，但有時也會因他人之事而受過。《南部新書》記開元年間一事：[198]

> 駕東巡至陝，以廳為殿，郭門皆屬城門局。薛王車半夜發，及郭，西門

---

[195]　《資治通鑑》卷二五四僖宗中和元年條，頁8245。

[196]　《新唐書》卷二三上〈儀衛志〉，頁482。

[197]　《新唐書》卷一〇〇〈閻用之傳〉，頁3942。

[198]　錢易撰，黃壽成典校，《南部新書》（北京：中華書局，2002），己集，頁80。

不開，掌門者云：「鑰匙進內。」家僕不信，乃壞鐍徹關而入。比明日，
有司以聞。上以金吾警夜不謹，將軍段崇簡授代州督，壞鐍奴杖殺之。

　　行宮、行在所如正宮殿，掌門管鑰的是城門郎，薛王奴壞鐍而入，明日有
司以聞。按〈衛禁律〉「奉敕夜開宮殿」條所引〈監門式〉，有司是指城門郎、
見直諸衛及監門大將軍等。[199]有司奏報皇帝，代表他們已盡其管理之責，唯獨
掌宮中巡警的金吾將軍，未通報有人在宮中犯禁夜行。玄宗在殺壞鐍奴之前，
必已先將其關押在宮獄；至於將金吾將軍調職，施以行政處分，這也是對他管
理不周的懲罰。
　　行政監督是維持宮務運作的必要舉措，目的在防止各類執勤者之懈怠職事
或違法亂紀。相關的執事者從事的是管理工作，對於供職不謹或犯過者，輕者
戒斥、威嚇或施以禁閉等小懲，以盡其行政督察的責任；重者則在法律論處之
前，先收禁於宮獄，並呈報上司，甚至奏聞皇帝。總之，這一切都以行政管理
為基礎，再視情況做適當處置。

(二) 政治裁決

　　宮中事若涉及皇家的敏感議題，則無一職司有權處理，也非法司能夠審訊，
此時唯有皇帝可以其好惡與權威，做出政治裁決。前文述及囚於別殿、別院、
別所、別宮之后妃、太子，或幽於禁中、掖庭獄之太子妃、公主等人，她們或
因失寵、宮鬥而遭鎖禁，或因母、兄等人而無辜受累，無罪幽死。這些處置皆
展現皇權的恣意性，而且是唯皇帝才有的專屬權力，就算之前曾與大臣商量，
或大臣有所諫請，然皇帝一旦決行，大臣是無任何置喙之餘地。
　　唐朝有多起廢立皇帝的事件，除了權宦弒君、立君之外，最引人注目的兩
起廢帝案，一是武太后宣令廢中宗為廬陵王，幽于別所；另一是兩軍中尉劉季
述、王仲先逼昭宗遜位，錮其於少陽院。皇帝本有一國之最高權威，但武太后
挾天子威福而脅制四海，劉季述等擅軍權而僭於上，他們雖只囚繫二帝，並未

[199] 《唐律疏議》卷七〈衛禁律〉「奉敕夜開宮門」（總71條）疏議引〈監門式〉，頁160。

將其殺害，可是此等高度具敏感性的政治裁決，其實就是擬於皇權，此非有行政權的職司或司法權的法司，能夠處理或敢於問訊的。

則天、玄宗時逐步成形的諸王宅，至晚唐依舊存在。諸王行動受限制，生活被中官監控，王宅一如宮中大獄，各帝皆不曾為之解禁。易言之，該種政治裁決行之既久，已成慣例，各帝無意改變之，諸王也早已順應之。唯一例外的是唐末昭宗想對付強藩，乃以諸王典兵，此舉無異是另一種政治裁決，為諸王解除了行動與生活的緊箍咒。只是好景不長，諸王在強藩的步步進逼中，遭到殺害。

史料中有許多情況是百官待罪朝堂、闕下、金吾仗、銀臺門等處，無論原因為何，待罪就是尚未定罪，而且唯皇帝有權裁決其是否有罪，故政治意味濃厚。其他諸多發生於宮中的雜事，往往也隨皇帝一時興起而定，如音聲唐崇，干請長入許小客向玄宗求官，玄宗竟密敕北軍殺之，又命決杖，遞出五百里外。[200]文宗朝內人鄭中丞善胡琴，以忤旨，命內官縊殺，幸浮棺漂於外而被救。[201]這些人、事雖不與政治相關，但身為最高統治者，握有最大政治權的皇帝，喜怒之間便可決人生死，此種不需經任何行政與司法程序之處斷，正是皇帝特有的政治裁決權。

(三) 司法審判

宮中各部門有準司法人員與警察人員，一旦初步判定所犯為徒以上的罪，或經詔獄指示要審理的大案，便立即啟動司法程序，進行司法審判。訴訟行為始於覺察或告發，相關部門遂行逮捕、羈押於宮獄，再進行審訊、判決。如則天廢廬陵，飛騎一人怨無賞，不如扶廬陵，史言：[202]

---

[200] 《唐語林校證》卷一〈政事上〉，頁 53。

[201] 段安節撰，羅濟平校點，《樂府雜錄》（瀋陽：遼寧教育出版社，1998），頁 11。

[202] 《朝野僉載》補輯，頁 160。

> 席上一人起出，北門進狀告之。席未散，並擒送羽林，鞠問皆實。告者授五品，言者斬，自餘知反不告，坐絞。

此案由告發、擒送、鞠問到判決，訴訟過程一如府縣、大理等刑獄，但其實這只是宮中羽林獄處理的案件。

太平公主得勢，方士史崇玄聲勢光重，群浮屠疾之：[203]

> 以錢數十萬賂狂人段謙冒入承天門，升太極殿，自稱天子。有司執之，辭曰：「崇玄使我來。」詔流嶺南。

承天門、太極殿應由衛軍駐守，有司執之是指逮捕、羈押於衛軍獄，掌理審判的職官是否為專責「罰讁」的胄曹，還不能確定，但經訊問後乃得其供辭。此案因涉及冒稱天子，當司不敢自判，故奉詔命流嶺南。

關押宮人的掖庭獄，同樣也經過如上之訴訟程序，如：太宗譴怒宮人，長孫后「請自推鞠，因命囚繫」，由是宮中「刑無枉濫」。[204]長孫后為平息太宗之怒，搶在太宗斷宮人罪之前，請自推鞠，大概是先下掖庭獄。皇后自行推鞠算是特例，一般應由執事官宮正來訊問。另案，崔湜私附太平公主，事發，「所司奏宮人元氏款稱與湜密謀進酖，乃追湜賜死」。[205]這裏的所司，也該是掖庭獄中負責審訊宮人的宮正。元氏款稱，則是鞠問時的供詞。元氏如何論罪不明，但崔湜因此被賜死。這兩案顯示掖庭獄亦有如外廷法司的訴訟方式，不是任何人可以隨意專斷的。

比較不循案情，任憑主者為之的，一是新開獄，另一是銀臺察事。中宗時，武三思忞僭不軌，張仲之等謀殺之：[206]

---

[203] 《新唐書》卷八三〈諸帝公主〉，頁 3656-3657。

[204] 《資治通鑑》卷一九四太宗貞觀十年條，頁 6120。

[205] 《舊唐書》卷七四〈崔湜傳〉，頁 2623。

[206] 《舊唐書》卷二○九〈酷吏‧姚紹之傳〉，頁 5911。

> 事覺，捕送新開獄，詔（姚）紹之與左臺大夫李承嘉按治。……紹之翻
> 然不復顧，即引力士十餘曳囚至，築其口，反接送獄中。……仲之固言
> 三思反狀，紹之怒，擊折其臂，……卒誣以謀反，皆論族。

　　事涉宮內醜聞與反狀，故捕送「祕獄」新開獄審理。這是詔獄，命左臺（御史臺）大夫與監察御史按治。自則天以來，酷吏濫刑的情況嚴重，此案的捕、押、訊、決，完全符合司法程序，只是慘酷之狀，令人髮指。

　　設置時間頗短的李輔國銀臺察事，境況即使所知有限，但大抵被捕官吏甚受屈辱：「置察事聽兒數十人，吏雖有秋豪過，無不得，得輒推訊。」[207]察事聽兒蓋為警察、特務之流，地位不高，權力卻不小，可以任情刺探，逮捕官吏。他們既得李輔國的支持，就算非司法人員，也可擅自推鞫、審訊。他們能否善待官吏、依情理斷案、依法裁決，頗讓人懷疑。

　　中唐以來宦官勢力大漲，並典掌禁軍，宮獄中的內侍獄、北軍獄，遂成為司法審判的焦點。前引謝少莒奴沙橘告主案：「沙橘告少莒為不軌。詔委內侍省持鞫，不實。沙橘各決流靈州，少莒釋放。」[208]反逆案是大事，詔令內侍省審理。少莒等應先捕送內侍獄，吾人雖不知持鞫者是否為內寺伯，但審理結果似乎也無枉濫之處。這顯示宮獄的最終裁決，未必是隨人臆斷，蓋非司法機構也要經司法審判，才能杜悠悠眾口。

　　有些大案送北軍獄，尤其是神策獄來審理。如神策虞候豆盧著告宰相宋申錫與朱訓等謀立漳王案，於是：[209]

> 即捕訓等繫神策獄，榜掠定其辭。諫官群伏閣極言，出獄牒付外雜治。

207　《新唐書》卷二〇八〈宦者下・李輔國傳〉，頁5880。

208　《冊府元龜》卷九三三〈總錄部〉「誣構二」，頁11002。該案後有一個評議，認為論刑似太輕，蓋奴告主，又屬誣構，似應死罪，而非決杖流。

209　《新唐書》卷八二〈穆宗諸子〉，頁3631。

告者上變，職司即逮捕、羈押涉案者入獄，並用拷掠刑訊之法，取得供辭。如此大案，在諫官極諫請不於禁中訊鞫下，文宗才同意出付外廷推勘。[210]

再如左神策軍中尉仇士良得百姓趙倫告妖賊賀蘭進興等謀大逆案，《冊府元龜》「直諫」條云：[211]

> 軍司追捕推勘，各得伏欸。文宗慮冤濫，召於宣和殿親自鞫問。……（高）元裕上疏略曰：伏以左神策軍所推妖囚，……臣亦料軍中推鞫，必得情實。然獄宜公共，刑貴正名。……伏乞以元惡三人付大理寺重加覆問。

本案由神策軍司負責，將諸囚捕繫於神策獄，經推勘而得其服罪之供辭。文宗為免冤濫，還親自鞫問。外官等不敢質疑內獄推鞫之公正性，但總是要求應付外廷法司審理。文宗最後的回應是：「除白身及官健四人，依前軍中及狀內推勘，餘並宜付御史臺重覆。」[212]白身是無品秩的低層宦官，是內諸司使的下級屬吏，多被驅使供雜役。[213]官健是官所召募，給衣糧之健兒，唐後期多稱為官健。[214]賀蘭進興案的參與者似乎不只是一般百姓，可能也有宮中的低階宦官與北軍中的官健。文宗詔顯示，凡宮中人就由軍司推勘，普通百姓則交由御史臺覆驗。如此二分法，看似維護法司的審判權，實則是認可軍司也有權裁決。

內侍省是側近皇帝的禁中機構，北軍是管理駐防宮內之禁軍系統，二者在

---

[210] 《舊唐書》卷一六七〈宋申錫傳〉，頁4370-4371。

[211] 《冊府元龜》卷五四七〈諫諍部〉「直諫十四」，頁6565。

[212] 《全唐文》卷七三文宗〈令臺司覆勘賀蘭進興黨羽詔〉，頁770。

[213] 白身的身分、服色、工作，見：室永芳三，〈唐代內侍省の宦官組織について──高品層と品官・白身層〉，收入：日野開三郎博士頌壽記念論集刊行會編，《論集中國社會・制度・文化史の諸問題》（福岡：中國書店，1987），頁342、350-351。趙雨樂也具體說明了宦官品位中的幾個不同階層，及其衣飾與名稱，見：〈唐代內諸司使之權力構造〉，頁80-83。唐前後期的宦官在服飾、品階、待遇、職能上有明顯區分，但白身仍是地位甚低的階層，有關討論見：徐成，《觀念與制度：以考察北朝隋唐內侍制度為中心》（北京：社會科學文獻出版社，2018），頁351-355。

[214] 官健的演變、來源與待遇，見：張國剛，〈唐代健兒制度考〉，收入：《唐代政治制度研究論集》，頁62-73。

唐後期關係密切，連為一氣，也常成為鞫獄主體。從上述幾案者，二司審理的顯然不限宮內人，也非宮內事，只要是皇帝在意，權宦有心，佞臣謀劃的案件，無論朝官或百姓，都可捕繫推勘。亦即內獄可審宮外人，軍獄也非軍事法庭，內侍省與北軍都非司法機構，但併有警察機能與鞫獄機能。正因內獄推鞫名不正，言不順，故開啟軍司、府縣間，以及南衙、北司間司法權的爭奪戰。

　　北司涉足司法始於肅宗朝李輔國的銀臺察事，及對府縣按鞫、三司制獄之隨意取決，妄稱制敕。代宗時魚朝恩於北軍置獄，濫捕富人入獄，進一步侵奪府縣職權。自德宗將禁軍交由宦官統領後，宦官積極涉入司法，內侍獄與北軍獄成為北司的司法工具，其管轄範圍不斷擴張，雖然貞元七年（791）訂下「小事移牒，大事奏取處分。軍司、府縣不得相侵」的原則，亦即軍、民推劾各有所司，但小事需移牒知會北司，大事則上報皇帝裁決。[215]可是事實上，隸名諸軍者抗拒府縣執法，軍司擅捕人吏與百姓的事仍不斷發生。其甚者，中央層級的南衙與北司在司法權上的衝突，尤為劇烈。一旦北司興獄，朝官或爭取移案於南衙，由法司審理；或在北司已決之後，乞請法司重勘覆驗。南衙朝官如此積極抗爭，一則是因其司法權遭北司侵奪，再則是有感於朝官「安可取辱於黃門之手？」[216]三則不欲讓無司法素養的宦官、軍人因濫刑而造成冤案。[217]由於北司權力日盛，南衙、府縣愈發難以抗衡，終於在會昌三年（843）訂下：「如屬諸軍、諸使、禁司，奏聞」的新規，[218]而改變貞元七年的原則，連移牒北司的作法也廢除了。[219]

---

[215] 《舊唐書》卷一三〈德宗紀〉，頁371。

[216] 《舊唐書》卷一七九〈蕭遘傳〉，頁4646。

[217] 有關軍司、府縣司法權之爭，以及南衙、北司司法權之爭，學者已有討論，見：賈憲保，〈唐代北司的司法結構〉，頁86-90；陳璽，《唐代訴訟制度研究》，頁180-194；胡永啓，〈唐代北衙禁軍監獄司法職能簡論〉，頁17-18；王素，〈唐五代的禁衛軍獄〉，頁120-122。

[218] 《唐會要》卷六七〈京兆尹〉，頁1188。

[219] 北司獄與南衙、府縣獄職權之爭，可參考：徐成，《觀念與制度：以考察北朝隋唐內侍制度為中心》，頁382-387。

　　唐代訴訟制度，設計有逐級上訴與法司申報待覆兩種方式，[220]讓罪囚可以上訴申冤，也讓徒以上案件報上覆核。靠著這樣的雙重機制，期能減少冤假錯案的發生。宮獄中的囚徒能否上訴，史料中看不出來，但在一些大案裏，朝官不乏請求法司覆勘，就是希望讓獄囚得著公平審理的機會。在各類型宮獄中，較符合唐代訴訟制度的是東宮管轄的監獄：「凡諸坊、寺、府之有犯者，令其主司定罪，庶人杖已下決之，官吏杖已下皆送於大理。」[221]犯者由宮中主司移於法司，讓犯者由宮獄系統，納入正常司法體系，這對犯者來說，無疑是多了一層可以訴冤的保障。至於其他諸宮獄的囚徒，要想逃離這個閉鎖的環境，恐怕不容易。尤其當皇權庇護北司，北司倚勢皇權時，宮獄囚徒更難自北司審判下脫身，如長慶四年（824）詔：「其在內諸軍使囚徒，亦委本司疏決聞奏。」[222]宮內諸軍使管轄的獄囚，由本司審理，是肯定其有內獄的審判權，而完全不讓外廷法司介入。其疏決後之聞奏，只是報知皇帝知道，或待其覆核的意思，並非讓囚徒上訴。

　　本司疏決，其實北司早就行之有年，貞元年間神策軍勢力方盛，軍司已自審刑案：[223]

> 左神策軍健兒朱華，枉法受賄，並強奪人妻，宜付本軍。……朱華者，以按摩得幸於左神策監軍竇文場。……又強奪人妻，置之於外，無何為人告之，按驗皆首服。又得贓數萬貫，其諸道節度觀察使略遺累百鉅萬，本軍隱匿，不敢悉奏。比伏法，軍中皆喜悅。

　　按唐律，軍府連犯罪自首都不得受，若重案追掩與陳首者，亦需即送隨近

---

[220] 陳璽，《唐代訴訟制度研究》，頁130-140。另外還有慮囚巡復制度，以防冤獄，見：劉太祥，《漢唐行政管理》（河南：河南大學出版社，1995），頁254-257。

[221] 《唐六典》卷二七〈太子率更寺〉，頁701。

[222] 《冊府元龜》卷一四五〈帝王部〉「弭災三」，頁1755。

[223] 《冊府元龜》卷一五三〈帝王部〉「明罰二」，頁1850。

官司。[224]但唐後期這個法規顯然面臨極大挑戰。左神策軍健兒朱華所犯枉法受贓、強奪人妻，都是刑案，按理應交由府縣來審理。朱華雖是軍人，然所犯不在戰時，也非牴觸軍法，本軍所設的並不是軍事法庭，而是一般刑事庭，以是知本軍實侵奪府縣的司法裁判權。

宮獄涉及諸多宮內祕事，不能輕易讓外人知曉或妄做評議，故宮獄的司法審判與外司分開，也不無道理。只是中唐以來北司勢盛，常干預中央與地方司法，才造成內、外諸司之間審判權的爭奪。但究其實，這場司法權的博弈，源於內司權力的向外擴張，而不是外司想取得宮獄囚徒的審判權。唐朝皇帝幾次分疏內、外諸司的審判權，也一直固守內獄由內司審理的原則，只有在內獄涉及朝臣，或府縣管轄與軍司相犯時，才會稍加考慮朝臣意向，或採取軍民分司受訴的模式。[225]

古代的司法審判，常借由刑訊來取得供詞。律令於刑訊制度做出嚴格規範，但不肖法吏非法拷訊的情況頗為常見。[226]外司審判是如此，內獄按鞫亦不遑多讓。則天朝置新開獄，任酷吏為禍，《通典》曰：「新開總監之內，洛州牧院之中，遞成祕獄，互為峻網，塞窗堲戶，粗杖大枷，……苦楚拷掠，非承不放。」[227]祕獄內殘酷逼供，非承不放，意謂著一切的申辯都不被接受，只循著獄吏想要的方向取證。沈佺期〈移禁司刑〉：「埋劍誰當辨，偷金以自誣。誘言雖委答，流議亦真符。」[228]詩中只言問訊時之虛證，與自己所受的枉屈，雖無一言提及用刑，但詩名〈移禁司刑〉，已清楚知其在禁中獄內遭到刑訊逼供。中唐之後，內獄拷訊似乎更為慘苛，如宋申錫與漳王謀反案，「擒朱訓等於黃門獄，

[224]　《唐律疏議》卷二四〈鬥訟律〉「犯罪皆經所在官司首」（總353條），頁441-442。

[225]　陳璽，《唐代訴訟制度研究》，頁182-196。

[226]　錢大群，錢元凱，《唐律論析》（南京：南京大學出版社，1989），頁330-333；喬偉，《唐律研究》（山東：山東人民出版社，1985），頁412-415；陳璽，《唐代訴訟制度研究》，頁123-129；陳俊強，〈刑訊制度〉，收入：《唐律與國家社會研究》（臺北：五南出版公司，1999），頁403-435。

[227]　《通典》卷一六九〈刑法典・守正〉，頁4382。

[228]　《沈佺期集校注》卷一〈移禁司刑〉，頁68-69。

鍛鍊偽成其款」，「榜掠定其辭」[229]；高元裕為賀蘭進興案上疏曰：「訪聞其徒結黨聚眾，恣為兇狡，合就嚴刑。臣亦料軍中推窮，必得情實。」[230]五坊使楊朝汶責息錢案，「妄捕繫人，迫以考捶，……遂轉相誣引，所繫近千人。」[231]在嚴刑拷打，苦毒威逼下，被構陷者所在多有，故宮獄司法審判之取供方式，未能過於樂觀看待。

四、獄政管理

宮中監獄有隱密性，外界所知有限，它是否依循既有的法令規範行事，或用更殘酷的方式對待，在此欲一探究竟。以下依關押方式、刑具與居作、生活與醫療、獄政檢查四個方面，從律令規定與一般監獄的對比上，觀察宮獄的獄政管理情形。[232]

(一) 關押方式

《唐六典》大理寺條：[233]

　　貴賤、男女異獄。

《天聖令》復原唐《獄官令》：[234]

---

[229] 《舊唐書》卷一七五〈穆宗五子〉，頁 4537；《新唐書》卷八二〈穆宗諸子〉，頁 3631。

[230] 《冊府元龜》卷五四七〈諫諍部〉「直諫十四」，頁 6565。

[231] 《資治通鑑》卷二四〇憲宗元和十三年條，頁 7753。

[232] 關於獄政管理，請參考：陳登武，〈唐代的獄政與監獄管理〉，頁 357-374；邵治國，〈唐代監獄制度述要〉，頁 116-118。

[233] 《唐六典》卷十八〈大理寺〉，頁 504。

[234] 《天一閣藏明鈔本天聖令校證（附唐令復原研究）》，〈唐開元獄官令復原研究〉復原 48 條，頁 631。

　　　　諸婦人在禁，皆與男夫別所。

　　獄囚依身分、性別關押在不同獄所，這是唐代的基本處置方式。如蘇味道與張錫都坐事，俱下司刑獄（大理獄），舍於三品院。胡三省注：「先是，制獄既繁，司刑寺別置三品院以處三品以上官之下獄者。」[235]這是將三品以上官與其他官吏罪犯分開關押。在重視男女之防的社會裏，婦人在禁者不得與男夫同一獄室，以決嫌疑，護名節。

　　宮獄中，繫於殿院囚室的多是身分尊貴的后妃、太子，甚至皇帝，他們別關囚室，而不置於常設獄所，正是貴賤、男女異獄的表徵。此外，內侍省所轄的掖庭獄與永巷，是專押女性犯者的獄所，唐代有不少公主曾被幽禁於此，但她們與其他層級較低的宮人罪犯，理應分別收繫。內侍獄是收禁宦者的獄所，宦者也有高品、品官、白身等不同品階，他們如果犯罪，也會依照貴賤異獄的方式來處理。至於軍獄與繫於內獄的大臣，均是收治男性，就算偶有女性，也應會另行管收。

　　宮廷事變中較特殊的關押案例是劉季述鎖禁唐昭宗，史言：「宦官扶上與后同輦，嬪御侍從纔十餘人，適少陽院。」[236]表面上看是貴賤男女同獄，但偌大的少陽院，必有許多空屋，帝后、嬪御與侍從想來各依身分，各自安排住所，故少陽院之大獄內，貴賤、男女仍應有所分別。

　　既是關押在獄，就要防其逃亡，因此監獄牢固與否，至關重要。《舊唐書・酷吏傳》論曰：「今夫國家行斧鉞之誅，設狴牢之禁以防盜者，雖云固矣，而猶踰垣掘塚，揭篋探囊，死者於前，盜者於後。」[237]狴牢雖固，禁繫者猶不畏死而踰垣逃亡，蓋懼酷吏之慘苛也。張說〈獄箴〉形容得更透徹：[238]

---

[235]　《資治通鑑》卷二〇七則天長安元年條，頁6554。

[236]　《資治通鑑》卷二六二昭宗光化三年條，頁8539。

[237]　《舊唐書》卷一八六上〈酷吏上〉，頁4836。

[238]　張說撰，熊飛校注，《張說集校注》（北京：中華書局，2013），補遺〈獄箴〉，頁801。

為獄則固，為牢則幽。晨嚴管鑰，夜密更籌。寂寂圜土，纍纍繫囚。求
食搖尾，見吏垂頭。自昔立名，此為非所。逼隘狹室，攲傾漏宇。冬有
祁寒，夏多隆暑。焉可失入，焉可妄處。勿謂無妨，勿謂無傷。

　　牢獄堅固、幽暗，日夜有鎖鑰、有看守，狹窄破漏的囚室，人安所措其手
足，被繫者含怨結憤豈願置此非所。〈獄箴〉說出獄中人普遍的心聲，也道出
牢獄設施的嚴密與簡陋。這不單是一般牢獄的景象，用之於宮獄似也不為過。
　　高宗廢王后與蕭良娣，初囚，高宗閒行至其所，「見其室封閉極密，惟開
一竅通食器出入」。[239]二人非囚於既定獄所，而是俱囚於臨時設置之別院。從
其室封閉極密來看，與其說是防其逃亡，不如說是武后擔心其與外界接觸，通
傳消息，再有翻盤機會。這也就是為何高宗探視之後，武后迅即做斷然處置，
將其殺害的原因。再如英王妃趙氏，武后不喜，幽之內侍省，大概即下掖庭獄，
史言「扃鍵牢謹，日給飼料，衛者候其突煙」。[240]這是說門閂鎖鍵牢固，還有
衛士嚴加看守，並隨時伺察其動靜。宮獄設施防禁之嚴密，大概無過於劉季述
之幽囚昭宗：「令李師虔以兵圍之，鎔錫錮其扃鐍。」[241]亦即用普通的門鎖還
不放心，另用鎔錫將門鎖封死，並派兵圍住宮院，斷絕外逃與內通的任何可能
性。宮獄如因關押的人物政治敏感性高，故不得不有異於尋常監獄的非常舉措。
然宮獄中最殘酷、最特殊的牢獄莫過於北軍獄：「捕繫地牢，訊掠取服」。[242]
地牢在則天時期來俊臣鞫囚時已用之，號稱「自非身死，終不得出」。[243]北軍
獄似是仿效其做法，牢獄掘地為之，其「逼隘狹室，攲傾漏宇」之狀，可以想
見繫囚艱困之處境，〈獄箴〉曰：「勿謂無妨，勿謂無傷」，宮獄中有如此不
尋常的獄所，對繫者而言，豈能無妨，何能無傷！

239　《舊唐書》卷五一〈后妃上〉，頁2170。

240　《新唐書》卷七六〈后妃上〉，頁3485。

241　《舊唐書》卷一八四〈宦官·楊復恭傳〉，頁4777。

242　《資治通鑑》卷二二四代宗大曆五年條，頁7210。

243　《舊唐書》卷一八六上〈酷吏上·來俊臣傳〉，頁4838。

(二) 刑具與居作

　　自捕繫罪人至關押於獄所，為了防止囚犯逃亡及做困獸之鬥，官方都會使用刑具以拘束之。《唐律疏議》「囚應禁而不禁」條：「應枷、鏁、杻而不枷、鏁、杻及脫去者，杖罪笞三十，徒罪以上遞加一等。」[244]枷、鏁、杻等刑具，普遍用於各級監獄裏，連宮獄亦不例外。劉希暹說魚朝恩置北軍獄，使坊市惡少年羅告富室，誣以罪惡，「捕繫地牢」。既是被繫，應是帶著刑具收押在地牢裏。甘露之變發生後，王涯被禁兵擒入左軍，「被以桎梏，掠治不勝苦」。[245]《周禮》鄭注：「木在足曰桎，在手曰梏。」[246]也就是王涯至少被戴上手、足之刑具，禁繫在軍獄裏。唐代有投匭進狀的制度，李渤奏：「如有告密人登時進狀，分付金吾留身待進止。今緣匭院無械繫之具，忽慮凶暴之徒，難以理制。請勒安福門司領付金吾仗留身。」[247]可見金吾仗是有刑具的，以備告密者不馴時械繫之用。

　　刑具的使用可能有身分或情況的差別。在殿院囚室內的后妃、諸王或皇帝，史料未見明顯的械繫之類語詞，但不妨其在囚室上加鎖，或在外有兵衛看守。再者，朝臣待罪朝堂，聽候皇帝裁奪，通常也不施刑具，除非自己明知有罪，則易素服，或徒跣免冠。蓋官吏章服自有定制，易素服則如平人，徒跣免冠更如罪人。官吏服如罪人，就算不戴刑具，已是莫大的恥辱。

　　宮獄所收繫的無論宮中人或外官，都有品階之分，還有部分是百姓。如依唐代的刑具規制，當從罪之輕重與身分差異而施之。繫囚之具有枷杻鉗鎖等數種，皆有長短廣狹之制，「械其頸曰枷，械其手曰杻，鉗以鐵劫束之也，鏁（鎖）以鐵琅當之也」。[248]《唐六典》刑部則詳定何者應繫，何者不必繫：[249]

---

[244]　《唐律疏議》卷二九〈斷獄律〉「囚應禁而不禁」（總469條），頁545。

[245]　《資治通鑑》卷二四五文宗太和九年條，頁7913。

[246]　《周禮注疏》卷三四〈秋官・大司寇〉，頁517。

[247]　《冊府元龜》卷四七四〈臺省部〉「奏議五」，頁5658-5659。

[248]　《資治通鑑》卷一九四太宗貞觀十一年條注，頁6126。

[249]　《唐六典》卷六〈刑部郎中員外郎〉，頁188。

> 凡死罪枷而杻，婦人及徒、流枷而不杻，官品及勳、散之階第七已上鎖
> 而不枷。杖、笞與公坐徒，及年八十、十歲、廢疾、懷孕、侏儒之類，
> 皆訟（頌）繫以待斷。

　　據此，則宮獄中專門關押女囚的掖庭獄與永巷，以枷禁為主，即頸上戴枷。被繫於內獄的外官，依官品與勳散階，以鎖禁為主，是頸上繫長鎖，[250]方便其行動。其他地位更低者或百姓，則依罪之輕重，自枷杻並施至不戴刑具，視情況而定。依《漢書・刑法志》顏師古注「頌繫」曰：「寬容之，不桎梏。」[251]唐人對老、小、疾與懷孕、侏儒之類，特別寬容，可以不戴刑具。杖、笞與公坐徒，因罪甚輕，不必加意提防，也就是這些人是散禁。[252]

　　上述原則性的規定是否真的行之於宮獄，頗難知悉。就殿院囚室的后妃來說，英王妃趙氏「日給飼料」、「候其突煙」[253]，似乎是要其自己烹食，則枷禁方便其行動？昭宗帝后與嬪御侍者，「帝衣晝服夜浣，食自竇進」，[254]雖不必自己烹食，但洗浣仍靠自己，他們有戴刑具？王涯以宰相之尊擒入左軍，「被以桎梏」，似不符鎖禁的規制。大體上，宮獄中確實對囚徒施以刑具，但是否均依刑制處分，就很難說了。

　　唐制，被判處徒流罪者應配居作。宮獄中被判流罪者，不明其是否真的流於宮外，是否不擔心宮內事外洩？以牽涉甚廣的宋申錫案來說，他被拘於神策軍獄，大臣咸請付外廷訊鞫而未果，文宗曾欲將之投於嶺表，最後則貶為開州

---

[250] 《漢書》卷九九下〈王莽傳〉：「以鐵鎖琅當其頸。」又，卷六九上〈西域傳上〉顏師古注：「琅當，長鎖也，若今之禁繫人鎖也。」《唐六典》卷六〈刑部郎中員外郎〉條注：「鎖長八尺已上，一丈二尺已下。」又見：《天一閣藏明鈔本天聖令校證（附唐令復原研究）》，〈唐開元獄官令復原研究〉復原57條，頁648。唐鎖繫頸之例如吉溫捕楊慎矜客史敬忠，「鐵鑕頸，布蒙面」。（《新唐書》卷二〇九〈酷吏・吉溫傳〉）

[251] 《漢書》卷二三〈刑法志〉頁1106。

[252] 散禁者的身分與條件，〈獄官令〉有清楚的規範，見：《天一閣藏明鈔本天聖令校證（附唐令復原研究）》，〈唐開元獄官令復原研究〉復原42條、45條，頁647。

[253] 《新唐書》卷七六〈后妃上〉，頁3485。

[254] 《新唐書》卷二〇八〈宦者下・劉季述傳〉，頁5894。

司馬。這是外官由宮獄貶官外放，不算真是宮中人。在現有史料中，看不出有哪個宮中人自宮獄流於宮外，反之，令徒流罪者在宮內或特定地點居作，或許是較務實的作法。一般而言，犯徒流應配居作者，「在京送將作監，婦人送少府監縫作」。[255]宮獄內的徒流罪犯是否比照辦理，情況不明，然宮內雜役甚多，與其將人力外流，何如置於宮中役使，並防漏泄禁中事。

　　為防居作者逃跑，唐律有「徒囚在役，身嬰枷鎖」的規定，[256]《新唐書‧刑法志》亦曰：「居作者著鉗若校。」[257]鉗是以鐵束頸；校是枷項之木製刑具。[258]〈獄官令〉於居作者之刑具及給假方式有明確規定：[259]

> 諸流徒罪居作者，皆著鉗，若無鉗者著盤枷，病及有保者聽脫，不得著巾帶。每旬給假一日，臘、寒食各給二日，不得出所役之院。患假者陪日，役滿，遞送本屬。

　　居作者所戴之刑具，應以方便勞役為主要考量。[260]枷長五、六尺，實在不便於工作；鉗長一尺餘，重八兩至一斤，[261]也有礙於活動。盤枷為木製，行動

---

[255] 《天一閣藏明鈔本天聖令校證（附唐令復原研究）》，〈唐開元獄官令復原研究〉復原 20 條，頁 645。

[256] 《唐律疏議》卷二四〈鬥訟律〉「囚不得告舉他事」（總 352 條），頁 441。

[257] 《新唐書》卷五六〈刑法志〉，頁 1411。

[258] 《漢書》卷三六〈楚元王傳〉顏師古注：「鉗，以鐵束頸也。」《說文解字》木部「校，木囚也。」段注：「囚，繫也。木囚者以木羈之也。」《新唐書‧刑法志》做「杻校鉗鎖」，《舊唐書‧刑法志》做「枷杻鉗鎖」，可知校就是枷。

[259] 《天一閣藏明鈔本天聖令校證（附唐令復原研究）》，〈唐開元獄官令復原研究〉復原 21 條，頁 645。

[260] 佛說十王經卷的圖像，是有罪亡人所戴的刑具，以防逃亡為主，應可視同常人犯所戴或居作時所戴，但仍可見枷、長枷、盤枷等三種枷的形製，以及杻、鎖等刑具，可惜未見鉗。手部的刑具除了杻之外，也可綑綁之。四圖分別見：杜斗城，《敦煌本《佛說十王經》校錄研究》（蘭州：甘肅教育出版社，1989），圖版 15、32；松本榮一，《燉煌畫の研究》（京都，同朋社，1985），附圖 115a；Teiser, Stephen F. *The Scripture on the Ten Kings and the Making of Purgatory in Medieval Chinese Buddhism.* Honolulu: University of Hawaii Press, 1994. p.191,fig.11a,11b. 有關刑具的探討見：仁井田陞，〈敦煌發見十王經圖卷に見えた刑法史料〉，收入：《補訂中國法制史研究》（刑法）（東京：東京大學出版會，1991），頁 597-614。

[261] 枷、鉗之長短廣狹輕重之制，見《唐六典》卷六〈刑部郎中員外郎〉條注，頁 191。

上不會像長枷那樣受限制。[262]戴刑具服勞役的目的在防逃，玄宗詔曰：「役者寒暑不釋械繫。」[263]即是只要其服役，無論寒暑都戴著刑具。但病者基於慈悲惻隱之心；有保者在安全理由下，則可脫械工作。褒衣博帶是身分的象徵，官人服制有頭戴冠、束革帶、帶手巾、折上巾等形制。[264]去巾帶即意味著是罪人，狄仁傑被誣告，其子持書告變，則天責問來俊臣，對曰：「仁傑不免冠帶，寢處甚安，何由伏罪？」則天使人視之，來俊臣遽命仁傑巾帶而見使者。[265]可見巾帶即冠帶，是官人服制。居作囚徒無論其原本官位如何，既已是罪人，當然不得著巾帶，以免侮辱官服之尊嚴。

枷、長枷、杻圖
(左)戴枷與杻，(右)戴長枷與杻

枷、長枷、鎖圖
(上)戴枷、長枷，(下)獄卒拉著頸上長鎖

---

262 徐松輯，《宋會要輯稿》（北京：中華書局，1957）〈刑法六・枷制〉仁宗慶曆五年殿中丞田穎言：「伏覩《獄官令》，內大辟以下枷有三等，獨盤枷之制不著令式，而天下有司常所用之。……今諸處輕者同於無用，重者致於太刻，輕重不等，何以為法。且小杖亦立分寸，豈盤枷獨有差殊，欲乞許置盤枷，委有司明立觔數，頒行天下，俾之遵守。」如十王經所見，盤枷下懸鐵錘在增其輕重，但到宋初都還未為定制。

263 《新唐書》卷五六〈刑法志〉，頁 1415-1416。

264 官人服制見《舊唐書》卷四五〈輿服志〉。相關討論可參考：李斌城等編，《隋唐五代社會生活史》（北京：中國社會科學出版社，1998），頁 79-84。

265 《舊唐書》卷八九〈狄仁傑傳〉，頁 2888-2889。

盤枷、綁手圖

(左)盤枷下懸鐵錘，(右)綁手

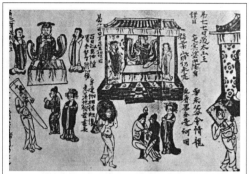

長枷、盤枷、綑綁、枷圖

(左)戴長枷，(中1)盤枷下懸鐵錘，

(中2)人綁柱上，手綑綁，(右)戴枷

　　居作者勞動辛苦，為了讓其有休整、調濟的機會，故有旬休給假一日這種例行性的安排。至於寒食拜掃、臘祭報本，都是讓居作者盡人倫孝道，也都給假二日。[266]但假內都不得出所役之院。居作者患病可請患假，可是仍需補完役日。役滿，則送歸原屬單位。

　　宮內人懈怠職事、違法亂紀，可能以行政處分或杖笞為多，判徒以上罪，並命其居作的意義其實不大。蓋宮內人原本就擔任各種服侍工作，居作不過是責罰他更辛苦，勞動強度更高的工作，但這種人力的調度，真能減少宮中勞役的使用？自穆宗以來，宮中大型的修繕活動，如作望仙樓、浚魚藻池、修未央宮、百福殿、左銀臺門等工程，都是調發神策軍為之，[267]即使其中混有被判處居作的宮內人，相信也是極少數，至於他們居作時是否依〈獄官令〉的規定戴刑具，並給假，則無以為證。

<hr />

[266] 唐人的假日安排及其意義，見：《隋唐五代社會生活史》，頁587-595，619-621；譚蟬雪，《敦煌歲時文化導論》（臺北：新文豐出版公司，1998），頁363-366。

[267] 《新唐書》卷八〈武宗紀〉，頁244；《舊唐書》卷十六〈穆宗紀〉，頁480；卷十七上〈敬宗紀〉，頁520；卷十七下〈文宗紀〉，頁557；卷十八下〈宣宗紀〉，頁618、619。

(三) 生活與醫療

獄囚生活與醫療的完整法令，始見於晉〈獄官令〉：[268]

> 獄屋皆當完固，厚其草蓐，切無令漏濕。家人餉饋，獄卒為溫暖傳致。
> 去家遠，無餉饋者，悉給廩。獄卒作食，寒者與衣，疾者給醫藥。

《晉令》對獄囚的衣、食、住、醫療作了相當人道性的規範。但相關的法令與作為，可能在漢代已有之。楚王英謀反案，陸續遭連引，漢明帝命使者拷問。續母至京師，覘候消息：[269]

> 獄事特急，無緣與續相聞，母但作饋食，付門卒以進之。……（續）唯
> 對食悲泣，不能自勝。使者怪而問其故。續曰：「母來不得相見，故泣
> 耳。」使者大怒，以為門卒通傳意氣，召將案之。續曰：「因食餉羹，
> 識母所自調和，故知來耳，非人告也。」

陸續母並未得門卒放行，至獄中見到陸續，而是將所作饋食付門卒送給陸續，這與《晉令》的「家人饋餉，獄卒為溫暖傳致」，若合符節。唐〈獄官令〉在餉饋部分沒有像《晉令》規定的那麼細緻，但相關各面向也都注意到，有些細節還陳述得更清楚：[270]

> 諸獄皆厚鋪蓆蓐，夏月置漿水。其囚每月一沐。

> 諸流人至配所居作者，並給官糧。若去家懸遠絕餉及家人未知者，官給

---

[268] 張鵬一編著，徐清廉校補，《晉令輯存》（西安：三秦出版社，1989），卷三〈獄官令〉，頁168。

[269] 《後漢書》卷八一〈獨行列傳・陸續〉，頁2682-2683。

[270] 《天一閣藏明鈔本天聖令校證（附唐令復原研究）》，〈唐開元獄官令復原研究〉，復原59條、61條，頁649。

衣糧，家人至者，依數徵納。（其見囚絕餉者，亦準此。）

　　獄囚之糧餉、住居、衛生等生活情形，〈獄官令〉已明訂普遍性法則，無論在京、在外都要遵守，故覆囚使到諸州，「先檢行獄囚枷鎖、鋪席及疾病、糧餉之事，有不如法者，皆以狀申」，[271]就是依〈獄官令〉來考核。所司如果不依令行事，法官就會用〈斷獄律〉「囚應給衣食醫藥而不給」條加以論處。[272]

　　唐律令雖嚴，但舞文深刻之不肖法吏所在多有，除了則天時期如來俊臣、索元禮等酷吏外，不依法行事者可能還相當不少，高宗誡斥深文之吏曰：「乃有懸枷著樹，經日不解；脫衣迴立，連宵忍凍；動轉有礙，食飲乖節，殘酷之事，非復一途。」[273]這是在衣食漿飲與住居方式上，折磨獄囚。沈佺期〈被彈〉詩自述親身遭遇與所見所聞：「窮囚多垢膩，愁坐饒蟣虱。三日唯一飯，兩旬不再櫛。是時盛夏中，暵赫多瘵疾。瞪目眠欲閉，喑鳴氣不出。」[274]法吏不僅惡意不按時供獄囚飲食，獄中的衛生條件也極差，所以易於染上疾患。柳宗元〈斷刑論下〉亦曰：「大暑者數月，痒不得搔，痺不得搖，痛不得摩。饑不得時而食，渴不得時而飲。目不得暝，支不得舒。怨號之聲，聞於里人。」[275]這種肉體與精神的雙重傷害，比之律令所表現的人道與悲憫作法，實有天壤之別。如果這些描述是一般獄所的常態，那麼宮獄會比較好嗎？

　　貞觀時，承乾與泰爭太子位，結果太宗兩廢之，並曾分別繫於別室、北苑。新立之太子治上表：「承乾、泰衣服不過隨身，飲食不能適口，幽憂可憫，乞敕有司，優加供給。」[276]承乾與泰畢竟是罪人，有司所供衣食，可能只如尋常獄囚，所以才有太子治優加供給的請求。至於高宗廢后與庶人蕭氏，「其室封

---

[271]　《天一閣藏明鈔本天聖令校證（附唐令復原研究）》，〈唐開元獄官令復原研究〉，復原 6 條，頁644。

[272]　《唐律疏議》卷二九〈斷獄律〉「囚應給衣食醫藥而不給」（總473條），頁549-550。

[273]　《唐大詔令集》（臺北：鼎文書局，1978），卷八二〈法司及別敕推事並依律文詔〉，頁471。

[274]　《沈佺期集校注》卷一〈被彈〉，頁66。

[275]　柳宗元，《柳宗元集》（臺北：漢京文化公司，1982），卷三〈斷刑論下〉，頁90-91。

[276]　《資治通鑑》卷一九七太宗貞觀十七年條，頁6198。

閉極密，惟開一竅通食器出入」[277]，其飲食應該是官給，但也不排除家人送入。英王妃趙氏坐廢，幽閉於內侍省，「食料給生者，防人候其突煙」[278]，則顯然不是由家人供餉，而官司竟給生的食料，令其自烹煮。晚唐劉季述幽昭宗與嬪御於東宮，「穴牆通食者兩月」[279]，是極盡侮辱之能事。上述諸例看起來，宮獄中的飲食應以官給為主，但粗糙難以適口，或竟故意刁難給生食，至於穴牆而入，則防逃與輕蔑之意甚濃。

〈獄官令〉曰：「官給衣糧，家人至者，依數徵納。」意謂獄囚絕餉則官暫時貼給，獄囚之衣糧還是應由自家供給。則天時張錫與蘇味道同下司刑獄三品院，張錫「惟屏食飲，無異平居」，蘇味道則「席地而臥，蔬食而已」。[280] 同獄不同食飲，可見家人可供饋，不必都由官給。玄宗朝張說因事得罪，帝遣高力士往視，見說「蓬首垢面，席藁，家人以瓦器饋脫粟鹽疏」，為自罰憂懼者。[281] 就明白指出其飲食由家人送來。然而，如前引漢代陸續母之饋食，付門卒以進；《晉令》亦言，家人饋餉，由獄卒傳致。可知家人縱然送來飲食，也不能直接送到所關之囚所，而必須由獄卒轉傳而至。宮獄的情形或許亦類似，沈佺期在禁司受刑，詩曰：「嚴城看熠耀，圜戶對蜘蛛。累餉唯妻子，披冤是友于。」[282] 禁司獄所嚴密異常，還連累妻子送來飲食。以此為證，宮獄囚徒可由家人供食，不必都是官給，但也由於其收禁於圜土，故非平人隨意可入，大概也經獄卒遞送至。

飲食之外，衣物同樣也可轉傳。狄仁傑被誣反，求守者得筆硯，於綿衣中置帛書訴冤，判官王德壽不察，將綿衣付仁傑家人，其子遂持書告變。[283] 由此例可知，衣物或飲食的轉傳，要經判官的審察，確知其中沒有夾帶不法物，才

---

[277] 《舊唐書》卷五一〈后妃上〉，頁2170。

[278] 《資治通鑑》卷二〇二高宗上元二年條，頁6376。

[279] 《舊唐書》卷一八四〈宦官‧楊復恭傳〉，頁4777。

[280] 《資治通鑑》卷二〇七則天長安元年條，頁6554。

[281] 《新唐書》卷一二五〈張說傳〉，頁4409。

[282] 《沈佺期集校注》卷一〈移禁司刑〉，頁68-69。

[283] 《舊唐書》卷八九〈狄仁傑傳〉，頁2888。

可放行，不是獄卒可以逕自為之。一般監獄是如此，宮獄更涉及宮內安全，審察與轉傳情況不會比之更寬鬆。宮人、宦者平日不許出宮，鮮能與家人聯絡，張籍〈宿山祠〉講述宮人墓：「宮人誰送葬來時」，「家在邊城亦不知」。[284]豈只是來自邊城的宮人，就算是在京城，也難得見面。高宗詔：「婦人為宮官者歲一見其親。」[285]玄宗特許家在教坊的宜春內人，每月兩次與生日時可與親人相見。[286]這些特許或特例，只限於少數有權有勢者與得寵者，而宮獄中的罪人，基於宮內事不得外洩的安全考量，即使家人聞知其罪而送來衣物，其檢查程序或許比宮外監獄更繁複與慎重。

獄囚另一個大問題便是為疾患所苦。高宗龍朔二年（662）〈恤刑詔〉：[287]

> 如聞率土州縣，留獄尚繁，困於囚繫，致於病死。……幽繫困滯，證逮遐廣，寒暑相襲，風露交侵，淹乎年歲，成其疾苦，加以榜笞失度，桎梏違方，巧詆深文，生將安望。

罪抵刑憲，身在獄中，案鞫遷延，憂能成疾。何況獄裏衛生環境不佳，洗沐食飲不以時，沈佺期詩裏的「垢膩」、「饑虱」，可能為普遍現象。再加上榜笞不依常規，典史妄生威福，獄囚因而致疾患，甚至病死，未必很罕見。〈獄官令〉於病囚之處置有特別規定：[288]

> 諸獄囚有疾病，主司陳牒，長官親驗知實，給醫藥救療，病重者脫去枷、鎖、杻，仍聽家內一人入禁看侍。（若職事、散官三品以上，聽婦女、

---

[284]　《全唐詩》卷三八六張籍〈宿山祠〉，頁 4350。

[285]　《新唐書》卷三〈高宗紀〉，頁 72。

[286]　崔令欽撰，羅濟平校點，《教坊記》（瀋陽：遼寧教育出版社，1998），頁 1。

[287]　《唐大詔令集》卷八二〈恤刑詔〉，頁 471。

[288]　《天一閣藏明鈔本天聖令校證（附唐令復原研究）》，〈唐開元獄官令復原研究〉，復原 60 條，頁 649。

　　子孫內二人入侍）

　　病囚在主司陳報，長官驗實後，隨即啟動醫療診治措施。病重者則脫去刑具，並聽家人入侍。凡應給醫藥而不給，應脫刑具而不脫，應聽家人入視而不聽，則所司該當論罪。[289]只是這樣的規定能否落實，頗讓人懷疑。以內鄉倉督鄧琬欠負度支漕米案來說，子孫相承禁繫二十八年，前後禁死九人，大和敕曰：「如聞鹽鐵、度支兩使，此類極多。其鄧琬等四人，資產全以賣納，禁繫三代，瘐死獄中，實傷和氣。」[290]既是此類極多，又子孫久繫，則不唯官府救療不力，恐怕連病重脫械，家人看侍，也空有其名。白居易〈百道判〉有一題曰：「得甲在獄病久，請將妻入侍。法曹不許。訴稱：三品以上散官。」[291]獄囚久病，其身分也符合家人入侍，但為法曹所阻。如果外間病囚不能一準〈獄官令〉之規範，那麼吾人能期待宮獄所司善待病囚？

　　宮獄所繫若是尋常宮人、宦者或軍將，其是病是死，沒人會在乎，也不會引起關注。但宮獄是政治敏感度極高的地方，政敵或爭寵者之間的相互對待，往往慘酷而無所不用其極。高宗因去探視廢后與庶人蕭氏，武后知之，遂令人各杖一百，截去手足，投於酒甕中，數日而卒。[292]二人被杖責之疾患不僅不加醫治，還用更殘忍的手段欲置之死地。所司視診療病囚之法令如無物，而唯當權者武后之命是從，史料未見高宗對此有何反應，或許更因此助長武后的氣燄。英王妃因母得罪天后，幽閉於內侍省，防人候其突煙數日不出，開視，死腐矣。[293]看來所司毫不關心獄囚的狀況，還是衛士發現情形異常，才開戶視之。昭宗與后妃侍從被關於少陽院，「時大寒，嬪御公主無衣衾，號哭聞於外」。[294]氣

---

[289]　《唐律疏議》卷二九〈斷獄律〉「囚應給衣食醫藥而不給」（總473條），頁549-550。

[290]　《舊唐書》卷一九〇下〈唐扶傳〉，頁5062。

[291]　白居易著，顧學頡校點，《白居易傳》（北京：中華書局，1988），卷六六〈判〉，頁1396。

[292]　《舊唐書》卷五一〈后妃上〉，頁2170。

[293]　《資治通鑑》卷二〇二高宗上元二年條，頁6376。

[294]　《資治通鑑》卷二六二昭宗光化三年條，頁8539。

候如此凝冽，渠等無衣衾，但誰人顧及其是否受風寒，是否需投藥？連后妃公主這等身分的人都被如此漠視，很難想像宮獄所司還會在意獄囚患什麼病，要怎麼治？至於病重者脫刑具，家人入侍的規定，大概也只是具文而已。

　　唐中期以後，鞫於軍獄或鞫於內仗的案件還不少。魚朝恩所置之北軍獄，「使坊市惡少年羅告富室，誣以罪惡，捕繫地牢，訊掠取服，籍沒其家貲入軍」。[295]這些被誣告者，必是遭極嚴酷的拷訊才取得供辭，軍獄所司既貪其資財，有置之死地的用心，又哪裏會管他身上的刑傷，為他延醫治療？再如甘露之變，許多大臣都涉入其中，繫入神策獄。宰相王涯時年七十餘，「被以桎梏，掠治不勝苦」，而「涯等親屬奴婢，皆入兩軍繫之」。禁兵又託以搜捕，執殺無辜大臣及其子，並掠其貲財。[296]此案不僅捕繫主嫌，連其親屬也一併收禁，以王涯之高年與高品，若因刑傷而致病，恐怕連個可入侍的親人還尋不到，不亦悲乎？在宦官與禁軍主掌下，宮獄中的重案、大案不乏訊治外廷朝臣，如果對他們都不依病囚之律令行事，吾人又怎能奢望其善待宮內犯？

　　唐代雖已想到治療獄中病囚，但尚未設置專門的監獄醫院，也未提及藥價要如何支付，更未考慮監獄的衛生問題。直到五代時期才有比較大規模的獄政改革，如後唐明宗置病囚院，晉高祖命於公廨錢內支藥價，周太祖敕灑掃牢獄，洗滌枷械。[297]這些措施對獄囚的生活與醫療都有極大的幫助，只是對唐人來說，似乎來的太晚了些。

(四) 獄政檢查

　　為了防止獄囚逃亡、自傷、傷人，或以財行賕，通傳言語、書信，〈獄官令〉的檢查措施有如下規定：[298]

---

[295] 《資治通鑑》卷二二四代宗大曆五年條，頁7210。

[296] 《資治通鑑》卷二四五文宗太和九年條，頁7914。

[297] 五代的獄政改革，可參考：杜文玉，〈論唐宋監獄中的醫療系統——兼論病囚院的設置〉，《江漢論壇》2007年5期，頁92。

[298] 《天一閣藏明鈔本天聖令校證（附唐令復原研究）》，〈唐開元獄官令復原研究〉，復原59條，頁649。

其紙筆及酒、金刃、錢物、杵棒之類，並不得入。

如違此令，《唐律・斷獄律》「與囚金刃解脫」條與「主守導令囚翻異」條，[299]都有處罰條款。只是掌理其事的獄丞或獄吏未必能切實執行。如狄仁傑承反待行刑，不復嚴備，仁傑乃求守者得筆硯，為書置綿衣中以告變，竟因此翻案。[300]洛州女子以姦繫大理，李義府囑丞畢正義出之。詔令鞫治其案，義府逼正義縊獄中以絕其謀。[301]蓋收買獄吏，通傳消息，逼令自縊。李繁蒙冤下獄，知且死，恐先人功業泯滅，從吏求廢紙掘筆，著家傳十篇。[302]無論這些案例的動機與方式若何，獄之內外還是有互通的可能性，及給紙筆的情形。

宮獄的檢查措施應比照一般監獄辦理，但宮獄更要防的是漏泄禁中事與宮廷政變，故在用刑上比一般刑律更重。《唐律・衛禁律》「闌入非御在所」條：[303]

即雖非闌入，輒私共宮人言語，若親為通傳書信及衣物者，絞。

這比一般監獄的通傳言語，自杖九十至絞，[304]刑度相差甚為懸殊。〈衛禁律〉此條只要在宮中通傳便處絞，[305]若是宮獄，情況只會更嚴重。目前所見最嚴格的案例是劉季述收禁昭宗及嬪御侍從等。天復元年（901）昭宗反正敕述及

---

299 《唐律疏議》卷二九〈斷獄律〉「與囚金刃解脫」（總470條）；又，「主守導令囚翻異」（總472條）。

300 《舊唐書》卷一八六上〈酷吏上・來俊臣傳〉，頁4839。

301 《新唐書》卷一四八上〈姦臣上・李義府傳〉，頁6340。

302 《新唐書》卷一三九上〈李繁傳〉，頁4639。

303 《唐律疏議》卷七〈衛禁律〉「闌入非御在所」（總69條），頁159。

304 一般監獄的通傳言語，見：《唐律疏議》卷二九〈斷獄律〉「主守導令囚翻異」（總472條）疏議曰：「及得官司若文證外人言語，為報告通傳，有所增減其罪者，以枉法論，依無祿枉法受財，一尺杖九十，一疋加一等，十五疋加役流，三十疋絞。」

305 唐律該條源自永徽五年太常樂工宋四入監內教，因為宮人通傳消息。高宗令處斬，仍遭附律。幸蕭鈞奏請而免死配流。（《唐會要》卷五五〈諫議大夫〉）有關此案的分析與討論，見：岡野誠，〈唐代における「守法」の一事例──衛禁律闌入非御在所条に関連して〉，《東洋文化》60号（1980），頁81-100。

此事曰：[306]

> 季述等幽辱朕躬，……每有須索，皆不供承。要紙筆則恐作詔書，索錐
> 刀則慮為利器，凌辱萬狀，出入搜羅。……緡錢則貫百不入，繒帛則尺
> 寸難求。……

　　宮廷政變中，紙筆、金刃的危險性顯而可見，緡錢則防其賄賂看守者，繒
帛可能防其自縊。亦即舉凡人員的進出，物件與訊息的通傳，都要嚴格管制，
不讓任何危險品、違禁品有進出宮獄的機會。正因為緊張形勢蔓延宮中乃至宮
外，故崔胤欲結都將孫德昭迎回皇帝，還要「割帶內蜜丸通意」，[307]可見宮獄
與入宮的檢查措施，非比尋常的嚴。

　　為防司法審判之遲滯與冤濫，一般監獄還有長官五日一慮，覆囚使分道按
覆諸州，與御史月別巡行等三種司法救濟方式。慮囚或錄囚可以是皇帝的恩典，
[308]但更經常性的五日一慮，則由當處長官決斷。[309]覆囚使取歷任清勤、明識法
理者充任，分道巡覆，檢行諸州之案件與獄政。[310]在京囚徒則月別令御史巡行，
隨事糾彈。[311]這些司法救濟措施能否適用於宮獄，頗為可疑。

　　玄宗開元八年（720）詔：[312]

---

[306] 《舊唐書》卷二十上〈昭宗紀〉，頁 771-772。

[307] 《新唐書》卷二〇八〈宦者下・劉季述傳〉，頁 5892。

[308] 慮囚或錄囚之探討，可參考：陳俊強，《皇恩浩蕩──皇帝統治的另一面》（臺北：五南圖書公司，
2005），頁 235-245；島善高，〈唐代慮囚考〉，收入：《瀧川政次郎博士米壽紀念論集──律令制
の諸問題》（東京：汲古書院，1984），頁 639-659。

[309] 《天一閣藏明鈔本天聖令校證（附唐令復原研究）》，〈唐開元獄官令復原研究〉，復原 49 條，頁
648。《唐六典》卷六〈刑部〉、卷十八〈大理寺〉都有載。

[310] 《天一閣藏明鈔本天聖令校證（附唐令復原研究）》，〈唐開元獄官令復原研究〉，復原 4 條、6 條，
頁 644。

[311] 《天一閣藏明鈔本天聖令校證（附唐令復原研究）》，〈唐開元獄官令復原研究〉，復原 62 條，頁
649。

[312] 《冊府元龜》卷一五一〈帝王部〉「慎罰」，頁 1825。

如聞囚徒，或有冤滯，久在幽繫，情何以堪。其外州已有使覆，京城內宜令中書門下，就禁司按理，如有枉濫，隨事奏聞。

詔書中的禁司，似乎就指禁中諸獄。玄宗把中書門下按理禁司，比照外州的覆囚使，只是覆囚使與州司有異見，申牒刑部，而禁司有枉濫，奏聞天子。此事有可能是單一事件，未必是常制，但能讓外官入禁中諸獄疏理囚徒，無疑是極難得之舉。

唐後期禁軍與內諸司使勢力強大，向外侵奪府縣與法司之審判權，反之，外官想要入內獄申理，根本是不可能的。敬宗初即有〈疏決囚徒詔〉：[313]

必慮囚徒之中，或有冤濫，宜令御史中丞、刑部侍郎、大理卿同疏理，決遣訖，聞奏。其在內諸軍使囚徒，亦委本司疏決聞奏。

這裏的慮囚，是在當處長官五日一慮之外，別令三司同疏理，是常制之外的特殊處置。比較異常的是，此詔竟也考慮內獄之慮囚，不過不是讓外朝法司入內申理，而是任在內本司自行疏決。慮囚本有司法救濟的作用，讓冤滯案件有重新思考或再推問的機會，但若執行慮囚之在內諸軍使仍由本司負責，缺乏外在的監督制衡力量，那麼以禁軍與宦官的強勢，其慮囚的效果可能會大打折扣。

唐前期的司法救濟還有御史月別巡行諸獄的辦法，《新唐書》御史臺條：[314]

分左右巡，糾察違失，左巡知京城內，右巡知京城外，盡雍、洛二州之境，月一代，將晦，即巡刑部、大理、東西徒坊、金吾、縣獄。

左右巡先由監察御史掌，後由殿中侍御史掌，其職在每月巡行諸獄，然唐

313　《冊府元龜》卷一四五〈帝王部〉「弭災三」，頁 1755。

314　《新唐書》卷四八〈百官志〉，頁 1238。

後期之御史巡囚似改為每季為之。其與宮獄相關，並引起軒然大波的案件是崔
薳入右神策軍：[315]

> （貞元）十九年十二月，監察御史崔薳笞四十，配流崖州。初，建中元
> 年，敕京城諸軍諸使，及府縣，季終命御史分曹巡按繫囚，省其冤濫以
> 聞。近年以北軍職在禁密，但移牒而已，御史未嘗至。薳在宮近，不諳
> 故事，至右神策軍云，奉制巡按。軍使等以為持有制命，頗驚愕，軍中
> 遽奏之，上發怒，故有此命。

　　建中元年（780）的御史巡囚不僅是京城內諸獄，也包含諸軍諸使之繫囚，
更特別的是初時似可入北軍獄等內獄。自建中四年（783）涇原兵變後，德宗大
為倚靠禁軍，或許因此北軍不滿御史巡囚至內獄，故要求移牒而已，禁御史再
入內獄。御史巡囚為省冤濫，目的是讓當事人有言辭辯論的機會，借由事實審
以查明真相，但如只是移牒不再開庭審訊，則只靠著書面審，難免予人虛應故
事的感覺。監察御史崔薳不諳故事，以為如一般巡囚那樣，輕易踏入內獄這個
地雷區，遂遭此刼。

　　慮囚、覆囚、巡囚，都是唐代的司法救濟措施。覆囚到外州，與宮獄無關。
慮囚、巡囚都曾觸及內獄，但中書門下能普遍按理禁司的各種獄，連殿院囚室
也不忌諱？諸軍使能容忍外官入內獄查核，不怕其中祕辛被攤在陽光下？總之，
制度化的慮囚、巡囚，視宮獄為禁地，是獄政檢查的一大缺口。主管宮獄的各
司自行其是，在宮中建構起獨立於外司的監禁場域。

五、小結

　　宮中人身分複雜，如有過犯，便拘繫在其所屬單位的獄所裏。總管宮中職

---

[315]　《唐會要》卷六〈御史臺上〉，頁1056。

事的最大機構是內侍省，其下之掖庭局掌宮禁女工之事，而掖庭獄便是專門收治女性囚犯的地方，此外，永巷也有監獄的性質。只是這兩種獄所未必只囚禁宮人，公主、嬪嬙也可幽閉於此，但囚室應有貴賤之分。內侍省宦官在審理女囚上似乎有些不便，處分女囚之責便落在宮官之宮正身上。內侍省下另有內侍獄，除了關押宦官外，更引人注意的是也可拘禁諸王、官吏、軍將與百姓。內侍省之獄所不只體現男女異獄的特色，在身分上也有明顯差距。尤其是內侍獄所論案件常依詔獄指示，不限宮中人、宮中事，並有準司法機構的性質，它能突破宮城的限界，與外廷法司爭權，這與中期以後宦官勢力增長，又得皇帝信任，有絕大關係。

　　宮廷靠兵將護衛，兵將難免犯錯，軍獄自然必須存在。宮內軍種有禁軍、衛軍之分，犯者視所屬而轄於禁軍獄或衛軍獄。唐前期衛軍勢大人眾，諸衛可能自有軍獄，但後期衛軍已大為萎縮，較明確見到的似只有金吾獄，只是其中關押的已不僅於宮中的軍人，還有宮外因故犯事的官吏、百姓，同時它亦可做為暫時留置之拘所，亦即軍獄的特質已漸削弱。禁軍別有自己的獄所，前期的羽林獄確實可見審理宮內軍人，但後期的北軍獄常因皇帝庇護，宦官擅權，而審理政治案件，關押外臣與百姓，甚至與法司爭奪審判權。北軍獄在非戰爭時期，對非軍人身分與宮外人進行處分，既喪失軍獄的職能，也很難單純的只視為宮獄。

　　宮獄以內侍省、禁衛軍所屬的獄所為最重要的兩大體系，其他的則為臨時的、短期的、非常設的、或具不確定性。東宮的獄所在轉到少陽院後是否還存在，無可證。身分尊貴的皇室成員不願其困辱於內侍宦者之手，故另闢殿院囚室幽繫之。待罪朝堂、闕下等處的朝官，並非關於宮獄，他是否有罪，唯聽候皇帝的裁決。至於新開獄、銀臺察事，設置時間都不長，前者有祕獄性質，後者聽命於權臣，其實所決也不以宮內人、宮內事為限。

　　宮內各司都有掌戒令、決罰的官員，宮中案件在處理上有三種方式，一是執法者的行政監督。也就是當他發現執勤者失職違法時，輕者則直接喝斥笞打，施以小懲；重者則收於宮獄，再作處分。宮中秩序有賴完善的管理工作，但隨

著宦官勢力的增長，對宦者的約束力道愈來愈薄弱，就難免影響宮務的運作，並讓宦官愈發囂張。二是皇帝特有的政治裁決權。皇家事務敏感且隱密，非尋常法司能鞫問；皇帝對諸王的監控，一如讓他置身於宮中大獄；宮中事無大小，但憑皇帝喜怒為之，這是唯他才能擁有的專屬權力。三是經司法審判來定罪。宮獄案件或詔獄指定的大案，同樣要經告發、逮捕、羈押、審訊、判決之訴訟程序，進行司法審判。只是唐中期以後內侍獄與北軍獄所審頗多非宮中人、宮中事，且不乏刑事案件，遂引發與法司、府縣間的司法爭奪戰。皇帝在處理審判權之爭時，表面上是採取內、外分司受訴的模式，但事實上卻從未放棄內獄由內司審理的原則。

宮獄的隱密性、身分性更甚於一般監獄，在獄政管理上除了依尋常體制外，也有其特殊性。在關押方式上，貴賤、男女異獄是常態，但為防獄中人與外界接觸，引發政治效應，獄所常封閉極密。在刑具方面，宮獄似依所犯人、所犯事斟酌為之，未必全依法令規定。再者，宮人原本就在宮中從事各種工作，判其居作的意義並不大，宮中的大型工程也幾乎未見由宮獄囚徒來居作。在獄囚的衣食生活上，雖以官給為之，但頗粗糙或故意刁難，如有家人送來，也要經嚴格的檢查程序。宮獄囚徒為疾患所苦，可能是頗為普遍的現象，且不論其能否脫刑具，讓家人入侍，主事者甚至故意不為之診療，並用更殘忍方式對待之。在獄政檢查上，凡足以洩漏宮中事或造成危害的物品與訊息，一律禁止。至於防止司法冤濫的救濟措施慮囚與巡囚，外官既難入宮獄，宮獄已成為司法檢查上的化外之境。

唐代宮中的監獄，有特定的獄所，也有臨時性的設置，原本以拘繫宮中人，審理宮中事為主，但中期以後愈發不限於宮中人、宮中事，甚至與外廷法司、府縣爭權。宮獄之所以變質是諸多因素造成的，皇帝的恣意迴護，權宦的不法專斷，禁軍的囂張跋扈，朝官的無力抗衡，多方角力的結果，讓宮獄不受法律約束，成為破壞法秩序的一個場域，而最終的受害者便是宮獄中的囚徒。

附論　後宮制度與政治

唐代後宮女官研究
── 宮官制度的形成、演變與影響

一、前言

　　蔡邕曰：「禁中者，門戶有禁，非侍御者不得入，故曰禁中。」[1]在宮禁之中的侍御者主要是宦官與宮女，其服侍的對象除了皇帝、太子以外，還有皇后、妃嬪等女性。儘管歷代都用閹宦服侍后妃，但如能更有系統地安排女性近身服侍后妃，豈不讓后妃更方便、更自在？唐代的後宮女性有三個層級，最高層是名為內官的妃嬪，其次是管理階層的宮官，她們具有品階；[2]最下層是人數眾多，以服務為主，沒有品階的宮女。[3]唐代的宮官可指三類人，一是東宮官屬，二是宦官，三是後宮女官。[4]本文的研究對象是後宮女官，但唐代女官的制度名稱只

---

[1]　《史記》（臺北：鼎文書局，新校標點本，1986），卷六〈秦始皇本紀〉二世二年條《集解》引蔡邕語，頁271。

[2]　學者常將帝王妃嬪亦稱為女官，並以女官名篇，廣義的指后妃或其他女職，如：周文英，〈略論中國古代的女官制度〉，《遼寧大學學報》1996年3期，頁56-58；董云香，〈《周禮》所記女官述論〉，《文化學刊》2008年2期，頁20-23。唐代內官、宮官雖然已劃分清楚，但因都是有品階的後宮女性，亦泛稱為女官，如：潘泰泉，〈唐代的女官〉，收入：朱雷主編，《唐代的歷史與社會》（武漢：武漢大學出版社，1997），頁558-564；劉曉云，〈唐代女官的特點〉，《首都師範大學學報》（社會科學版）2006年2期，頁29-32。

[3]　唐代宮人的三個層級，見本書〈唐代的宮女群體及其對宮廷政治的影響〉。

[4]　東宮官屬是訓導、服侍、禁衛太子的官員，又稱宮僚（寮）、宮臣。宦官是內官，所謂「宮者使守內」（《周禮注疏》（十三經注疏本），卷三六〈秋官司寇〉「掌戮」），因其為宮闈之臣，亦可稱

見宮官，宮官可說是後宮女官的專稱。即使其後出現一些系統不明的女官，可視為宮官制度的變異，然整體來說，宮官一定是女官，而女官未必是宮官，女官應是一種泛稱。女官原本是在宮中服侍后妃，管理宮女的專職人員，但她們的出現並不很早，本文要尋索其演變軌跡。

　　唐代的宮官組織規模不算小，權責規定得很細緻。但如果說其服務對象僅限於后妃，也未免太狹隘，宮廷中凡事皆可預聞的皇帝，有時仍會調度之。只是宮廷中有些女性職官的名號不見於宮官體系，似說明後宮女職的需求在增加，既有的架構已不敷所用，宮官系統在變化中，並因應情勢隨時做調整。至於新名號的女官，是否納入宮官組織中，則還有待討論。通常印象中，宮中最大宗的服侍者是宦官與宮女，宦官隸屬於內侍省，宮女是由宮官，還是宦官節制？我們有必要界定宮官與內侍省的對應關係，以了解這群後宮女官的作用，並為她們在宮廷中找到一個適切的位置。

　　唐代確立了六局二十四司的宮官系統，它在後宮有其樞紐地位，制度上的人數近三百人，為了確保宮務的持續推動，宮官不能有職司空缺無人的狀態，因此宮官的來源與進用應有穩定方式。宮官處理的是后妃的日常生活及相關朝儀，故宮官的素質應有一定的講究。唐代的女性意識較強，[5]還有女主干政的問題，身為後宮的女官，不是只會女紅、烹煮就好，其知識能力也非常重要，甚至要處理文書業務或參與國政，是以後宮女官的身分特色與文化意義，也是本文著意探究的課題。

　　宮官有品階，可以封爵為命婦，也可參與禮典，其一切待遇皆比照外官或內侍宦官？宮官應恪守宮規，不能隨意出宮，但在生活上她能有多大的自主性？她能有婚姻嗎？還是一入宮門便只能終老於斯？自良家選入的宮官，何時能會

為宮官。後宮女官最早所見是世婦，鄭玄云：「后宮官也。」（《周禮注疏》卷十七〈春官宗伯〉「世婦」）歷代女官雖有個別職名，但直到隋唐時期才出現宮官這樣的特定名稱。上述三類人各有不同的服務對象與權責，唯因都在管理宮廷事務，皆可名之為宮官。但本文主要探討的宮官是後宮女官。

5　陳弱水，〈初唐政治中的女性意識〉，收入：陳弱水，《唐代的婦女文化與家庭生活》（臺北：允晨文化公司，2007），頁 199-240。

見親人，其與家族的關係若何？唐代兩京都有掖庭宮，為了方便管理宮女，掖庭宮是否也是宮官的廨署或居處所在？

　　唐朝是女性參政最積極的時代，後宮女官接近皇帝或貼近女主，自然容易成為倚重的對象，她們常被差遣擔任一些份外的工作，也在一波波的宮廷事變中見其身影，女官在政治上的影響力是不容小覷的。唐後期女主干政情況改善，相對地，宮內宦官勢力卻大幅膨脹，後宮女官在政情丕變的狀態下，還能有所表現？晚唐皇帝與宦官爭權時，女官能夠置身事外？女官在後宮雖是個不起眼的角色，但她如何在夾縫中求生存發展，仍需本文做深入解析。

　　既有的後宮女官的研究非常少，如漢代考古資料所做的宮官集釋，[6]其實在論三后官、太子官，而且所用無論是中人、士人，都非後宮女官。揚州出土的漢代官印中，稱「妾某」的可能是後宮女官，但也有的是諸侯王後宮的女官。[7]以後宮女官為主題進行全面性探討的始於北朝，蔡幸娟〈北朝女官制度研究〉、苗霖霖《北魏後宮制度研究》，[8]都是頗有見地的論著。在唐代方面，潘泰泉〈唐代的女官〉，[9]雖將內官、宮官區別開來，但在論述宮官時，卻又與宮女混淆在一起。對於宮官身分與權力的變化，分析得最深入的是趙雨樂〈唐前期宮官與宦官的權力消長〉與鄭雅如〈唐代前期預政女性身分的官僚化〉，[10]只可惜二篇文章在宮官的沿革、進用、職權、演變，與其他官僚的關係，以及後期宮廷中宮官的勢力等方面，似仍有未盡之意。

　　宮官在唐代是常設機構，上以應對皇帝、后妃，下以節制諸多宮女，還要

---

[6]　蕭亢達，〈從漢代文物考古資料所見"宮官"集釋談《漢書・百官公卿表》中的一處句讀問題〉，《考古與文物》1996 年 4 期，頁 60-67。

[7]　顧�，〈揚州出土的"妾莫書"與"舒宴"印小議──兼論西漢時期的女官制度〉，《東南文化》2007 年 5 期，頁 77-79。

[8]　蔡幸娟，〈北朝女官制度研究〉，《成功大學歷史學報》24 號（1998），頁 175-213；苗霖霖，《北魏後宮制度研究》（新北市：花木蘭出版社，2013）。

[9]　潘泰泉，〈唐代的女官〉，頁 557-567。

[10]　趙雨樂，〈唐前期宮官與宦官的權力消長〉，收入：趙雨樂，《從宮廷到戰場：中國中古與近世諸考察》（香港：中華書局，2007），頁 1-35；鄭雅如，〈唐代前期預政女性身分的官僚化：從上官婉兒墓誌談起〉，《中國史學》24 卷（京都：朋友書店，2014），頁 87-102。

與宦官、其他官僚周旋，以維持後宮的正常運作。宮官雖然是後宮女官中最主要的體系，卻也順應時變，有了其他發展。正因為宮官在宮廷研究中有其重要性，故本文將揭開她的神秘面紗，並為後宮女官的文化作用與政治影響力找到合理解釋。

二、女官制度的沿革

做為後宮專業的的女性職官，女官的出現並不很早。《周禮》王者立后，並有三夫人、九嬪、二十七世婦、八十一女御，共計百二十人，以備內職。后正位宮闈，夫人「坐而論婦禮」，九嬪掌「婦學之法，使之教九御」，世婦掌「祭祀、賓客、喪紀之事」，女御「敘於王之燕寢，以歲時獻功事」。[11]夫人以下是王之妃妾，她們不是僅陪從宴遊而已，而是要論婦禮，或行婦職的。其中，世婦以上的身分尊貴，言禮不言職，女御則歲（歲）時獻功事，行絲枲職業之法。[12]看來王之妃妾，亦象王之六官，[13]也負有管理後宮，分擔宮中實務的責任，鄭玄云：「世婦，后宮官也。」[14]正是妃妾兼理宮務的明證。後宮除了王之妃妾外，還有縫人女御、女祝、女史、女奴、奚、女工等女奴之類八百九十九人，依其才智，掌諸婦人之事。[15]易言之，後宮女性若非王之妃妾，便是女奴，妃妾

11　《周禮注疏》〈天官冢宰〉卷一「九嬪」注，卷七「內宰」注，卷八「世婦」、「女御」，頁18、116、122。

12　《周禮注疏》卷七〈天官冢宰〉「內宰」疏曰：「內宰以婦人職業之法教九御。上文世婦已上，皆直言陰禮不言職，此言職者，以其世婦以上貴，無絲枲等職業之法故也。」（頁111）

13　《周禮注疏》卷八〈天官冢宰〉「女御」疏曰：「王之妃妾，三夫人象三公，九嬪象孤卿，二十七世婦象大夫，女御象元士。」（頁122）

14　《周禮注疏》卷十七〈春官宗伯〉「世婦」注，頁261。

15　孫詒讓撰，王文錦、陳玉霞點校，《周禮正義》（北京：中華書局，2013），卷一〈天官冢宰〉「敘官」詒讓案：「內司服縫人女御人十人，女祝四人，女史八人，女奴百二十五人，奚六百七十二人，女工八十人。凡女官、女庶人，總八百九十九人。」這裏的「女官」可能是「女宮」，《周禮注疏》卷七〈天官冢宰〉「寺人」注：「女宮，刑女之在宮中者。」此處所言似皆為宮中之刑女，即女奴，《周禮注疏》卷十七〈春官宗伯〉「守祧」注曰：「女祧、女奴有才智者。……奚，女奴也。」疏

象六官，卻非專業女官，女奴掌婦人事，身分卻甚低賤。《周禮》後宮罕見不是王之妃妾，但身分又不卑賤的女性職官。[16]

漢代自武帝以後，頗增修後宮之制，世謂「掖庭三千，增級十四」，[17]即漢帝妃妾有十四個品級，十九個名目，班固〈兩都賦〉曰：「蓋以百數。」[18]可以想見漢帝妃妾群龐大，人數不下於周制；而掖庭女性三千，則過於古昔女奴之數。掖庭是後宮女性居住之處，妃妾群既人數眾多，相應地，服侍宮女亦大幅擴充，才能滿足實際需求。妃妾群中，長使爵比五大夫，視六百石；少使爵比公乘，視四百石，位階不算太低，但顏師古注曰：「主供使者。」[19]似乎如周制之世婦、女御之類，不全然地被供養，仍被賦予某些任務。少使是十一等，其下還有三個等級及家人子等名目，則這些人就算可被進御，也應有較具體的職事要承擔。

兩漢以下，後宮裏有些人原本只是女侍，但也因緣際會下成為帝王妃妾。如漢元帝傅昭儀「少為上官太后才人」，元帝為太子時得幸，這個才人應是太后身邊的侍者。東漢和帝數失皇子，鄧后憂繼嗣不廣，「數選進才人」，以博帝意。[20]才人竟成為掖庭妃妾的人選之一。曹魏時，才人身分依舊有些曖昧，如曹爽私取「先帝才人」七八人為伎樂，又發才人五十七人，使先帝倢伃教習為伎。[21]這些才人正在帝王侍者與女伎之間。大概直到西晉，才人方正式列入妃妾

日：「女史之類，皆女奴有才智者為之。無才智者，即入奚類。」又，卷一〈天官冢宰〉治官之屬「女祝」注曰：「女祝，女奴曉祝事者。」「女工」注曰：「女工，女奴曉裁縫者。」「內司服」、「縫人」下皆有女御，疏曰：「此以女御還是女奴曉進御衣服者。……王見之，或當王意，廣其禮，得與八十一女御同名。欲見百二十人外，兼有此女御之禮，王合御幸之。」女奴曉進御衣者亦可得御幸，但其身分非妃妾。孫詒讓此處所言皆女奴或女宮，未見女庶人之例。

16　《周禮》所記女職，除了王之妃妾如九嬪、世婦、女御，王之同姓女內宗，王之姑姊妹外宗之外，其他如女祝、女史、內司服、縫人、女巫等都是女奴身分。只有春官宗伯下的世婦是外命婦，既非王之妃妾，也非女奴。上述十一職見於董云香之歸納，見：〈《周禮》所記女官述論〉，頁20-23。

17　《後漢書》（臺北：鼎文書局，新校標點本，1975），卷十上〈皇后紀〉，頁399。

18　《後漢書》卷四十上〈班固傳〉，頁1344。

19　《漢書》（臺北：鼎文書局，新校標點本，1986），卷九十七上〈外戚傳〉，頁3935。

20　《漢書》卷九十七下〈外戚傳〉，頁3999-4000；《後漢書》卷十上〈皇后紀〉，頁420。

21　《三國志》（臺北：鼎文書局，新校標點本，1974），卷九〈魏書〉〈曹爽傳〉，頁284-285。

群，爵視千石以下，晉帝諸子不乏為才人所生。[22]可是南朝諸世總不忘在才人、中才人妃妾身分後，加上散位、散役、散職這樣的註解，[23]說明他們是兼有女侍性質的妃妾。類似情形亦出現在北朝，北齊河清令依古制三夫人、九嬪、二十七世婦、八十一御女置內命婦，武成帝自外又置才人等散號。[24]可見歷代妃妾的位號不僅常有變動，下層妃妾可能如女侍般地被役使或服侍他人，不能養尊處優的閒逸過日。

自漢代以來，帝室、皇后的服侍供養，有少府、詹事等專官來負責，或士人、或宦者，卻鮮少見到女性職官在處理宮務。即使帝王妃妾要分擔少數雜務，也總要顧及其尊嚴與體統，怎可與身分微賤的女侍、伎人平等齊觀？尤其自漢武帝大幅擴充宮掖後，「掖庭三千」，占絕大多數的便是各類侍人的宮女。宮女的督導，若要由妃妾來下指令，妃妾的勞務豈不太沈重，又豈能符合其尊貴的身分？因此宮中有必要設置某些女性職官，以服侍后妃，並供其調遣。《漢書》記武帝時戾太子反，收捕江充，太子使舍人夜入未央殿，「因長御倚華具白皇后」。如淳注：「漢儀注女長御比侍中。皇后見婕娥以下，長御稱謝。」[25]可見長御是隨侍皇后的女性職官，使人入見要透過長御傳達，妃妾入見則由長御答謝，其職比侍中，顯示其在後宮的重要性。元帝為太子時，皇后擇後宮家人子可虞侍太子者，見政君等五人，「微令旁長御問知太子所欲」。[26]長御雖不見於漢代職官系統，但應是常在皇后身旁，得皇后信任與重用的女官，晉灼以為即「宮長」，[27]蓋宮中女官之長也。

漢代的宮中女官還有其他名目，成帝所御幸的中宮史曹宮，司隸解光奏言

22　《晉書》（臺北：鼎文書局，新校標點本，1979），卷六十四〈武十三王傳〉，頁1719；又，〈元四王傳〉，頁1725。

23　《南史》（臺北：鼎文書局，新校標點本，1981），卷十一〈后妃傳〉，頁316-317；《陳書》（臺北：鼎文書局，1975），卷七〈后妃傳〉，頁120。

24　《北史》（臺北：鼎文書局，新校標點本，1981），卷十三〈后妃傳〉，頁487。

25　《漢書》卷六十三〈武五子傳〉，頁2743-2744。

26　《漢書》卷九十八〈元后傳〉，頁4015。

27　《漢書》卷九十七下〈外戚傳〉引晉灼注，頁3991。

係官婢曹曉女，「前屬中宮，為學事史，通詩，授皇后」。[28]曹宮為官婢之女，其身分當屬官婢。曹宮生長宮中，但能有書藝才能，應是受益於宮中的教育體系。曹宮的職稱是學事史、中宮史，可能都是皇后身旁女史之類通文書的人。《周禮》疏曰：「女史之類，皆女奴有才智者為之。」[29]曹宮的身分與職稱，看來源自古制，二者間有著一脈相承的關係。歷來史家非常重視王之言動，有左史右史記言記事，[30]以昭德塞違，勸善懲惡。然而，后妃左右似乎也有女史載筆，以知得失，自警戒耳，所謂「女史彤管，記功書過」。[31]《周禮》云：「女史，掌王后之禮職，……書內令，凡后之事以禮從。」[32]《毛詩》〈國風〉〈邶柏舟・靜女〉：「貽我彤管。」疏曰：「后夫人必有女史彤管之法也。」[33]正因為女史記宮中后妃事其來有自，所以成帝班倢伃因趙氏驕妒，恐見危，作賦自傷曰：「陳女圖以鏡監兮，顧女史而問詩」，[34]就以女史誦諸篇詩，明箴戒之意，而自惕厲。無論女史身分如何，從何而來，其為宮中掌書記之女官，錄后妃宮闈之事，似是無可懷疑。

　　宮中女官與文書事相關者，可能還有女尚書一職。東漢宦官為禍日甚，陳蕃說竇武斥罷之，並曰：「趙夫人及女尚書，且夕亂太后。」趙夫人即靈帝乳母趙嬈，女尚書注曰：「宮內官也。」[35]應是侍側太后，為其所親信的女官。女尚書的重要地位，在曹魏明帝時更突顯出來，《三國志》〈魏書〉載：「可付

---

[28]　《漢書》卷九十七下〈外戚傳〉，頁 3990。

[29]　《周禮注疏》卷十七〈春官宗伯〉「守祧」，頁 261。

[30]　《禮記注疏》（十三經注疏本），卷二十九〈玉藻〉：「動則左史書之，言則右史書之。」《漢書》卷三十〈藝文志〉：「左史記言，右史記事。」章學誠則不以為言與事可分任，《文史通義新編》（上海：上海古籍出版社，1993），〈內篇一〉〈書教上〉：「古人事見於言，言以為事，未嘗分事言為二物也。」

[31]　《後漢書》卷十上〈皇后紀〉，頁 397。

[32]　《周禮注疏》卷八〈天官冢宰〉「女史」，頁 123。

[33]　《毛詩注疏》（十三經注疏本），〈國風〉〈邶柏舟・靜女〉，頁 105。

[34]　《漢書》卷九十七下〈外戚傳〉，頁 3985。

[35]　《後漢書》卷六十九〈竇武傳〉，頁 2242；又，卷六十六〈陳蕃傳〉，頁 2170。

信者六人，以為女尚書，使典省外奏事，處當畫可。」[36]一般而言，宮中女官是環繞后妃群，給事省內的人，不意魏明帝竟指令可信的宮內女官，省外奏事，還當畫可之權力，似已有參與政事的迹象。

　　以尚為名的宮中女官，可能不只女尚書，《漢書‧惠帝紀》如淳注：「主天子物曰尚，主文書曰尚書，又有尚符璽郎也。漢儀注省中有五尚，而內官婦人有諸尚也。」[37]看來漢宮中除了女尚書之外，還有其他以尚為名，各司職事的女官，她們很可能如省中五尚那樣，已自成一個體系。

　　目前所知，較明確地於後宮設置系統性女官的是西晉。《唐六典》「宮官」條引《晉令》：「崇德殿大監，尚衣、尚食大監，並銀章、艾綬，二千石；崇華殿大監、元華食監、都監、上監，銅印、墨綬，千石；女史、賢人、恭人、中使、大使，碧綸綬。」[38]西晉的女官，大監、監這兩個等級有官品與印章，可能是真正的職官，是宮中的管理階層，而女史之類既無官品、印章，其身分似為女奴或宮婢，以侍人或文書業務為主。然西晉的女官並不限於《晉令》所載，還有其他名目見於史料中，如晉武帝太康六年（285）皇后行蠶禮，依「漢魏故事」，「女尚書著貂蟬佩璽陪乘，載筐鉤」。既是漢、魏故事，則女尚書的參與禮典，可能在東漢便已存在。陪從太后、皇后法駕的，另有如女長御、女旄頭、女尚輦等女官。[39]女尚書與女長御都是西晉承自兩漢的女官，卻都未見於殘存的《晉令》中，想見西晉女官的規模應遠比所知者大。

　　女尚書、女長御在十六國、南朝時依然存在。後趙石季龍荒耽內游，威刑失度，常誚責杖捶太子邃，邃恨，稍疾不省事，季龍「遣所親任女尚書察之」。[40]女尚書不只侍從皇后，連君王都如此信用之，可見她在宮中的分量了。南朝宮內的女職也很重要，如齊明帝建武二年（495）有司奏景懿后遷登新廟車服之儀，

36　《三國志》卷三〈魏書〉〈明帝紀〉，頁105。

37　《漢書》卷二〈惠帝紀〉，頁85。

38　李林甫撰，陳仲夫點校，《唐六典》（北京：中華書局，1992），卷十二〈宮官〉，頁348。

39　《晉書》卷十九〈禮志〉，頁590；又，卷二十五〈輿服志〉，頁765。

40　《晉書》卷一〇六〈載記〉〈石季龍傳〉，頁2766。

祠部郎何佟之建議在外侍官之外，另用內職女尚書、女長御各二人。[41]顯見她們持續存在於南朝，而且二職地位相當，並稱同用，人數還各不只一人。

　　陳後主好艷詞新曲，他引進一批女學士至宮中：「以宮人有文學者袁大捨等為女學士。後主每引賓客對貴妃等遊宴，則使諸貴人及女學士與狎客共賦新詩，互相贈答」。[42]這些宮人女學士，因恩遇而供奉在內廷，以文采而侍從君主，酬答賓客，其與有固定職事的女官，似又稍有不同。

　　漢晉的女官只零星、片斷的殘存在史料裏，唯南朝宋明帝的後宮，留下完整的職官系統。[43]《宋書》謂：「太宗留心後房，擬外百官，備位置內職。」[44]他詳列後宮、各房的官名、品秩、職務、人數等，七品以上有定數的就約 130人，無定數及流外者更不知凡幾，後宮職官規模之大，為古來所僅見。然而，這個職官系統雖說是宋明帝「留心後房」、「備位置內職」，好似為后妃所設的女官，其中如女林、女史、女典、宮閨史等確實為女性任職，但這個職官系統是否全然排除男性或閹官，也還不能肯定，像侍御執衛、禁防等職，仍然用女性守衛？給使一職，在唐代指宦人無官品者，[45]如果南朝宋亦然，則此後宮職官就不專是女性。另個很特別的是，這個職官系統在許多官名後加註「銓六宮」、「銓人士」等語，看來是賦予他們銓選的權利。「銓六宮」大概是為後宮挑選各式人才，「銓人士」既不同於「銓士人」，則可能以選取閹宦或婦女為主。另外，也有的加註「有限外」，是限定內職不可隨意外出嗎？這份職官規範後宮的事項極為周全完備，舉凡穀帛、中廚、織、繡等衣食所必備，學林、典樂、行病、暴室等宮教、享樂、疾病、懲處所需要，無不設官分職，細緻處理。只是吾人還難認定這個職官系統係屬專職女官，而更讓人訝異的是，其中官名鮮少再見於他處，是南朝系統只有過渡性質，歷史主流、制度源流在北不在南之

41　《南齊書》（臺北：鼎文書局，新校標點本，1975），卷九〈禮上〉，頁 134-135。

42　《陳書》（臺北：鼎文書局，新校標點本，1975），卷七〈后妃傳〉，頁 132。

43　南朝宋女官制度的品位、名稱、職掌，請參見：朱子彥，《后宮制度研究》（上海：華東師範大學，1998），頁 97-98。

44　《宋書》（臺北：鼎文書局，新校標點本，1979），卷四十一〈后妃傳〉，頁 1270-1279。

45　《唐六典》卷十二〈內侍省〉，頁 358。

故？[46]

　　時間較宋明帝稍後，但確知係在後宮專置女職，以典內事的，是北魏孝文帝時期。這些女職獨立於妃妾群之外，即使她們可被御幸，卻不掛妃妾名號。這個女性職官系統，共分五個等級，最高等級的內司，視尚書令、僕；其次的作司、大監、女侍中三官，視二品；再次的女尚書、美人、女史等官，視三品；以下的中才人、才人、恭使宮人等為視四品；最低層的女酒、女饗、奚官女奴等為視五品。[47]大致上，前兩個等級屬監理性質，第三個等級屬文書性質，第四級是服侍性質，最下級是勞務性質。值得注意的是，美人、才人、中才人等在魏晉南朝列於下層妃妾群，且自劉宋起加散位、散役之號，可見她們是有些許職事的。而在北魏，她們已摒除於妃妾群之外，成為宮內的女職，且其層級並不算高。再者，這五個等級中的最下層如女酒、奚、女奴等皆見於《周禮》，是女奴身分，但北魏卻一併納入後宮的女職系統，給予品階，既不視若流外，貶抑其身分，也不當成女隸來看待，這在講究身分制的社會裏，倒是很出人意表的安排。

　　現今留存的十方北魏宮人墓誌，[48]其官位皆不低於女尚書，但是否同為視三品的美人、女史等，或更等而下之的諸女職，皆不可刊為墓誌，則尚難斷言，因大監劉阿素、劉華仁的墓誌，就由有交情的同火人典御監、內傅母所立，故其他層級較低的宮人墓誌，許是未發現而已。這些宮人，十之八九都因家門遭難而沒官，但也因女工妙絕、宰調酸甜、或博達墳典，而離於禁隸，擢為上官，甚至獲賜高品，追贈一品，其中內司楊氏還得宣武皇帝賜爵為高唐縣君。[49]這些

46　陳寅恪認為隋唐制度有三源，以北齊、梁陳為主，北周制影響較微末。田餘慶則認為宋齊梁制具為過渡性，宏觀的看，主流在北不在南。見：陳寅恪，《隋唐制度淵源略論稿》（臺北：河洛圖書公司，1978），頁1-2；田餘慶，《東晉門閥政治》（北京：北京大學出版社，2006），頁296。

47　《魏書》（臺北：鼎文書局，新校標點本，1975），卷十三〈皇后傳〉，頁322；《北史》卷十三〈后妃傳〉，頁486。二書有部分女職名稱不同。

48　北魏宮人墓誌及其解說見：趙超，《漢魏南北朝墓誌彙編》（天津：天津古籍出版社，1992）；趙萬里編，《漢魏南北朝墓誌集釋》（臺北：鼎文書局，1975），卷二〈北魏・後嬪內職〉、卷十一〈補遺〉。以下所述皆源自於此。

49　十方宮人墓誌中，除了〈皇內司諱光墓誌〉與〈傅母宮大監杜法真墓誌〉，似非因家難而沒官外，

殊榮，豈是古代之沒官女性所能想望的，抑且絲毫不遜於外朝之男性職官。

　　北魏後宮有女侍中一職，視二品，亦屬高官，但宮人墓誌未見。靈太后臨朝，江陽王元繼之子乂妻封新平郡君，後遷馮翊郡君，拜女侍中。又，于氏貴盛，于忠後妻中山王尼須女，也在靈太后臨朝時引為女侍中。陸昕之尚常山公主，神龜初，與穆氏頓丘長公主並為女侍中。這些為女侍中的皇室女眷，與前述自沒官擢昇的後宮女職，在身分上頗不相當，而于忠妻只「微解詩書」，便引為女侍中。另外在魏末，高岳因功封清河郡公，母山氏封郡君，授女侍中，入侍皇后。[50]蓋北魏的後宮女職，可能大部分出自刑女，少部分為官人親屬或皇室，尤其在太后臨朝時引進女侍中，當是為了便於侍從顧問。

　　北齊推廣後宮女官制度似乎頗為著力，在諸多禮典裏也納入女官，參與儀制，如皇帝納后之禮，皇后服大嚴繡衣，「女長御引出，升畫輪四望車，女侍中負璽陪乘」。皇后行親蠶之禮，「女尚書執笲，女主衣執鉤，立壇下」。冊皇太后之禮，小黃門以節綬入，「女侍中受，以進皇太后」。[51]這些女官不僅陪侍在皇太后、皇后左右，地位重要，深受倚重，而且名目多元化，職掌也有系統性的傾向。尤其是女侍中，每在關鍵時刻都被賦與重任，想見其在宮中的權力甚大，這或許就是女侍中陸太姬（令萱）勢傾內外，能讓從婢黃花成為後主皇后的主要原故吧！[52]

　　隋唐制度有東魏北齊、南朝梁陳、西魏北周三個淵源，可是以後宮女性職官系統來說，隋帝雖說「採漢、晉舊儀」，[53]並參考北魏以來的制度，但事實上它無論在女官的類別與職掌上，都別有創設，較諸前朝規範得更明確完整，宮

其他均是。北魏、北齊、北周、隋代的女官制度與墓誌實例，可參考：蔡幸娟，〈北朝女官制度研究〉，頁175-213。

[50]　《魏書》卷十六〈道武七王列傳〉，頁403；又，卷三十一〈于忠傳〉，頁746；又，卷四十〈陸昕之傳〉，頁909；《北齊書》（臺北：鼎文書局，新校標點本，1975），卷十三〈清河王岳傳〉，頁174-175。

[51]　《隋書》卷九〈禮儀志〉，頁177-178；又，卷七〈禮儀志〉，頁145；又，卷九〈禮儀志〉，頁174。

[52]　《北齊書》卷九〈後主穆后傳〉，頁128。

[53]　《隋書》卷三十六〈后妃傳〉，頁1106。

官名號也自此出現。[54]隋文帝置六尚，似是仿漢代內官婦人之諸尚，其下有六司、六典，遞相統攝，以掌宮掖之政。煬帝則準尚書省，以六局管二十四司。[55]從宮官名稱看，隋已不用監、大監之名，連近身皇后權力甚大的女長御、女侍中，也不再見，反倒是以尚為名的體系，比擬奉御皇帝的諸尚，全面開展於宮闈中，以服侍后妃。只是漢晉南北朝普遍存在的女尚書，隋代已不見其名。至於女史（使）之類，各朝位階均不高，但因其有書記、支使的實際效用，反倒一直存續在後宮中。至於宮官的品秩，隋文帝壓到從九品以下，或至勳品、流外品，與后妃內官的七品以上，身分懸隔。煬帝則將六尚抬高到從五品，司、典、掌遞降，但也都在從九品以上，與內官的一～七品，差距縮小許多，而內官五品以下的寶林、御女、采女，比於古制之女御，[56]也不比宮官的位階高，似乎煬帝的下層妃妾，在品秩上已與宮官有相承接之勢。

三、唐代的宮官制度及其演變

　　唐朝的宮官制度承隋代而來，且更接近隋煬帝之制。唐的宮官制度計有六局、二十四司、二十四典、二十四掌。各局置六尚各二人，正五品；二十四司各二～六人，正六品；二十四典各二～六人，正七品；二十四掌各二～六人，正八品。[57]《新唐書》卷四七〈百官二〉內官條註謂開元中，玄宗改四妃為三妃，以代夫人，又置六儀、美人、才人，「增尚宮、尚儀、尚服三局」。[58]如依此註，

54　《隋書》卷十二〈禮儀志〉：「皇太后璽，不行用，若封令書，則用宮官之印。皇后璽，不行用，若封令書，則用內侍之印。」

55　隋代宮人墓誌所見之女官名稱與職掌，可參考：周曉薇、王其禕，《柔順之象：隋代女性與社會》（北京：中國社會科學出版社，2012），頁181-190。

56　《隋書》卷三十六〈后妃傳〉，頁1106-1108。

57　賴瑞和以為宮官的官品是流外官，應誤。見：《唐代中層文官》（臺北：聯經出版社，2008），頁355。

58　《新唐書》（臺北：鼎文書局，新校標點本，1976），卷四七〈百官二〉，頁1225。

唐代常行的宮官制度原只有三局，至玄宗改制才增為六局。但事實並非如此。周紹良編唐代宮人墓誌裏，貞觀○二○掌闈麻氏、麟德○○四司簿王氏，都屬尚宮局；續編上元○一九尚服李法滿，屬尚服局。這兩局顯然在開元改制前已存在。此外，貞觀○一八司製何氏屬尚功局；永徽○六○司設某氏、續編儀鳳○○七典燈某氏，屬尚寢局。[59]亦即唐初墓誌中確實可知已有四局，尚宮、尚服兩局不待玄宗增置也已出現。而且由墓誌宮官的名號看，尚、司、典、掌俱全，似乎太宗、高宗時宮官制度已完整，六局二十四司典掌已周備。

目前所見的宮官體系，自六尚的正五品，司、典、掌各遞降一等，至正八品而止。但這不是唐朝最初的典制，《新唐書》內官條註：六尚曰諸尚書，正三品，二十四司正四品，二十四典正六品，二十四掌略去品秩，大約是正七品。[60]唐初的宮官，六尚與二十四司典掌俱全，與今制無異，所不同者，唯今制官品抑降至正五品為起始。今制官品何時抑降？是玄宗改革內官時一併所為嗎？如以宮人墓誌確知為宮官的六例來說，五例都未載其品階，僅儀鳳一例典燈載明為七品。由此觀之，唐朝在儀鳳以前已改為今制品階。

玄宗在開元初改革內官之制，[61]由原本一品至八品的八等一二一人（或一一二人），[62]驟減為一品至四品的四等二十人。改革的原因，有學者以為是懲舊制之弊，使內外有別，以正家道；也有的認為是防範后妃干政，或去除太平公主眼線。[63]這些說法都不無道理。歷代的下級妃妾總要供使或承擔某些職事，而南

59　周紹良編，《唐代墓誌彙編》（上海：上海古籍出版社，1992）；又，《唐代墓誌彙編續集》（上海：上海古籍出版社，2001）。

60　《新唐書》卷四七〈百官二〉，頁1225。

61　玄宗改革內官制度的時間，霍斌推測在開元元年十二月左右或開元二年八月左右。見：〈唐玄宗內官制度改革發微〉，收入：杜文玉主編，《唐史論叢》12輯（西安：陝西師範大學出版社，2014），頁281。

62　《舊唐書》（臺北：鼎文書局，新校標點本，1976），卷五一〈后妃傳〉有八等一二一人，《新唐書》卷四七〈百官二〉有八等一一二人。二書所記差別在美人、才人的人數。《唐會要》（臺北：世界書局，1974），卷三〈內職〉所記同於《舊唐書》。

63　霍斌，〈唐玄宗內官制度改革發微〉，頁282-284；李文才，〈試論唐玄宗的後宮政策及其承繼〉，《華北大學學報》2007年2期，頁79。

北朝時更加上散位、散役、散職等名號，其與尊貴的妃嬪是不能相提並論的。因此玄宗的改革內官，在政治目的之外，還應有提升妃嬪地位，使其與任雜事的寶林、御女、采女等人區隔開來，讓妃嬪為真正的內官，而令抑廢的寶林等轉任他職，才符合尊卑有序，貴賤有等的身分制度，這或許才是玄宗「內外有別，家道正焉」[64]的真正用意。

玄宗改革內官，一口氣裁撤了約百人，這些人先前有品階，總不好降與宮女同使，因此若非放出宮，最可能的出路便是成為宮官。玄宗改革內官時，《新唐書》加註一語：「增尚宮、尚儀、尚服三局」，此處的增三局正接在改革內官後，其本意或許指寶林以下人等轉移於尚宮等三局，用增加、調整三局的人事暫時安置之。唐朝女主專政時期，宮官是其親信，權力相當大，玄宗即位後，刻意壓制宮婦群體，擴大內侍省的宦官功能，[65]故此時玄宗增尚宮等三局職權的可能性不大，其安排部分低品妃妾為宮官，只是策略性運用。蓋只要后妃權力被壓制，宮官便與執役宮人無別。內官與宮官的連動關係，正是玄宗改革的特色。

另個值得注意的現象是，玄宗更革內官時，似有意將內官、宮官品階銜接起來，以內官凌駕宮官之勢，整飭宮內女官系統，亦即內官皆在四品以上，宮官皆在五品以下。品階既明，身分斯在，內官督導宮官之勢，是再清楚不過了。唐朝內官、宮官皆因襲隋制，隋文帝時「貴人等關掌宮闈之務，六尚以下皆分隸焉」[66]的遺義，大概到唐玄宗時才真正落實，之前低品妃妾與高品宮官間互動的尷尬情勢，將不再出現。[67]

如志書所見，宮官六局二十四司是負責后妃日常生活及相關朝儀的後宮常

---

[64]　《唐會要》卷三〈內職〉，頁33。

[65]　趙雨樂認為自武韋時期至玄宗時期，內廷權力的變動，已自宮官轉向宦官。見：〈唐前期宮官與宦官的權力消長〉，頁1-35。

[66]　《隋書》卷三六〈后妃傳〉，頁1107。

[67]　趙雨樂以為，妃嬪以下世婦，傳統上已歸於宮官類別。這樣的說法不太精確，本文從宮官的沿革及玄宗改革裏，釐清妃嬪與宮官的關係。趙雨樂說法見：〈唐前期宮官與宦官的權力消長〉，頁31註5。

設機構，其職責可分為四大類型：

1.文書處理。尚宮局主掌六尚事物的出納文籍，並掌管宮官之印。凡六尚所需物品，由外司承辦，尚宮押印，司記審核出入錄目，交付內侍省受牒，便移外司處理。其他五尚之印唯於當司內行用，不能用於對外文牒上。尚宮局的四司，司記掌印，並審核諸司簿書；司言掌宣傳啟奏之事，即敕書宣付司言，司言將承敕處分之事，傳付外司；司簿掌宮人名簿與廩賜之事；司闈掌宮闈管鑰之事。四司該當皆有文書登錄，才方便管理。此外，尚服局司寶所掌琮寶、符契、圖籍等也要具立文簿，如需使用，在出付與還回時都要登記在案，以備查核。再者，二十四司下各有無品階的女史數人，掌執文書。可見凡宮官之事，皆需文書載錄，以為憑信及審查之用，故文書處理在宮官事務中是極重要的，而又以尚宮局為主要職司。

2.贊相禮儀。尚儀局主掌宮中禮儀及起居諸事。除了司籍負責經籍之分目、暴涼，教學之簿記、紙筆等供奉外，其他三司都與禮儀、賓客事務有關。司樂掌教習樂人，諸樂之陳布及演奏；司賓掌賓客朝見、宴會時的引導、禮儀；司贊於會見時引客立於殿庭，司言宣敕賜坐，司贊引導其入席就座。如有賜酒、賜食，司贊仍要引導賓客起身拜謝。禮儀之事雖由尚儀局主導，但還是要與其他局司，甚至是內侍宦官合作完成。尚儀局在四司之外另有正六品的彤史二人，其下並管女史二人，其職司依《毛傳》：「后妃群妾以禮御于君所，女史書其日月。」[68]燕寢進御本由尚寢局主掌，唯因進御也是禮儀之事，故由品位甚高的彤史負責進御及日期之記錄，而床帷張設之具才委之尚寢局處理。

3.生活管理。後宮妃嬪的各種生活用度與物品供給，也由宮官掌理。尚服局主掌后妃、命婦、女官之服飾、器玩、儀衛等事；尚食局主掌膳食、酒醴、醫藥之事，以及宮人的廩食、薪炭；尚寢局主掌寢宮之灑掃、張設，輿輦、燈燭等物之使用，以及園苑種植蔬果之事；尚功局主掌衣服縫製，珍寶、綵帛之收藏保管，以及各種用物的帳目處理。大體上，這四局在服用供進、膳食醫藥、燕見進御、女工製程上，各有所管領。後宮的身分等級嚴明，用物的發放、供

---

[68] 《毛詩注疏》〈國風〉〈邶柏舟・靜女〉，頁105。

給，應按照個人的品階、地位來實施。雖然這四局管理的都是日常生活的諸多
雜事，但也正因為有專人專司負責各專項，除了顯示后妃生活的高貴不凡，也
展現宮官的服務性功能，與其差遣分派宮女的權力。

　　4.督責懲罰。後宮人多事雜，為了維護宮中秩序，讓宮務順利推動，唐朝在
宮官中設置糾察、處罰的獨立部門，由宮正執掌禁令，司正、典正佐之。凡宮
人有不供職事，違犯法式者，司正寫成文牒，上報宮正裁決。如為小事，由宮
正自行決罰；如為大事，奏聞帝后處理。宮正是與六尚地位平齊的女官，六局
二十四司都要受其監管。宮正之下除了司正、典正，與掌理文書的女史之外，
還有阿監、副監等職，蓋為實際督察的巡檢人員，《全唐詩》有云：「各將金
鎖鎖宮門，院院青娥侍至尊。頭白監門掌來去，問頻多是最承恩。」又云：「後
宮阿監裏羅巾，出入經過范囿頻。承奉聖顏憂誤失，就中長怕內夫人。」[69]阿監
頻繁穿梭後宮，似在掌理門禁，就怕宮務有閃失，她除了受宮正督導外，妃嬪
等諸夫人也會給其壓力。[70]

　　從宮官的局司分畫與職務類型上看，宮官處理的主要是後宮事務，原本的
職責是侍奉后妃。她們比內侍省的閹宦，可提供后妃更方便、更自在的近身服
務；比卑賤無文的宮女或女奴，她們是有教養，有身分的女官。南北朝以前，
宮中女官如女長御、女尚書、女侍中等僅是個別性的存在，南北朝以後雖然出
現組織性的女官，但皆不如唐朝宮官的系統性、專職性。宮官的服務事項非常
多元，舉凡日常生活、參贊禮儀、文書處理等都不可有半點差池，故在內部設
有獨立監管人員，以執法禁。宮官是唐朝官制中的一環，但除了尚宮局是對外
文牒往來的聯繫孔道外，宮官其實是一個相對封閉的體系，其服侍對象與工作
範圍，大致局限在後宮中，只有在特別派遣時才會出宮。

　　宮官不是位高權重的職官，又處深宮之中，自然不易引人注目，但史料中
留下的少數記錄，仍依稀可見其活動之梗概。尚宮為宮官之首，也是目前所知，

69　《全唐詩》（北京：中華書局，1960），卷三四六王涯〈宮詞〉，頁3877；又，卷七九八花蕊夫人
　　〈宮詞〉，頁8975。

70　唐後期后妃名號中出現「夫人」的封號，此乃后妃出身卑微的狀態。見：吳麗娛、陳麗萍，〈從太后
　　改姓看晚唐后妃的結構變遷與帝位繼承〉，《唐研究》17卷（2011），頁387-389。

宮官中最常被派遣任本職外之事者，如高祖在大安宮，太宗晨夕使尚宮問起居、送珍饌；兵部尚書任瓌妻妬，不肯受所賜宮女，太宗令上宮（尚宮）齎賜酒，威嚇其飲之立死；太宗夢杜如晦如平生，於明年亡日，遣尚宮至第慰問其妻子；高儉亡後，方寒食，敕尚宮以食四轝往祭。[71]如志書所載，尚宮職在導引中宮，出納文籍，但從上述事例看，宮官已然衍生出新的任務。太宗甚為信任且倚重尚宮，他將問安、慰問等事交付女官執行，而非宦者或大臣，大概就看重女性溫柔體貼之質性。女官身在後宮，自然有較多機會見到皇帝，皇帝權力無所不在，調遣她去辦事，也在情理之中。太宗時宮官的分量，尤其是尚宮之被重用，出乎典制之規範。

　　制外派遣尚宮問安、弔祭的風尚，[72]直持續到玄宗開元年間。張易之兄弟俱侍宮中，易之母韋氏阿臧封太夫人，天后使尚宮至宅問訊，又因尚書李迥秀私事阿臧，亦令宮人參問迥秀之母。玄宗於王琚眷委特異，時號內宰相，皇后亦使尚宮就琚宅問訊琚母，賜時果珍味。[73]對大臣女眷的慰問、賞賜，差遣女官之首的尚宮來執行，適可表現該女眷身分的尊榮。至於命尚宮或宮官參與齋事或殯歛、弔喪，則除了朝廷表達哀悼之意外，也是死者的一份哀榮。如張行成卒，高宗令尚宮宿於家，以視殯歛；越國太妃燕氏卒，二聖遣宮官宣讀皇帝口敕及皇后墨令，及窆，又使宮官臨視；陳子昂亡母初七，特降上宮等人給護齋事；代國長公主為玄宗仲妹，及薨，玄宗使尚宮弔祭。[74]皇帝遣宮官或尚宮，而非大臣或宦者臨視，說明她們在宮中很受重視，因而在原本職責之外被差遣，而這

71　《舊唐書》卷六四〈高祖二十二子〉，頁 2433；張鷟撰，趙守儼點校，《朝野僉載》（北京：中華書局，1997），卷三，頁 59；《舊唐書》卷六六〈杜如晦傳〉，頁 2469；又，卷九五〈高儉傳〉，頁 3841。

72　劉琴麗也認為尚宮代表皇帝出使慰問，見：〈唐代宮人的政治參與途徑〉，《文史知識》2010.07，頁 18-19。

73　《舊唐書》卷七八〈張易之傳〉，頁 2706；又，卷六二〈李迥秀傳〉，頁 2391。《新唐書》卷一二一〈王琚傳〉，頁 4333；《舊唐書》卷一〇六〈王琚傳〉，頁 3251。

74　《舊唐書》卷七八〈張行成傳〉，頁 2705。《全唐文補遺》第一輯（西安：三秦出版社，1994），許敬宗〈大唐越國故大妃燕氏（下缺）〉，頁 26。《全唐文》（北京：中華書局，1983），卷二一〇陳子昂〈初七謝恩表〉，頁 2128；又，卷二七九鄭萬鈞〈代國長公主碑〉，頁 2827。

些任務在唐後期是不常見的。

　　尚宮之外，其他宮官難得見於史料，有之，也是按職事施行。在與皇后有關的重要典禮，如冊后、親蠶、拜陵、朝賀等，六尚以下無不各司其職，行禮如儀。封禪是中國政治傳統中極隆重的皇帝祭天地之禮，唐朝只有高宗、玄宗兩位皇帝實行過。高宗乾封元年（666）於社首山祭地祇之禪禮中，高宗初獻之後，皇后武氏為亞獻，越國太妃燕氏為終獻，[75]其典禮如「酌酒，實俎豆，登歌，皆用宮人」，[76]百寮反而在外瞻望，被排除在祭奠儀式裏。[77]大體上，禪禮所用之職事宮人，當是比照親蠶、朝賀等禮，由宮官導引儀式之進行，只是此儀注沒有留存下來，而玄宗封禪時則完全改變該種由皇后、命婦、宮官擔綱的祭儀。

　　宮中女性多是侍人之職，鮮少能引起外人的注意，除非她有書藝知識。文德皇后采自古婦人事為女則，及崩，宮司并女則奏之，太宗覽之悲慟。這個宮司，胡三省謂即尚儀局之司籍，蓋掌經史教學者。[78]唐初典籍散佚，貞觀中諸秘書監請購天下書，繕寫藏於內庫，以宮人掌之。[79]書既藏於內庫，主掌者該當就是管理四部經籍的司籍，亦正是奏上女則的宮官，而其下應有女史、諸宮女負責排比、清理、曝曬等工作。[80]開元三年（715）褚無量等侍宴，玄宗才以內庫書殘缺錯亂，檢閱甚難，令其整比之。[81]整理典籍這樣的重大工程，不是宮官力所能勝任，但管理舊籍還是其本分的工作。

　　女史是自古即存在的後宮女官，《史通》云：[82]

75　有關高宗時期的封禪禮，武后對禪禮之論述，及禮典之進行，可參考陳弱水的分析，見：〈初唐政治中的女性意識〉，頁208-211。

76　《資治通鑑》卷二〇一高宗乾封元年條，頁6346。

77　《舊唐書》卷二三〈禮儀三〉，頁888。

78　《資治通鑑》卷一九四貞觀十年條，頁6121-6122。

79　《新唐書》卷五七〈藝文志一〉，頁1422。

80　《全唐文》卷二六八武平一〈徐氏法書記〉：「切覩先后閱書法數軸，將搨以賜藩邸，時見宮人出六十餘函，於億歲殿曝之。」正是宮女負責曝曬。

81　《唐會要》卷三一〈經籍〉，頁644。

82　劉知幾撰，蒲起龍釋，呂思勉評，《史通釋評》（臺北：華世出版社，1975），卷十一外篇〈史官建置〉，頁267。

　　古者人君外朝則有國史，內朝則有女史，內之與外，其任皆同。

　　於此說明女史在宮中掌書記，載內廷的生活起居，或宮闈之事。然《隋書》論起居注曰：[83]

　　漢武帝有禁中起居注，後漢明德馬后撰明帝起居注，然則漢時起居，似在宮中，為女史之職。然皆零落，不可復知。

　　兩漢設有專司著作的史官，「著作東觀」是以他官兼撰述之任。[84]漢代「著記」的記載方式與內容範圍，乃後世起居注的前身，但未得其名，而東漢起居注載皇帝「日用動靜之節」，[85]是後宮日常起居雜務，未必是國家大政。[86]明德馬皇后能自撰顯宗起居注，可能不是憑藉明儒碩學的郎官載錄，而是禁中女史的注記，張說序上官昭容文集有「古者有女史記功書過」，[87]殆即此類人。然自三國魏晉官方記史制度建立，以及北魏孝文帝置左右史官與起居令史後，[88]女史記宮中之事的職能便凋零了。[89]到了唐代，宮官各局下皆有女史，雖然依舊掌執文書，但所管不過記錄名數物件而已，地位既不高，也不受重視，已淪為宮官系統下的流外小吏。唯古者女史「記功書過」之職司，至唐已轉為彤史之責。[90]彤史正六品，只比六尚低一等，而與二十四司地位平齊，《唐六典》在該職下之注，皆細數《周禮》、《毛傳》所述「女史」之職，意味宮官彤史所司，即

83　《隋書》卷三三〈經籍二〉，頁 966。

84　張榮芳，《唐代的史館與史官》（臺北：中國學術著作獎助委員會，1984），頁 13-14。

85　荀悅，《申鑑》（臺北：世界書局，1981），〈時事第二〉，頁 15。

86　喬治忠、劉文英，〈中國古代"起居注"記史體制的形成〉，《史學史研究》2010 年 2 期，頁 8-11。

87　張說撰，熊飛校注，《張說集校注》（北京：中華書局，2013），卷二八〈中宗上官昭容集序〉，頁 1318-1319。

88　張榮芳，《唐代的史館與史官》，頁 14-17。

89　謝翀，〈漢魏六朝時期女史探析〉，《海南熱帶海洋學院學報》23 卷 6 期（2016），頁 16-19。

90　《唐會要》卷三〈內職〉：「彤史紀功書過。」

古代女史之事。毛奇齡撰《勝朝彤史拾遺記》曰：「記宮闈起居及內廷燕褻之事。」[91]《明史》記彤史之職唯「掌宴見進御之事，凡后妃羣妾御於君所，彤史謹書其月日。」[92]此正與《唐六典》之注若合符節，蓋明朝彤史之責亦承唐朝而來，而且把唐朝彤史的職權描述得更清楚、具體。由於彤史不僅於記功書過，更在書寫進御之事，其職關係到王室血統，也是后妃的私密生活，用女官來理其事可能比宦官更恰當，而彤史正六品的身分，顯示其職的重要性。

　　宮官主要負責后妃的生活起居，其管理系統應如隋開皇時代的「貴人等關掌宮闈之務，六尚已下皆分隸焉」，[93]亦即宮官接受內官的統攝，掌理宮掖諸事務，而在後宮從事勞作的宮女們，則配屬於宮官的六局二十四司下。易言之，宮官上呈內官指令，監督、調遣實作宮女，後宮的管理責任，就落在宮官身上，宮官作為後宮的管理階層，其權責是很清楚的。這種情況或許可從唐墓壁畫中得到印證。如下面左圖所示，兩人的身分似不相當，左邊提罐宮女回顧右邊之人，右邊穿著較華麗的可能是正在使令其勞作的宮中女官。[94]許多學者常把壁畫中托食盒、捧花盆等女子認為是宮官。即使吾人不能排除其可能性，但自居管理地位，役使宮女操作，或許更符合宮中規矩。下面右圖的三人則顯然分屬不同層級，右邊著華服高髻的仕女，可能是節愍太子的內官；其後的仕女裝扮稍遜色一些，可能是宮中女官；隨從在後著幞頭扮男裝的女子，應該是宮女。[95]這幅壁畫透露出內官、女官、宮女的等級序列，頗堪玩味。

　　殿中省、宮官、太子內坊，分別服侍皇帝、皇后、太子，都是專司其職的。只有內侍省可以不限所司，監領三宮事務，全面掌管整個宮禁，像與皇后有關的親蠶執儀、導引中宮車乘出入、羣官朝賀中宮、命婦朝會監引等，宮官之外，

[91]　毛奇齡，《勝朝彤史拾遺記》，收入：《中國野史集成續編》（四川：巴蜀書社，2000），頁157。

[92]　《明史》（臺北：鼎文書局，新校標點本，1980），卷七四〈職官三〉，頁1827。

[93]　《隋書》卷三六〈后妃傳〉，頁1106。

[94]　張銘洽主編，陝西歷史博物館編，《章懷太子墓壁畫》（唐墓壁畫珍品）（北京：文物出版社，2002），圖版32。

[95]　韓偉，張建林主編，陝西省考古研究所編，《陝西新出土唐墓壁畫》（重慶：重慶出版社，1998），圖版96。

章懷太子墓仕女圖

節愍太子墓仕女圖

內侍宦官也參贊其事。故宮官與內侍省是互相輔翼，又各自獨立的機構，宮官並不是在內侍省的指揮下運作。[96]宮官與宦官的關係，依稀在右圖中可見端倪。圖中仕女梳高髻，披帔帛，長裙曳地，微露高履，應是有身分的人，卻與右邊持魚符與鑰匙的宦官背相對，而不是一方向另一方躬身行禮或拜謁，想見二人的地位相當。[97]右邊的宦者極可能是東宮執掌管鑰的宮門郎，而左邊的仕女似乎是與宮官之身分或職掌相近的

章懷太子墓仕女與內侍圖

東宮女官。這幅圖似乎從一個側面說明了宮官相對於宦官，無論該宦官屬於東宮或內侍省，宮官都可獨立行使職權，不必受其約束。宮官與內侍省的關係，

---

[96]　內侍省是人事監管機構，宮官是分配宮人執役的行動機關。二者所涉宮人事務，相互交錯處不少；在出納宮廷命令方面，有著相互搭配的行政原理。見：趙雨樂，〈唐前期宮官與宦官的權力消長〉，頁 20-23。

[97]　《章懷太子墓壁畫》（唐墓壁畫珍品），圖版 33。

還可見於皇太后、皇后的封令書上，《唐六典》司寶註曰：[98]

> 皇太后、皇后之寶皆以金為之，並不行用。其應封令書，太皇太后、皇太后用宮官印，皇后用內侍省印焉。

這是為了防範皇后等干政，所以限制其寶不能行用，[99]若真有必要出納文書，皇后也只能用內侍省印，高於太皇太后、皇太后的宮官印，其作為後宮之主的尊貴地位，由此可見。

宮官名號在玄宗定制前後，其實都曾變動過，《舊唐書·后妃傳》敘及宮官曰：「自六品至九品，即諸司諸典職員品第而序之，後亦參用前號。」[100]這顯示宮官名號並非固定不變，今制所見只是某一時期的制度。然自女主專政後，後宮女官頻頻出現一些原不在宮官系統中的新名號。武氏臨朝聽政，除了借重外朝大臣輔政外，內廷也拔擢一批有才行的女子，侍從左右，協理政務。裴行儉繼室華陽夫人庫狄氏，就是其中極出色的人物：[101]

> 華陽夫人庫狄氏，有任姒之德，班左之才，聖后臨朝，召入宮闈，拜為御正。中宗踐阼，歸養私門，歲時致禮，嫗后補天，進參十亂。……皇上臨極，旁求陰政，再降綸音，將留內輔，夫人深戒榮滿，遠悟真筌，固辭羸敗，超謝塵俗。

御正不見於諸政書，應是武氏主政時新創的女官名號。雖說庫狄氏才德兼備，然其既為「嫗后補天」，可以想見其參議補闕之能力，為武則天所欣賞、倚重。女主當政，讓女性有才識者隨侍，以備諮詢顧問，或許比整日被男性大

---

[98]　《唐六典》卷十二〈宮官〉，頁351。

[99]　杜文玉，《唐代宮廷史》（天津：百花文藝出版社，2010），頁568。

[100]　《舊唐書》卷五一〈后妃上〉，頁2162。

[101]　《張說集校注》卷十四〈贈太尉裴公神道碑（銘並序）〉，頁724。

臣包圍，要方便自在些。蓋男性大臣非宣召不得入後宮，而女主與女官們既無性別差異，也無內外之別，就女性角度，或前朝、後宮之分際來看，讓有預政能力的女官隨侍在女主身側，或許比宣召男性大臣入宮問政，更有效率。顏真卿祖母殷氏、司馬慎微妻李氏、鄧國夫人等都是在武氏臨朝聽政後「旁求女史」，才選召入宮的。[102]宮官系統中的女史，地位卑微，不入流品，應該不是武氏政權給予選召入宮者的職務。其實所謂女史，可以泛指有才德的女性，也是對該種女性的敬稱，這才是武氏聽政所求的人才。只是目前資料極少，難以知曉她們任何種女官，或是否別有其他新創名號？神龍政變後，中宗在許多制度上恢復永淳以前故事，其中應也包括後宮女官制度，亦即則天新創名號可能就此廢棄，故史書不傳。

中宗時期同樣女主當政，對女官的禮重與需求似亦不減於昔時。庫狄氏雖說自「中宗踐祚，歸養私門」，但中宗仍「歲時致禮」，表達敬重之意。另方面，韋后對宮官的重用，亦不弱於武則天，尚宮柴氏、賀婁氏等與之相結，樹用親黨，而在李隆基誅滅韋氏集團時，斬內將軍賀婁氏於太極殿西，胡三省注曰：「時韋氏以婦人為內將軍，蓋即賀婁尚宮為之也。」[103]內將軍不是宮官的名號，只是賀婁尚宮的兼職，難道宮內另有他種女官系統？

命婦是國家以誥命形式，授予婦女的特定稱號，通常是因夫、子而受封，但也有因女性本人之能力而獨立受爵的，〈大唐故衛國夫人（王氏）墓誌銘并序〉就完全不言其夫，可能就是一個罕見的命婦墓誌：[104]

> 夫人道合於帝，德冠於朝。去神龍元年二月廿八日，封為新昌郡夫人。出入彤□，中外清慎。□景龍二年四月廿日，改封薛國夫人。恩榮稠疊，寵祿專之。唐隆元□月廿八日，復封徐國夫人。忠誠奉主，松竹其心。

102　有關武則天辟召諸才婦入宮輔政，鄭雅如有相當細緻的分析，見：〈唐代前期預政女性身分的官僚化：從上官婉兒墓誌談起〉，頁92-96。

103　《資治通鑑》卷二〇九中宗景雲元年條，頁6645。

104　《全唐文補遺》第六輯（西安：三秦出版社，1999），〈大唐故衛國夫人（王氏）墓誌銘并序〉，頁394。

景雲二年十月廿三日，轉封衛國夫人，同京官三品。位亞列侯，名超宮掖。

　　墓誌言王氏「道合於帝，德冠於朝」，在中宗政變即位之初，封為新昌郡夫人；又說她「出入彤□，中外清慎」，在景龍二年（708）加邑號為薛國夫人。嗣後在唐隆元年（710）反韋政變後又改封為徐國夫人，睿宗景雲二年（711）更轉封為衛國夫人，並加上「同京官三品，位亞列侯，名超宮掖」一語。[105]應注意的是，王氏在封命婦之前，其在宮中的頭銜是什麼，墓誌中完全未提及，她應該不是妃嬪的身分，從其能出入彤廷，引動中外推測，也似乎不是一般宮女，她或許與尚宮賀婁氏等同樣為宮官，只是品階較低，又不黨同之，反而倒向反韋一派，故在睿宗得勢後，提升其政治身分為同京官三品。宮官中除了尚宮可以連通內外，較引人注目外，其他多是後宮微不足道的女官內職，遠不如命婦的尊貴與榮顯。衛國夫人王氏墓誌，不言其如何入宮、入宮身分，而只載錄其命婦頭銜與預政官品，並言此等身分「名超宮掖」，或許正反映宮掖中的宮官不值一提，除非她有其他頭銜。但宮官可以單獨受爵至國夫人，並可擁有同京官三品的官僚身分，實已遠超過一般宮官所能達到的極限。

　　女主專政時期，宮官或新名號的女官是其得力的輔佐，而她們也藉由女主扶持，取得政治權力。即使在中宗、睿宗時代，她們依舊受重用，可以比照朝官受爵，任高品，頗有內職兼外官的跡象。玄宗即位之初，多少還受到女性預政的影響，曾動念請庫狄氏再入內廷，前墓誌曰：「皇上臨極，旁求陰政，再降綸言，將留內輔」，只是夫人「深戒榮滿，遠悟真筌」，予以婉謝。然玄宗的後宮政策，實是極力防止女性干政的，《唐六典》在〈內官〉條下注：「猶防女寵，故省內官，將以垂範」。[106]這些女官既是女主的親信，防制女主，也就連帶地壓抑女官權力，故自此罕再見女官委以重任，有之，不過是給予虛位

[105] 王氏在每個受封時期與政事的關連，可參考鄭雅如的考證，見：〈唐代前期預政女性身分的官僚化：從上官婉兒墓誌談起〉，頁100-101。

[106] 《唐六典》卷十二〈內官〉，頁347。

名號而已。白居易〈上陽白髮人〉謂玄宗末歲選入之宮人，貞元中遙賜年最老者「尚書」號。[107]女尚書在漢、魏時已存在，當奏事、畫可之任，為君主所信用，但貞元時遙賜的尚書號，僅有安撫作用，無關權力行使。宮官系統中原無尚書稱號，此一新名號的出現，大概表示女官中最崇重的是文書性質的工作，而遙賜尚書號的象徵意義，應大於其實質意義。然無論如何，宮人能拜為尚書，總是一件可喜可賀的事，王建〈宮詞〉裏也述及這樣的榮耀：「御前新賜紫羅襦，步步金階上軟輿。宮局總來為喜樂，院中新拜內尚書。」[108]

宮官職司大體可分為知識與技能兩類，處理衣食張設之製作等生活雜事，多偏向技能方面，而文書與禮儀，多與知識相關，尤以文書為最。帝后身邊的服侍人員，奉茶掌燈任誰都可做，但能通經史文義，善屬詩與君臣唱和，則非素有學養者不能為之。貞元中，德宗召宋若莘姊妹入宮，若莘掌宮中記注簿籍，祕禁圖籍。穆宗以若昭尤通達，拜尚宮，嗣若莘所職。敬宗復令若憲代司宮籍，文宗以其善屬文，能論議奏對，尤重之。諸帝嘉其節行不群，不以宮妾遇之，呼為學士先生。[109]宋氏姊妹看來各有宮職，學士先生應該不是宮官中的職稱，是一種敬稱。昔時，陳後主常與宮中女學士及朝臣唱和為詩，則女性有知識能力者蓄養宮中，已早有先例。穆宗初即，「召故女學士宋若華（莘）妹若昭入宮掌文奏」。[110]宋若華（莘）的學士地位，在元稹〈追封宋若華（莘）河南郡君制〉中講得更清楚：[111]

　　我德宗孝文皇帝……，乃命女子之知書可付信者，省奏中宮。而若華（莘）

107 白居易著，顧學頡校點，《白居易集》（北京：中華書局，1988），卷三〈諷諭三‧上陽白髮人〉，頁59。

108 《全唐詩》卷三○二王建〈宮詞〉，頁3444。

109 《舊唐書》卷五二〈后妃下〉，頁2198-2199；《新唐書》卷七七〈后妃下〉，頁3508。宋氏姊妹任宮職，與列女傳的民間女子不同；雖附於后妃傳，但也不是皇帝妾侍。

110 《舊唐書》卷十六〈穆宗紀〉，頁484。宋若莘或宋若華，諸書所載有異，甚至同一部書前後亦有不同，如《舊唐書‧后妃下》就為「宋若莘」。

111 《全唐文》卷六四七元稹〈追封宋若華（莘）河南郡君制〉，頁6558。

等伯姊季妹，三英粲兮，皆在選中，參掌宥密。

宋氏姊妹不僅知書，而且可信，所以參掌密事。唐代女學士的功能，不只
是詩文唱和，或已趨近於政事。大明宮玉晨觀田法師玄室銘，為從母內學士宋
若憲所撰，[112]而宋若憲正善於議論奏對，最終以捲入政治紛爭遭賜死。女性的
多樣才華，唐人是看在眼裏的，李遠〈觀廉女真葬〉詩注：「女真善隸書，常
為內中學士。」[113]宮中匯集的女學士，才華洋溢，學養俱高，只因女子多不預
外事，故鮮能留名青史。

晚唐宮中依然留用許多知書女子，其身分多元，名號頗雜，是係屬於宮官
系統，或別有其他女職體系，還很難說。如咸通中薨於大內，贈貴妃的楚國夫
人楊氏，其墓誌曰：[114]

以良家子選居禁掖，而待年于公宮。……漸清于保姆之訓，肄習於婉嬺
之儀，悅詩禮以自持，頹薄怒而莫犯。洎乎顯迴天旨，恩拜御中。

楊氏「以良家子選居禁掖」，卒後贈貴妃，應是妃嬪身分。她「肄習於婉
嬺之儀，悅詩禮以自持」，是知書達禮的女子，但「洎乎顯迴天旨，恩拜御中」，
似乎是另有「御中」的職銜。「御中」之名不見於他處，以妃嬪而兼職「御中」，
說明其才幹為皇帝賞識，委以他用。

僖宗時因亂幸蜀，進士李茵奔竄南山，見一宮娥，自云侍書家雲芳子，有
才思。後雲芳子被內官田大夫識得，曰：「書家何得在此？」逼令回宮。[115]雲
芳子侍書家的名號，總以在帝后或皇室成員旁侍候文書事務有關。昭宗自遭幽

---

[112]　《唐代墓誌彙編續集》，大和〇一九，頁 892。

[113]　《全唐詩》卷五一九李遠〈觀廉女真葬〉，頁 5930。

[114]　《唐代墓誌彙編》，咸通〇四一，頁 2410。關於楚國夫人貴妃楊氏的封號與輟朝禮之討論，見：陳
　　　麗萍，〈唐懿宗的后妃──兼論後期后妃制度的發展與變遷〉，《中國社會科學院歷史研究所學
　　　刊》9 輯（2014），頁 336-337。

[115]　孫光憲撰，賈二強點校，《北夢瑣言》（北京：中華書局，2002），卷九，頁 191-192。

辱後，勵心庶政，韓偓〈感事三十四韻〉詩云：「宮司持玉研，書省擘香箋。」[116]宮司、書省皆宮人職名，是新創的女官名號，其職掌如何，尚不確定，但總歸是粗通文墨，才被揀選到文案旁來服侍的。王建〈宮詞〉曾有：[117]

> 私縫黃帔捨釵梳，欲得金仙觀裡居。近被君王知識字，收來案上檢文書。

女子識字，有書寫能力，終非粗鄙無能之輩，調到皇帝身旁侍從，是宮官也好，或其他女職也罷，前景與待遇，總是讓人有無限期盼的！

哀帝天祐二年（905）十二月辛丑敕：[118]

> 宮嬪女職，本被內任，近年以來，稍失儀制。宮人出內宣命，案御參隨視朝，乃失舊規，須為永制。今後每遇延英坐朝日，只令小黃門祗候引從，宮人不得擅出內門。

案御不見於宮官系統，也可能是一個新創名號。《通鑑》胡注引《唐六典》曰：「宮嬪司贊掌朝會贊相之事。凡朝，引客立於殿庭。」[119]胡三省將參隨視朝，比於司贊朝會時引客於殿庭。或許因司贊只負責與皇后有關的禮典，而皇帝視朝遂另行指派隨侍宮人，案御便是由此而生的女職。

宮官系統終唐之世都存在，可是宮中的女性職官未必只限於志書所載之名號與職掌。像御正、御中、案御，似乎都在服務女主或皇帝，而女學士應是宮中知書之女性群體，內將軍則領導女性防禦體系，至於尚書、書省、宮司、侍書等，應是通文墨之人。這些零散的、不明隸屬單位的新名號，意味著宮官制

---

[116] 韓偓著，陳繼龍註，《韓偓詩註》（上海：學林出版社，2001），卷二，頁99。

[117] 《全唐詩》卷三〇二王建〈宮詞〉，頁3442。

[118] 《舊唐書》卷二十下〈哀帝紀〉，頁804。

[119] 《資治通鑑》卷二六五哀帝天祐二年條，頁8654。

度產生變化，還是宮官之外正在醞釀新系統，因史料有限，難以判定。[120]但這些新名號所指出的趨勢是，宮中需要一批學養俱佳，能夠協理政務，或侍奉文案，有書寫能力的女性，以補既有宮官之不足。

四、宮官來源與教育

有品宮官近兩百人，再加上無品的女史、阿監等，就宮中不減萬人的人數比重來說，實在微不足道，但對於供給中宮服用所需，禮儀導引而言，其功能性與必要性又讓其不可或缺。為了維持後宮的持續運作，宮官或女官勢需有穩定來源，也為了讓其運用更有彈性，選取方式也就不拘一格。大體上，宮官或女官的來源有以下三種途徑：

(一)聽聞召入

女性因才德獲致高名，帝后因而特別召入，這在武氏主政時尤其明顯，除了前述的裴行儉繼室庫狄氏，還有顏真卿祖母殷氏：[121]

> 天后當宁，旁求女史，太夫人殷氏，以彤管之才，膺大家之選，召置左右，不遑顧復。

司馬慎微妻李氏：[122]

---

[120] 鄧小南指出，宋代的尚書內省常由宮官擔任，是協助君王處理政務文書的女官體系。然宋代的尚書內省已呈組織型態，與唐代的只見零散名號，頗不相同。見：鄧小南，〈掩映之間——宋代尚書內省管窺〉，《漢學研究》27 卷 2 期（2009），頁 5-42。

[121] 《全唐文》卷三四四顏真卿〈杭州錢塘縣丞殷府君夫人顏君神道碣銘〉，頁 3493。

[122] 趙君平、趙文成編，《秦晉豫新出墓誌蒐佚》（北京：國家圖書館出版社，2012），〈唐司馬慎微墓誌〉，頁 478。錄文可參考：張紅軍，〈唐代司馬慎微墓誌考〉，《中國國家博物館館刊》2012 年 10 期，頁 52。

載初年，皇太后臨朝，求諸女史，勅潁川郡王載德詣門辟召。

鄧國夫人：[123]

媧后創業，軒宮多事，高行登聞，大家入侍。

　　她們都是在武氏需才孔急，其人節行可信的情形下，特召入宮服侍或輔政的。亡宮墓誌多言宮人以良家入選，但偶然也有召入的，卒於景雲二年（711）六十歲的七品亡宮人，與卒於開元三年（715）七十六歲的六品亡宮人，墓誌說她們「往以才行，召入後宮」，「典絲枲之任，掌笲屨之儀」，[124]或許就是在武氏當政時以才行召入後宮，或任服用衣飾之女官的。

　　唐前期女主用事，女性職官的需求自然多，所召入者無論任職原有的宮官系統，或是新增的女官，都以其才行深得贊譽。唐後期雖然不再有女主，但社會上依然敬重有才行的女子，奏聞皇帝而召入宮者，以宋氏五姊妹為最著稱。王建〈宋氏五女〉詩云：「行成聞四方，徵詔環珮隨。同時入皇宮，聯影步玉墀。」[125]正形容的是此一盛事。宋氏姊妹入宮，分掌宮官各要職，深受諸帝敬重。[126]與宋氏姊妹齊名的還有鮑君徽，善詩，德宗亦嘗召入宮，與侍臣賡和，賞賚甚厚，[127]但似未留為女官。

　　女子若非才德出眾，不足以引動視聽；宮中若不是有女官需求，武氏政權與諸皇帝也不會召之入宮，留為女官。

（二）良家入選

---

[123] 《張說集校注》卷二六〈鄧國夫人墓銘〉，頁1263。

[124] 《唐代墓誌彙編》，景雲〇一五、開元〇一五，頁1127、1161。

[125] 《全唐詩》卷二九七王建〈宋氏五女〉，頁3370。

[126] 有關宋氏姊妹的生平與事迹，可參考：高世瑜，〈宋氏姊妹與《女論語》論析——兼及女教的平民化趨勢〉，收入：鄧小南主編，《唐宋女性與社會》（上海：上海辭書出版社，2003），頁127-142。

[127] 《全唐文》卷九四五鮑君徽，頁9815。

　　宮官諸來源中，向外徵選可能是補充宮官的主要途徑，蓋皇帝聽聞召入，只限於極少數有特殊能力者。在目前可知的宮人墓誌中，著錄為宮官的六件墓誌裏，其入宮方式有二則載為「甲族選入中宮」、「充選入宮」，[128]但這兩件的卒年都是貞觀五年（631），推算即使武德元年（618）入宮，當時也已分別為 62 歲、59 歲，所以這兩位宮官應是直接收自周、隋宮廷，未必是唐時才選入。宮人墓誌雖然多載品階，但身分是內官或宮官，常難以判別。玄宗改革內官制大約在開元元年、二年間，自此內官皆在正四品以上，宮官皆在正五品以下。如果從宮人墓誌的卒年與歲數推算，在玄宗改制後入宮者只確知一例，她葬於開元十五年（727），姑且推定亦卒於是年，時僅 20 歲，應在開元初改制後才入宮，她以「良家子選入後宮」，卒時為七品宮人，當為二十四典之一。[129]宮人墓誌所載的入宮方式多為良家入選，開元改制後該例依然是良家入選，相信良家子應是宮中徵選宮官所開出的身分條件，畢竟宮官是有品階層，為了維護後宮清譽與宮官體統，設定良家子為基本需求，應屬合理。[130]

　　宮官的入選年齡，有一則典燈墓誌曰：「爰在幼年，□□內職」，[131]但宮官選取是否僅限定年輕女子，還有疑問。前述武氏政權所啟用的女官，庫狄氏、殷氏、李氏等似乎都是孀婦，鄧國夫人被辟召時大概還在守寡，[132]這些婦人應有一定年紀才入宮，顯非良家入選的「爰在幼年」。再者，宋氏五姊妹入宮，學者推估其年齡在 20—31 歲間，[133]也不能說是幼年。唐宮官制度承襲隋而來，在宮官的年齡標準上，也不無可能參考隋的舊習。隋有一則〈故宮人司寶陳氏墓誌〉：「年卅一入宮，特以小心見祿，非因色幸。」[134]由於宮官的功能在服

---

[128] 《唐代墓誌彙編》，貞觀〇一八、貞觀〇二〇，頁 21、22。

[129] 《唐代墓誌彙編》，開元二四三，頁 1324。

[130] 隋代選取宮人的前提要件亦是良家出身，在這點上，隋、唐相近。見：周曉薇、王其禕，《柔順之象：隋代女性與社會》，頁 177-179。

[131] 《唐代墓誌彙編續集》，儀鳳〇〇七，頁 232。

[132] 鄭雅如，〈唐代前期預政女性身分的官僚化：從上官婉兒墓誌談起〉，頁 94。

[133] 趙力光、王慶衛，〈新見唐代內學士尚宮宋若昭墓誌考釋〉，《考古與文物》2014 年 5 期，頁 105。

[134] 吳鋼，《鴛鴦七志齋藏石》（西安：三秦出版社，1995），頁 264。

務後宮，管理宮女，不需要以色侍人，所以她只要是身家清白的良家子便好，至於是否有過婚姻，是否年齡幼小，當不在考慮之列。據學者統計的隋宮人入宮年齡，四十人中有年齡記載者，二十人超過二十歲入宮，九人超過三十歲入宮，三人超過四十歲入宮，[135]其中有些在隋以前已入宮。唐代宮官的選取標準如何，史書缺載，但即使宮官與內官都有採選良家子一途，只因二者選取的目的不同，設定的條件自然有差。此處且以《明會要》洪武十四年（1381）勑諭各地有司之語，以示其分別：[136]

> 民間女子年十三以上，十九歲以下；婦人年三十以上，四十歲以下，無
> 夫者；願入宮備使令，各給鈔為道里費，送京師。

　　唐、明制度固然不可類比，然備內職的女子，與服務宮廷的婦人，在入宮年齡與婚姻狀態上確實標準不同，以此回證前文提及的庫狄氏等孀婦，可以想見宮官的選取，不在乎年輕貌美，當以能力、品德為最重要考量。[137]

（三）宮女升進

　　犯罪家屬緣坐入宮，本應只在宮中底層任侍人之職的宮女。但宮中對這些宮女，施以訓練與教育後，依其能力，分配到適合她的處所任事，而其中能力較強的，則可能升進為宮官。該種情形在北魏宮人墓誌中已見端倪，現存的十方墓誌裏，至少有八個是因家難緣坐入宮的，有些人年紀幼小，只有五、六歲，她們在宮教的訓導下，依然可升進為內司、作司、大監、女尚書等宮內有品女官，甚至可賜爵，擺脫了最底層的宮女身分。

　　北朝宮女升進的情形，似乎未在隋代宮官中複製。隋代宮官素質甚高，除

---

[135] 楊寧，〈從墓誌看隋代宮人的幾個問題〉，《重慶第二師範學院學報》26 卷 4 期（2013），頁 34。

[136] 龍文彬撰，《明會要》（臺北：世界書局，1972），卷二〈帝系二〉，頁 52。

[137] 隋代宮人的選取標準，美貌與品德才識並重，但這可能只是理想化的標準。見：周曉薇、王其禕，《柔順之象：隋代女性與社會》，頁 171-181。

了相貌端莊外，入宮之前已深受儒家思想薰陶，女德、婦功是遴選重點，在目前可知的四十方宮人墓誌裏，鮮見緣坐宮女升進為宮官者，似乎大幅改變北魏的宮官來源。

　　唐代宮人墓誌雖然未見宮女升進為宮官之例，但緣坐宮女因才能出眾，不次被拔擢，也是有可能的，最著名者莫過於上官婉兒。婉兒始生，因祖父上官儀之事，與母配掖庭，新出〈唐昭容上官氏墓誌〉說她「年十三為才人」，[138]此才人身分為史傳所未見，但她在神龍元年（705）冊為昭容之前，史書從未在她才人身分上多著墨，反而在文章制詔，參決政務上，突顯她為武氏政權服務：[139]

　　　　年十四，武后召見，有所制作，若素構。自通天以來，內掌詔命，掞麗可觀，……然群臣奏議及天下事皆與之。

　　又：[140]

　　　　辯慧善屬文，明習吏事，則天愛之。自聖曆以後，百司表奏多令參決。

　　如前所論，武則天當政時任用許多女官幫助她處理政務。上官婉兒既有專司，當授予名號，才便於名正言順的制詔，及與朝官互動。史料中看不出婉兒曾被任命為朝官，比較可能的是，婉兒除了有內官身分，[141]亦同時兼具宮官或女官名號。唐朝大臣常一人有數職，後宮女性既為內官，也為宮官，似乎不是不可能。何況婉兒自緣坐宮女升進後，如只以才人身分應對朝事，未免有失作

---

[138] 李明、耿慶剛，〈《唐昭容上官氏墓誌》箋釋——兼談唐昭容上官氏墓相關問題〉，《考古與文物》2013 年 6 期，頁 87。

[139] 《新唐書》卷七六〈后妃上〉，頁 3488。

[140] 《資治通鑑》卷二○八中宗神龍元年條，頁 6587

[141] 鄭雅如認為上官婉兒是以內官名位執行政務，見：〈唐代前期預政女性身分的官僚化：從上官婉兒墓誌談起〉，頁 89。

為皇帝妃嬪之體統。若加給宮官或女官名號，豈不更切當？[142]

　　唐朝的緣坐宮女，因宮廷教育而表現才能的，可能不只上官婉兒一人，她們也可能在縫繡藥膳等方面有特殊長才，而升進為宮官，成為教導與管理宮女的階層。雖然目前罕見相關實例，但仍不能排除這樣的推測。

　　就宮官或女官取用的三個途徑而言，聽聞召人似屬特例，宮女升進亦非常態，唯良家入選可能才是最大宗的來源。宮人墓誌中絕大多數未標出是妃嬪與宮官的有品宮人，相當大數量可能是宮官，而其中又以良家入選居於主流。以宮人墓誌印證宮官來源，不失為一有參考價值的方式。

　　如果宮女升進是宮官的來源之一，那麼緣坐入宮後的教育，就是促使其升進的主要助力。上官婉兒襁褓入掖庭，終至於內掌詔命，依憑的正是宮廷教育讓她成立，甚至她還可以反過來教育其他宮人，所謂「惟此邦媛，鬱為宮師」，[143]就說明她在宮教中有一席之地。聽聞召入的宋氏五女，入宮後極受尊重，六宮、嬪媛、諸王、公主、駙馬皆師之，[144]故王建詩云：「聖朝有良史，將此為女師。」[145]亦在發揮宮廷教育的作用。上官氏與宋氏姊妹，無論身為受教者或施教者，都顯示宮廷實兼具教育職能，負有培育宮人，教導其適應各種勞作與服務需要的責任。

　　據《禮記‧內則》，古代的教育，男女自七歲起便不同席共食，十歲起便男女異教，男子出就外傳，學六書九數，女子則「姆教婉娩聽從」，「學女事以共衣服，觀於祭祀」。在家庭裏，女子以學習婦道為本，女師就是執教者。但宮廷對女性的教育，視受教者的身分與需求，而有不同的教育方式，而非一概以〈內則〉為準。

　　女子入宮施教或受教，不乏前例。東漢班昭以高才節行聞名於世，和帝數

---

[142] 趙雨樂也認為上官婉兒曾任宮官，見：〈唐前期宮官與宦官的權力消長〉，頁12。

[143] 宋敏求編，《唐大詔令集》（臺北：鼎文書局，1972），卷二五〈起復上官氏為婕妤制〉，頁81。

[144] 《舊唐書》卷五二〈后妃下〉，頁2199。

[145] 《全唐詩》卷二九七王建〈宋氏五女〉，頁3370。

召入宮，「令皇后諸貴人師事焉，號曰大家」。[146]可知受教者是后妃，她們不因身分而怠於精進。再者，廣在宮中設學，教導對象下及女隸的是苻堅：「課後宮，置典學，立內司，以授於掖庭，選閹人及女隸有聰識者，署博士以授經。」[147]女隸所學的不是與其工作有關的技能，而是儒家經典，而教授的博士可能為男性學官。南北朝時，吳郡才女韓蘭英數度被宋、齊諸帝召入宮，齊武帝任為博士，「教六宮書學」，[148]則施教者為女性，受教者為宮人，所學為知識，並非藝能。北魏李彪之女，宣武召為婕妤，「在宮常教帝妹書，誦授經史」，「後宮咸師宗之」，[149]則以妃嬪之尊，為公主等後宮之人的女師。另外在北魏宮人墓誌裏，馮迎男五歲即隨母緣坐入宮，「蒙簡為宮學生，博達墳典」，後升為「女尚書，幹涉王務」；王僧男六歲亦因父罪沒入宮，「簡充學生」，後超昇女尚書。[150]二人皆為宮婢身分，在宮中受教，終而改變自己的命運。

　　這些宮廷教育的事例，女師或由宮外召入，或為妃嬪本人，但也有專任為博士者；受教者上自后妃、公主，下及女婢，整個後宮都可能包括在內。所教授的項目，看似以經典為主，其實愈是緣坐宮女，愈重視技能，如「宰調酸甜，滋味允中」、「女功紃綜，巧妙絕群」，[151]就是這些女婢在宮中學著技能，得以升進的原因。後宮實為一個教育場所，期望宮內女性有怎樣的表現，就怎樣去雕塑她們。

　　唐代後宮的女性教育，[152]從公主們身上看得最真切。玄宗〈封唐昌公主等

---

[146]　《後漢書》卷八四〈列女傳〉，頁 2784-2785。

[147]　《晉書》卷一一三〈載記·苻堅上〉，頁 2897。

[148]　《南史》卷一一〈后妃上〉，頁 330。

[149]　《北史》卷四十〈李彪傳〉，頁 1465-1466。

[150]　《漢魏南北朝墓誌彙編》〈魏故宮御作女尚書馮女郎之誌〉，頁 123；又，〈女尚書王氏諱僧男墓誌〉，頁 124。

[151]　《漢魏南北朝墓誌彙編》〈傅姆王遺女墓誌〉，頁 124；又，〈大魏宮內司高唐縣君楊氏墓誌〉，頁 126。

[152]　宮廷需要禮儀教育、婦德教育，以及事務性的教育，受教對象亦含妃嬪在內。可參考：王麗梅，〈唐代宮廷婦女的教育〉，《中學歷史教學參考》2004 年 1-2 期，頁 20。

制〉：「朕訓導諸子，舊有女師，因其婉娩之性，進成肅雍之德。」[153]女子的成長歷程，嬰幼時期有乳母照顧哺養，[154]年紀稍長後便要接受教育，玄宗幼孫，榮王第八女墓誌曰：「八歲受書於傅母，九歲學禮於女師。」[155]《通鑑》胡注：「傅母，女師也。」[156]則傅母、女師都是負責教導之人。又，玄宗〈冊壽光公主文〉：「能遵阿保之訓，頗聞詩書之旨。」[157]李賢訓：「阿保，謂傅母也。」胡注：「阿母，保母也。」[158]乳母即使在王子公主長大後仍留在宮中，唐諸帝的乳母日後還封爵，[159]但乳母以生活照養為主，待公主年事稍長，便由傅母、女師、阿保等接手教導之。其實公主們的教育不只是詩書禮經等品德教育，她們還要嫁為人婦，有持家之儀，故織紝組紃，酒食祭奠，以及圖史之事，都要學習，所謂「得繭館從蠶之儀，採公宮習史之藝」，「手成朝祭之服，躬操酒食之品」，「知中闈內則之藝，稟傅母女史之規」，[160]顯示公主教育是多樣化的，凡婦人所能之事，莫不教授傳習之。

　　誰有資格在宮中擔任女師、傅姆、阿保？男性官僚總不好深入內宮，女性知書、習藝者便自然成為教師。玄宗賜燕國夫人竇氏詔曰：[161]

　　慈慧和順，掌執禮經，女憲母師，獨高柔則。朕在孩幼，躬勞乳養，遠

---

[153] 《全唐文》卷二三玄宗〈封唐昌公主等制〉，頁 267。

[154] 李貞德，〈漢魏六朝的乳母〉，《史語所集刊》70 本 2 分（1999），頁 443-458。

[155] 《全唐文補遺》第三輯（西安：三秦出版社，1996），〈大唐榮王故第八女墓誌銘并序〉，頁 88。

[156] 《資治通鑑》卷二四五文宗太和九年條，頁 7902。

[157] 《全唐文》卷三八玄宗〈冊壽光公主文〉，頁 418。

[158] 《後漢書》卷五二〈崔烈傳〉，頁 1731；《資治通鑑》卷五八漢靈帝中平二年條，頁 1878。

[159] 唐宮中之乳母多選自罪沒者，各皇子有各自的乳母，一個皇子還可能有多個乳母。因為乳母有慈育之恩，所以可受封爵。見本書〈唐代的宮女群體及其對宮廷政治的影響〉。

[160] 《全唐文》卷二五八蘇頲〈涼國長公主神道碑〉，頁 2613；又，卷二三二張說〈上邽縣李氏墓誌銘〉，頁 2346；又，卷五六憲宗〈封真寧公主等制〉，頁 607。

[161] 《全唐文》卷二六玄宗〈賜乳母竇氏俸料準三品詔〉，頁 297。

　　惟恩義，寧忘夙昔。……俸料祿課等，一準職事三品給。

　　竇氏為玄宗姨母，方其孩幼時，竇氏乳養之，而竇氏又掌執禮經，應曾為宮中之女師，故不僅封為燕國夫人，還準職事三品給俸料。太宗女臨川郡公主手繕寫起居表，太宗覽之欣然：[162]

　　令宮官善書者侍書，兼遣女師侍讀。

　　宮官與女師都是後宮有學養的女性，她們為公主的侍書、侍讀，就如同朝廷為太子、諸王安排侍書、侍讀一樣，但這裡的宮官侍書似是從事書法教育，[163]也是宮中教育的一環。如前文所論，以宮女升進的上官婉兒曾為宮師，極受皇帝重視的宋氏姊妹，也為嬪媛、公主的女師，可以說唐宮塑造的就是一個講求師氏訓導，言容懿範的環境，不縱容嬪媛、公主們胡亂作為，有損皇家威儀。

　　宮官各有職司，也就是各有專門技藝與才能，她們在任職之外，可能還有餘力擔任女師，曾「典絲枲之任，掌笄屨之儀」的亡宮人，其墓誌銘曰：「彼美淑姬，鬱為女師。」[164]似是宮官尊為女師。至於傅母（姆），鄭玄注《儀禮·士昏禮》「姆」字曰：「婦人年五十無子，出而不復嫁，能以婦道教人者，若今時乳母矣。」[165]傅母（姆）不應是乳母，其特色該是「能以婦道教人者」。總之，唐宮中蘊蓄了許多有知識、技能的女師等人，在教育尊貴的嬪媛、公主，她們有可能是宮官，也或者專門由外聘請或選入。[166]

　　唐宮中還有許多亟待調教的下層宮女，包含緣坐入宮者在內，她們將來要

---

[162]　《唐代墓誌彙編》，永淳○二五，頁703。

[163]　李錦琇，〈書法教育〉，收入：《唐代制度史略論稿》（北京：政法大學出版社，1998），頁232-233。

[164]　《唐代墓誌彙編》，景雲○一五，頁1127。

[165]　《儀禮注疏》（十三經注疏本），卷五〈士昏禮〉，頁49。

[166]　陳麗萍也收集了一些女師、乳（保）母的例子，可以參考，見：《賢妃嬖寵：唐代后妃史事考》（北京：社會科學文獻出版社，2014），頁319-332。

視能力被分配為提供勞作的雜役宮女，或歌舞表演的技藝宮女，以及近身服務帝王妃主的侍從宮女。[167]因為宮中需求的品項不同，宮廷教育機構自然也有分疏，以求適才適性，因才施教。大致上說，宮教機構分為兩個體系，一是教習宮人書算眾藝的習藝館；另一是教授樂舞雜技的教坊與梨園。[168]

　　習藝館本名內文學館，隸中書省，選儒學官一人為學士，掌教宮人。武后如意元年（692）改曰習藝館，又稱翰林內教坊或內翰林。有內教博士十八人，教習經史子集書算眾藝。開元末館廢，內教博士改隸內侍省。[169]從習藝館的配置來看，學士官一人似為行政督導職，內教博士十八人才是真正的教師。開元末的組織改造，內教博士可能移於內侍省掖庭局下，但掖庭局的宮教博士二人，從九品下，也應只是行政督導職，不是真正的教師。再者，習藝館在唐後期又復舊，宋尚宮之父宋庭芬就在習藝館內教。[170]宮中有這樣教習宮人書算眾藝的常設機構，不僅提升了宮人的文化素養，避免小人閒居為不善，還在緣坐宮女中養出像上官婉兒這樣出類拔萃的人物。

　　教坊與梨園是訓練宮中歌舞人的處所，但這些歌舞人多自宮外選入，[171]其技藝基底也在宮外養成，挑選入宮後只在更求精進與排練更完善。但畢竟宮中歌舞人的代謝速度快，總不如有文書才能的宮人具獨特性、持久性、難以取代性，故緣坐宮女上官婉兒能因才學名顯朝中，而歌舞人頂多只有片刻地賞心悅目而已，二者能力、品項上的差異，決定了他們的高度與受重視的程度。

　　宮廷不只是帝王妃主施政、生活之所在，其實也包含多樣化的教育機能，

---

[167] 見本書〈唐代的宮女群體及其對宮廷政治的影響〉。

[168] 宮廷教育機構，亦可參考：杜文玉，《唐代宮廷史》，頁298-306；王麗梅，〈唐代宮廷婦女的教育〉，頁20-21。

[169] 《舊唐書》卷四三〈職官二・中書省〉，頁1854；《新唐書》卷四七〈百官二・內侍省〉，頁1222。習藝館不只教宮人，也可能教宦官，〈高力士墓誌銘〉：「令受教於內翰林，學業日就。」（《全唐文補遺》第七輯）這裡的內翰林可能就是翰林內教坊，也就是習藝館。《新唐書》做「萬林內教坊」，應誤。

[170] 《新唐書》卷七七〈后妃下〉，頁3508。杜文玉認為唐後期仍設習藝館，且唐初已有宮教博士，非開元末才有。見：《唐代宮廷史》，頁299-300。

[171] 見本書〈唐代的宮女群體及其對宮廷政治的影響〉。

它針對不同層級來施教，也選、聘不同身分與能力的施教者。宮官或女官的三個來源中，聽聞召入者最以才行被人敬重，也最有可能是宮廷教育中的施教者；由緣坐宮女升進為宮官者，先是在習藝館或掖庭局接受內教，一旦有成，便可由受教者轉化為施教者。宮廷的教育機能，在宮官身上看到端倪。

五、宮官生活與待遇

　　宮官原本是侍奉后妃，管理宮女的女官，其廨署與居所可能設在掖庭宮內。〈大唐故宮人司製何氏墓誌〉：「以甲族選入中宮，奉職掖庭，位頒司製。」[172]掖庭是後宮的泛稱，但唐初任職掖庭的宮官，可能就在掖庭宮內。又，七品亡宮人丁氏墓誌：「選自良家，聲著椒掖」，即使武德元年（618）入宮，也已57歲，故不會是妃嬪，當任宮官，在貞觀五年（631）「卒於掖庭」，[173]想見她的居所也應在掖庭宮內。據《長安志》：「掖庭宮蓋高祖所起，宮人教藝之所也。」[174]宮官即使不教習宮人書算眾藝，也有就近督導宮人勞作的責任。唐初的掖庭宮將後宮的管理層與服務層匯聚在一起，這樣的佈局是具有時效性、便捷性的。

　　《河南志》並未看到東都有掖庭宮，但掖庭宮確實存在於東都。麟德元年（664）〈東都掖庭宮司簿王氏之銘〉，[175]就證明東都的掖庭宮，同樣為宮官的職司所在。安祿山之亂，玄宗幸蜀，諸王妃妾不及從者多陷於賊，德宗母沈氏被拘於東都之掖庭，及代宗克東都，得之留於宮中。[176]唐代的掖庭，不只是籍

---

[172]　《唐代墓誌彙編》，貞觀〇一八，頁 21。

[173]　《唐代墓誌彙編續集》，貞觀〇〇三，頁 9。

[174]　宋敏求撰，畢沅校正，《長安志》（中國方志叢書，臺北：成文出版社，1970），卷六，頁 132。

[175]　《唐代墓誌彙編》，麟德〇〇四，頁 398。

[176]　《舊唐書》卷五二〈后妃下〉，頁 2188。

沒官吏妻女的場所，也是幽禁后妃及皇室戚屬的地方。[177]宮官在支撐掖庭宮的運作上，應有一席之地。

　　宮官一入宮中，其生活便圍繞著工作打轉，史料中幾乎不見有其他活動。她們日日困在宮中，連家人都幾乎斷了音訊，高宗上元二年（675）八月丁酉詔：[178]

　　　　婦人為宮官者歲一見其親。

　　這是在高宗、武后並稱天皇、天后之後的一年，或許武后有較強的女性意識，也較同情宮內的女官，遂特別下詔寬慰之。宮中是一個很閉鎖的環境，不得許可，不能隨意出入，故太常樂工為宮人通傳消息，是違反「宮闕之禁」；[179]中宗時上官氏與宮人貴倖者皆立外宅，被視為「出入不節」；[180]就連《冥音錄》之陰司簿屬教坊，暇日得肆遊觀宮中，「但不得出宮禁耳」。[181]武后為宮官開了一道一年會見親人一次的小門，也算是聊慰思親之苦吧！

　　唐玄宗是一個對宜春內人特別禮遇的君王，《教坊記》曰：[182]

　　　　每月二日、十六日，內人母得以女對，無母則姊妹若姑一人對。十家就
　　　　本落，餘內人並坐內教坊對。內人生日，則許其母、姑、姊妹皆來對。

---

[177] 謝元魯，〈漢唐掖庭制度與宮廷政治〉，《天府新論》3 期（1999），頁 75-79。關於唐代掖庭的幽禁功能，如《新唐書》卷八一〈高宗諸子傳‧孝敬皇帝弘〉：「義陽、宣成二公主以母故幽掖廷，四十不嫁，弘聞貽側，建請下降。」又，《舊唐書》卷五一〈后妃上‧中宗和思皇后趙氏〉：「妃母公主得罪，妃亦坐廢，幽死於內侍省。」內侍省在掖庭宮西南隅，幽死於內侍省，也可說是幽死於掖庭。

[178] 《新唐書》卷三〈高宗紀〉，頁 72。

[179] 《舊唐書》卷六三〈蕭鈞傳〉，頁 2405。

[180] 《舊唐書》卷五一〈后妃上〉，頁 2172。

[181] 《太平廣記》（北京：中華書局，2006），卷四八九〈雜傳記六〉「冥音錄」，頁 4021。

[182] 崔令欽撰，羅濟平校點，《教坊記》（瀋陽：遼寧教育出版社，1998），頁 1。

　　宜春院女妓能每月二次，及生日時得親人探視，其待遇比宮官還好。玄宗
此後似將會親制度，擴及於所有宮女，《中朝故事》：[183]

> 每歲上巳日，許宮女於興慶宮大同殿前與骨肉相見。縱其問訊，家眷更
> 相贈遺。一日之內，人有千萬。有初到親戚便相見者，有及暮而呼喚姓
> 第不至者，涕泣而去。歲歲如此。

　　興慶宮成於玄宗時，玄宗也是對宮女非常寬容的君主，推測此會親制度亦
始於玄宗。上巳日（三月三日）是唐人聚會、春遊的日子，[184]選這一天會親，
是別具意義的。只不過宮女普遍可以會親，宜春內人經常與母姊對，不知是否
連帶影響品階較高的宮官，增加其會親的次數與頻率？

　　宮廷隔絕了親人日常會面的機會，也因此宮中無意挑選有夫有幼子者入宮，
以免造成夫妻不相見，母子有棄養的人倫悲劇。這樣說來，宮中禁閉著許多未
婚的女子，或失婚的孀寡。唐代宮官的身分與資格未見載錄，參考明制或許有
助於吾人對唐制的理解，前引《明會要》洪武十四年（1381）敕諭：「婦人年
三十以上，四十歲以下，無夫者，願入宮備使令。」此處的婦人，與上元二年
（675）：「婦人為宮官者歲一見其親。」同樣用「婦人」，似有異曲同工之妙，
亦即她們可能曾有婚姻，但現在至少是無夫者。又，洪武二十二年（1389）授
宮官敕：「服勞多者，或五載六載，得歸父母，聽婚嫁。年高者許歸，願留者
聽。現授職者，家給與祿。」[185]比起唐上元二年（675）許宮官歲一見其親，明
制似乎稍放寬一點。至於任宮官年深後，或老病不堪役使者，是否可放出宮，
在唐代諸多出宮人例中，或許不能排除之，但總不如明制的明文許可。對於無
家可歸或不願出宮的宮官，明制任其終養於斯，而唐代宮人墓誌中，頗多六、
七十歲以上卒於宮中的高齡長者，她們之中應有不少是老年不堪役使，又無處

---

[183] 尉遲偓，《中朝故事》，收入：《唐五代筆記小說大觀》（上海：上海古籍出版社，2000），頁1786。

[184] 李斌城等著，《隋唐五代社會生活史》（北京：中國社會科學出版社，1998），頁621-622。

[185] 《明史》卷七四〈職官三・女官〉，頁1829。

可去的宮官吧！

　　宮官不能隨意出宮，入宮時亦不能有夫，她幸而成為皇帝妾侍的機率也似乎不大，[186]在一切依規則安排下，她鮮少有自主性的生活。正因為宮官要在宮中度過孤寂、漫長的日子，所以如果有能得歡心的宮女，也願收為養女，慰其寂聊，如尚宮賀婁氏頗關預國政，憑附者皆得榮寵，唐休璟乃為其子娶賀婁氏養女為妻，因以自達。[187]宮中養子女不只是宦官特有的行為，宮人養女可能也是另種現象，不只宮官有養女者，連妃嬪亦養女，〈唐內人蘭英墓誌〉就註明為淑妃的養女。[188]

　　宮官自任職起幾乎一生都在宮內，老病是其不可避免的人生歷程，而患坊就是宮人疾病治療，及其臨終的場所。由宮人墓誌所見，兩京宮內都有患坊，而長安設在太極宮中，故有「太極患坊」之語。宮人有疾患，自掖庭宮「出居於患坊」養病。[189]患坊內有藥庫，藥材出入由監門衛檢查、確認，而從事醫療的醫師、醫監、醫正，則由太常寺太醫署分番派遣至患坊。[190]患坊可能是重病者的治療場所，一般輕患則至內侍省奚官局拿藥：「奚官令掌奚隸工役、宮官品命。……凡宮人有疾病，則供其醫藥。」[191]至於尚食局司藥「掌醫方藥物之事」，[192]可能只提供掖庭宮后妃初步的診療與藥物。總之，宮人視其身分與疾患程度而就醫，宮官有疾通常在奚官局拿藥，重症才送到患坊。

---

[186] 宋氏姊妹入宮，德宗「高其風操，不以妾侍命之」（《新唐書》卷七七〈后妃下〉），似乎顯示宮官也有可能被皇帝納為妃妾。

[187] 《舊唐書》卷九三〈唐休璟傳〉，頁 2980。

[188] 《全唐文補遺》第二輯（西安：三秦出版社，1995），〈唐內人蘭英墓誌〉，頁 583。另可參考：陳麗萍，〈唐〈內人蘭英墓誌〉釋讀──兼論唐代后妃的收養現象〉，《碑林集刊》16 集（2010），頁 48-56。

[189] 石野治大，〈唐代兩京の宮人患坊〉，《法史學研究會報》13 期（東京：法史学研究會，2008），頁 26-27，及拓本照片。

[190] 關於患坊，及宮人的給藥、治療，可參考：石野治大，〈唐代兩京の宮人患坊〉，頁 25-35。

[191] 《新唐書》卷四八〈百官三〉，頁 1244-1245。

[192] 《舊唐書》卷四四〈職官三〉，頁 1871。

在宮官的經濟待遇方面，史書有這樣的描述：[193]

> 古制，天子六宮，皆有品秩高下，其俸物因有等差。唐法沿於周隋，妃嬪宮官，位有尊卑，亦隨其品而給授，以供衣服鉛粉之費，以奉於宸極。

宮人女職需要衣飾裝扮為自己增色，也為宮廷增添亮麗。其衣服鉛粉費依品秩高低給授，即使是閉鎖在寢宮的陵園妾，雖自歎「四季徒支妝粉錢，三朝不識君王面」，[194]也還是照樣有妝粉錢。而微賤的宮女，如花蕊夫人〈宮詞〉所示：「月頭支給買花錢」，[195]也是有妝點費用的。在此縱然不明妃嬪、宮官待遇若何，但舒元褒諫言中曰：「後宮羅紈鉛紅者數千人，日賞數千金。」[196]應該是筆相當可觀的開支。

衣服鉛粉費只能看成宮人的生活津貼，基本的糧食所需還是要由國家供給。德宗貞元二年（786）歲饑，令「御膳之費減半，宮人月共糧米都一千五百石」。[197]這裡的宮人糧米，應是約減後的數量。按身分比照官婢的宮女來說，刑部都官郎中給糧：「丁口日給二升，中口一升五合，小口六合」，工作課程則丁婢若中奴。[198]如以宮人月供米 1500 石，即日 50 石計，丁婢合中口日食 1.5 升，則若全為宮女，合供三千多人。當然，宮人的身分等級差距頗大，妃嬪、宮官的給糧數應為宮女的若干倍，何況這還是歲饑減省後的情況。唐朝宮女少說約一萬人，德宗在歷經多次兵亂後，宮人數一時驟減，也未可知。但相信隨著政局漸安，宮人數應會回歸常態。

宮官長久居於宮中，衣服鉛粉與糧食供給，既維持其生活與容顏，也表現

193　《舊唐書》卷一○五〈王鍔傳〉，頁 3229。

194　《白居易集》卷四〈諷諭四・陵園妾〉，頁 83。

195　《全唐詩》卷七九八花蕊夫人〈宮詞〉，頁 8976。

196　《全唐文》卷七四五舒元褒〈對賢良方正直言極諫策〉，頁 7710。

197　《舊唐書》卷十二〈德宗紀〉，頁 352。

198　《唐六典》卷六〈刑部都官郎中員外郎〉，頁 194。

各自的尊卑身分。但有品的宮官是否比照外朝官，另給俸料祿課呢？前引洪武二十二年（1389）授宮官敕，有「現授職者，家給與祿」一句，亦即當職的宮官之家授予祿，而卸任者不再給。唐制是否亦如此，史料無以為證。唯玄宗賜乳母燕國夫人竇氏詔曰：「俸料祿課等，一準職事三品給。」[199]這顯然是玄宗的特恩，[200]刻意抬高竇氏的俸祿，但已依稀透露出宮中女職，含宮官在內，似乎是有俸料祿課的，只是數量不多，不能比照外朝官品給授。

　　再者，皇帝的殊恩榮寵是否會降臨在宮官身上，應視情況而定。宮官率皆默然一生，即使是中宗朝尚宮柴氏、賀婁氏把持權勢，也沒見到本人或其家人得到什麼殊遇。宮官中，卓爾不群能引起皇帝注目的，非宋氏姊妹莫屬，其父庭芬「起家受饒州司馬，習藝館內，敕賜第一區，給俸料」，[201]這是將皇帝恩寵擴及宋氏姊妹之父，以感謝其教養之用心。

　　宮官還可以接受邑號，封為命婦。天祐二年（905）中書門下〈請改定乳母封號奏〉曾提及：[202]

　　　景龍四年，封尚食高氏為蓨國夫人。封爵之失，始自於此。

　　宮官在中宗朝權勢極盛，破格授予封爵，並非不可能。其實，這應是韋后掌權時，宮中女性勢力擴張的系列性作為之一，其前的一年，即景龍三年（709）秋七月，皇后表請：[203]

　　　諸婦人不因夫子而加邑號者，許同見任職事官，聽子孫用廕。

[199]　《全唐文》卷二六玄宗〈賜乳母竇氏俸料准三品詔〉，頁297。

[200]　外命婦之制本有敘例，但國夫人常為皇帝的特恩，元和十三年制即曰：「其國夫人須待特恩，不在敘例。」（《唐會要》卷八一〈階〉）玄宗詔竇氏為燕國夫人，並準三品給，應是特恩。

[201]　《舊唐書》卷五二〈后妃下〉，頁2198-2199。

[202]　《全唐文》卷九六八闕名〈請改定乳母封號奏〉，頁10057。

[203]　《舊唐書》卷七〈中宗紀〉，頁147。

同年十二月又上言：[204]

> 自妃主及五品以上母妻，並不因夫子封者，請自今婚葬之日，特給鼓吹，宮官准此。

這些主張或直接標出宮官，或言不因夫子而封，不言可喻地，是為宮官在內的諸多女性的權益設想，要為她們爭取到等同於男性的封爵權、用蔭權，以及婚葬鼓吹權。

自玄宗壓制女主勢力後，宮官在後宮的地位為宦官取代，但韋后所請的制度，未必全然失效。宋氏姊妹以才行為德宗召入宮中，元和末若莘卒，贈河內郡君。其妹尚宮宋若昭尤通達人事，為憲、穆、敬諸帝所敬重，其於寶曆初卒，贈梁國夫人，以鹵薄葬。[205]宋氏姊妹雖然是卒後才得封贈，可是唐代許可依贈官來進行葬儀及得賵物，是一種提高喪葬待遇的榮寵。[206]據《唐會要》：[207]

> 尚宮宋氏葬，奉敕令所司供鹵薄。準故事，只合給儀仗，詔以鼓吹賜之。

就算景龍三年給鼓吹之制已停廢，而寶曆年的再賜鼓吹，難說不是參照前制而來。

從宮官的經濟待遇、政治待遇與婚葬待遇來看，她即使是後宮不算顯眼的女職，也依然有其地位與重要性。

---

[204] 《唐會要》卷三八〈葬〉，頁691。

[205] 《新唐書》卷七七〈后妃下〉，頁3508。

[206] 關於贈官制度及所獲榮寵，可參考：吳麗娛，〈唐代贈官的贈賻與贈諡──從《天聖令》看唐代贈官制度〉，《唐研究》14卷（2008），頁413-438；鄭雅如，《親恩難報──唐代士人的孝道實踐及其體制化》（臺北：臺大出版中心，2014），頁225-235。

[207] 《唐會要》卷三〈葬〉，頁34。

六、宮官與宮廷政治

在以男性為主的傳統政治文化裏，向來對婦人預政頗有不滿，但唐朝不僅是女主干政最顯著的朝代，就連宮中女官權勢之大，也很令人訝異。

《全唐文補遺》〈雍州萬年縣大明府校尉劉氏妻（郝氏）之墓誌銘〉：[208]

> 往以要壘多虞，武周梟鏡。肅將誅討，蘭艾俱焚。被召入宮，尋蒙挽擢，……榮曜六宮，位參兩省。凡厥內奏，必預經綸。固得佐聖匡時，贊揚朝列。……去貞觀廿三年，蒙簡出宮，乃歸于劉氏。

郝氏大約在討平劉武周之亂後，因才行出眾而召入宮中，她在宮中的身分不是妃嬪，當是女官。值得注意的是，她在宮內奏事，參預經綸，輔佐國政，這是說唐人不待女主干政，已早有婦人預政的先例。郝氏的事蹟全然不見於史籍，她似乎在貞觀廿三年太宗崩後才蒙簡出宮，歸於劉氏。如前文所示，太宗極其信任、倚重宮官，舉凡慰問、弔祭等事，常派遣宮官代表皇帝去致意。而郝氏之內奏、輔政，則讓人對女官之權勢與影響力，有更深一層的體認。又《南部新書》載：[209]

> 太宗在遼東與宮人手敕，言軍國事一取皇太子處置。其翰真草相半，字有不用者，皆濃墨塗毀，圓如棋子，不可尋認。

太宗征遼時長孫皇后已亡故，其他妃嬪也未見太宗曾寄與軍國重任。此件

---

[208] 《全唐文補遺》第六輯，〈雍州萬年縣大明府校尉劉氏妻（郝氏）之墓誌銘〉，頁 243。

[209] 錢易撰，黃壽成點校，《南部新書》（北京：中華書局，2002），辛集，頁 126。

手敕似未行用三省制下的王言發布程序，[210]比較更像是一份私人信函。此處雖不知宮人的確切身分，但太宗竟對之言及軍國事，想來該宮人不只是宣達皇帝口諭，日常還應參與機務，或被諮詢顧問。如以前例郝氏之情形推想，這個宮人難保不是某位宮官吧！

高宗朝，宮官在內廷仍有一定的作用。高宗決意立武昭儀為后，廢王皇后及蕭淑妃為庶人時，「令宮人宣敕示王后」、「次至淑妃」。[211]立后之禮儀，高宗詔李勣、于志寧奉璽綬而進，命群臣、四夷酋長朝后，內外命婦入謁，是何等的隆重、有威儀。可是廢后一事，就不必勞煩大臣，僅令宮人宣敕及傳達旨意。按司言職在「宣傳啟奏之事」，此宮人當即司言，是尚宮局的女官。唐初閹宦「唯在門外通傳」，[212]尚不受到重視，相對來說，宮內女官在處理內廷事務上，反而有較大的份量。

唐朝的女主專政始自武氏政權，宮內的女官勢力也自此水漲船高。武氏政權以既有的禮典，如先蠶、親桑、拜陵等強化權力的正當性，又以新創的儀式，如封禪、親享明堂、命婦朝謁等，提升其在百官、命婦心中的權威性。[213]然這些禮典的進行，都伴隨著宮官的運用與參與，故女主的聲勢愈大，所用朝儀愈多樣化，需要宮官配合的地方就愈多，宮官的重要性也愈高。在另方面，武氏專政後亟需有能力的女性協助其處理政務，所以一則在宮內挑選如上官婉兒這樣「有文詞，明習吏事」者，參決政務；[214]再則自宮外辟召才婦入宮輔政，如

---

[210] 三省制下詔敕文書的宣署申覆程序，見：劉後濱，《唐代中書門下體制研究——公文形態・政務運行與制度變遷》（濟南：齊魯書社，2004），頁126-135。

[211] 劉肅撰，許德楠、李鼎霞點校，《大唐新語》（北京：中華書局，1984），卷十二〈酷忍〉，頁181。

[212] 《全唐文》卷一四四于志寧〈見太子承乾啟〉，頁1457。

[213] 武則天以禮典與儀式提升其威權，可參考：陳弱水，〈初唐政治中的女性意識〉，頁202-224；高明士，〈唐代禮律規範下的婦女地位——以武則天時期為例〉，收入：高明士，《中國中古禮律綜論——法文化的定型》（臺北：元照出版公司，2014），頁138-153；古怡青，〈製作女皇帝：武則天巡幸與祀典改革〉，收入：陳俊強主編，《中國歷史文化新論》（臺北：元華文創，2020），頁326-344；R. W. L. Guisso. *Wu Tse-t'ien and the politics of legitimation in T'ang China*. Bellingham, Wash.：Western Washingtn, 1978.

[214] 《舊唐書》卷五一〈后妃上〉，頁2175。

顏真卿祖母殷氏、裴行儉繼室華陽夫人庫狄氏等都是，但介入政事最深的似是司馬慎微夫人隴西李氏，她在載初年被皇太后辟召入宮，墓誌稱：[215]

> 侍奉宸極一十五年，墨勅制詞多夫人所作。

武則天不只向她們諮詢顧問，還要她們製作敕書，如此重用她們，應會給她們一個適當的身分與名號，亦即宮官組織會隨著女主權力的增大，相應地做調整，或別立新名號，以安置這些女官。

自唐初以來，太宗已常差遣宮官制外任事，並出現宮官涉入政事的跡象，而這種形勢在女主專政後，宮官對宮廷政治的影響力只會更為增強。中宗時韋后擅權，她沒有像武則天那樣引入才婦輔政，卻大肆縱容宮內外女性，如諸公主、皇后妹、上官婕妤及其母沛國夫人鄭氏、尚宮柴氏、賀妻氏、女巫第五英兒、隴西夫人趙氏等，依勢用事，請謁受賕，紊亂朝政。而且任令她們多立外第，出入不節，與朝士遊處。[216]正因為神龍以來，綱紀大壞，內寵專命，外嬖制權，宮官柴氏、賀妻氏等竟樹用親黨，廣納貨賂，完全看不出她們有何才能，如何輔政。

自則天朝以至韋后時期，宮中最特殊的女性莫過於上官婉兒。她襁褓時隨母入掖庭，年十四即蒙武后召見，而她在政事方面的能力很早就被天后注意到，「天后每對宰臣，令昭容臥床裙下，錄所奏事」。[217]上官婉兒就憑藉著個人的才華敏識，以及在天后的栽培磨練下，有了獨當一面，持權秉政的能力。史書謂「自通天以來，內掌詔命，掞麗可觀」，又曰「自聖曆已後，百司表奏，多

[215] 張紅軍，〈唐代司馬慎微墓誌考〉，頁52。

[216] 《資治通鑑》卷二〇九中宗景龍二年條，頁6623。

[217] 王溥撰，《唐人軼事匯編》（上海：上海古籍出版社，1995），卷二〈上官昭容〉，頁59。

令參決」。[218]這段期間，相信上官婉兒不是以高宗才人的身分處理內政，[219]則天應給她適當的名位，或相當於宮官的其他女官稱號，才方便處理政務。直到中宗即位，「又令專掌制命，深被信任，尋拜為昭容」。[220]張說為她的文集作序曰：「昭容兩朝專美，一日萬機，顧問不遺，應接如響。」[221]可見上官婉兒被兩朝信任，是基於她超乎常人的才智，而其權力則是三十餘年來漸次累積成的。

　　杜甫任左拾遺時作〈紫宸殿退朝口號〉：[222]

　　　戶外昭容紫袖垂，雙瞻御座引朝儀。

　　昭容正二品，位九嬪，天子坐朝，由宮人引至殿上，看來很不尋常。《酉陽雜俎》曰：「今閤門有宮人垂帛引百寮，或云自則天，或云因後魏。」[223]周輝《清波別志》云：「宮禁之制，豈容不嚴，宮人亦豈可見廷臣。而唐入閤圖乃有昭容位，或者疑之。」[224]宮人本不可與廷臣見，但則天預政多年，大量重用婦人女子理政，朝儀跟著做調整，也在情理之中。《新唐書》宮官司贊：「掌賓客朝見、宴食，贊相導引。會日，引客立於殿庭。」[225]顯示司贊可於朝見、宴會日與廷臣、外臣相見。唐入閤圖有昭容位，頗疑何時才由昭容引朝儀？筆

---

[218]《新唐書》卷七六〈后妃上〉，頁 3488；《舊唐書》卷五一〈后妃上〉，頁 2175。

[219] 上官婉兒年十三為高宗才人，年十四蒙武后召見，至四十七歲卒於景雲元年，歷經三十多年的培養訓練，才能專掌制命。上官婉兒的墓誌，見：李明、耿慶剛，〈《唐昭容上官氏墓志》箋釋——兼談唐昭容上官氏墓相關問題〉，頁 86-91。

[220]《舊唐書》卷五一〈后妃上〉，頁 2175。

[221]《張說集校注》卷二八〈中宗上官昭容集序〉，頁 1319。

[222] 杜甫著，蕭滌非主編，《杜甫全集校注》（北京：人民文學出版社，2014），卷四〈紫宸殿退朝口號〉，頁 1017。

[223] 段成式著，曹中孚點校，《酉陽雜俎》，收入：《唐五代筆記小說大觀》（上海：上海古籍出版社，2000），續集卷四〈貶誤〉，頁 749。

[224] 周輝撰，劉永翔校注，《清波雜志校注》（北京：中華書局，1994），卷一〈祖宗家法〉，頁 15。

[225]《新唐書》卷四七〈百官二〉，頁 1227。

者大膽推測，上官婉兒可能自則天朝已擔任贊相導引之職，並隨著女主勢力的增強，入閣儀節也跟著改變，司贊由導引賓客擴大及於導引百寮入閣。自中宗拜上官婉兒為昭容，其權勢達於頂峰後，入閣圖中的昭容位便也成形，甚至到乾元元年（758）杜甫作此詩時仍用其制。[226]

　　女主專政，不應只認為是女主孤身一人，縱身於諸多男性臣工中，而應看成是她組成了一個宮婦群體，做她的堅強後盾，既支持她的施政與決策，也藉由朝儀的護衛，增其威望。宮婦群體有自宮內拔擢的，也有外召入宮的，她們大多以宮官的身分出現，少數也有為宮嬪者。只是在以男性為主的政治氛圍裏，她們多只能隱身內廷，鮮少可與男性比肩而立，像衛國夫人王氏那樣，歷經神龍政變與反韋政變，在景雲二年（711）因功封「同京官三品」，[227]以命婦結合官品，視同外朝官僚的，目前所知，僅此一例。這些女性，以宮官或由其衍生的女官為主，只是她們在宮廷政治中的地位與權力再怎麼強化，也很難與外朝大臣相提並論，但她們可在內廷影響人主意向，居中操縱節制，其在政治上的影響力，是絕不可等閒視之的。

　　宮中的作為未必都那麼嚴謹地按制度行事，有些具便宜性，有些似已形成慣例。杜甫〈韋諷錄事宅觀曹將軍畫馬歌〉：「內府殷紅馬腦碗，婕妤傳詔才人索。」[228]婕妤等侍從皇帝左右，皇帝未宣宦者，而隨口讓婕妤傳詔，不過是順便之舉。但晚唐昭帝誅宦官後，「以內夫人宣傳詔命」，則是不得已為之。韓偓〈雨後月中玉堂閑坐〉詩注：[229]

　　　禁署嚴密，非本院人，雖有公事，不敢遽入。至於內夫人宣事，亦先引
　　　鈴。每有文書，即內臣立於門外，鈴聲動，本院小判官出受，受訖，授

---

[226] 劉文典，《杜甫年譜》（昆明：雲南人民出版社，1999），頁 42-44。

[227] 《全唐文補遺》第六輯，〈大唐故衛國夫人（王氏）墓誌銘並序〉，頁 394。

[228] 《杜甫全集校注》卷十一〈韋諷錄事宅觀曹將軍畫馬歌〉，頁 3207。

[229] 《韓偓詩註》卷一，頁 1

院使，院使授學士。

這是說即使內夫人宣事，也不是直接面對大臣，而是透過內臣轉交的。只因此事不合常制，哀帝遂於天祐二年（905）敕罷之。[230]與宮人內出宣命並行的，還有「寀御參隨視朝」。寀御不似妃嬪身分，大約是宮官之類，《通鑑》注以司贊「引客立於殿庭」釋之，或許是唐末新出宮官，其職也在導引朝儀。天祐二年罷寀御視朝後，「只令小黃門祗候引從」，似略可探得寀御的作用。[231]愈接近權力中樞，制度愈易被破壞或不受尊重，機宜權變的處置反而不時可見，以內人宣詔或寀御視朝而言，皆是行之未久的特殊變制，對宮廷政治的影響應該不大。[232]

唐後期宮中，還有一些不大為人注意的慣例。德宗剛經歷過朱泚之亂，便草詔賜渾瑊，「使訪求奉天所失裹頭內人」。胡注曰：[233]

　　裹頭內人，在宮中給使令者也。內人給使令者皆冠巾，故謂之裹頭內人。

裹頭內人在宮中給使令，蓋為傳宣之類的女官，其以冠巾為標識，似有區別一般宮官之意。德宗急急尋訪散失的裹頭內人，可見她們在宮內已有一定的作用，德宗經常在使令她們。此外，宮中還有一些協理公務的宮人，李德裕〈懷京國〉詩云：「遙思禁苑青春夜，坐待宮人畫詔迴。」[234]這裏的宮人，不是妃嬪，便是女官，她們都應在皇帝處理政務，批覆文書時，遠離迴避才是。但李德裕的反應卻是「坐待」詔書到，他似很習慣宮人畫詔一事。宮人協理公務，

---

[230] 《資治通鑑》卷二六五哀帝天祐二年條，頁 8654。

[231] 《資治通鑑》卷二六五哀帝天祐二年條，頁 8654；《舊唐書》卷二十下〈哀帝紀〉，頁 804。

[232] 劉琴麗亦認為宮人可引導官員上朝或宣傳詔命，見：〈唐代宮人的政治參與途徑〉，頁 22-24。

[233] 《資治通鑑》卷二三一德宗興元元年條，頁 7437。

[234] 李德裕著，傅璇琮、周建國校箋，《李德裕文集校箋》（石家莊：河北教育出版社，2000），別集卷三，頁 474。

有可能是宮中不成文的秘事，王建〈宮詞〉曰：[235]

　　內人對御疊花箋，繡坐移來玉案邊。紅蠟燭前呈草本，平明升出閣門宣。

　　內人語義甚廣，宮內之人皆可名之，但此處的內人應是很接近皇帝的女性，其為妃嬪的可能性甚高，或也不排除是宮官或其他女官，韓偓〈感事三十四韻〉有「宮司持玉研，書省擘香箋」一句，[236]宮司、書省蓋為後宮女官，她們在玉案邊侍候筆墨紙硯，難保皇帝不會也讓她們代批一下文書。大概因為內人批示的只是草本，不為正式文書，而在宣詔之前，還有一道審視、覆查的手續，所以未見大臣有異議，宮中便也將就行事了。如果說女主專政時期，用才婦或女官是尋常事，那麼影響所及，後期宮人在玉案邊協理公務，也就不足為怪了。一般印象中，宮中侵奪王權的是宦官，這些宮人頂多是應皇帝要求，代批一下文案，減輕其公務負擔而已，算不上是代行職權，更不能說是侵奪王權，故其在朝政上的作用，不宜高估，絕不能與囂張的宦官相提並論。

　　唐後期最引人注目的宮官是宋氏姊妹，她們是皇帝「知書可付信者」，[237]按若莘總領的「秘禁圖籍」，可能涉及重要的軍國文書；元和十五年（820）穆宗召若昭「入宮掌文奏」，就看重她尤通曉人事，拜為尚宮；在政壇最具影響力的若憲，因其「善屬文，能論議奏對」，文宗尤重之。[238]宋氏姊妹不僅節概不群，歷六朝君王而禮敬之，更因其「知書可付信」，善奏對，在不同程度上觸及國政。雖然大和中，李訓、鄭注譖言若憲受厚賂，為李宗閔求執政，因而被賜死，[239]但適可看出若憲的交結範圍，已由宮中擴及外廷，她不是將自己局限在宮中的單純宮官，而是外結朝臣，有影響政局的能力。正因為若憲涉入朝

---

[235]　《全唐詩》卷三〇二王建〈宮詞〉，頁3439。

[236]　《韓偓詩註》卷二〈感事三十四韻〉，頁99。

[237]　《全唐文》卷六四七元稹〈追封宋若華（莘）河南郡君制〉，頁6558。

[238]　《新唐書》卷七七〈后妃下〉，頁3508；《舊唐書》卷五二〈后妃下〉，頁2199；又，卷十六〈穆宗紀〉，頁484。

[239]　《舊唐書》卷五二〈后妃下〉，頁2199；《新唐書》卷七七〈后妃下〉，頁3508-3509。

政甚深，文宗才會誤信讒言殺之。然宋氏姊妹再怎麼長於文奏，善於論議，終究無法與百官並列朝班，一爭長短，唯宮內才是她們施展的唯一空間，國家體制對宮官的限制，是一道她們永不可能掙開的枷鎖。

七、小結

　　唐代的宮官是後宮女官的專稱，但她的出現並不很早。《周禮》的後宮，不是由妃妾分擔宮務，就是由女奴承負侍人之責，罕見專業女官管理宮務。自漢武帝擴充宮掖後，妃妾與宮女都大幅增長，為了督導宮女，也為了顯示后妃的尊貴，後宮開始設置各種名目的專職女官，除了女長御為宮中女官之長外，內官婦人有諸尚，以及其他諸職稱，說明女官職事多元化，並自此粗具規模。真正在後宮出現較完整的女性職官系統的是北魏孝文帝時期。而隋朝在此基礎上，更別有創設，隋文帝置六尚、六司、六典，遞相統攝；隋煬帝則準尚書省，以六局管二十四司，並調整她們的品秩，使其在身分上受到尊重。

　　唐代的宮官有六局二十四司，其職責可分為文書處理、贊相禮儀、生活管理、督責懲罰等四大類型，是後宮侍奉后妃，管理宮女的系統性、專職性、有品秩的女性職官。宮官是後宮的管理階層，上呈內官指令，下督宮女實作，雖然與皇后有關的禮儀也有內侍宦官參贊，但宮官與內侍省實為互相輔翼，又各自獨立的機構。宮官因在後宮有較多機會見到皇帝，如能得皇帝信任，也會制外派遣其出宮任事。

　　唐初宮官制度在玄宗時做了較大幅度的變動。玄宗一方面裁減內官，提升妃嬪地位，同時將低品妃妾轉為宮官，並使內官與宮官品階相接，形成內官督導宮官之勢。宮官的名號時有變動，一些新創名號如御正、御中、采御、內將軍、女尚書、書省、宮司、侍書等，是納入宮官體系，還是別立其他女官系統，在現有資料中尚難斷定。女主專政時期，近身服侍的宮官深得重用，二者間有互為幫襯的關係，但自玄宗起為防女性干政，連帶地壓抑宮官權力，此後，只

有在中唐宋氏姊妹任宮官時，才又受人注目。

　　為了維持宮務的持續運作，宮官需有穩定來源，其途徑不外聽聞召入、良家入選、宮女升進三種。由於宮官不需以色侍人，所以不在乎年輕貌美，而以能力、品德為重要考量，有些人甚至是孀婦。宮官也有自緣坐宮女中拔擢的，她憑藉的就是宮廷教育。後宮其實是一個教育場所，有女師、傅姆等教育公主、嬪媛，女師等人可能是宮官，或也由外聘選而來，其目的在培養有教養的皇室女性，以樹立皇室威儀與宮中規制。宮廷教育也施諸下層宮女，有教習書算眾藝的習藝館與內教博士，還有教授樂舞雜技的教坊與梨園。無論是書藝或技能，在因材施教下，滿足宮中的各類需求，但也竟培育出像上官婉兒這樣出色的人物。

　　宮廷是封閉的環境，宮官一入其中，便幾乎與家人斷了音訊，僅一年見親人一次。也因此宮官多是未婚女子或失婚孀寡，有的則收養宮女，以慰寂聊。如其老年不堪役使或無處可歸，宮中便是其終老之地。宮中的生活雖然孤單，但衣食無缺，也隨其尊卑身分給授。宮官的政治待遇在韋后主政時大幅提高，有封爵權、用蔭權、婚葬鼓吹權，甚至還酌給俸料祿課。

　　唐朝的宮官勢力，其實在女主專政前已出現。太宗時已有女官宮內奏事，位參兩省的先例。其後因著武氏權力的增長，宮官無論在禮典的參與上，或協理政務上，不僅重要性大增，而且人才出眾，人數眾多，這不是韋后擅權時的宮官，破壞綱紀，迭遭非議，所可比擬的。女主專政時期，總有宮婦群體做後盾，其中又以宮官為核心力量，只是女主的政治能力，似與宮官的表現有著連動關係。宮廷是一個禁區，宮中權宜性的作為即使不合體制，但只要皇帝默許，依然可以進行，以宮人傳宣、畫詔或批示公文而言，妃嬪或宮官都可能曾經為之，這是後宮不可言說，但確實存在的秘密，不過尚不到影響朝政的程度。但宮官無論是輔政或協理政務，都已超出其侍奉后妃的原本職掌。唐後期宮官裡最顯然地參掌機密的是宋氏姊妹，宋若憲還因交結執政，被誣陷致死。可見宮廷雖是宮官的保護網，只是她一旦跨足宮外，涉及外廷，就算權力擴充了，但政治風險也相對地增加了。

附表　唐代宮官表

六局／長官	二十四司	管領	人數	品階	職　權
尚宮局					凡六尚事物出納文籍，皆印署之。
尚宮			2	正五品	掌導引中宮
	司記		2	正六品	掌印。凡宮內諸司簿書出入錄目，審而付行焉。
		典記	2	正七品	佐之
		掌記	2	正八品	佐之
		女史	6		掌執文書
	司言		2	正六品	掌宣傳啟奏之事
		典言	2	正七品	佐之
		掌言	2	正八品	佐之
		女史	4		掌執文書
	司簿		2	正六品	掌宮人名簿、廩賜之事
		典簿	2	正七品	佐之
		掌簿	2	正八品	佐之
		女史	6		掌執文書
	司闈		6	正六品	掌宮闈管鑰之事
		典闈	6	正七品	佐之
		掌闈	6	正八品	佐之
		女史	4		掌執文書
尚儀局					
尚儀			2	正五品	掌禮儀起居
	司籍		2	正六品	掌四部經籍教授、筆札、几案之事
		典籍	2	正七品	佐之
		掌籍	2	正八品	佐之

		女史	10		掌執文書
	司樂		4	正六品	掌率樂人習樂、陳縣、拊擊、進退之事
		典樂	4	正七品	佐之
		掌樂	4	正八品	佐之
		女史	2		掌執文書
	司賓		2	正六品	掌賓客朝見、宴會賞賜之事
		典賓	2	正七品	佐之
		掌賓	2	正八品	佐之
		女史	2		掌執文書
	司贊		2	正六品	掌朝見、宴會贊相之事
		典贊	2	正七品	佐之
		掌贊	2	正八品	佐之
		女史	2		掌執文書
	彤史		2	正六品	
		女史	2		掌執文書
尚服局					
尚服			2	正五品	掌供內服用采章之數
	司寶		2	正六品	掌琛寶、符契、圖籍
		典寶	2	正七品	佐之
		掌寶	2	正八品	佐之
		女史	4		掌執文書
	司衣		2	正六品	掌衣服、首飾
		典衣	2	正七品	佐之
		掌衣	2	正八品	佐之
		女史	4		掌執文書
	司飾		2	正六品	掌膏沐、巾櫛、玩弄器物之事
		典飾	2	正七品	佐之

		掌飾	2	正八品	佐之
		女史	2		掌執文書
	司仗		2	正六品	掌羽儀仗衛之事
		典仗	2	正七品	佐之
		掌仗	2	正八品	佐之
		女史	2		掌執文書
尚食局					
尚食			2	正五品	掌供膳羞品齊之數。凡進食，先嘗之。
	司膳		4	正六品	掌割烹煎和之事
		典膳	4	正七品	佐之
		掌膳	4	正八品	佐之
		女史	4		掌執文書
	司醞		2	正六品	掌酒醴　飲之事
		典醞	2	正七品	佐之
		掌醞	2	正八品	佐之
		女史	2		掌執文書
	司藥		2	正六品	掌醫方藥物之事
		典藥	2	正七品	佐之
		掌藥	2	正八品	佐之
		女史	4		掌執文書
	司饎		2	正六品	給宮人廩餼、飲食、薪炭之事
		典饎	2	正七品	佐之
		掌饎	2	正八品	佐之
		女史	4		掌執文書
尚寢局					
尚寢			2	正五品	掌燕寢進御之次敘
	司設		2	正六品	掌帷帳、箇席，灑掃、張設

					之事
		典設	2	正七品	佐之
		掌設	2	正八品	佐之
		女史	4		掌執文書
	司輿		2	正六品	掌輿輦、繖扇、羽儀之事
		典輿	2	正七品	佐之
		掌輿	2	正八品	佐之
		女史	2		掌執文書
	司苑		2	正六品	掌園苑種殖蔬果之事
		典苑	2	正七品	佐之
		掌苑	2	正八品	佐之
		女史	2		掌執文書
	司燈		2	正六品	掌燈燭膏火之事
		典燈	2	正七品	佐之
		掌燈	2	正八品	佐之
		女史	2		掌執文書
尚功局					
尚功			2	正五品	掌女工之程課
	司製		2	正六品	掌衣服裁製縫線之事
		典製	2	正七品	佐之
		掌製	2	正八品	佐之
		女史	2		掌執文書
	司珍		2	正六品	掌金玉寶貨之事
		典珍	2	正七品	佐之
		掌珍	2	正八品	佐之
		女史	6		掌執文書
	司綵		2	正六品	掌綵物、繒錦、絲枲之事
		典綵	2	正七品	佐之
		掌綵	2	正八品	佐之

		女史	2		掌執文書
	司計		2	正六品	掌支度衣服、飲食、薪炭之事
		典計	2	正七品	佐之
		掌計	2	正八品	佐之
		女史	2		掌執文書
宮正			1	正五品	掌戒令、糺禁、謫罰之事
	司正		2	正六品	佐之
		典正	4	正七品	佐之
		女史	4		掌執文書
		阿監		視七品	
		副監		視七品	

說明：

1. 本表據《唐六典》卷十二〈宮官〉、《舊唐書》卷四四〈職官三〉、《新唐書》卷四七〈百官二〉互校而成。

2. 《舊唐書》部分品階有誤，依《唐六典》、《新唐書》校改。

3. 職權依《唐六典》，較簡要。

4. 女史、阿監、副監依《新唐書》著錄，《唐六典》多不錄，《舊唐書》不全或有不同。

唐代的宮女群體及其對宮廷政治的影響

一、前言

　　唐代後宮女性最普遍的用語是宮人，但因身分複雜，層級各別，只用宮人這個稱呼，實難精確表達所欲陳述的對象。中宗時「宮人貴倖者」皆立外宅，且與朝官邪佞者恣為狎遊。[1]此處的宮人，似指有權勢品秩的內官或宮官。蔣玄暉弒唐昭宗，宣言「為昭儀所害」，「歸罪宮人」。[2]則身為皇帝妃妾的昭儀也是宮人。文宗大和中，李訓等構李宗閔託駙馬沈𧒌於「宮人宋若憲」處求宰相。[3]此時宋若憲任職尚宮，可見宮官也是宮人。以現今留存的一一四個宮人墓誌來說，[4]八七例載明職務或品階，其中有昭容、昭儀、婕妤等身為皇帝妃嬪的內官，還有司製、掌闈、司設、司簿、尚服、典燈等管理宮廷的宮官，墓誌稱她們為亡宮、亡宮人或宮人；如她們出家，則稱亡尼或亡尼宮。由此可知唐

1　《舊唐書》（臺北：鼎文書局，新校標點本，1976），卷五一〈后妃上〉，頁 2172。

2　《舊唐書》卷二十下〈哀帝紀〉，頁 786。

3　《舊唐書》卷十七下〈文宗紀〉，頁 560。

4　一一四個宮人墓誌出自：周紹良編，《唐代墓誌彙編》、《唐代墓誌彙編續集》（上海：上海古籍出版社，1992、2001）。唐代宮人墓誌格式相似，學者認為是「填寫」出來的人生，與北魏、隋之個別的、專屬的宮人墓誌大不相同。見：程章燦，〈「填寫」出來的人生──由《亡宮墓誌》談唐代宮女的命運〉，《中國典籍與文化》1996 年 1 期，頁 87-90。北魏、隋宮人墓誌之分析，見：逯耀東，〈深宮怨──談談幾塊北魏宮女的墓碑〉，收入：《勒馬長城》（臺北：時報文化公司，1987），頁 89-100；蔡幸娟，〈北魏女官制度研究〉，《成大歷史學報》24 期（1998），頁 175-213；楊寧，〈從墓誌看隋代宮人的幾個問題〉，《重慶第二師範學院學報》26 卷 4 期（2013），頁 32-35。

代所稱的宮人，確實包括妃嬪、宮官在內，不是只有下層的侍人者。

　　後宮女性數量最多的，是服務帝后、妃主、諸王的宮女。諸帝為示仁德，也為了宮人的新陳代謝，不時會將老疾無用者放出，如太宗即位赦，「放掖庭宮女三千餘人」。德宗貞元二十一年（805）三月：「出後宮人三百人。」憲宗元和八年（813）六月：「出宮人二百車。」文宗寶曆二年（826）敕：「在內宮女，宜放三千人。」[5]從後宮放出人數之多，可以想見她們不應是內官、宮官，而主要是宮中的下層服務人員。

　　宮人是唐代後宮女性的泛稱，大概因其居於後宮，乃宮中之人而得名。如前所論，宮人大抵可分為三個階層，最高層為皇帝妃嬪的內官，其次為管理階層的宮官，她們具有品階。底層是服侍階層的宮女，沒有品階，地位低下，沒有自主性，可以當物品賞賜給大臣。後宮這三個階層的女性，身分愈高的人數愈少，身分愈低的人數愈多，在宮中猶如金字塔形般的存在，但她們都可名之為宮人。

　　同是宮人，但為了與內官、宮官區別，文中用宮女這個稱呼，指涉後宮下層女性，此亦目前可知用得最多的語詞。與宮女意義相近的其他名稱還有宮娥、宮娃、宮婢、宮妓等。史料中的用語經常是含混的，一個語詞可能有不同指涉，如內人可指妃嬪，也可指宜春院的宮妓；宮人可為後宮女性的泛稱，也可為教坊樂妓的一種特定名號。另外，宮女多指宮中的下層女性，唯偶然亦泛指後宮女性，或與外朝男性對稱，[6]但均屬特例而已。

　　宮女的身分與去處是會變動的，她可能曾以后妃的面目出現，也可能因採選後久不御見而淪為宮女；她可以貼身進侍皇帝，也可能被棄置於離宮別院或陵寢，甚至成為宮尼或女冠；她或許被放出宮，或僅以葬於宮人斜而結束一生。

5　《舊唐書》卷二〈太宗本紀〉，頁 30；《唐會要》（臺北：世界書局，1974），卷三〈出宮人〉，頁 36-37。

6　《資治通鑑》（臺北：世界書局，1974），卷二〇六則天久視元年：太宗有馬名師子驄，則天曰：「朕為宮女侍側」，言於太宗以三物制之。當時則天為太宗才人，非宮中下層女性。蓋宮女一詞既可泛指後宮女性，則天乃以此自況也。又，卷二〇八中宗神龍二年，袁楚客致書魏元忠：「先朝宮女，得自便居外，出入無禁，交通請謁，九失也。」注謂此指上官婕妤、賀婁尚宮之類。此處的宮女當非下層侍女，而是與外朝男性相對的概念。

這些人只要她曾為宮女，原本皆在本文探討範圍內，但限於篇幅，本文選擇了以下幾個課題。

　　本文首先分析宮女的來源與類別，讓人對後宮最龐大的群體，有個基本認識。學者探究宮廷女性的來源，[7]常不別其身分與階層，但下層宮女不可能由禮聘而來，而后妃也很少直接選自罪沒者，故要尋索眾多宮女的入宮途徑，便不可將后妃的來源混雜在內。身為服侍階層的宮女，工作項目非常龐雜，無事不可支使其去做，然本文希望借由類別分析法，系統性的認識宮女的工作性質，從而了解宮女的分派方式，及其與皇帝接觸的機會。宮女的數量眾多，工作類別也各不相同，要如何有效管理，順利推動宮務，是宮中的一大挑戰。而宮女間是否有等級差別，與之相應的生活待遇是否亦有不同，此皆本文所要探索者。至於宮女工作之餘的休閒生活，[8]或許有助其穩定情緒，但因難以察覺對個人的影響，本文不擬討論。但宮女借由工作與生活所形成的人際交往，卻可能反映在政治活動的串連集結上，這促使本文擬從後宮涉入的政事方面，觀察宮女在其中扮演的角色與所產生的作用。

　　宮女是後宮中沒有聲息的群體，除了極少數外，連名字都沒有留下來，更不可能像后妃傳那樣存有些許記錄可供追索。因此宮女的研究，不易看出當事者個人的才智與心機，反而多以群體附從的情形，展現聚集的能量與趨勢。宮

7　學者討論宮人的來源時，多未特別就宮女論之，如：高世瑜，《中國婦女通史》隋唐五代卷（杭州：杭州出版社，2010），頁 15-19；劉呆運、趙海燕，〈一縷幽魂覓芳蹤——西安西郊出土唐代宮女墓〉，《收藏界》2013 年 6 期，頁 122；洪素香，〈唐代宮女入宮原因及其工作與生活探析——以「全唐詩」為例〉，《高雄科學技術學院學報》28（1998），頁 3-12；姜維公、姜維東，〈唐代宮女生活述略〉，《社會科學戰線》2010 年 3 期，頁 57-61。

8　宮女的生活與感情寄託，學者討論甚多，如：高世瑜，《中國婦女通史》隋唐五代卷，頁 35-41；又，《唐代婦女》，頁 23-29；凍國棟，〈唐代婦女問題述略〉，收入：《中國中古經濟與社會史論稿》（武漢：湖北教育出版社，2005），頁 390-391；萬軍杰，《唐代宮女生活研究》（北京：社會科學文獻出版社，2019），第四～六章；洪素香，〈唐代宮女入宮原因及其工作與生活探析——以「全唐詩」為例〉，頁 15-25；蘇者聰，〈論唐代宮女詩及宮女命運〉，《武漢大學學報》（人文科學版）1986 年 5 期，頁 95-99；寧志新、朱紹華，〈從《千唐誌齋藏誌》看唐代宮人的命運〉，《中國歷史文物》2003 年 3 期，頁 62；陳宇鵬，〈從《簪花仕女圖》看唐代人物的審美風格〉，《美術界》2012 年 5 期，頁 65；姜維公、姜維東，〈唐代宮女生活述略〉，頁 61-63；楊兆國，〈《全唐詩》中所見唐代宮女生活〉，《文學界》（理論版）2010 年 10 期，頁 217。

女與權力核心接觸的機會不盡相同，但就算遇到不可預期的機緣，甚至誕下皇子，能否就此提升其位號，改變她的整個人生，需仔細推繹。唐朝前後期宮廷局勢差異甚大，後宮結構的變化，在宮女身上反映出什麼，也是個思考角度。此外，宮女因近身接觸皇帝，其言動行止易引起皇帝的注意，故即使不曾因此改變身分，仍可能對個人的未來，甚至對政局造成影響。宮女對宮廷政治的影響力，也是本文矚目的焦點。

　　後宮的下層女性，向來不是學界重視的議題，頂多也只就其宮內生活、放宮人、[9]內道場[10]等，做簡單描述與分析。本文一方面從宮女的來源與類別，了解後宮的這個群體是怎樣入宮，並如何各安其位的工作；再方面就宮人的管理與待遇，認識宮中秩序的建構，及宮女的等級分別；三方面則觀察一生不由自主的宮女，如何在宮廷漩渦中浮沉，又如何把握住改變自己身分與命運的機會。希望經由本文的闡釋，讓湮沒在金字塔底層的這群女性，能真正被人看到她們的存在。

二、宮女的入宮途徑

　　宮女的數量龐大，身分低微，她們的入宮絕不會像出身顯貴的后妃那樣，禮聘而來。后妃、宮女的選用目的不同，所採取的方式與條件自然也不同，研究時就不應將二者混同在一起，此處歸納出幾種宮女的入宮途徑：

9　唐朝二九〇年間，可知放宮人次數僅三十四次，平均八年餘才一次。而唐前期的次數更少，一三八年間才十次。可見宮女一旦入宮，罕有出宮機會。此處放宮人次數見：萬軍杰，《唐代宮女生活研究》，第十章。

10　內道場除了妃嬪因政治鬥爭或被貶謫而失意出家外，其隨侍宮女，年老宮人，或因罪沒入掖庭的宮婢，也是內道場的重要來源。見：周玉茹，〈唐代內尼稽考〉，《佛學研究》17（2008），頁150-152；萬軍杰，《唐代宮女生活研究》，第七章；萬軍杰、龔麗娜，〈道場夜半香花冷，猶在燈前禮佛名──唐代宮人之出佛入道〉，《長江學術》2010：2，頁34-39；李豐楙，〈唐代公主入道與送宮人入道詩〉，收入：中國唐代學會編，《第一屆國際唐代學術會議論文集》（臺北：臺灣學生書局，1989），頁164-165，181-186；郭海文，〈大唐宮尼研究──以墓誌為中心〉，《唐史論叢》18輯（2014），頁279-294。

(一)採選待進

　　唐代諸帝為充實後宮，或為太子、諸王選妃，常用採擇之法，自百官與民間挑選十來歲的良家女入侍。妃嬪的採擇範圍雖廣，但應該只是需要時才選取，並非歲時常貢，宮人墓誌的「預秋算於良家」、「納良家於八月」，可能只發生在採選之年。因為只要是採選，都會引起朝臣或民間的騷動不安，[11]開元二年（714）玄宗選備掖庭時，還被迫以出宮人止謗。[12]可見採選應該不是經常性的舉措。

　　既為採選，就必有一波篩汰的功夫，但通過這波初選而進入宮廷的女子，卻未必就能飛上枝頭，成為妃嬪。漢元帝竟寧元年（前33）「賜單于待詔掖庭王檣為閼氏」，應劭曰：「郡國獻女未御見，須命於掖庭，故曰待詔。」[13]類似情形亦見於唐代，開元十六年（728）「詔九品官息女可配太子者，有司採閱待進止」。[14]這些採選後待進止的女子，或許如王檣那樣，一待就蹉跎一生，永無御見之日。白居易〈上陽白髮人〉便道盡被採選女子的幽怨：[15]

　　　　玄宗末歲初選入，入時十六今六十。同時采擇百餘人，零落年深殘此身。……皆云入內便承恩，臉似芙蓉胸似玉。未容君王得見面，已被楊妃遙側目。妒令潛配上陽宮，一生遂向空房宿。……今日宮中年最老，大家遙賜尚書號。

11　如《唐語林校證》卷一〈德行〉玄宗詔高力士選女五人賜太子，力士復奏曰：「臣宣旨京兆尹閱女子，人間囂然，而朝廷好言事者得以為口實。」可見採選會引動社會的不安。又同書，卷四〈企羨〉亦提及文宗為莊恪太子選妃，「朝臣家女子悉令進名，中外為之不安。」也顯示朝臣對採選有排斥心理。

12　《唐會要》卷三〈出宮人〉，頁36。

13　《漢書》（臺北：鼎文書局，新校標點本，1986），卷九〈元帝紀〉，頁297。

14　《新唐書》（臺北：鼎文書局，新校標點本，1976），卷八二〈十一宗諸子〉，頁3607。

15　白居易著，顧學頡校點，《白居易集》（北京：中華書局，1988），卷三〈諷諭三‧上陽白髮人〉，頁59。

　　詩中所述該次採擇的規模有百餘人，可是自從楊妃專寵後，宮人無復進幸，也未放出宮，至貞元中，宮中最年老的宮人被「遙賜尚書號」。這個尚書名號，可能是宮官體制之外新增的榮銜。可見這百餘人，既無妃嬪位份，又只有少數人被任命為宮官，則其他絕大多數被配置別所，一待數十年的人，在宮中的身分是什麼？她們若無特殊藝能，大概不會無端被供養，其不淪為被支使的宮女，亦甚難矣！

　　唐代有時會出宮人，被出者中不乏曾因採選，竟被當成宮女的良家女，開元二年（714）外間因玄宗選備掖庭，喧嘩不已，故玄宗下詔出宮人：「妃嬪以下，朕當簡擇，使還其家。」[16]玄宗當然不可能讓已為妃嬪者放出宮，而所簡擇的，《通鑑》謂：「自選後宮無用者載還其家。敕曰：燕寢之內，尚令罷遣；閨閣之間，足可知悉。」[17]以是知燕寢之內無用遭罷遣之宮人，正是那些待進止者，她們一如被出之宮女，放還歸家。看來採選入宮後，大部分無用者被當成宮女看待，除了開元二年這個特例，後宮似鮮少主動將她們放還民間。

（二）潛搜密求

　　採選之外，皇帝還有其他暗中搜求的方式，以滿足個人的欲望，而這種不公開的選取，自然不會明列冠冕堂皇的條件，以致入選的方式與入選者的身分，難免會有爭議。元稹〈上陽白髮人〉：[18]

> 天寶年中花鳥使，撩花狎鳥含春思。滿懷墨詔求嬪御，走上高樓半酣醉。
> 醉酣直入卿士家，閨闈不得偷迴避。良人顧妾心死別，小女呼爺血淚垂。
> 十中有一得更衣，永配深宮作宮婢。

　　花鳥使既持著墨詔搜求，就說明這不是公開的，不是按法定程序來進行的。

16　《唐會要》卷三〈出宮人〉，頁 36。

17　《資治通鑑》卷二一一玄宗開元二年條，頁 6703-6704。

18　元稹，《元稹集》（臺北：漢京文化公司，1983），卷二四〈樂府‧上陽白髮人〉，頁 278。

花鳥使說著是為皇帝求嬪御，但實際是以強拉硬搶的方式搜求。這些人中也只能十中有一侍君側，其他未挑中的，既未被放出，便只能永遠成為宮婢，生活在暗無天日的深宮中了。

　　皇帝為求嬪御而搜求，最著名的例子就是召納楊貴妃。《通鑑》考異引陳鴻〈長恨歌傳〉云：「詔高力士潛搜外宮，得楊玄琰女於壽邸。」[19]如果玄宗早有確定對象，便直接詔見就可，何必還要令高力士「潛搜外宮」，可見這次潛搜到的，除了楊貴妃之外，當還有其他人選，只是非玄宗所悅目者而已。她們到了宮內，若非幸而為嬪御，絕大多數就只能為宮女了。

　　同樣不公開採選的，還有皇帝遣近侍刧奪式的密求。憲宗時，「教坊忽稱密旨，取良家士女及衣冠別第妓人，京師囂然」。李絳因此論諫，憲宗曰：[20]

> 朕都不知向外事，此是教坊罪過。……朕緣丹王已下四人，院中都無侍者，朕令於樂工中及閭里有情願者，厚其錢帛，祇取四人。……伊不會朕意，便如此生事。朕已令科罰，其所取人，並已放歸。

　　看來教坊似是假傳密旨，並擴大執行憲宗之旨意。憲宗不是為丹王等取妃，當然不必用採選方式，而所謂的侍者，不過是妓人樂工之流，或只為宮女之類。憲宗本只想取四人，誰知教坊竟弄得京師囂然，可見所取人甚多。如果不是李絳論諫，憲宗放歸，這些刧奪式密求而來的人，非配為宮女而何？

　　中晚唐時宦官權勢甚大，瞞上欺下之事不時而有，前例就由有宦者身分的教坊使發動，[21]也許類似的密求事件不只這一樁，只因李絳的論諫而揭發出來。後唐莊宗之宦者多事咸通、乾符天子，以後庭空虛，慫恿莊宗廣嬪御，莊宗命

19　《資治通鑑》卷二一四開元二十三年條，頁6812。

20　《舊唐書》卷一六四〈李絳傳〉，頁4289。

21　《新唐書》卷一五二〈李絳傳〉：「教坊使稱密詔閱良家子及別宅婦人內禁中，京師囂然。」又，卷四八〈百官三‧太常寺〉：「京都置左右教坊，掌俳優雜技。自是不隸太常，以中官為教坊使。」

宦者採擇民間女子，而宦者竟不問所從來，徵取三千人。[22]這套瞞上欺下密求宮人的把戲，既騙過了唐莊宗，就保證不曾騙過唐後期諸帝嗎？

(三) 各處進獻

為邀寵而進獻女子，是諸大臣及皇族等常用的手段。如神龍中，秘書監鄭普思納女後宮，冀承恩寵。[23]崔湜進妻及二女於儲闈，以得升進，為人譏之曰：「進艷婦於春宮。」[24]崔湜固然有自利之深意，而被進獻的妻女，是否亦有求富貴之私心，頗令人玩味。崔湜妻女可充做太子內官，但更多的情況，或許只當成下層宮女，開元二年（714）〈出宮人詔〉：「往緣太平公主取人入宮，朕以事雖順從，未能拒抑。……朕當揀擇，使還其家。」[25]縱使放出宮者未必與太平公主送入者是同一批人，然以開元初六宮曠位，及玄宗勉為接納來看，這些女子似未必承寵，可能只如宮女而已。至於升平公主獻的女伎，郭旼所獻參承太后的二女，不外與邀寵或求升進有關，[26]但所獻不是被退回，就只當成普通宮女，能得皇帝重視，在後庭有影響力的，大概不多。

唐朝後宮需要宮女甚多，玄宗最盛時約有四萬人。[27]但宮女有必要出陳易新，以免因老病、亡故、放出、入道等因素而不敷所用。尤其是宮中的歌舞人，在君王前獻藝，最要年輕貌美，技藝出眾。張祜〈退宮人〉：「歌喉漸退出宮闈，泣話伶官上許歸。」[28]就是因歌藝退步而辭退出宮。盧綸〈過玉真公主影殿〉：「君看白髮誦經者，半是宮中歌舞人。」[29]她們何嘗不因年華老去，動作遲緩，而遭擯落出家？王建〈宮人斜〉：「一邊載出一邊來，更衣不減尋常數。」

22　《資治通鑑》卷二七三後唐莊宗同光三年條，頁 8932。

23　《資治通鑑》卷二〇八中宗神龍二年條，頁 6607。

24　《太平廣記》（北京：中華書局，2006），卷二四〇〈詔佞〉「崔湜」，頁 1854。

25　《唐會要》卷三〈出宮人〉，頁 35-36。

26　《新唐書》卷八三〈諸帝公主〉，頁 3663；又，卷一六三〈柳公權傳〉，頁 5030。

27　《舊唐書》卷一八四〈宦官列傳〉，頁 4754。

28　《全唐詩》（北京：中華書局，1960），卷五一一張祜〈退宮人〉，頁 5840。

29　《全唐詩》卷二七九盧綸〈過玉真公主影殿〉，頁 3169。

[30]說得雖是宮人亡故,舊人已去,可另方面卻表現出新人源源不絕,入宮遞補的情形。宮中歌舞人需要快速的出陳易新,而四方的常時貢獻,最能應和其隨時替換,求新求變的需求。憲宗以天下憂樂為意,四方進女樂皆不納,曰:「嬪妃已多,一旬之中資費盈萬,豈可更剝膚取髓,強娛耳目!」[31]但四方所進依然未見停息,文宗〈即位詔〉與僖宗〈光啟三年七月德音〉都還重申放還諸道所進音聲女人,及諸道更不用進聲樂及女弟子,[32]可見宮中歌舞人許多是來自四方常時進獻。此外,懿宗咸通八年(867)德音:「諸親及公郡主等,每年端午及延慶並妃嬪生日所進女口,自今已後,宜並停進。」[33]皇族、公主的每年進獻,可能其來有自,早在四十餘年前的敬宗寶曆元年(825)已詔:「公主、郡主不得進女口。」[34]則女口入宮似已是積習慣例,無論其用途如何,在身分上就只能是宮女。至於這些宮中歌舞人或女口,能否得著機緣而升進,就看她們自己的手段與造化了。

　　個別鎮將或監軍,為求一己之榮賞,也好進獻或惄惪為之,如高崇文敗劉闢,監軍請獻有殊色之二妾,崇文曰:「遽獻婦人以求媚,豈天子之意邪!」[35]拒絕之。武宗詔揚州監軍取倡家女入禁中,監軍請淮南節度使杜悰亦於管內選良家女入,悰以不奉詔而止之。[36]然于頔、韓弘、韋皋等都曾獻過歌舞人、女樂。[37]和凝〈宮詞〉有:「越溪姝麗入深宮」,[38]這些偏遠地區的佳麗得入宮中,無非是地方貢獻而來。有時,外國為向唐示好,在貢物之外,也獻舞女,如開元時康國、米國獻胡旋女,骨咄王頡利獻女樂;代宗時渤海使獻日本國舞女;敬

30　《全唐詩》卷三〇一王建〈宮人斜〉,頁3428。

31　王讜撰,周勛初校證,《唐語林校證》(北京:中華書局,1997),卷一〈政事上〉,頁66。

32　《全唐文》(北京:中華書局,1983),卷七〇文宗〈即位詔〉,頁742;宋敏求,《唐大詔令集》(臺北:鼎文書局,1972),卷八六〈光啟三年七月德音〉,頁494。

33　《唐大詔令集》卷八六〈咸通八年五月德音〉,頁491。

34　《舊唐書》卷十七〈敬宗紀〉,頁515。

35　《資治通鑑》卷二三七憲宗元和元年條,頁7636-7637。

36　《資治通鑑》卷二四七武宗會昌四年條,頁8001-8002;《唐語林校證》卷三〈方正〉,頁209-210。

37　《新唐書》卷一一九〈白居易傳〉,頁4300;《舊唐書》卷十五〈憲宗紀〉元和十四年,頁468;《唐語林校證》卷三〈夙慧〉,頁313。

38　《全唐詩》卷七三五和凝〈宮詞〉,頁8397。

宗時渤東國貢飛鸞、輕鳳舞女二人，帝還令內人藏之金屋寶帳。[39]以是知唐代後庭宮女來自多方，連域外也笑納之。這些善長歌舞的女性入宮後，可能在教坊、梨園等處安置與訓練，以備宮廷表演所需。

地方上的奇能異士，也是諸道州府好進獻的對象，《杜陽雜編》謂永貞時「南海貢奇女盧眉娘」，其繡作工巧無比，有如神助，皇帝遂令止於宮中。將盧眉娘這樣的女性進獻入宮，可能不是如一般宮女般地被支使。其後皇帝因其不願住禁中，遂度以黃冠，放歸南海。[40]可見她在宮中是有特殊待遇的，與普通的宮女或歌舞人有所不同。

(四) 因罪沒入

唐代有罪人家屬緣坐之制，緣坐主要體現在反逆罪，[41]但若觸怒皇帝，非犯反逆，亦可能殺罪人，籍其家。如元載貪猥奢侈，擠遣忠良，代宗怒而收之，妻賜死，女沒入掖庭。國子司業韋殷裕論懿宗淑妃弟郭敬述陰事，上甚怒，決殺之，殷裕妻、音聲人、婢等九人配入掖庭。[42]掖庭本是后妃之居所，班固〈西都賦〉：「後宮則有掖庭椒房，后妃之室。」然如其有過犯，掖庭亦是待罪之處。[43]後凡罪人家屬緣坐者，視情況配入掖庭，《雜令》：[44]

---

[39] 《新唐書》卷二二一下〈西域下〉，頁 6244、6247；《冊府元龜》（南京：鳳凰出版社，2006），卷九七一〈外臣部・朝貢四〉，頁 11239、11240、11241；《舊唐書》卷十一〈代宗紀〉，頁 310；蘇鶚撰，陽羨生校點，《杜陽雜編》卷中，收入：《唐五代筆記小說大觀》（上海：上海古籍出版社，2000），頁 1386-1387。

[40] 《杜陽雜編》卷中，頁 1381-1382。

[41] 有關反逆緣坐的範圍，婦女的身分及是否須歸宗等問題，可參考：羅彤華，〈唐代反逆罪資財沒官考論〉，收入：《同居共財——唐代家庭研究》（臺北：政大出版中心，2015），頁 238-241；李淑媛，〈唐代的緣坐——以反逆緣坐下之婦女為核心之考察〉，收入：高明士編，《東亞傳統教育與法制研究》（二）（臺北：臺大出版中心，2005），頁 287-302。

[42] 《舊唐書》卷一一八〈元載傳〉，頁 3411-3414；又，卷十九〈懿宗紀〉，頁 679。

[43] 《史記》（臺北：鼎文書局，新校標點本，1986），卷九〈呂太后本紀〉，注引《集解》如淳曰：「列女傳云周宣王姜后脫簪珥待罪永巷，後改為掖庭。」可見掖庭是待罪之處。唐代的掖庭也是幽囚之所，如《新唐書》卷七六〈后妃上〉：「蕭妃女義陽、宣城公主幽掖廷，幾四十不嫁。」但掖廷後來更多成為囚禁因罪沒入者的地方，如：「李師道既誅，師古等妻子沒入掖廷。」《舊唐書》卷一一八〈元載傳〉：「女資敬寺尼真一，收入掖庭。」

[44] 中國社科院歷史所天聖令整理課題組校證，《天一閣藏明鈔本天聖令校證（附唐令復原研究）》（北

> 諸犯罪配沒，有技能者，各隨其所能配諸司，其婦人，與內侍省相知，
> 簡能縫作巧者，配掖庭局；自外無技能者，並配司農寺。

　　即配沒婦人，工巧者入於內侍省，由掖庭令掌之。因罪沒入掖庭的女子，其身分為宮婢。[45]如嚴武強俊好殺，及其卒，母喜曰：「而後吾知免為宮婢矣！」[46]竇參知禍將至，謂所寵青衣上清曰：「吾身死家破，汝定為宮婢。」[47]配沒掖庭者之賤隸身分，殆無疑義。然緣坐配沒者，除罪人家之私賤外，不少緣坐親屬其實是衣冠子女。如玄宗欲為東宮選嬪侍，高力士奏：「京兆料擇，人得以藉口，不如取掖廷衣冠子，可乎？」[48]章敬皇后吳氏，父以郇丞坐事死，后正是以衣冠子的身分入掖庭。類似情況如上官昭容婉兒，為西臺侍郎上官儀之孫，父庭芝與儀同被誅，婉兒時在襁褓，隨母配入掖庭，[49]不也是衣冠子以事沒入者？

　　皇室宗親有可能也因罪沒入掖庭，但這是一種懲罰性措施，她們只幽囚而不被役使，不能當做宮婢來指使，在適當時機還可放出或出降，不同於一般宮女。如高宗蕭妃之女義陽、宣城二公主，[50]吳王恪之女信安縣主，[51]都是如此，

　　京：中華書局，2006），〈天聖雜令復原唐令研究〉復原54條，頁752。又《唐六典》卷六〈尚書刑部〉「都官郎中員外郎」：「凡初配沒有伎藝者，從其能而配諸司；婦人工巧者，入於掖庭，其餘無能，咸隸司農。」

[45] 《唐六典》（北京：中華書局，1992年），卷六〈尚書刑部〉「都官郎中員外郎」條：「凡反逆相坐，沒其家為官奴婢。」因罪沒入宮中之婦女，則為宮婢。

[46] 李肇撰，曹中孚校點，《唐國史補》卷上〈母喜嚴武死〉，收入：《唐五代筆記小說大觀》，頁167-168。

[47] 《太平廣記》卷二七五〈童僕〉「上清」，頁2168。

[48] 《新唐書》卷七七〈后妃下〉，頁3499。

[49] 《舊唐書》卷五一〈后妃上〉，頁2175。

[50] 宣城公主即高安長公主，據其〈神道碑〉知宣城公主生於貞觀二十三年（649），至太子弘在上元二年（675）被殺時，才二十七歲。唯《新唐書》謂公主「幾四十不嫁」，《大唐新語》則曰：「垂三十年不嫁。」說法似有出入。又〈神道碑〉云：宮主下嫁潁州刺史太原王勗，「天授中，聖后欲權革命，駙馬非罪嬰酷，公主復歸於後庭」，則宣城公主在太子弘被殺之前應已出降，只不知所嫁之當上衛士是否即王勗，或公主曾再嫁？天授元年（690）則天革命，公主歸於後庭，再被幽禁，時年四十二歲。宣城公主的事蹟見：《舊唐書》卷八六〈高宗諸子〉，頁2829；《新唐書》卷七六〈后妃上〉，頁3477；又，卷八一〈高宗諸子〉，頁3589；劉肅撰，許德楠、李鼎霞點校，《大唐新語》（北京：中華書局，1984），卷十二〈酷忍〉，頁184；《全唐文》卷二五七蘇頲〈高安長公主神道碑〉，頁2607-2608

[51] 《唐代墓誌彙編》開元〇五六，頁1192-1193。

如果不慎誤將她們當成宮女役使，便會有人提出警示，如文宗太和二年（828）皇族李孝本坐李訓事誅，二女配沒右軍，文宗取之入宮，右拾遺魏謩諫曰：「宗姓不異，寵幸何名？」文宗即日便出之。[52]蓋皇室宗親可以幽禁，卻不宜與一般宮女混同，既不便當聲妓驅使，也要防嫌徵取，以正人倫之風。

　　皇室姻親則不然，她們因罪沒入宮掖後，不能保證不被役使。自越王貞與瑯琊王冲舉兵討亂之後，武則天大殺宗室，義陽王李琮因永昌之難而下河南獄，「妃錄司農寺」，其後或許配入掖庭，故「薨於掖宮。」[53]興盛寺主尼法澄，原本託事蔣王，求為離俗，於上元二年（675）出家。豈料如意之歲又因牽連，「坐入宮掖」。[54]這些王妃沒入宮掖，是否幽而不役，則很難說，依唐朝法度，「凡反逆相坐，沒其家為官奴婢。……婦人工巧者，入于掖庭，其餘無能咸隸司農。」[55]二妃或在司農寺，或入於掖庭，大概都遭役使，如其在宮掖被役使，當降為宮女。

　　宮中還有一類人很特殊，就是乳母。漢魏六朝乳母的來源雖以犯罪沒入的官婢為多，但亦有取於良家宜子者。[56]唐太宗曾謂侍臣曰：「然即日宮內，甚多配役之口，使其誕乳諸王，是非所宜。」[57]似乎唐太宗不認為乳母當用罪沒之人，或宮中配役之口。然唐宮中之乳母，主要仍選於罪沒者，如高宗乳母盧氏，本滑州總管杜才幹妻，才幹以謀逆誅，故盧沒入宮中。[58]另一乳母姬氏，因李孝常政變，也以罪臣家屬而沒入。[59]又，杜秋（仲陽）為李錡婢，李錡敗，配入掖庭，穆宗以為漳王傅姆，文宗太和九年（835）王得罪，仲陽放歸，李德裕「奉詔安排

---

[52]　《資治通鑑》卷二四三文宗太和二年條，頁 7925-7926；《舊唐書》卷一七六〈魏謩傳〉，頁 4567-4568；《新唐書》卷九七〈魏謩傳〉，頁 6623。

[53]　張說撰，熊飛校注，《張說集校注》（北京：中華書局，2013），卷十四〈贈陳州刺史義陽王碑（銘並序）〉，頁 703。

[54]　《唐代墓誌彙編》開元三〇〇，頁 1362。

[55]　《唐六典》卷六〈尚書刑部〉「都官郎中員外郎」，頁 193。

[56]　李貞德，〈漢魏六朝的乳母〉，《中研院史語所集刊》第 70 本第 2 分（1999），頁 446-448。

[57]　王方慶撰，《魏鄭公諫錄》（叢書集成新編本，臺北：新文豐公司，1985），卷四〈對漢代常以八月選子女〉，頁 77。

[58]　劉餗撰，程毅中點校，《隋唐嘉話》（北京：中華書局，1997），卷中，頁 32。

[59]　《秦晉豫新出墓誌蒐佚》（北京：國家圖書館出版社，2012），〈姬摁持墓誌並蓋〉，頁 190。

宮人杜仲陽於道觀。」[60]則漳王乳母也是因罪沒入，她的身分正是宮人，而王得罪後她放歸故鄉，供養於道觀。或許乳母的慈育之恩，不是一般白頭宮女可比，故得到較禮遇的歸宿。代宗太子母沈氏，史思明陷洛陽而失所在，代宗訪求之，壽州崇善寺尼詐稱太子母，乃故少陽院乳母也。[61]太子居少陽院，少陽院乳母可能即德宗乳母，該壽州寺尼不知是因亂逃出或被放歸，總之是脫離宮禁了。

　　因罪沒入不只是緣坐，婦人本身犯姦也是原因之一。早在貞觀年間褚遂良已有五品以上妻犯姦沒官的議論，[62]但只言沒為官婢，未必就入掖庭。而且貞觀、永徽期並未執行婦女犯姦入宮之法，大概到周天授的二十年間，才有兩京婦女犯姦沒入掖庭之事。[63]有兩則故事正與武周時的婦女犯姦有關，一則是周郎中裴珪妾趙氏，果以姦沒入掖庭；另一則是殿中侍御史王旭欲證一女婦與長安尉姦，女婦不承，曰：「若配入宮，必申於主上。」[64]在京婦女犯姦配入宮中，似非罕見，乃民間女婦所熟知者，故有冤抑入宮申主上之語。

　　與婦人犯姦相關的，還有別宅婦人的處置。別宅婦是男人在外私養的情婦，因其未經婚姻形式，不具配偶身分，故為禮教所不容，法律所禁止，又受身分的約束。[65]前引殿中侍御史王旭就負有「括宅中別宅女婦風聲色目」的責任，[66]

60　《太平廣記》謂李錡婢名杜秋，是漳王傳姆。《舊唐書》、《新唐書》則稱其為杜仲陽，是漳王養母。《資治通鑑》亦名之為杜仲陽，是漳王傳姆。諸書所指當為同一事。見：《太平廣記》卷二七五〈童僕〉「李錡婢」，頁2170；《舊唐書》卷一七四〈李德裕傳〉，頁4520；《新唐書》卷一八○〈李德裕傳〉，頁5334；《資治通鑑》卷二四五文宗太和九年條，頁7902。

61　《資治通鑑》卷二二三代宗永泰元年條，頁7176。

62　《全唐文》卷一四九褚遂良〈諫五品以上妻犯姦沒官表〉、〈再諫五品以上妻犯姦沒官表〉，頁1506-1507。二表應上於貞觀十八年或之後，見：翁育瑄，〈唐代的姦罪──以《唐律》為中心〉，收入：《唐代的姦罪與兩性關係》（臺北：稻鄉出版社，2002），頁49。

63　婦人犯姦，自貞觀至開元年間法律的演變，可參考：翁育瑄，〈唐代的姦罪──以《唐律》為中心〉，頁49-51。

64　張鷟撰，趙守儼點校，《朝野僉載》（北京：中華書局，1997），卷一，頁1；又，卷二，頁34。

65　關於別宅婦的討論，見：羅彤華，〈唐代社會的無夫姦現象〉，《新史學》20：3（2009），頁65-74、83-93；黃正建，〈唐代「別宅婦」現象小考〉，收入：鄧小南編，《唐宋女性與社會》（上海：上海辭書出版社，2003），頁252-260。

66　《朝野僉載》卷二，頁34。

將別宅女婦與風聲妓人同等看待，可知其不僅地位卑下，且無任何名分可言。王旭檢括時以姦論罪，而開元初張廷珪兩度上〈論別宅婦女入宮表〉亦提及婦女犯私入宮事，[67]顯見別宅婦女入宮的罪名也是姦罪。別宅婦是唐代無法禁絕的社會現象，而官吏也不時想將她沒入宮中，憲宗時「教坊使稱密詔閱良家子及別宅婦人內禁中」，[68]就意圖假借為丹王等取侍者，將有姦私之情的別宅婦人夾帶入宮。縱然其後憲宗因京師譁擾，悉歸所取，但可想見別宅婦因姦罪沒入的危機，是隨時都存在的。

（五）前朝宮女

隋唐易代之際，前朝宮女如何處置是個大問題。高祖〈罷放櫟陽離宮女教〉曰：「大業已來，巡幸過度，……每起離宮，……良家子女，充牣其間，怨曠感於幽明，糜費極於民產。……馳道所有宮室，悉宜罷之，其宮人等，並放還親屬。」[69]似乎高祖大量放出離宮、行宮之宮女。然兩京宮女，高祖並無意放出，甚至還整批收用。其初平洛陽時，曾遣貴妃等馳往東都選閱宮人，[70]大概唐之洛陽宮人便承隋而來，貴妃等只於其中挑選合意者。隋煬帝的求採宮人無已，唐高祖縱無大肆搜求之舉，所接收之宮女也為數極可觀，故太宗初即，於武德九年（626）八月十八日詔：「末代奢淫，搜算無度，朕顧省宮掖，其數實多，憫茲深閉，久離親族，一時減省，各從娶聘。」自是中宮前後所出計三千餘人。[71]然此杯水車薪之舉，猶不能解婦人幽閉之歎，貞觀二年（628）李百藥上封事曰：「往年雖出宮人，未必盡善，竊聞大安宮及掖庭內，無用宮人，動有數萬。」[72]這數萬宮人，當是整批承自隋宮。太宗為了省費息人，並各遂其性，又再次放

67　《全唐文》卷二六九張廷珪〈論別宅婦女入宮表〉、〈論別宅婦女入宮第二表〉，頁 2736-2737。二表上於開元二、三年間，見：黃正建，〈唐代「別宅婦」現象小考〉，頁 255。

68　《新唐書》卷一五二〈李絳傳〉，頁 4842。

69　《全唐文》卷一高祖〈罷放櫟陽離宮女教〉，頁 17-18。

70　《舊唐書》卷六四〈隱太子建成傳〉，頁 2415。

71　《唐會要》卷三〈出宮人〉，頁 35-36。

72　《唐會要》卷三〈出宮人〉，頁 36。

出之。這次雖未言放出宮女若干，但從主事者是尚書左丞戴冑，給事中杜正倫等朝中重臣推測，其規模可能是有唐以來最大的一次。

有唐以隋朝宮女為基盤，充實宮掖。往後再以其他各種方式擴充之。總之，唐宮女的出陳易新，前朝宮女終有一席之地。該種情勢同樣也見於唐亡之後的梁，梁太祖開平元年（907）九月〈放宮人敕〉：「西宮所有前朝宮人，宜放出宮，任從所適。」[73]便也是梁承接了唐朝宮人，復因其所需而調整之。蓋前朝、後朝，如是都城相同，宮室可用，宮女未逃散，則因其形勢，乘其利便，順用前朝宮女，也是情理中的事。

(六) 普選召入

唐代宮女人數眾多，能否靠前五種原因就保持穩定、足夠，還有疑慮。採選妃嬪並不常有，分配待進者任宮女事，也只填補少數缺額，無濟於整體需求。潛搜密求既非常態，又怕讓人知曉，所得人數必不會太多。前朝宮女僅用於改朝換代之際，往後則實無助益。較可提供大量宮女來源的，可能是各處進獻與因罪沒入。諸道進獻似以女樂為主，但宮中需要各方面的人才；因罪配沒可選擇有技能者入掖庭，但重犯案件與緣坐數量過多，應非國家之福。這五種供給方式如果不能滿足宮女的新陳代謝，就勢必要另開管道，尋求解決之道，而宮中向外普遍徵選，最是填補不足人力的重要方式。

《教坊記》載宮中女樂有部分就是自外選入的：「平人女以容色選入內者，教習琵琶、五弦、箜篌、箏等者，謂之「搊彈家」。」[74]白居易〈琵琶行〉中的琵琶女，「十三學得琵琶成，名屬教坊第一部」，[75]大概就是宮廷向民間徵選來的。《樂府雜錄》載明皇朝的許和子，「本吉州永新縣樂家女也，開元末選入宮，即以「永新」名之，籍于宜春院。」[76]也是選進宮的。段成式〈漢宮詞〉：

---

[73]　王溥撰，《五代會要》（臺北：九思出版社，1978），卷一〈出宮人〉，頁 17。

[74]　崔令欽撰，羅濟平校點，《教坊記》（瀋陽：遼寧教育出版社，1998），頁 1。

[75]　《白居易集》卷十二〈感傷四‧琵琶引〉，頁 242。

[76]　段安節撰，羅濟平校點，《樂府雜錄》（瀋陽：遼寧教育出版社，1998），頁 5。

「二八能歌得進名，人言選入便光榮，豈知妃后多嬌妒，不許君前唱一聲。」[77]徵選宮中歌舞人的單位，可能主要是教坊或梨園，開成年間魏暮諫文宗不該近聲色曰：「竊聞數月以來，教坊選試以百數。」[78]所選的就正是歌舞人。甚至非採選單位，也會私下採召，如玄宗為太子時，數遣使采女樂，宮僚賈曾諫曰：「願下令屏倡優女子，諸使者採召一切罷止。」[79]這些徵選來的民間女子，似乎滿心期待得在君王、太子身側，因為在她們心中，這不啻是一條尋求美好生活的終南捷徑。

　　除了歌舞人之外，因其他目的徵選宮女應該也是有的，《魏鄭公諫錄》太宗謂侍臣曰：「然即日宮內，甚多配役之口，使其誕乳諸王，是非所宜。據此論選補宮列，理宜依禮。」[80]太宗想要向民間徵選知禮，而非配役之宮人為乳母，來乳育諸王。無論太宗的這個想法是否實現，宮中公開向民間選補所需人員，看來是有跡可尋的。睿宗即位前，為示仁德，將宮女放歸：「宮人比來取百姓子女入宮者，放還其家。」[81]且不論這些宮女因何放出，她們以百姓子女的身分徵選入宮，似無可疑。〈內侍省內給事常无逸神道碑銘〉：「先天中，大求少年以備內職。公年始十一，首膺是選。」[82]玄宗初年即大量徵選少年入宮，以為宦者。徵選少年風氣一開，往後依然可見，如德宗時宦者李輔光「特以良胄入侍，充白身內養」，顯然也是自外選入的。[83]這樣說來，只要宮中人手不足，是宮女也罷，是宦官也好，所需者或具專業性，或無特別技能，宮裡都可能開出條件，向外徵選。不過該種多功能的普選宮女，應與採選妃嬪分開辦理，在重視身分的唐代社會，二者選取的目的既不同，徵選的條件與資格也必然有異，而選後的安排自然會有天壤之別，除非是那些未御見、待進止者，才例外地可

---

[77]　《全唐詩》卷五八四段成式〈漢宮詞〉，頁6771。

[78]　《資治通鑑》卷二四五文宗開成元年條，頁7925。

[79]　《新唐書》卷一一九〈賈曾傳〉，頁4297-4298。

[80]　《魏鄭公諫錄》卷四〈對漢代常以八月選子女〉，頁77。

[81]　《舊唐書》卷七〈睿宗紀〉，頁154。

[82]　《全唐文補遺》第三輯（西安：三秦出版社，1996），〈內侍省內給事常无逸神道碑銘〉，頁13。

[83]　《唐代墓誌彙編》元和〇八三，頁2007。

能被視如宮女。

　　與普遍性的徵選相對地，是皇帝聽聞特殊人才而召入。史料中偶然可見皇帝召入之例，如武則天早年因貌美蒙太宗召見為才人，[84]裴光庭母庫狄氏才德出眾為則天召入宮任御正，[85]宋氏姊妹能辭章為德宗召入禁中供奉。[86]能為皇帝召入，總有異於常人之處，只是在妃嬪、宮官之外，屬於宮女階層者甚少，有之，也是以歌藝才能而引動聖心的，如大歷中，張紅紅本與父歌於衢路丐食，後以喉音嘹亮，善於歌曲，為皇帝召入宜春院。宜春院之妓女，《教坊記》名為「內人」，[87]是娛樂型技藝宮女中之佼佼者。張紅紅後得代宗寵異，封為才人，[88]成為妃嬪。一般宮女難有如張紅紅那樣的經歷，而皇帝召入畢竟是其人有罕見才能。

　　宮女的選取，在地域上似乎也別有特色，除了就近選自京城外，還包含其他地域的民間女子，杜甫詩云：「燕趙休矜出佳麗，宮闈不擬選才人。」[89]和凝詩曰：「越溪姝麗入深宮，儉素皆持馬后風。」[90]宮中採選的範圍，北及燕趙，南至南越，唐朝全境似皆包括在內。初唐宮人墓誌亦可證在京兆、太原之外，還有遠自河北洺州或揚州一帶來的。

　　在諸多入宮途徑裏，收取前朝宮女、潛搜密求、或普遍徵選民間女子，原本應以兩京為主要取用範圍，可是從唐莊宗宦官以欺瞞手法，遠至太原、幽、鎮等處挑選三千人來，[91]則宮女的選用在兩京核心區之外，可能還會隨宮中需

84　《資治通鑑》卷一九五太宗貞觀十三年條，頁 6133。

85　張說撰，熊飛校注，《張說集校注》（北京：中華書局，2013），卷十四〈贈太尉裴公神道碑〉，頁724。

86　《舊唐書》卷五二〈后妃下‧女學士尚宮宋氏〉，頁 2198-2199。

87　《教坊記》，頁 1。

88　《樂府雜錄》，頁 6-7。

89　杜甫著，蕭滌非主編，《杜甫全集校注》（北京：人民文學出版社，2014），卷十五〈承聞河北諸道節度入朝歡喜口號絕句十二首〉其六，頁 4516。

90　《全唐詩》卷七三五和凝〈宮詞〉，頁 8397。

91　《資治通鑑》卷二七三後唐莊宗同光三年條，頁 8932。

要，或挑選者的任意作為，擴張、延伸到相當廣的範圍。至於由官吏進獻者，或因罪沒入者，本來就如輻湊般地來自多方，甚至域外，匯集於京師。唐時宦官由諸道歲進而來，閩、嶺尤多，[92]其時南口之人身買賣甚為猖獗，[93]閹兒既能入宮為宦，女婢就不能入為宮女？唐朝的宮女來自四方，就像複雜拼圖的縮影，聚焦在後宮。張籍〈宿山祠〉：[94]

> 秋草宮人斜裏墓，宮人誰送葬來時。千千萬萬皆如此，家在邊城亦不知。

宮女的來來去去，誰人在意，就算是死了，也不會想到通知遙遠邊城的家人，宮女命如草芥，這正是她們的宿命。[95]

宮女入宮的方式不一，來源多端，因此在身分上也很難有定準。因罪沒入者是宮婢，其身分無疑是賤人。參與採選者是良家子，就算採選待進止者淪為宮女，其身分還是良人。至於潛搜、進獻、選補者，唯以才貌藝能是務，身分不會是擇取的障礙。唐朝是個重視身分的社會，民間的良賤分得極為清楚，但是後廷似不刻意區別宮女的良賤，只把她們當成呼來喝去的役使者。唯其是供差遣的，故即使原為良人，也被視若賤婢，所謂「宮人，皇后賤隸。」[96]其斯之謂歟！

---

[92] 《新唐書》卷二〇七〈宦者上〉，頁 5870。

[93] 李淑媛，〈唐代人身買賣之「南口」現象試析——以「壓良為賤」律令為中心〉，收入：高明士編，《唐律與國家秩序》（臺北：元照出版公司，2013），頁 107-143。

[94] 《全唐詩》卷三八六張籍〈宿山祠〉，頁 4350。

[95] 宮人斜是宮女葬身之所，但位置可能不只一處，如《新唐書》卷九一〈溫造傳〉：「內昭德寺火，延禁中野狐落。」這裏是宮女居住之所，但野狐落即宮人斜，其附近當有其安葬處，應位於禁中邊區或外牆某處。王建〈宮人斜〉詩：「未央牆西青草路，宮人斜裏紅妝墓。」（《全唐詩》卷三〇一）漢宮舊牆處也有宮人斜，唐宮亦葬於此。杜牧〈宮人塚〉：「盡是離宮院中女，苑牆城外塚累累。」（《全唐詩》卷五二四）則離宮亦另有宮人斜。有關討論可參考：程義，〈唐代宮人斜與臨泉驛地望考證〉，《唐史論叢》17 輯（2014），頁 100-106；萬軍杰，《唐代宮女生活研究》，頁 206-210。

[96] 《大唐新語》卷一〈規諫〉，頁 13-14。

三、宮女的類型與工作性質

　　唐朝宮女，多至四萬，少者不減萬人。[97]數量如此龐大，總因宮中事務煩雜，宮女有其實用性，才會想到多方徵集。本文想借著宮女的工作，了解她們如何服侍宮中主人，如何讓後宮井然有序的運作。

(一)勞作型雜役宮女

　　清理宮廷是宮女的基本工作，如貞觀三年（628）簡出宮人之一因是：「灑掃之餘，更何所用。」高宗〈放宮人詔〉也說她們「常供灑掃之役」。宣宗於「宮中廝役之賤及備灑掃者」，一見輒記其姓字。[98]宮人被役使的範圍不只在後庭的宮殿林苑，還包括諸園陵或離宮別院。薛調〈無雙傳〉有：「中使押領內家三十人往園陵，以備灑掃。」[99]雖然是小說，當亦反映宮人掃除園陵的實情。安史之亂，德宗母失於東都，帝命使臣求訪天下，劉長卿遂有「長樂宮人掃落花，君王正候五雲車」的詩句，[100]說明行宮別院也由宮人清掃。沈佺期扈從武則天出西嶽作：「子先呼其巔，宮女世不老。下有府君廟，歷載傳灑掃。」[101]則山中宮廟應該也由宮女負責整理。看來宮女的灑掃範圍，遠及於兩京之外的行宮別院，由此或可理解唐代宮女的數量為何如此龐大了。在宮廷禁苑之外，也不乏曾為宮人者在做雜役，如白居易過華陽公主故宅，題華陽觀曰：「落花

---

[97]　《舊唐書》卷一八四〈宦官傳〉：「開元、天寶中，……大率宮女四萬人。」《資治通鑑》卷二七三後唐莊宗同光三年條，宦者曰：「臣昔事咸通、乾符天子，當是時，六宮貴賤不減萬人。」

[98]　《唐會要》卷三〈出宮人〉，頁36；《全唐文》卷十二高宗〈放宮人詔〉，頁145；《唐語林校證》卷三〈夙慧〉，頁314。

[99]　《太平廣記》卷四八六〈雜傳記〉「無雙」，頁4003。

[100]　《全唐詩》卷一五〇劉長卿〈聞奉迎皇太后使沈判官至，因有此作〉，頁1558。

[101]　沈佺期撰；陶敏、易淑瓊校注，《沈佺期集校注》（北京：中華書局，2001），卷一〈辛丑歲十月上幸長安時扈從出西嶽作〉，頁36。

何處堪惆悵，頭白宮人掃影堂。」[102]觀中聚集著退宮宮女或隨侍出家的宮女。此觀雖與皇室有關，但難說隸屬於宮廷範圍內。然詩中既言「頭白宮人掃影堂」，時人似仍把她們視為廣義的雜役宮女。

　　宮中階級森嚴，禮數繁瑣，衣服用物極為講究，而相關的裁製、縫繡、清洗、曝曬、整理等工作，大致在宮官的指令下，悉由宮女擔任。沈佺期〈七夕曝衣篇〉：「宮中擾擾曝衣樓，天上娥娥紅粉席。曝衣何許曬半黃，宮中綵女提玉箱。」后妃等衣物似乎交由宮女清洗、曝曬，曝衣樓上衣襟帷袖張起，嫣然紅粉一片，相當可觀。崔國輔〈秦女卷衣〉：「雖入秦帝宮，不上秦帝床。夜夜玉窗裏，與他卷衣裳。」[103]所折疊的衣物應不只是龍袍御衣，否則何至於夜夜勤苦！顏真卿有一篇奏疏提及：「其親陵一所，宮人隨鼓漏理被枕。」[104]宮女整理園陵，連理被枕這樣細瑣的事都依規制進行，可以想見這些雜役宮女，其勞作幾乎無所不包了。

　　宮中衣物等級有別，花色樣式各自不同，宮中可能培養一批縫作好手，專門從事相關衣物的裁製，所以外間如有新樣式，很快便能吸收上手，仿效為之。玄宗柳婕妤妹，鏤板為雜花，象之為夾結，獻王皇后一匹，上見而賞之，因敕宮中依樣製之。[105]大概就由巧手宮女縫繡而成。婆羅門僧進上陀羅尼神咒經與千臂菩薩像，神皇令宮女繡成。[106]也仰賴宮女的刺繡工藝。再如永貞元年（805）南海貢奇女盧眉娘，能於一尺絹上繡《法華經》七卷，並善作飛仙蓋，以絲一縷分為三縷。上歎其工，因令止於宮中。[107]順宗讓盧眉娘留下，當不僅是供養而已，更可能的是讓她教習宮女。宮女除了縫製宮中衣物，就連皇帝賞賜邊軍的衣袍，也出自其手，如開元中賜邊軍衣，兵士於袍中得詩，[108]明皇以詩遍示

---

[102]　《白居易集》卷十三〈律詩一·春題華陽觀〉，頁251。

[103]　《全唐詩》卷一一九崔國輔〈秦女卷衣〉，頁1204。

[104]　《唐文拾遺》卷十九顏真卿〈元陵每日供羊奏〉，收入：《全唐文》，頁10578-10579。

[105]　《唐語林校證》卷四〈賢媛〉，頁405。

[106]　《全唐文》卷九一三波崙〈陀羅尼神咒經序〉，頁9512。

[107]　《杜陽雜編》卷中，頁1381-1382。

[108]　《全唐詩》卷七九七，頁8966。

六宮,得作袍中詩宮人,並以之妻得詩者。賞賜邊軍的衣物正由宮女裁製,方能成此袍中奇緣。

　　唐朝苑內園池等處之種蒔禽魚六畜之事,大率由司農寺供給,課率官戶奴婢為之。[109]而宮內較輕巧的事,則由掖庭局或尚寢局的司苑掌之,令宮女為之。宮中食口浩繁,食材講究,總理宮中廚食,掌烹調之任的有殿中省的尚食局[110]與宮官的尚食局,前者專奉御,後者供后妃所用,其下就由為數可觀的宮女在實作著。她們戰戰兢兢地供奉著宮中貴人,稍有差池便會受到責罰,其辛苦與心境是不難想像的。

　　雜役宮女的勞作複雜多變,但她們應各自配屬於各工作部門,執行份內的工作。只是在固定勞作之外,宮女們可能還要承擔一些臨時派下的差遣,王建〈溫泉宮行〉:「十月一日天子來,青繩御路無塵埃。……夜開金殿看星河,宮女知更月明裏。」[111]溫泉宮的宮女們似隨著天子駕幸,增加了掃除或知更之役。文德皇后即元宮後,於雙棧道上起舍,令宮人供養。德宗追葬沈太后,亦令宮人朝夕上食,告元陵與宗廟。[112]看來陵寢供養也是宮女的責任。

　　唐前期侍女時而可見男裝形象,通常呈現戴幞頭,著圓領或翻領長袍,腰束帶,下身著緊口條紋褲,腳蹬線鞋或翹頭靴。學者們推測可能與前期社會尚武開放,夷夏觀念薄弱,胡服被唐人婦女當成時髦裝束,再加上她們可能也沒有那麼強烈的性別意識,故打扮成男裝。[113]然唐墓壁畫中一些著窄袖、小袖的

---

[109] 《新唐書》卷四八〈百官三‧司農寺〉,頁1259-1262。

[110] 殿中省的官員有內供奉的性質,但其職掌有被使職或宦官侵奪的現象。相關討論見:黃正建,〈唐六尚長官考〉,《魏晉南北朝隋唐史資料》21輯(2004),頁224-230;又,〈唐六尚長官考補——兼論李令問、井真成墓誌〉,《隋唐遼宋金元史論叢》2012年,頁38-39、42-46。

[111] 《全唐詩》卷二九八王建〈溫泉宮行〉,頁3375。

[112] 《唐會要》卷二十〈陵議〉,頁395;《全唐文》卷九六四闕名〈定追葬沈太后儀注奏〉,頁10014。

[113] 榮新江,〈女扮男裝——唐代前期婦女的性別意識〉,收入:榮新江,《隋唐長安:性別、記憶及其他》(香港:三聯書店,2009),頁63-70。關於夷夏觀念的影響,可參考:傅樂成,〈唐代夷夏觀念之演變〉,收入:傅樂成,《漢唐史論集》(臺北:聯經公司,1977),頁209-213。

男裝仕女，如提壺、持物、捧托盤、盆景者，[114]她們或許為方便工作而著此裝扮。只是同一墓中男裝侍女的數量，從未超過女裝侍女，[115]女裝仍是主要的裝扮。不少學者以為她們是宮中女官，但愚意以為她們是聽命於宮官，從事勞作的雜役宮女。值得注意的是，這些女扮男裝的形象，在天寶以後幾乎看不到了，與其認為這是歷史的偶然，不如從唐代政治形勢的變遷上說，唐人對異族文化已有防制之意，歧視之心，亦即夷夏之防已漸嚴了。[116]

　　雜役宮人負責各處宮殿、園苑、陵墓的種種勞作，除了縫繡巧手與優異廚娘外，多半不需特別技能，只是日復一日做重覆的、派令的工作。其勞作就算不甚辛苦，但生活沒有目標，沒有指望，也鮮有被人發掘、注目的時候，唐宮中不知多少勞作型雜役宮人，就此被埋沒在芸芸人海中。

| 燕妃墓提壺男裝宮女圖 | 章懷太子墓提罐宮女圖 | 章懷太子墓捧食盒宮女與捧盆景男裝宮女、女裝宮女圖 |

---

[114] 三圖分別見：昭陵博物館編，《昭陵唐墓壁畫》（北京：文物出版社，2006），頁 140；董理編，《魅力獨具的唐墓壁畫》（西安：陝西人民出版社，2006），頁 149；陝西歷史博物館編，《唐墓壁畫珍品》（西安：三秦出版社，2011），頁 66。其他如：張鴻修編著，《中國唐墓壁畫集》（深圳：嶺南美術出版社，1995），圖 48、49，圖 162、163。

[115] 榮新江，〈女扮男裝——唐代前期婦女的性別意識〉，頁 59。

[116] 傅樂成，〈唐代夷夏觀念之演變〉，頁 214-222。又見同書同氏著：〈唐型文化與宋型文化〉，頁 361-366；〈中國文化與外來文化〉，頁 397-401。

(二) 娛樂型技藝宮女

宮廷雖大，卻仍只是一個狹小的生活圈，皇帝處理公務之餘，自然需要一些娛樂以為調劑，再加上宴會、節慶都需要有人助興，於是歌舞音樂表演與百戲雜技之類，就成為宮廷中不可或缺的一環，而挑選、訓練與畜養娛樂型技藝宮女，便也是宮中的要務。

高祖武德年間置內教坊於禁中，以按習雅樂，以中官充使。武后如意元年改為雲韶府，神龍復為教坊。[117]按舊制，雅俗之樂皆隸太常，雅樂由太常樂工擔任，在國家慶典或郊祀廟祭時用；[118]俗樂則在宮禁中專為帝王皇室服務，似以女性為主，玄宗時詔：「太常禮司，不宜典俳優雜技。」乃置教坊，分為左右而隸焉。[119]此時教坊之性質，已完全不同於唐初習雅樂之教坊，而以俳優雜技為主，《新唐書‧禮樂志》謂玄宗「置內教坊於蓬萊宮側，居新聲、散樂、倡優之伎。」[120]玄宗除了置內教坊，又於延政坊（長樂坊）、光宅坊「更置左右教坊以教俗樂」，[121]則內、外教坊均是做俗樂歌舞表演的，其所教習之人，有男性樂工，[122]也有女性技藝人。玄宗又酷愛法曲，教太常樂工弟子三百人為

---

[117] 《舊唐書》卷四三〈職官二‧中書省〉內教坊條，頁 1854；《新唐書》卷四八〈百官三‧太常寺〉太樂署條，頁 1244。

[118] 唐代音樂自雅樂、俗樂、胡樂之鼎立，到胡、俗兩樂之融合，雅、俗樂之對立，音樂文化變化多端，包含儀式性與藝術性、娛樂性在內，在樂制上也多有消長。目前最全面的、最深入的研究，當屬岸邊成雄的大作，見：岸邊成雄著，梁在平、黃志炯譯，《唐代音樂史的研究》（臺北：中華書局，1973）。有關太常樂工、樂戶、音聲人之身分、義務、隸屬情形，見：岸邊成雄，《唐代音樂史的研究》，頁 103-195；盧開萬，〈隋唐五代的樂工樂戶〉，《魏晉南北朝隋唐史資料》12（1993），頁 54-60；歐燕，〈唐五代音聲人辨析〉，收入：杜文玉主編，《唐史論叢》11 輯（西安：三秦出版社，2009），頁 357-363。

[119] 《教坊記》序，頁 1。

[120] 《新唐書》卷二二〈禮樂志〉，頁 475。新聲指流行於當時之胡俗音樂，散樂是來自西域的雜技幻術，或指百戲與戲劇兩部分，倡優是歌舞戲弄之類。見：鄭志敏，《細說唐妓》（臺北：文津出版社，1997），頁 49；任中敏，《教坊記箋訂》（南京：鳳凰出版社，2013），頁 62-63；岸邊成雄，《唐代音樂史的研究》，頁 13-14。

[121] 《資治通鑑》卷二一一玄宗開元二年條，頁 6694。左、右教坊位置見：《教坊記》，頁 1。

[122] 德宗初登勤政樓，望見衣綠乘驢戴帽者，命搜羅之，果得，曰：「某天寶舊樂工也。」於是盡敕收此輩，卻係教坊。見：《唐語林校證》卷四〈傷逝〉，頁 388。

絲竹之戲，號「皇帝梨園弟子」，另選宮女數百，亦為梨園弟子，居宜春北院。
[123]唐代為宮廷服務的歌舞雜技組織龐雜，而終以教坊與梨園為核心，這些技藝
宮女正是宮廷娛樂的主要來源。

技藝宮女原本是備帝王耳目之娛的，她們有歌舞音樂或雜藝技能，唐人亦
稱為伎女或妓女。[124]如前述玄宗選宮女為梨園弟子，居宜春北院，《通鑑》則
曰：「選伎女，置宜春院。」而《教坊記》逕曰：「妓女入宜春院。」[125]或許
因這些伎藝人多為女性，史料中遂不乏用妓女、歌舞妓、宮妓表示之。如先天
元宵夜，「宮女千數」，衣羅綺，飾珠翠，「裝束一妓女皆至三百貫」，[126]似
乎將技藝宮女直接名之為「妓女」。文宗開成二年（837）三月甲子朔「內出音
聲女妓四十八人，令歸家」，[127]這些女妓應該就是長於樂曲的音聲人。德宗貞
元十四年（798）二月戊午宴文武百僚，「宮中歌舞妓十數人列於庭。」[128]此處
的歌舞妓實際也就是宮妓，王勃〈銅雀妓〉：「妾本深宮妓，層城閉九重。君
王歡愛盡，歌舞為誰容。」[129]宮妓的主要職責不就是為君王表演歌舞？總之，
後宮的技藝宮女，無論名稱若何，都以娛樂君王，帶來歡笑，為其存在價值。

需進而推敲的是，宮中的伎女或妓女，與職業娼妓間是否有關連。王建〈宮
詞〉：「青樓小婦砑裙長，總被抄名入教坊。」[130]民間的青樓女妓，獻藝之外，
能否堅持不獻身，誰也不敢保證，她們既抄名送入教坊，教坊內的份子必然複

---

[123] 《新唐書》卷二二〈禮樂志〉，頁476；《舊唐書》卷二八〈音樂志〉，頁1051。

[124] 唐代妓女、伎女的意義，學者已有考辨，可參考：任中敏，《教坊記箋訂》，頁41-44；廖美雲，《唐
伎研究》，頁5；宋德熹，〈美麗與哀愁——唐代妓女的生活與文化〉，收入：《唐史識小：社會與
文化的探索》（臺北：稻鄉出版社，2009），頁167-170。

[125] 《資治通鑑》卷二一一玄宗開元二年條，頁6694；《教坊記》，頁1。

[126] 《朝野僉載》卷三，頁69。

[127] 《舊唐書》卷十七〈文宗紀〉，頁568。

[128] 《舊唐書》卷十三〈德宗紀〉，頁387。

[129] 王勃等撰，諶東飈校點，《初唐四傑集》卷三〈銅雀妓〉（長沙：岳麓書社，2001），頁21。

[130] 《全唐詩》卷三〇二王建〈宮詞〉，頁3445。

雜，元稹〈連昌宮詞〉：「力士傳呼覓念奴，念奴潛伴諸郎宿。」[131]詩中與他人宿的念奴，正是善歌唱，在宮外隨時傳召之「宮妓」，為「帝之鍾愛者」。[132]蓋宮妓以其技藝取悅君王，身分如何無關緊要，畢竟這不是採選后妃，不限定必須是良家女，《教坊記》甚至謂雲韶宮人為「賤隸」。[133]小說中呼延冀之妻自言：[134]

> 妾本歌妓女也，幼入宮禁，以清歌妙舞為稱，故無婦德婦容。及宮中有命，掖庭選人，妾得放歸焉。……自君之官，流淚莫過，思量薄情，妾又奚守貞潔哉？

　　宮妓的出身與品德要求都不高，也難免選自民間女妓，故比起其他類型的宮女，恐怕更不能期望其潔身自好吧！

　　唐代的散樂也非常興盛，是樂舞之外的表演，《唐會要》以為是「俳優歌舞雜奏，總謂之百戲」，[135]此外還包括西域幻伎，或科白戲、歌舞戲等。[136]《明皇雜錄》記教坊有王大娘者，善戴百尺竿。《教坊記》亦有善筋斗之裴大娘，竿木家范漢女大娘子。蘇五奴妻張四娘能弄〈踏謠娘〉，似為歌辭代言，搬演故事的戲劇。《樂府雜錄》述及明皇賜酺，與百姓共觀「魚龍百戲」的情景。[137]肅宗宴於宮中，女優弄假戲，藩將阿布思之妻配掖庭，善為優，令為參軍椿。

---

[131] 《元稹集》卷二四〈樂府・連昌宮詞〉，頁 270。

[132] 王仁裕撰，曾貽芬點校，《開元天寶遺事》（北京：中華書局，2006），卷上「眼色媚人」，頁 21-22。

[133] 《教坊記》，頁 1。

[134] 《太平廣記》卷三四四〈鬼部〉「呼延冀」，頁 2726。

[135] 《唐會要》卷三三〈散樂〉，頁 61-62。另見：杜佑，《通典》（北京：中華書局，1988），卷一四六〈樂六・散樂〉頁 3727-3730。

[136] 任中敏，《教坊記箋訂》，頁 62-65，69-71；又，《唐戲弄》（上海：上海古籍出版社，2006），頁 132-180。

[137] 鄭處誨撰，田廷柱點校，《明皇雜錄》（北京：中華書局，1997），卷上，頁 13。《教坊記》，頁 2-3。〈踏謠娘〉是歌舞、說白、表演具備的技藝。見：《唐戲弄》，頁 496-528；《教坊記箋訂》，

韋貴妃墓樂伎圖

陝西富平朱家道村墓室樂舞圖

[138]唐代宮禁中有不少長於特殊技藝的女性，但像教坊裏的裴大娘、張四娘都已婚，坊中諸女也不乏為兒郎所聘，[139]這些技藝宮女之夫不應住於宮中，她們可能在宮外自組家庭，而宮女們在訓練與表演時才回到宮中，前述為玄宗鍾愛的宮妓念奴不就常宿宮外？這些技藝宮女為枯燥乏味的宮廷生活帶來趣味與驚喜，也為唐代的雜技與表演藝術寫下多彩多姿的一頁。[140]

　　為了娛樂君王，為了宴饗時妝點門面，教坊與梨園隨時要挑選技藝最精湛的女妓上場表演，也要候補與培訓大量人員，以供不時之需與出陳易新，更要時刻準備不同的歌目、舞目、曲目與劇目，讓人耳目一新，由此可以想見宮妓的數量與規模必然可觀，《樂府雜錄》：「古樂工都計五千餘人，內一千五百人俗樂，係梨園新院于此，旋抽入教坊。」[141]《新唐書》太常寺條註：「散樂三百八十二人，仗內散樂一千人，音聲人一萬二十七人。」[142]當然其中只有部分是女妓，而且數量可能因時而異，沒有定準。正因女妓人數眾多，技藝水準

頁18。《樂府雜錄》，頁6。

[138]　《唐語林校證》卷四〈賢媛〉，頁407-408。參軍戲以科白為重，參軍樁有諷刺作用。見：《唐戲弄》，頁323-340，394-399。

[139]　《教坊記》，頁2-3。

[140]　二圖見：陝西省考古研究院，昭陵博物館編著，《唐昭陵韋貴妃墓發掘報告》（北京：科學出版社，2017），圖版34-1；羅世平、李力主編，《中國墓室壁畫全集——隋唐五代》（石家莊：河北教育出版社，2011），頁120。朱家道村之墓不詳墓主是誰，但壁畫之樂舞甚具規模，且樂與舞伴隨在一起，可為宮中樂舞之參考。

[141]　《樂府雜錄》，頁21。

[142]　《新唐書》卷四八《百官三·太常寺》，頁1244。

也分高下，故宮妓組織與待遇遂有等級之別，而宜春內人之色藝猶為其中之最者。[143]總之，娛樂型技藝宮女在沉悶無趣的宮中，有著令人驚艷的表現。

(三) 服務型侍從宮女

宮廷中帝王后妃、諸王公主身旁都有侍從宮女，方便其隨意差遣，聽其使喚。侍從宮女的來源，前文所述之各種入宮途徑都有可能性。至於其身分，即使非賤民，也是被人賤視的。他們的特色是，不似勞作型雜役宮女配到各單位供驅使，也不像娛樂型技藝宮女以歌舞邀寵，而是以侍從帝王妃主左右，近身服務為主，故名之服務型侍從宮女。

侍從宮女的服事項目很廣，凡帝王妃主指派者，都是其該承擔的任務，而且愈近皇帝身邊，侍從宮女的安排便愈細緻，如天后欲將書法數軸揚以賜藩邸，命宮人出六十餘函曝於億歲殿。[144]此非宮女的常態性工作，當是因事指派。《明皇雜錄》記唐玄宗欲用張嘉貞為相，而忘其名，夜令中人執燭於省中，召中書侍郎韋抗。上即令草詔，令宮人持燭，抗援筆而成。[145]郭子儀二愛姬常競寵，尚父不能禁，代宗乃賜金帛及簪鐶，命宮人載酒以和之。[146]這裡的宮人有可能是內官或宮官，而隨行者中必有貼身或下屬的宮女。鳳翔法門寺有佛指骨，憲宗令中使杜英奇押宮人三十人，持香花，赴臨皋驛迎之。[147]這些宮人是應帝王之命，臨時就近自宮裏召集來的，似沒必要大張旗鼓的自勞作單位調來。中人與宮人都貼身近侍皇帝，中人適合應對於外，宮人則服侍於左右。徐寅〈白衣入翰林賦〉：「往往而紅筵對酒，宦者傳觴；時時而後殿操麻，宮娥捧燭。」[148]宦者與宮娥同在宮禁，但內外職司分明，後廷草詔多由宮女執燭。再如侍茶

---

[143] 《教坊記》之樂妓組織與待遇，可參考：鄭志敏，《細說唐妓》，頁 56-60。

[144] 《全唐文》卷二六八武平一〈徐氏法書記〉，頁 2724。

[145] 《明皇雜錄》卷上，頁 12。

[146] 趙璘撰，曹中孚校點，《因話錄》卷一〈宮部〉，收入：《唐五代筆記小說大觀》，頁 836。

[147] 《舊唐書》卷一六〇〈韓愈傳〉，頁 4198。

[148] 《全唐文》卷八三〇徐寅〈白衣入翰林賦〉，頁 8753。

新城長公主墓
捧燈宮女圖

新城長公主墓
持卷軸宮女圖

懿德太子墓之侍奉宮女圖

湯等事，也是皇帝隨時需要，宮女應即時奉上的，元稹〈自述〉延英引對情景：
「天子下簾親考試，宮人手裏過茶湯。」[149]文宗嘗詔學士於內庭論經，較量文
章，「宮人已下侍茶湯飲饌」。宣宗召軒轅先生坐於御榻前，「命宮人傳湯茶」。
[150]隨皇帝所在及所務而侍茶湯，當為宮女的職責。事雖小而必要性高，此蓋為
宮中之常務。[151]

　　其他因事而設的雜務，隨時都會有，黃滔〈御試〉：「詞臣假寐題黃絹，
宮女敲銅奏子虛。」[152]就連與外朝相關，取用詞臣的御試，也動用後廷的宮女
敲銅鐘，定應試時間。宮女在御試中的角色，不正與前述延英親試時的過茶湯，
相互呼應？或許因皇帝與侍從宮女接觸頻繁，過從近密，故縱未列入妃嬪，也

---

[149] 《元稹集》外集卷七〈續補一・自述〉，頁692。

[150] 《唐語林校證》卷二〈文學〉，頁148-149；《太平廣記》卷四八〈神仙〉「軒轅先生」，頁300。

[151] 陝西省考古研究所編，《陝西新出土唐墓壁畫》（重慶：重慶出版社，1998），圖版三一、三二；陝
西歷史博物館編，《懿德太子墓壁畫》（北京：文物出版社，2002），圖版三七，宮女持盤、瓶、燭
臺、拂塵等物可能在侍寢。

[152] 《全唐詩》卷七〇五黃滔〈御試〉，頁8112。

總有一番異於常人的關懷之情，如宣宗宮人有疾，醫視之，既瘳，即袖金賜之，誡曰：「勿令敕使知，謂予私於侍者。」[153]這個侍者，大概就是宣宗的侍從宮女。

漢魏六朝的皇室多用乳母哺育諸王公主，這在唐宮中也很普遍，而且每個皇子可能有各自的乳母，甚至一個皇子還有多個乳母。如太宗「爰初載誕，慈乳之宜」，後封劉氏為彭城夫人。[154]其兄弟巢王元吉生，太穆皇后惡其貌，不舉，侍嫗陳善意私乳之。[155]陳善意雖非公開指令的乳母，然兄弟二人分由不同乳母撫育。太宗之子，承乾乳母遂安夫人，常為護其主而請求長孫皇后增加東宮器用，或要大臣勿屢致面折。[156]承乾同母弟高宗，乳母盧氏、姬氏皆為沒入宮中的罪臣家屬。[157]兄弟二人亦各自有其乳母。高宗的子女，中宗乳母于氏、太平公主乳母張氏，[158]也是各有乳母。目前所知乳母數最多的一是玄宗，有乳母蔣氏、莫氏、竇氏三人，[159]哀帝也有楊氏、王氏、第二王氏等三人。[160]諸王公主養在宮中，乳母隨侍在側，唐時以宮人目之，《通鑑》考異云：監察御史慕容珣奏彈慧範，「以其通宮人張氏，張即太平公主乳母也」。[161]乳母不事雜役，亦非宮妓，當屬侍從宮人。

從工作性質上看，宮女可分為勞作型雜役宮女、娛樂型技藝宮女，與服務型侍從宮女三大類，從她們與皇帝的接近機會來說，雜役宮女負責清理、造作

---

[153] 《舊唐書》卷十八〈宣宗紀下〉，頁 645。

[154] 《全唐文補遺》第二輯，西安：三秦出版社，1995 年，〈大唐故彭城國夫人劉氏（娘子）墓誌銘并序〉，頁 84。

[155] 《新唐書》卷七八〈高祖諸子〉，頁 3545。

[156] 《舊唐書》卷七三〈孔穎達傳〉，頁 2602；又，卷五一〈后妃上〉，頁 2166。

[157] 《隋唐嘉話》卷中，頁 32。《秦晉豫新出墓誌蒐佚》，〈姬揔持墓誌並蓋〉，頁 190。

[158] 《唐會要》卷三〈雜錄〉，頁 35；《資治通鑑》卷二一〇睿宗景雲二年條，頁 6665。

[159] 《全唐文》卷十九睿宗〈封乳母蔣氏莫氏誥〉，頁 226；又，卷二六玄宗〈賜乳母竇氏俸料準三品詔〉，頁 297。

[160] 《舊唐書》卷二〇〈哀帝紀〉，頁 799。有關乳母的考證可參考：陳麗萍，《賢妃嬖寵：唐代后妃史事考》（北京：社會科學文獻出版社，2014），頁 325-332。

[161] 《資治通鑑》卷二一〇睿宗景雲二年條，頁 6665。

等事項，屬事前、善後或前置性作業，與皇帝直接接觸的機會並不多。技藝宮女因為在殿前表演，即使是驚鴻一瞥，也較易吸引皇帝的目光。侍從宮女圍繞在皇帝周邊，最易成為皇帝交談、解悶的對象，但此機運對宮女而言是幸或不幸，往往就在皇帝一念之間，如被寵幸，可能成為后妃；如遭觸怒，則不免有殺身之禍。

宮女的選用不比后妃，家世身分不會是重要考量，品德才學也不是首要標準。這三類宮女中，雜役宮女有些需有特殊技能，但一般做粗重雜事者，則是以力侍人；技藝宮女偏重在歌舞音樂藝能，容色體貌也要有相當水準；侍從宮女因為最接近皇帝，性格上最需乖巧順從，面容上也需賞心悅目。至於諸王公主的乳母，宜子之外，性格溫和慈善該是重要條件。總之，宮中執事者終會依才藝、技能、容貌、體力、性格等標準，選取與安排在宮中任事的宮女。

四、宮女的管理與待遇

宮女人數眾多，負責工作龐雜，宮中大小事無所不包，要如何適當管理，將她們納入運作規範中，以維持宮中秩序，是主司的重要任務。

宮女的工作性質不同，管理主司自然因之而異；宮女的服務對象與範圍不同，管理單位便也難於歸一。從事勞作的雜役宮女，灑掃、縫製、膳食等項是其最主要的工作，如其服侍於后妃，主管者該當是宮官，蓋服用采章、飲食酒醴、園苑種植、灑掃張設、女工程課，本來就是六尚二十四司的職責。實作之宮女配到相關局司下，由其管理、監督，做好份內的事。如宮女有失職、怠惰等情事，依例要接受宮正的告誡或懲罰。[162]

宮女的服務對象不僅於后妃，皇帝、太子、諸王、公主等都包括在內，因此兩京諸宮室、東宮，乃至行宮、陵寢、十王宅、百孫院等，都要調遣宮女服

---

[162] 宮官的職責見：《唐六典》卷十二〈宮官〉、《舊唐書》卷四四〈職官三〉、《新唐書》卷四七〈百官二〉。相關的討論見本書：〈唐代後宮女官研究——宮官制度的形成、演變與影響〉。

務，而最重要的主管單位，就是內侍省了。內侍省中的掖庭局令「掌宮禁女工之事」、「功桑養蠶，會其課業」，監作「監宮中雜作之事」，奚官局令「掌奚隸、工役、宮官之品」，內府局令「供燈燭、湯沐、張設」，開元二十七年（739）由東宮轉隸內侍省的太子內坊局「掌東宮閤內及宮人糧粟」，如宮女不依令行事，則有內寺伯「糺察諸不法之事」。[163]正因內侍省宦官有管理宮女之責，故宮女往園陵灑掃或派往某處執行任務，常由中使押領。[164]內侍省「內有蠶室，以專女工。採□公桑，備以祭服。纂組居業，織紝有程」。蠶室女工應該就是勞作型宮女，為採桑織紝之事而辛苦，負責管理此務的正是掖庭局監作。[165]玄宗置十王宅、百孫院，宅、院各有宮女數百或數十人，諸王問皇帝起居，皆由中官押之，[166]則各宅、院內之宮女，亦當服從中官之指令。

　　內侍省自始即是宮內的組織，掌管宮內的大小事務，除了為皇帝宣傳制令、出入宮掖，連通內外，也為皇后親蠶執儀、導引中宮出入與群官朝賀中宮，同時還掌理宮闈出入管籥，可謂不待後期擴張軍政權力，早已是宮內權力最大，理事最雜的體系。天寶八載（749）內給事常无逸神道碑銘曰：「典乎機密，監視嬪御，紀綱宮室」，[167]這豈僅在形容他個人的任務，衡諸整個內侍省的職權也不為過。內侍省既需紀綱宮室，掖庭局要掌判後宮貴人眾采女事，可以想見近身服務帝后妃主的諸侍從宮女們，也是聽其指揮調遣的。朝中除了某些政務機構，為了議政方便，設於宮內；另有宿衛宮廷的諸武官，別有統領系統外，以服侍為主的宮內職官，就只有內侍省、殿中內省、宮官、太子內坊了。殿中內省、宮官、太子內坊的服侍對象分別為皇帝、皇后、太子，只有內侍省是全面掌管整個宮禁，以及離宮、陵寢等。姑不論皇帝是否刻意授權宦官，或宦官是否肆意擴張權柄，僅就內侍省原本職權的管理對象與範圍而言，已非宮內的

---

[163] 內侍省的職責見：《唐六典》卷十二〈內侍省〉、《舊唐書》卷四四〈職官三〉、《新唐書》卷四七〈百官二〉。

[164] 《舊唐書》卷一六○〈韓愈傳〉，頁4198；《太平廣記》卷四八〈雜傳記〉，頁4003。

[165] 《全唐文補遺》第三輯，〈唐故朝請大夫內侍省內給事上柱國常府君（无逸）神道碑銘〉，頁13。

[166] 《舊唐書》卷一○七〈玄宗諸子〉，頁3271-3272。

[167] 《全唐文補遺》第三輯，〈唐故朝請大夫內侍省內給事上柱國常府君（无逸）神道碑銘〉頁14。

其他機構可比了。

　　各類宮女即使依工作性質配屬於各單位，宮女間仍可能因技能高低、信任程度不同，而有等級上的差異。以宦官而言，可知有高品、品官、白身三個等級。[168]宮女是否也有類似的等級概念，史料中看不太出來，但娛樂型技藝宮女確實會因色藝差別，而有不同的等級與名號。

　　技藝宮女以歌舞表演與百戲雜技為主，負責訓練與安排演出的單位是教坊與梨園，[169]後期還有宣徽院掌伶人之事。唐初武德年間置內教坊，以中官充使。開元中別置左右教坊，兩京都有，也以中官掌之。[170]中官任教坊使，可能只是負監管之責，未必自為伶官，教授樂舞，但其下的音聲博士、第一曹博士、第二曹博士，[171]或許才是真正負責教習者。至於教坊使的身分，玄宗初置左右教坊時，左驍衛將軍范安及似乎就是首任的教坊使，而倉曹武官十二三皆坊中人。[172]又，明皇朝的韋青，「一身能唱歌」，官至金吾將軍，[173]也可能任職於教坊。這些武官難保不是寄祿的作用，未必真的任軍職。[174]由於宦官社群與軍人間一直有特殊連繫，[175]才會讓宦官掌管的教坊裏，隱藏了不少武官。再者，文宗朝的雲朝霞是教坊副使，也寄祿於左驍衛將軍，因其善新聲，愜主意，文宗本擬

---

[168]　《唐會要》卷六五〈內侍省〉載元和十五年四月之人員規模：「應管高品品官白身，共四千六百一十八人。」

[169]　教坊與梨園都是宮廷的娛樂性建築，其位置、人員、功能等，可參考：杜文玉，〈唐長安大明宮娛樂性建築考述〉，《陝西師範大學學報》（哲學社會科學版）43卷5期（2014），頁109-112。

[170]　《舊唐書》卷四三〈職官二〉頁1854；《樂府雜錄》，頁21。

[171]　《新唐書》卷四八〈百官三〉，頁1244。

[172]　《教坊記》序，頁1。

[173]　《樂府雜錄》，頁5。

[174]　汪籛以為，玄宗除授之左右羽林大將軍，有些實居邊區之總管、節度使，羽林之職乃虛銜或遙領。此處教坊中人任諸衛將軍等官，似也是虛銜，是軍職升遷的途徑，張國剛認為是職事官的階官化。二文見：汪籛，〈玄宗時期之禁軍及其統帥〉，收入：汪籛，《漢唐史論稿》（北京：北京大學出版社，1992），頁256-257；張國剛，〈唐代階官與職事官的階官化〉，收入：張國剛，《唐代政治制度研究論集》（臺北：文津出版社，1994），頁220。

[175]　陳弱水，〈唐代長安的宦官社群──特論其與軍人的關係〉，《唐研究》15卷（2009），頁177-185。

授揚府司馬，但宰臣反對，以為朝官高品不可受伶官。[176]左驍衛將軍是從三品，揚府司馬是從四品下，只因前者是寄祿，後者為實授，所以任揚府司馬有升遷獎賞之意。此外，教坊還有判官一職，也是善音聲者，應在教坊使、副使之下，玄宗以為該職不是可因人請求者，故看得甚重。[177]

梨園自太常分出，有樂工子弟，也有宮女善絲竹者，但梨園的組織與管理情形不明，只知有梨園使管領，但代宗崩後停之，所留伶官轉隸太常。[178]不過梨園至晚唐仍存，不曾因此廢掉。梨園還有供奉官，如代宗復兩京，梨園供奉官劉日進製曲獻上。[179]《碧雞漫志》引《樂府雜錄》云：靈武刺史置酒，座客有姓駱者唱〈河滿子〉妙絕，其身分原來正是梨園供奉。[180]供奉只當是近密皇帝者，但實務為何，係管理之任，或教授之職，還很難說。

唐後期內諸司使系統龐大，宣徽使通管北衙諸司，與時稱「四貴」的兩神策中尉與兩樞密使，都是北司首領。[181]宣徽使所掌瑣細，教坊伶人亦由其管理。[182]文宗開成二年（837）曾放歸一批宣徽院的法曲樂工。[183]又，《樂府雜錄》記楊志善之姑善琵琶，本宣徽子弟，放出宮後住觀中。[184]宣徽院的伶人組織大概不小，既有放出，自有其新陳代謝的方式。此外，文宗時太常卿製雲韶法曲，

---

[176] 《舊唐書》卷一七六〈魏謩傳〉，頁 4568。

[177] 《唐語林校證》卷一〈政事上〉，頁 53。

[178] 《舊唐書》卷十二〈德宗紀〉，頁 320。

[179] 《新唐書》卷二二〈禮樂志〉，頁 477。

[180] 沈括著，《夢溪筆談校證》（北京：中華書局，1959），補筆談，卷一〈辯證〉，頁 903。

[181] 唐長孺，〈唐代的內諸司使及其演變〉，收入：《山居存稿》（北京：中華書局，2011），頁 254-256；杜文玉，《唐代宮廷史》（天津：百花文藝出版社，2010），頁 572-581；尚民杰，〈唐墓志中所見官官諸使及相關問題的探討〉，《唐研究》17 卷（2011），頁 399-440；賈艷紅，〈試談唐中後期的內諸司使〉，《齊魯學刊》1997 年 4 期，頁 103-106。

[182] 王永平，〈論唐代宣徽使〉，《中國史研究》1995 年 1 期，頁 73-78；王孫盈政，〈再論唐代的宣徽使〉，《中華文史論叢》2018 年 3 期，頁 71-91；杜文玉，《唐代宮廷史》（天津：百花文藝出版社，2010），頁 573-574。

[183] 《舊唐書》卷十七下〈文宗紀〉，頁 568。

[184] 《樂府雜錄》，頁 10。

後改法曲為仙韶曲，開成三年（838）改法曲所處院曰仙韶院，[185]只不知其隸於太常，還是宣徽院。

　　伶官、樂官在上述各單位中都有此色人，他們既名為官，可見有品階，有等級性，蓋依技能而列等。文宗時仙韶院樂官尉遲璋授王府率，右拾遺竇洵直論曰：「伶人自有本色官，不合授之清秩。」[186]顯示教坊、梨園等單位自有一個任職體系與升遷管道，不應與朝官系統混淆在一起。即使目前仍難知各單位間的相互關係若何，各級伶官是否皆無女性任職者，也不知實際負責表演的伶人中，樂工與技藝宮女各占多少比例，然技藝宮女在宮廷表演中確實有極重要的分量，而且無論她們受多少層級的管理，她們自己仍因容色、巧拙而再分級別。

　　以教坊中的技藝宮女言之，技藝最優的入宜春院，謂之「內人」，表演時常在前頭。但宜春內人「亦有工拙」，「賜亦異等」，是其還有等級之分，特承恩寵者謂之「十家」。[187]宜春院的編制或許還不只於此，明皇時而呼宜春內人為「娘子」，貞元中的田順郎曾為宮中御史娘子，[188]御史大概是宜春院內的一個頭銜。文宗朝內人鄭中丞善胡琴，《樂府雜錄》註曰：「中丞即宮人之官也。」[189]看來中丞是宜春院內等級頗高的另個頭銜。宜春內人是教坊中的菁英，但人少，樓下戲出隊時若數量不足，即以雲韶宮人添之，只是內人、宮人「非直美惡殊貌」，在佩飾上也可分別：內人帶魚，宮人則否。[190]等而下之的級別還有選自平人女，教習樂器的搊彈家，以及技藝最平凡的雜婦女。[191]另外，表演百戲的諸家散樂也繫屬教坊，但男女皆有，不盡是宮女，而竿木侯氏被謀殺

[185]　《新唐書》卷二二〈禮樂志〉頁478；又，卷四八〈百官三〉，頁1244。
[186]　《舊唐書》卷一七三〈陳夷行傳〉，頁4495。
[187]　《教坊記》，頁1。
[188]　《教坊記》，頁2；《樂府雜錄》，頁7。
[189]　《樂府雜錄》，頁11。
[190]　《教坊記》，頁1。
[191]　《教坊記》，頁1-2。

案，有司以聞，明皇令范安及窮治其事，[192]就是要總領其事的教坊使負責追察。

　　如前所述，技藝宮女尚可因娛樂宮廷與皇室的目的，尋索出其管理單位與任務編組，而且她們彼此間也會因容貌、技能而有等級上的不同。只是技藝宮女的情形，未必能在雜役宮女、侍從宮女身上表現出來，但相信她們仍會因能力、關係等因素，而有等第之別。由於雜役宮女多是擔任灑掃、烹煮等粗活賤役，只能依其勞績而升遷，被君王賞識的機會不大。除非宮女們有書藝能力，才有可能被拔擢到皇帝身邊。王建〈宮詞〉曰：「私縫黃帔捨釵梳，欲得金仙觀裡居。近被君王知識字，收來案上檢文書。」[193]皇帝的侍從宮女，如果只是侍茶湯、掌燈燭，就算近身隨侍，也還是人人可做的粗活，總不如檢文書者的難以被取代。故無論何種工作性質的宮女，只要其實用價值愈高，愈具獨特性，其地位應該就會更高，其待遇也會更好。

　　宮女要接受各層級的管理，嚴守紀律與宮規，是為了確保宮中秩序與宮務不缺。大體上，宮中各項常態的、固定的工作，皆依番次輪值。《冥音錄》雖是描述夢中陰司景象，但亦可反映唐宮之真實狀況。盧江尉李侃外婦崔氏之女弟，善鼓箏而卒，其甥女夜夢，姨告知在陰司簿屬教坊，「更直穆宗皇帝宮中」，復得侍憲宗，「每一月之中，五日一直長秋殿。」[194]崔氏女弟以宮妓而上值，大約是一月裏每五日輪值一次。同樣地，侍從宮女按宮規分派的工作，也會輪番交替，如宮人在寢殿裏服侍皇帝起床，就是依次輪值，所謂「君王未起翠簾捲，又發宮人上直來。」[195]既是上值，就有輪流的班次。杜甫〈橋陵詩三十韻因呈縣內諸官〉：「宮女晚知曙，祠官朝見星。」[196]王建〈霓裳詞〉：「宮女月中更替立，黃金梯滑並行難。」[197]則是宮女值晚班，既有聽從役使之意，也

---

[192] 《教坊記》，頁2。

[193] 《全唐詩》卷三〇二王建〈宮詞〉，頁3442。

[194] 《太平廣記》卷四八九〈雜傳記〉「冥音錄」，頁4021。

[195] 《全唐詩》卷七九八花蕊夫人〈宮詞〉，頁8979。此處所引為花蕊夫人詩，但也應符合唐朝皇帝的起居與生活照應。

[196] 《杜甫全集校注》卷二〈橋陵詩三十韻因呈縣內諸官〉，頁516。

[197] 《全唐詩》卷三〇一王建〈霓裳詞〉，頁3425。

可防衛示警，應該是按宮規來運作的。王建〈溫泉宮行〉：「夜開金殿看星河，宮女知更月明裏。」[198]宮女知更有可能就在殿裡近皇帝處，如後唐明宗疾，夜半蹶然自御榻興，顧殿上守漏宮女曰：「夜漏幾何？」[199]這個殿內守漏的設計，大概就為方便皇帝知夜裏的時辰。宮女的工作依番次輪值，既可調節其體力，維持公平性，同時又可保持宮務運作的效率，以及良好的宮中秩序。

宮女的待遇可從物質生活、精神生活兩方面來分析。在物質生活方面，宮女既有工作性質的差異，又有等級的不同，自然其生活待遇會有高下之別。以宜春內人為例，《教坊記》載：[200]

> 其家得在教坊，謂之「內人家」，四季給米。其得幸者，謂之「十家」，給第宅，賜亦異等。每月二日、十六日，內人母得以女對。無母則姊妹若姑一人對。……內人生日，則許其母、姑、姊妹皆來對，其對如所式。

宜春內人家在教坊，可謂與家人距離得最近，而且還額外給米，給第宅，賞賜也異於常等，讓這些最出色的技藝宮女，享有諸宮女儕輩無法企及的榮寵。更難得的是每月兩次，及生日時可與親人相見。安史亂後，內人家是否還有這樣的待遇，頗可懷疑，其後也只在敬宗寶曆二年（826）見到一次皇帝「對內人親屬一千兩百人，並於教坊賜食」[201]的景況。唐朝宮禁森嚴，不輕易讓內外交通，高宗上元二年（675）詔：「婦人為宮官者歲一見其親。」[202]已是一項殊榮了，但仍遠遠比不上玄宗對內人家的照顧。

宮中人物，其實無分諸王、妃嬪、宮官或宦官、宮女，都依尊卑身分領有宮中定期發給的月俸。玄宗置十王宅、百孫院，「又於宮中置維城庫，諸王月

---

[198]　《全唐詩》卷二九八王建〈溫泉宮行〉，頁3375。

[199]　《新五代史》（臺北：鼎文書局，1976），卷十五〈唐明宗家人傳〉，頁165。

[200]　《教坊記》，頁1。

[201]　《舊唐書》卷十七〈敬宗紀〉，頁519。

[202]　《新唐書》卷三〈高宗紀〉，頁72。

俸物約之而給用」。[203]亦即王室嫁娶與諸公主、王孫之費用，都自此而出。在妃嬪、宮官方面，「位有尊卑，亦隨其品而給授，以供衣服鉛粉之費，以奉於宸極。」[204]女性宮人尤其需要衣飾裝扮，為了與其身分相稱，自然要依品給授，以示區別。宦官、宮女雖是侍人階層，但宮中依然提供其可自由支配的生活費用。宦官的月俸、祿米、職田給授標準與朝官相同，即使到了唐後期，南北諸司在給俸上也是事體無異。[205]唐朝宮女的給授情況不明，但五代花蕊夫人的〈宮詞〉可做一參考：[206]

月頭支給買花錢，滿殿宮人近數千，遇著唱名多不語，含羞走過御床前。

這是說每位宮女都有月錢，而且是公開的逐一唱名領取。月錢的用途似乎是生活津貼，供買花、妝粉等用，基本的衣食所需可能還是由國家供給。這裡雖看不出宮女的月錢是否有差別待遇，也不知唐朝的給授方式是否集中在殿內唱名，但若比起宜春內人的四季給米、給宅第來說，宮女的物質生活顯然是有等級之別的。

乳母是侍從宮女中很特殊的一類人。乳母不止於餵哺諸王公主，也是日常照顧之人。乳母與禮書中擔任教養之責的傅姆，本有分別，[207]但唐人有時也混同在一起，如玄宗賜乳母，亦其姨母燕國夫人竇氏詔曰：[208]

---

[203] 《舊唐書》卷一○七〈玄宗諸子〉，頁 3272。

[204] 《舊唐書》卷一○五〈王鉷傳〉，頁 3229。

[205] 杜文玉，〈唐代宦官俸祿與食邑〉，《唐都學刊》1998 年 2 期，頁 26-29。

[206] 《全唐詩》卷七九八花蕊夫人〈宮詞〉，頁 8976。

[207] 《儀禮注疏》（十三經注疏本）卷五〈士昏禮〉鄭注「姆」：「婦人年五十無子，出而不復嫁，能以婦道教人者，若今時乳母矣。」傅姆的特色其實在以婦道教人，並非即乳母，但乳母有時可能也是傅姆、保母，乳保之分並不明顯。見：李貞德，〈漢魏六朝的乳母〉，頁 453。

[208] 《全唐文》卷二六玄宗〈賜乳母竇氏俸料準三品詔〉，頁 297。這個乳母燕國夫人竇氏，實亦玄宗的姨母，《唐代墓誌彙編》天寶一一○〈大唐故張府君墓誌銘〉：「公之先妣燕國夫人竇氏，即開元天寶聖文神武皇帝之從母也。」（頁 1608）

　　慈惠和順，掌執禮經。女憲母師，獨高柔則。

　　可見此處乳母與傅姆已無分別，成為長期以來與諸王公主朝夕相處，關係最近密，感情最深厚的人。也正是這樣的慈育之恩，所以乳母最不同於一般宮女的便是可以受封爵，如太宗乳母劉氏為彭城國夫人，承乾乳母為遂安（郡）夫人，高宗乳母盧氏為燕國夫人、姬氏為周國夫人，中宗乳母于氏為平恩郡夫人，太平公主乳母張氏為奉國夫人，玄宗乳母蔣氏為吳國夫人、莫氏為燕國夫人，竇氏（姨母）為燕國夫人，哀帝乳母楊氏為安聖君、王氏為福聖君、第二王氏為康聖君。這些外命婦可能享有特定的經濟待遇，玄宗乳母（姨母）燕國夫人竇氏則以「俸料祿課等，一準職事三品給」，[209]擁有如職事官的特恩與殊榮。至於一般命婦在服飾、輿從、法律特定豁免權，乃至身後葬儀、墓制等方面依身分所予之待遇，以及朝謁、參與禮典等顯示榮耀與權力的活動上，[210]宮中乳母能否一應獲得，史料上不足以為證，吾人也姑且存疑之。

　　宮女除了得著機緣被放出宮外，其在宮中的精神生活，總的來說是苦悶多於快樂，憂心多於歡笑。為了排解宮中沉悶、無趣的生活，宮女會找些樂子，自娛娛人，像用小金籠捉蟋蟀，夜聽其聲；禁中結伴，擲金錢為戲，或學樗蒲消遣；端午造粉團，貯於盤中，架箭射之為樂；明皇、貴妃也各統宮妓、小中貴，排風流陣以為戲笑。[211]只是片刻的歡愉，依然難掩隱藏在她們內心深處的抑鬱與幽怨。雜役宮女通常待在工作場域，與皇帝接觸的機會不多，想以此承恩寵，改變命運的可能性很小，就算其手藝得到賞識，也不過多得些獎勵，往後依然過著平淡無奇，一成不變的生活。在心情上波動較大，易有起伏變化的，大概是較能接近皇帝的宮女。擅長歌舞表演的技藝宮女，其容貌、藝能或許會讓皇帝眼睛一亮，並為自己的少女情懷留下深刻的記憶。只是宮中的技藝宮女

---

[209] 《全唐文》卷二六玄宗〈賜乳母竇氏俸料準三品詔〉，頁297。有關命婦經濟待遇的討論，可參考：鄭雅如，〈唐代前期預政女性身分的官僚化：從上官婉兒墓誌談起〉，《中國史學》卷24，（京都：朋友書店，2014），頁99-100。

[210] 岑靜雯，《唐代宦門婦女研究》（臺北：文津出版社，2005），頁239-253。

[211] 《開元天寶遺事》，頁22、29、59；《全唐詩》卷七三五和凝〈宮詞〉，頁8395。

甚多，代謝速度又快，要想在剎那間捉住皇帝的目光，其實並不容易，李建勳〈宮詞〉：「宮門長閉舞衣閒，略識君王鬢便斑。」劉得仁〈悲老宮人〉：「白髮宮娃不解悲」，「曾緣玉貌君王寵」。 宮女才略識君王，而君王可曾識得宮女？畢竟「雨露由來一點恩，爭能遍布及千門」， 瞬間若能得到皇帝的注目，不就是自己永恆的榮耀？何況「從來宮女皆相妒」，「無奈宮中妒殺人」， 連后妃都要想盡辦法固寵、持寵，小小的宮女豈會不被人排擠？再者，近侍皇帝固然是殊遇，若一朝觸怒龍顏，下場也會很悽慘，文宗朝內人鄭中丞善胡琴，「以忤旨，命內官縊殺，投于河中」，幸而為人所救，後為黃門知，達上聽，文宗即命宣召。這真是伴君如伴虎，人命如草芥，鄭中丞之遭遇，著實令人感歎！

愈是在皇帝身邊的侍從宮女，可能心理壓力愈大，她們除了擔心工作不利、不慎，遭到上司譴責與處罰，更要提心吊膽地怕觸怒皇帝，無端遭受搏殺。皇帝的脾性喜怒無常，讓人捉摸不定，玄宗宴蕃客時，唐崇的表現方才令帝極歡，而下一刻竟因干請小客求教坊判官，密敕北軍馳馬踐殺之。[212]侍從宮女因皇帝心情不定而被殺害的例子，最顯著的是昭宗自華還宮後，「頗以禽酒肆志，喜怒不常，」一日「獵苑中，醉甚，是夜，手殺黃門、侍女數人。」[213]此事固然給宦官劉季述藉口，廢幽昭宗，然侍從者微賤如螻蟻，於此表露無遺。

五、出自宮女的后妃

宮女與后妃，看似身分懸殊，但由宮女躍升至后妃，也不是沒有可能。宮女是一群沒有自主性的人，個人的抉擇、個人的主觀意願，鮮少在史料裏留下記錄，更別提她們能為自己決定什麼。就算是飛上枝頭成為妃嬪，也很難知道她們用了何種手段，或為自己盡了什麼心力。此處討論出自宮女的后妃，意在

---

[212] 《唐語林校證》卷一〈政事上〉，頁53。

[213] 《舊唐書》卷二十上〈昭宗紀〉，頁770。

了解她們得到寵幸或生下皇子後，自己的人生際遇是否就此大為改觀。

貞觀年間，後宮及東宮內職有關，太宗已有微賤之族與刑戮之家不得補用的看法。這些人在宮中原本只是下層宮女，要想憑藉一己之才能而受到矚目，可謂難上加難，其最快速的翻身機會，無寧是得到皇帝或太子、諸王的臨幸。肅宗為忠王時，吳氏坐父事沒入掖庭，被玄宗以掖庭宮人的身分賜予太子，而寵遇益隆，生代宗。李錡敗，其侍人鄭氏沒入掖庭，憲宗幸之，生宣宗。[214]吳氏、鄭氏都是因罪沒入的宮女。此外也有一些是不知先世，或出身甚微的侍女，也因機遇而生下皇子，如穆宗為建安王時，蕭氏得侍，生文宗。穆宗為太子時，韋氏得侍，生武宗。宣宗未及位前，晁氏少入邸，最見寵答，生懿宗。懿宗時，王氏至微，列後廷，生昭宗而卒。昭宗為壽王時，何氏入侍壽王邸，生哀帝。[215]無論是刑戮之家的掖庭宮人，或微賤之族的侍女，其身分都是宮女，原本不在太宗可為內職的範圍內。只是事情的發展，遠遠超乎太宗的預期，唐後期數位皇帝，竟非出自士族之女或良家子，[216]而是來自為人所賤視的宮女，或也因此，代宗生母吳氏、文宗生母蕭氏、宣宗生母鄭氏、昭宗生母王氏，都未得到所臨幸帝王之封號，而只在其兒子稱帝後，被追尊或冊為太后。比較幸運的是武宗生母韋氏，長慶時冊為妃；懿宗生母晁氏，宣宗即位封為美人；哀帝生母何氏，昭宗即位封為淑妃，又冊為皇后。[217]然無論是生前得享尊榮，或死後盡其哀榮，原本地位低下，為人輕賤的宮女，也總算因這難得的際遇，得著揚眉吐氣的機會，退而求其次說，也總比虛度一生的白頭宮女，多了些她們無法企求的生命經驗。

前文所述之唐後期諸帝，其生母多出自身分卑微的宮女，這與前期諸帝係嫡出，后妃出自顯貴名臣家，在帝位繼承與後宮結構上大不相同。不是說前期

---

[214] 《舊唐書》卷五二〈后妃下〉，頁2187；《新唐書》卷七七〈后妃下〉，頁3505。

[215] 《新唐書》卷七七〈后妃下〉，頁3506、3507、3510、3511、3512。

[216] 唐後期后妃家世多不顯，或失其世，見：毛漢光，〈唐代後半期后妃之分析〉，《臺大文史哲學報》37期（1989），頁176-189。

[217] 關於唐諸帝后妃的出身，陳麗萍有詳細的考證與說明，見：陳麗萍，《兩《唐書·后妃傳》輯補》（香港：香港大學饒宗頤學術館，2012）；又，《賢妃嬖寵：唐代后妃史事考》，上編。

諸帝的妃妾沒有宮女出身者，如太宗二子楚王寬、代王簡就出自後宮，高宗三子燕王忠、原王孝、澤王上金也出自後宮，還有中宗三子譙王重福、節愍太子重俊、殤帝，睿宗二子惠莊太子撝、隋王隆悌，都出自後宮或宮人。這些後宮或宮人沒有位號，甚至連姓氏都不存，其身分未曾因有子而改變，應該還是卑賤的宮女。同樣被封王，其生母的貴、賤要怎麼去認定，仍取決於統治者的好惡，如惠莊太子母柳氏，實是河東大族柳奭孫女，因柳奭得罪武后，受牽連沒為掖庭宮人，惠莊太子初生時，武后以母賤，欲不齒，然僧萬迴曰：「養之宜兄弟」，則天「始令列於兄弟之次」。[218]柳氏始終未獲封號，其子亦幾乎被摒棄於皇室子孫之外。惠莊太子的幸運，隱約反映出有些宮人之子，可能遭遇不測，或不知流落何方。

宮女因皇帝臨幸，誕下皇子的情形並不少見，只是前期宮女一生無聞，其子也不可能登上帝位，而後期的入侍宮女，其子竟有機會繼承大位，尤其是晚唐諸帝的非位繼承，[219]其生母竟都曾為宮女。唐前、後期後宮情勢丕變，其關鍵在於玄宗朝的後宮政策，及嚴厲控制諸王所造成的影響。玄宗為了預防后妃干政，刻意不立后，[220]同時為了杜絕太子母族涉政，也不立嫡嗣，從而降低生母出身對皇子的影響。[221]尤有甚者，玄宗為了避免諸王參與皇權爭奪，交結外朝大臣，將諸王子孫封閉在十王宅、百孫院裏。安史亂後，此政策延續下來，影響所及，諸王子孫的婚姻與生活都受限縮，宅內的侍從宮女，也成為其嬪御，遂徹底改變了宮中的妃嬪結構。[222]晚唐宦官擁立的皇帝就來自十六王宅，其生母多為宮女，正是在這樣的背景下產生的。

[218] 《舊唐書》卷九五〈睿宗諸子〉，頁3015。

[219] 嗣皇即位不以次，且非先皇之意，而由宦官擁立，此為非位繼承。見：吳麗娛、陳麗萍，〈從太后改姓看晚唐后妃的結構變遷與帝位繼承〉，《唐研究》17卷（2011），頁382-384。

[220] 李文才，〈試論唐玄宗的後宮政策及其承繼——《太平廣記》卷二二四「楊貴妃」條引《定命錄》書後〉，《華北大學學報》8：2（2007），頁80-83。

[221] 吳麗娛、陳麗萍，〈從太后改姓看晚唐后妃的結構變遷與帝位繼承〉，頁373-378。

[222] 謝元魯，〈唐代諸王出閣制度考辨〉，收入：《唐史論叢》第十二輯（西安：三秦出版社，2010），頁32-34。

　　宮女不盡只是宮女，如其能得皇帝青睞，還是可能被賜予妃嬪封號。太宗殺陰世師，其子女以年幼沒入宮廷，後太宗納陰妃，生齊王祐。陰妃是以緣坐宮女的身分得太宗寵愛，列為妃嬪的。又，盧江王瑗因謀反被殺，其妾也應是緣坐宮女，但太宗納為美人。[223]上官婉兒年十三為高宗才人，中宗神龍元年（705）又拜為昭容，[224]為兩朝之妃嬪。然婉兒襁褓時因其祖上官儀之禍，隨母配入掖庭，同樣是宮女擢為內官。代宗時，張紅紅與其父歌於衢路丐食，為將軍韋青所納。代宗聞其名而召入宜春院，寵澤隆異，封為才人。[225]教坊之樂妓組織，以宜春院內人之色藝尤為最，張紅紅殆以宮妓身分而得寵。這些宮女有的誕下皇子，有的似乎無子，但她們都得到皇帝寵幸，即其生前便得封號。

　　綜上可知，宮女被臨幸而誕下皇子，未必是扭轉自己命運的契機。如她未得皇帝寵愛，只是偶然得子，則可能依然不能改換身分，成為妃嬪，也就是說母以子貴的情形未必適用在卑賤的宮女身上。只是皇子受封，有子如此，為母者就算不能為妃嬪，也總會沾些光，少些被役使，或少看些白眼吧！有子之宮女不能得皇帝寵愛，尚且不能母以子貴，若只是生女，情況比之當更不如。若是全無子女，則又等而下之，李白〈怨歌行〉：[226]

　　　　十五入漢宮，花顏笑春紅。君王選玉色，侍寢金屏中。……一朝不得意，世事徒爲空。鸕鷀換美酒，舞衣罷雕龍。寒苦不忍言，爲君奏絲桐。腸斷弦亦絕，悲心夜忡忡。

[223] 《北史》卷七三〈陰世師傳〉（臺北：鼎文書局，1981），頁 2535；《新唐書》卷八〇〈太宗諸子〉，頁 3572；《舊唐書》卷六〇〈宗室・盧江王瑗傳〉，頁 2351-2352；《唐會要》卷五二〈忠諫〉，頁 904。

[224] 上官婉兒的才人身分，未見於史傳，只於新出的〈大唐故婕妤上官氏墓誌銘并序〉中見之。請參考：李明、耿慶剛，〈〈唐昭容上官氏墓志〉箋釋——兼談唐昭容上官氏墓相關問題〉，《考古文物》2013 年 6 期，頁 87-93。

[225] 《樂府雜錄》，頁 6-7。

[226] 《李太白全集》（臺北：長歌出版社，1975），卷五〈樂府・怨歌行〉頁 183。

　　曾經侍寢君王，享受錦衣玉食的宮女，一旦觸怒君王或被人奪寵，便只好重操舞樂技藝，回到侍人生涯，其間的寒苦悲戚，也只有獨自吞下。

　　宮女得幸，固然是一種機運；能否得寵，也不盡全憑自己的能耐。至於其子的榮辱，主要繫於個人的智愚賢不肖，並不因母氏為宮女而特別被看輕。如中宗之子重福、重俊，皆後宮所生，但在奪取權位上頗為積極奮進。睿宗之子撝亦宮人所生，不僅與諸王同封，薨後玄宗冊書還贈惠莊太子。肅宗之子越王係與承天皇帝倓，皆宮人所生，前者大膽與張皇后勾結，謀興內廷之變；後者於艱難時首定大謀，於中興有功。[227]但也有後宮之子的命運受母氏影響者，如高宗之子燕王忠，因王皇后無子，而忠母微，立之必親己，遂請立為皇太子。[228]這個宮人之子不啻為政爭中的棋子。又，澤王上金，亦後宮所生，但「武后疾其母，故有司誣奏，削封邑，徙置澧州」。[229]上金顯然受母氏牽連，上金之徙置，其母殆與之同往。

　　宮女入宮，本就是一種特殊境遇，她入宮後如能得皇帝、太子或諸王臨幸，更是難得的機運。雖說身分卑賤的宮女想要母以子貴，未必容易，但無子而能持寵不衰，更非易事。若無子又失寵，則眼前美景瞬間化為泡影，過往的種種不過是鏡花水月，自己還是回歸到了原點。然就算無寵而有子，其子就真的可為憑侍嗎？

　　唐太宗為社稷大安之計，興起封建之議，希望諸王負起藩屏之責。[230]唐之封爵並不列土分封，食實封者只給其租庸調，讓其過養尊處優的生活。[231]玄宗

---

[227] 《舊唐書》卷八六〈中宗諸子傳〉，頁 2835-2838；又，卷九五〈睿宗諸子傳〉，頁 3015-3016；又，卷一一六〈肅宗諸子傳〉，頁 3382-3385。

[228] 《舊唐書》卷八六〈高宗諸子傳〉，頁 3824。

[229] 《新唐書》卷八一〈高宗諸子傳〉，頁 3586-3587。

[230] 鄭炳林、張全明，〈《大唐國公禮葬故祐墓誌銘》考釋和唐太宗令諸王之藩問題研究〉，《敦煌學輯刊》2007 年 2 期，頁 1-12。

[231] 唐前期食封戶的封邑收入、食封戶數，及開元以後食封制的變革，可參考：李錦繡，《唐代財政史稿》（上）（北京：北京大學出版社，1995），頁 1170-1175；戴建國，〈關於唐食封制〉，《中國經濟史研究》2002：3，頁 126-131；劉思怡，〈唐代宗室食實封問題研究〉，《陝西師大學報》（哲

以後，為懲諸王驕蹇不奉法度，故不令其出閣，亦不令其任事，[232]正如劉秩《政典》所云：「今封建子弟，有其名號而無其國邑，空樹官僚而無苴事，聚居京輦，食租衣稅。」[233]就唐前期的幾則諸王與其母的關係來看，諸王之母為太妃，如果諸王出閣，開府置官屬，或諸王出苴外藩，通常會迎養其母，以盡人子之道。如紀王慎累除外州，而紀國太妃出國、來朝皆依令典，紀王則「晨昏斯稟，奉以周旋」，顯示母隨子往來，未獨居宮中。越國太妃燕氏亦隨子赴任，墓誌云：「自臨藩閫，無遺嚴訓」，這也是諸王迎養母親，太妃隨其前往，未留居宮中。再如薛王（惠宣太子）母早終，從母賢妃鞠之，其後乃迎賢妃出就外宅，則是無子的睿宗賢妃，侍養於王家，同樣未獨居後宮。[234]帝王的妃嬪眾多，與其依侍帝王恩寵，不如有子可以依靠，何況帝王一旦晏駕，新的後宮將隨新君而成立，前朝妃嬪幾無容身之處，此時若不以太妃的身分隨王移居府邸，其在宮中的歲月大概也是備受煎熬的，除非他有不得已的原因，如高祖子韓王元嘉，貞觀六年（632）授潞州刺史，在州聞太妃有疾，便涕泣不食，及京師發喪，哀毀過禮。[235]以韓王元嘉的至情至性，不應棄母獨行，其母殆因疾不能隨之同行。

通常情況下，諸王會迎養太妃，但已知的諸位太妃，原皆為有封號的帝王妃嬪，至今尚未見到未受冊封的宮人，為已受王號的兒子侍養的例子。反倒是宮人之子，因故可能養為某后妃之子，如高宗王皇后無子，立宮人之子燕王忠為皇太子，[236]則無異斬斷宮人劉氏與其子的關係，而即使後來皇后被廢，令人懷疑宮人劉氏還能以太妃的身分被其子奉養嗎？再如睿宗宮人柳氏所生惠莊太子，竟於神龍初睿宗豆盧貴妃特乞出宮時，「敕令妃養惠莊太子為己子」，而

　　社版）41：3（2012），頁91-97；馬俊民，〈唐朝的「實封家」與「封戶」〉，《天津師大學報》1986：3，頁43-53。

[232]　張澤咸，《唐代階級結構研究》（鄭州：中州古籍出版社，1996），頁41-45。

[233]　《唐會要》卷四七〈封建雜錄下〉，頁830。

[234]　《全唐文補遺》第二輯，〈大唐太宗文皇帝故貴妃紀國太夫人韋氏（珪）墓誌銘并序〉，頁1；又，〈大唐故越國太妃燕氏墓誌銘并序〉，頁241；《舊唐書》卷九五〈睿宗諸子〉，頁3018。

[235]　《舊唐書》卷六四〈高祖二十二子〉，頁2427。

[236]　《舊唐書》卷八六〈高宗諸子〉，頁3824。

且「惠莊孺稚始孩，覃訏在抱，幼撫長訓，不忝前人」，[237]看來豆盧貴妃很早就撫養惠莊太子，她大概就是一般人所認為的太妃。至於宮人柳氏，如果不是她早卒，便是因出身低賤，而輕易被剝奪了做為母親的權利。

　　整體來說，宮女不是沒有機會被皇帝、太子或諸王臨幸，有時也會因此生下皇嗣，只是她們生前被冊為后妃的例子實在不多，但這並無礙其子被封王，或在政壇上有所作為。除了幾個宮人之子在登基後，追尊其母為太后外，宮人能否以太妃的身分，接受已為諸王的兒子的奉養，似乎大成問題。總之，比起出身士族或良家子的后妃，宮女的微賤身分，總讓她有被壓抑的感受。即使她曾經得到皇帝的寵幸，但她又能固寵多久？如其不能得到封號，就算有子，自己又能得到多少保障？

六、宮廷政治與宮女的影響力

　　宮女自進入宮中，其工作與生活都局限在宮廷裏，極易就其人際交往，連結成一個又一個的人際網絡。由於宮女的個人事蹟極少留下，詩作也常是第三者的觀察或心境揣摩，鮮少是宮女自身所為。故吾人與其奢望尋索宮女的個人抉擇，還不如從宮女的群體動向與派別勢力裏，觀察她們如何佈起那張人際網絡，如何在宮廷變局中自處與追求最大利益。蓋發掘宮女的群性，比尋找其個性，更具歷史意義。再者，宮女的地位雖然低賤，其所侍候的皇帝、后妃卻是最有權勢的人，如果宮女不甘於平淡，抑或無意中說了、做了什麼，在政壇上掀起驚天巨浪，也不是不可能的。正因為宮女有這份特殊機運，其在宮中的影響力還是很令人矚目的。

　　宮廷是權力核心所在，也是政治鬥爭中最敏感的熱區，當內廷之爭一旦發動後，主事者周邊的人，包含宮女在內，都不免捲入漩渦中，這種情形較多見

---

[237] 《全唐文補遺》第五輯（西安：三秦出版社，1998），〈唐睿宗大聖真皇帝故貴妃豆盧氏墓誌銘并序〉，頁 29。

於侍從宮女。宮女們在各為其主，或為個人利益下，結為集團，並為人耳目。
高宗時武昭儀與王皇后、蕭淑妃相爭的情形便是如此：[238]

> 后不能曲事上左右，母魏國夫人柳氏及舅中書令柳奭入見六宮，又不為
> 禮。武昭儀伺后所不敬者，必傾心與相結，所得賞賜分與之。由是后及
> 淑妃動靜，昭儀必知之，皆以聞於上。

要知深宮中皇后與淑妃動靜，非內侍宦者與侍從宮女而莫屬，武昭儀施小
惠便可收買人心，其所結成的宮中勢力，侍從宮女殆有以助之。其後，武后益
專恣，高宗令上官儀草詔廢之，「左右馳告」，后遽從帝自訴，高宗乃待之如
初。[239]這裏的「左右」，除內侍外，在帝身旁的侍從宮女是否亦參與其中，也
是可思量的。

唐前期女主專秉國政，宮中女性侍從自然較受重用，其在政爭中的作用，
及對政局的影響，也因此浮現出來。高宗時太子賢監國，「宮人潛議」，賢為
武后姊韓國夫人生，賢聞之疑懼不安，其後竟被廢為庶人。[240]這些在背後嚼舌
根的宮人，多半就是宮中的侍從宮女，她們不敢留名，不必出面，就已暗自形
成一股輿論壓力，讓李賢不自安，並與武后間產生嫌隙。在薛懷義益驕恣、寵
日衰後，武太后「密選宮人有力者百餘人以防之」。[241]此處的宮人有力者，有
可能從雜役宮女中調選，也或許挑自侍從宮女之健壯者。然無論如何，在波譎
雲詭的宮中，宮人若伏流般的潛勢力，依然有其不可忽略之處，若能善加導引，
利用操作之，或可得到非所預期的效果。

則天長壽二年（693）發生一起戶婢譖害皇嗣妃與皇嗣的事件：[242]

---

[238] 《資治通鑑》卷一九九高宗永徽五年條，頁6286。

[239] 《新唐書》卷七六〈后妃上〉，頁3475。

[240] 《舊唐書》卷八六〈高宗諸子〉，頁2831。

[241] 《資治通鑑》卷二○五則天天冊萬歲元年條，頁6502。

[242] 《資治通鑑》卷二○五則天長壽二年條，頁6488。

> 戶婢團兒為太后所寵信，有憾於皇嗣，乃譖皇嗣妃劉氏、德妃竇氏為厭
> 呪。（正月）癸巳，妃與德妃朝太后於嘉豫殿，既退，同時殺之。……
> 團兒復欲害皇嗣，有言其情於太后者，太后乃殺團兒。

　　戶婢，胡註曰：「官婢之直宮中門戶者。」[243]若戶婢專責宮中門戶，則與太后的互動不應太多，似不易得太后寵信。有學者以為，戶奴、戶婢是已結婚有家屬之官奴婢，或指罪犯家奴婢一併入宮者，[244]其身分為官奴婢無疑。如以反逆罪為例，反逆罪人及其緣坐親，不可能對稱戶奴、戶婢，而所謂的戶奴、戶婢，極可能是罪人家之已婚奴婢，隨主家而皆沒官者。《通鑑》考異引《太上皇實錄》：「韋團兒諂佞多端，天后尤所信任。欲私於上而拒焉，怨望。」[245]戶婢韋團兒在宮中能接近皇嗣，又能得太后寵信，顯然不是一般雜役宮女，她大概是以侍從宮女的身分，游走宮中，但竟然敢譖殺皇嗣二妃，並欲害皇嗣，這小小宮女所掀起的波濤，令人駭異，若非她平日得太后寵信，仗著太后的加持，豈敢做出這種悖逆之事？故這雖是韋團兒個人之行，卻依稀窺見宮女們也願意倚附宮中有權勢者，而這也正是宮中易形成集團勢力的原因。

　　神龍元年（705）正月張柬之等討亂，徙則天於上陽宮，中宗復位。這次宮廷政變，意外在宮人墓誌中發現宮人參與政變的迹象：「弼諧帝道，復我唐業」，「遂使有唐復命，我皇登極」，與一般宮人墓誌僅備內職之語氣大不相同。[246]雖然這些宮人皆有品階，至少是宮官階層，而非普通宮女，可是他們似乎在宮中已結為護衛李唐，反武則天的勢力。如與前述向武氏靠攏之宮人勢力相較，宮廷中隱然分為不同派別力量，或正當勢，或在伺機而動。

　　隨著中宗復位，女主威勢延續到韋后、上官昭容，及諸公主等人身上，她

[243]《資治通鑑》卷二○五則天長壽元年條，頁6485。

[244]濱口重國，〈官賤人の研究〉，收入：《唐王朝の賤人制度》（京都：京都大學東洋史研究會，1966），頁127；洪素香，〈唐代宮女入宮原因及其工作與生活探析——以「全唐詩」為例〉，頁24。

[245]《資治通鑑》卷二○五則天長壽元年條，頁6488。

[246]耿慧玲，〈從神龍宮女墓誌看其在政變中之作用〉，《唐研究》3卷（1997），頁233-244。

們各樹朋黨，墨敕授官，讓宮人參與政治到了氾濫的地步。直到景雲元年（710）韋后弒中宗，臨淄王隆基率兵討亂，誅韋氏、安樂公主等，才結束這波以中宗朝為中心的女主專政。值得注意的是隆基入宮時，上官昭容的舉措：[247]

> 及隆基入宮，昭容執燭帥宮人迎之，以制草示劉幽求。幽求為之言，隆基不許，斬於旗下。

　　上官昭容在面對臨淄王勢力的近逼時，「帥宮人」迎之的目的，不僅是個人向隆基示好，也是宮中以她為首的集團勢力，向隆基投靠的用意。李隆基的執意誅殺上官昭容，除了在壓抑女子預聞政事的風氣，[248]也在瓦解她的宮人集團，使集團在群龍無首的情況下，不能在宮中為患。
　　誅殺韋后後，宮中最有權勢的女主便是太平公主，而自此也展開她與太子隆基間的政治鬥爭，《新唐書》謂：

> 時太平公主忌帝，而宮中左右持兩端，纖悉必聞。

　　可見宮中已有派別傾向，而有些人是腳踏兩條船的，但以附太平公主的為多。[249]能夠「纖悉必聞」的宮中人士，當是服事於宮中的內侍或侍從宮女，在玄宗未重用宦官之前，在宮女早已涉入宮中政局時，最有可能深知宮中內幕的，應是侍從宮女。太平公主不僅擅權用事，外朝的文武之臣亦太半附之，於時蕭至忠、崔湜等謀廢立，又與宮人元氏謀於赤箭粉中置毒進於上。[250]儘管這些計謀並未得逞，然宮廷內外已連為一氣，而太子隆基實在險境之中，尤其是宮人

---

[247] 《資治通鑑》卷二〇九睿宗景雲元年條，頁6646。

[248] 耿慧玲，〈從神龍宮女墓誌看其在政變中之作用〉，頁247。關於上官婉兒死亡的探討，見：鄭雅如，〈重探上官婉兒的死亡、平反與當代評價〉，《早期中國史研究》4：1（2012），頁127-131。

[249] 《新唐書》卷七六〈后妃上〉，頁3492；《太平廣記》卷一三六〈徵應部〉「唐玄宗」：「而宮闈左右，亦潛持兩端，以附太平之勢。」

[250] 《資治通鑑》卷二一〇玄宗開元元年條，頁6681-6682。

謀行酖毒，更讓太子有防不勝防之患。此處不明宮人元氏的身分是否為宮女，總之，如果密謀成功，她必得重賞，才願甘冒極大風險而為之。

在玄宗誅太平公主後，唐前期的女主專政總算告一段落，但仍不能說宮中就此平靜無波，蓋只要宮中有權位之爭，宮女便有利用價值，宮中是非也不會少，像玄宗王皇后與武惠妃間的爭寵，就難免互相攻擊，王皇后傳曰：

> 先天元年，立為皇后。久無子，而武妃稍有寵，后不平，顯詆之。然撫下素有恩，終無肯譖短者。

宮中人不譖短王皇后，不是因宮女或宦者置身事外，而是他們受王皇后的德惠，不肯詆毀之。雖然王皇后終究以愛弛、厭勝而被廢，史書卻以「後宮思慕之」，[251]回應后妃爭寵時宮女等人其實是倒向王皇后的。在宮廷鬥爭中，宮人總會觀其風向，選擇有利於自己的機會，像上官昭容、太平公主、王皇后背後都有宮人集團在撐腰，可是當她們的主者一旦在鬥爭中倒臺，集團勢力便如風流雲散地解體，而個人依舊可在宮中各安其位，只要她們不曾參與謀害之行，就不會受牽連，故王皇后被廢、死後，那些她撫之有恩，曾經附從她的宮女們，在自身無咎責狀況下，才敢於表達對她的思慕之情。

唐朝後宮從不乏妃嬪爭寵，宮怨之類的詩也多不勝數。但自玄宗起，在不立后的意識性行為，以及不得預政的後宮政策推動下，[252]唐後期只有肅宗張后對朝政還有影響力，其他后妃皆無干政能力，有寵者也僅及宮廷內事，而不及外朝。然玄宗自此多倚重宦官，宦官勢力水漲船高，日後更活躍於內、外朝，進而挾制帝室，成為掌控後宮的最重要力量。玄宗的後宮政策，無疑是翻轉前

---

251 《新唐書》卷七六〈后妃上〉，頁 3490-3491。

252 李文才，〈試論唐玄宗的後宮政策及其承繼——《太平廣記》卷二二四「楊貴妃」條引《定命錄》書後〉，頁 80-83。

期女主政治，到後期宦官政治的關鍵因素。[253]

　　當宮中無女主專政，並刻意減低后位之爭時，後宮出現了新形態的人際互動，皇帝一方面爭回了他宮廷主角的地位，再方面他與宮女接觸的機會反而增多。玄宗朝楊慎矜案的爆發，就源於家婢為宮女，漏言其家私事：[254]

> 會婢春草有罪，將殺之，（史）敬忠曰：「勿殺，賣之可市十牛，歲耕田十頃。」慎矜從之。婢入貴妃姊家，因得見帝。帝愛其辯惠，留宮中，寢侍左右。帝常問所從來，婢奏為慎矜家所賣。……帝素聞敬忠挾術，間質其然。婢具言敬忠夜過慎矜，坐廷中，步星變，夜分乃去；又白厭勝事。帝怒。而婢漏言於楊國忠。

　　春草本為楊慎矜家婢，因罪轉賣貴妃姊家，後因帝喜愛，進獻入宮。春草侍帝左右，殆為侍從宮女。因其接近皇帝，故有交談機會，而楊慎矜家厭勝等事遂曝光。楊國忠因貴妃故得出入禁中，並因此得見春草，具知事情始末，而借機興起傾覆楊慎矜家之大獄。接近權力中心的小小宮女，不意掀起滔天大禍，豈不具有側近政治的意味？[255] 又誰能說宮女完全沒有政治影響力？

　　侍從宮女各有其出身背景，皇帝與之交談，也可得知外界的一些新奇事物與訊息。這種接觸是人之常情，但小說家們不免由此興出念頭，想藉此為某人訴冤，或撩撥出引人暇想的政治秘辛。《通鑑》考異柳珵〈上清傳〉，敘述竇參為陸贄陷害，其所寵青衣淪為宮婢，「以善應對，能煎茶，數得在帝左右」。其後德宗問起竇參罪行，上清遂竭力為之澄清，並言皆是為陸贄所害。類似為故主訴冤的故事，亦見於李肇《唐國史補》：李錡被擒，侍婢一人隨之，錡教

---

[253] 前期宮廷的女主預政，傾向以宮官為心腹。玄宗政權成立後，宦官漸於內廷取得主導位置。宮官與宦官勢力的消長，正在玄宗時期。見：趙雨樂，〈唐前期宮官與宦官的權力消長〉，收入：趙雨樂，《從宮廷到戰場：中國中古與近世諸考察》（香港：中華書局，2007），頁1-35。

[254] 《新唐書》卷一三四〈楊慎矜傳〉，頁4563-4564。

[255] 關於側近政治的形成與意義，可參考：橫山裕男，〈唐の官僚制と宦官〉，收入：中國中世史研究會編，《中國中世史研究：六朝隋唐の社會と文化》（東京：東海大學出版社，1970），頁418-425。

侍婢曰：「我死，汝必入內，上必問汝，當以此進之。」及錡伏法，京城有異象，憲宗又得帛書，頗疑其冤。[256]這兩個故事皆不免於穿鑿附會，悖離史實，《通鑑》都不取，但小說家們鋪陳故事的背景，及皇帝與宮女可有互動關係，卻非全無事實根據。人們皆知反逆家婢女需緣坐，也有可能入宮侍帝左右，如果一切條件具足，所有因緣具到，像春草言說楊慎矜家事那樣的場景，確實可能會發生。吾人固然不敢高估宮女的機遇及其影響力，但也不宜漠視她曾在宮中，甚至朝中激起的漣漪。

　　宮女既有機會接近皇帝，若是其心存不軌，或別有所圖，也會讓皇帝陷於不測之風險中，或引致宮廷、朝政的不安。天寶末蕃將阿布思伏法，其妻配掖庭，為善優，使隸樂工。某日肅宗宴於宮中，阿布思妻為參軍椿戲，和政公主諫曰：「禁中侍女不少，何必須得此人？使阿布思真逆人也，其妻亦同刑人，不合近至尊之座。」[257]公主的憂慮，顯然來自反逆緣坐人恐有報復之行，會對皇帝不利。事實上，唐政府早在制度層面做了提防，《雜令》：「諸犯罪被戮，其緣坐應配沒者，不得配禁內供奉，及東宮所驅使。」如意元年（692）敕：「逆人家奴婢，及緣坐等色入官者，不須充尚食尚藥驅使。」[258]阿布思妻本不得在禁內供奉，而宮中竟無視規範，不以為意，和政公主則指出「不合近至尊」的危機所在。

　　不幸的是，唐宣宗確曾遭遇宮人謀逆：[259]

　　（嚴）遵美父季寔，為掖廷局博士。大中時，有宮人謀弒宣宗。是夜，季寔直咸寧門下，聞變，入射殺之。明日，帝勞曰：「非爾，吾危不免。」

---

[256] 《資治通鑑》卷二三四德宗貞元八年條，頁7529-7530；《唐國史補》卷中，頁181。

[257] 《唐語林校證》卷四〈賢媛〉，頁407-408。

[258] 《天一閣藏明鈔本天聖令校證（附唐令復原研究）》〈天聖雜令復原唐令研究〉復原52條，頁752。《唐會要》卷八六〈奴婢〉，頁1569。

[259] 《新唐書》卷二〇七〈宦者上・嚴遵美傳〉，頁5872。

　　此處不詳宮人的來歷與身分，但似乎規模不大，無法與依附太平公主、崔湜之宮人元氏行酖毒案相提並論。然宮人謀弒宣宗，也未必是個人行動，或許有少數宮女襄助，才鬧成變亂，這就不是宣宗一人能立即處理的，而聞變而來的嚴季寔才入內射殺之。看來宮中女性不盡都是柔弱之徒，若是觸到她們的痛處，或是基於自身利益的考量，她們仍會奮力一搏，甚至犧牲性命也在所不惜。宮人謀逆正是皇帝的維安出現警訊，與皇帝近身接觸的宮女們，在選用時豈不更要嚴查嚴防。

　　宮廷最是權力交關處，為了謀取自己的利益，有時會利用宮女散播不實訊息，產生打擊對手的效果，文宗的莊恪太子就是在此情勢下被毀譖而死的。《舊唐書》曰：[260]

> 太子德妃之出也，晚年寵衰。賢妃楊氏，恩渥方深，懼太子他日不利於己，故日加誣譖，太子終不能自辨明也。太子既薨，上意追悔。……遂召樂官劉楚材、宮人張十十等責之，曰：「陷吾太子，皆爾曹也。今已有太子，更欲踵前耶？」立命殺之。

　　劉楚材是教坊樂工，張十十等實為禁中女倡，[261]即技藝宮女。發動譖毀太子的首謀應是楊賢妃，而樂官、宮人等不過是其散播耳語的傳聲筒，但耳語的效果之大，竟足以毀掉太子。文宗並未處罰楊賢妃，只是剪除為之傳聲的宮中羽翼，此舉顯有殺雞警猴的作用，也足以讓其他宮人以此惕厲，勿再重蹈覆轍。小小宮女等人不出後廷，也會對政局有如此大的影響力，確實令人意想不到。

　　晚唐宦官之禍益熾，連帶地內廷的宮人侍女也頗涉入朝政，咸通年間侯昌葉直諫表曰：[262]

---

[260]　《舊唐書》卷一七五〈文宗二子〉，頁 4542-4543。

[261]　劉楚材的身分，《新唐書》作「坊工」，《資治通鑑》作「教坊」。宮人張十十等，《新唐書》作「禁中女倡」。

[262]　《全唐文補遺》第九輯（西安：三秦出版社，2007），〈金紫光祿大夫守刑部尚書兼御史中丞侯昌葉直諫表〉，頁 27。

> 陛下自登九五，彰禍頻為，朱紫則亂賜於宣徽，昇沉悉皆於大內。宮人
> 侍女，每奏諫而宜依；極品重臣，獻盡忠而不納。

　　宦官之外，連妃嬪、宮官，甚至是宮中侍女，都因接近權力中心，而有比
外朝大臣更易於奏事的機會。在玄宗終止女主專政，壓抑女子干政後，後廷只
有偶然幾許事件與宮人、宮女相關。但隨著宦官勢力的膨脹，內廷宮人、宮女
的力量反而似有漸起的迹象。
　　因著宦官的跋扈，昭宗委崔胤執政，稍抑宦官。卻不料在光化三年（900），
宦官劉季述率王彥範等作亂，廢昭宗，幽於問安宮，迎皇太子監國，且「凡宮
人、左右、方士、僧道為上所寵信者，皆榜殺之」。[263] 其中或亦不乏能順從帝
心，善於敷奏的宮女在內。天復元年（901）左神策軍將孫德昭等以兵討亂，昭
宗復位，劉季述等伏誅。然宦官依然驕暴，帝不能平，每與崔胤議政禁中，胤
請盡誅中官，
　　《新唐書》崔胤本傳曰：[264]

> 每議政禁中，至繼以燭，請盡誅中官，以宮人掌內司事。韓全誨等密知
> 之，共於帝前求哀。乃詔胤後當密封，無口陳。中官益恐，滋欲得其謀，
> 乃求知書美人宗柔等內左右以刺陰事。

　　又，〈宦者傳〉曰：[265]

> 中官倚以自驕，帝不平，有斥逐者，皆不肯行，胤固請盡誅之。全誨、
> 彥弘見帝祈哀，帝知左右漏言，始詔囊封奏事。宦人更求麗姝知書者數

---

[263] 《資治通鑑》卷二六二昭宗光化三年條，頁 8539-8540。

[264] 《新唐書》卷二二三下〈姦臣下·崔胤傳〉，頁 6356。

[265] 《新唐書》卷二〇八〈宦者下·韓全誨傳〉，頁 5897。

　　十人，侍帝為內詞，由是胤計多露。

　　在昭宗與宦官的爭鬥中，雙方顯然都拉攏宮人以為己助。劉季述廢昭宗時，就榜殺一批為昭宗寵信的宮人。韓全誨知盡誅中官的密計時，就在昭宗身旁安排麗姝知書者，刺探消息。宦官既已掌控宮廷，內侍省又負責宮人簿帳、女工等事，安插些許聽命於他的宮人在皇帝周邊，應該不是什麼難事。韓全誨獻「麗姝知書者數十人」，不可能全是妃嬪、宮官，主要當是侍從宮女，才方便就近聽聞或探得昭宗與崔胤的計謀。天復三年（903）崔胤得朱全忠的幫助，殺韓全誨等人，「於是中外宦官悉誅，天子傳導詔命，祇用宮人寵顏等」。[266]至於黨於全誨者亦坐死，即「宮人宋柔等十一人皆韓全誨所獻，及僧、道士與宦官親厚者二十餘人，並送京兆杖殺」。[267]在盡誅宦官後，被杖殺的「宮人宋柔等十一人」，想來就是先前侍帝，知書美女中之尤附宦官者。

　　不僅宦官利用宮人以為內應，連皇帝方面也很倚重宮人的協助。其實，崔胤請誅中官，「以宮人掌內司事」，並不是突如其來的構想。除了所知的宮官之外，有一些未見於制度的女性職司或宮女，也在處理內廷事務。武則天時期裴行儉繼室庫狄氏「有姒姪之德，班左之材，聖后臨朝，召入宮闈，拜為御正」，就是一個新創的女性職官，[268]在輔佐則天理事。即使在玄宗抑斷女性干政後，也似乎未盡絕女性接觸公務的可能性，杜甫另首詩：「舍人退食收封事，宮女開函近御筵。」[269]僅是這開函的小動作，難保不會洩漏軍國機密。正因為皇帝在內廷所見、所聞多是宮人、宮女，故這些人也是其所親、所用者，而前述咸通年間「宮人侍女，每奏謀而宜依」，不正說明後宮女性正以其潛在影響力，衝擊傳統以男性為主的政治文化。尤其在昭宗遭幽辱後，擬以後宮女性取代宦

266　《新唐書》卷二二三下〈姦臣下・崔胤傳〉，頁 6357。

267　《資治通鑑》卷二六四昭宗天復三年條，頁 8602。

268　《張說集校注》卷十四〈贈太尉裴公神道碑〉，頁 724。關於御正一職為新創女性官職的說法，見：鄭雅如，〈唐代前期預政女性身分的官僚化：從上官婉兒墓誌談起〉，頁 95。

269　《杜甫全集校注》卷二〈贈獻納使起居田舍人〉，頁 537。

官的意圖更明顯，韓偓詩曰：「宮司持玉研，書省擘香箋。」[270]宮司、書省大概皆宮官之類，亦政典未見之職司。而天復二～三年間為誅除宦官，昭宗「遣趙國夫人、馮翊夫人詣全忠營詰其故，全忠遣親吏蔣玄暉奉表入奏。」[271]這是說昭宗已靠內夫人等傳遞訊息。方其悉除宦官後，「自是宣傳詔命，皆令宮人出入」，[272]前所見之宮人寵顏等，從其名號非內命婦、宮官之屬來看，宣傳詔命者當不只於內夫人，宮女等更是方便指派，事無大小皆可隨宜調遣的人選。可見在晚唐末宦官之禍甚急時，皇帝固然外結朝臣、強藩以制之，但亦同時內倚宮人以為奧援，其中就包括宮女在內。

在大肆誅殺宦官後，原本由宦官傳宣、導引的任務，遂被後宮女性取代。然或許因女無外事，無出內門觀念的影響，讓後宮女性出至外廷，涉及政事，終非政治文化的常態，故昭宗天祐元年（904）敕：[273]

> 內園冰井公事委河南尹，仍不差內夫人傳宣。

其後哀帝在天祐二年（905）又敕：

> 近年已來，稍失儀制。宮人出內宣命，案御參隨視朝，乃失舊規，須為永制。今後每遇延英坐朝日，只令小黃門祗候引從，宮人不得擅出內門。

這裏傳宣詔命、參隨視朝者，內夫人、宮官之外，可能也有皇帝信任的侍從宮女。唐末為抑制宦官勢力，及在誅除大量宦官後，宮廷的政治生態一度有些轉變，宮人不只備內職，也還參與外務，只是此種情形終不合乎典儀，是以哀帝令「宮人不得擅出內門」，既為宮人的生活圈定調，也有防杜宮人預外事

---

[270] 韓偓著，陳繼龍註，《韓偓詩註》（上海：學林出版社，2001），卷二〈感事三十四韻〉，頁99。

[271] 《資治通鑑》卷二六三昭宗天復三年條，頁8593。

[272] 《資治通鑑》卷二六三昭宗天復三年條，頁8595。

[273] 《舊唐書》卷二十〈昭宗紀〉，頁780、804。

的用意。

　　唐朝後廷最後一次捲入政治鬥爭，是哀帝母何太后的冤案。天祐二年（905）朱全忠將僭位，牙將蔣玄暉在洛陽宮知樞密，宣徽副使趙殷衡與之不協，且欲代知樞密事，因誣玄暉私於何太后，將復唐室。全忠大怒，誅玄暉後，《舊唐書》曰：[274]

　　　　全忠令知樞密王殷害皇太后何氏于積善宮，又殺宮人阿秋、阿虔，言通導蔣玄暉。

　　阿秋、阿虔殆為宮女，此一冤案的借口就是宮女通傳消息，導引外人入宮，亦即宮女在此案扮演穿針引線，疏通內外的角色。政爭中的構陷雖非事實，可是運用宮人通導的背景，卻不離乎唐末的宮廷實態，這或許正是吾人思考這起後宮冤案時，不可忽略的視角。

七、小結

　　宮人是唐代後宮女性的泛稱，因其居於後宮，乃宮中之人而得名。其數少者不減萬人，多則至四萬之譜。宮人分為三個層級，即妃嬪、宮官、宮女。妃嬪是皇帝配偶，只有極少數的人；宮官是宮中的管理階層，如典志所見還不足三百人；宮女則在後宮底層，是沒有品階，地位低，從事各種服務，沒有自主性，但卻占絕大多數的人。本文所論的這群數量龐大、身分低賤的宮女，其來源多端，必不能皆同於后妃的入宮方式。大體上，宮女的選取途徑有六種，一是採選待進，亦即所徵集來十餘歲的良家女，既無特殊容色或藝能，又沒有被放歸民間，留在宮中遂成為被支使的宮女。二是潛搜密求來的。該種不公開的、強拉硬搶的、瞞上欺下的方式，不知讓多少花樣年華的少女，埋沒在深宮中。

---

[274]《舊唐書》卷二十〈昭宗紀〉，頁804。

三是各方人士為邀寵或求升進，進獻女子入宮中，其中又以歌舞人為多。四是因罪或緣坐配沒者入宮為賤隸，但其原本身分則不乏為衣冠女子或皇室戚屬。五是易代之際，整批接收自前朝的宮女。六是宮中人手不足，為特定原因與用途，開出條件，廣泛向民間徵選來的，或偶然也有皇帝聽聞召入的。唐代宮女的需求量大，這六種方式，應可滿足宮中各種服侍人員的出陳易新。但無論這些宮女的來源若何，先前的身分若何，她們終究是在宮中被人差遣，聽人使喚，沒有自我的一群女性。

　　宮女的工作性質可分為三大類，首先是供灑掃、製作、烹煮、或臨時差派的勞作型雜役宮女，她們終日勤苦，只為供奉帝后與皇室成員，但因其工作多屬事前、善後或前置性作業，與皇帝接觸機會不多，受關注程度甚少，故青春歲月常在指間流逝，能放出宮便也算是幸運了。其次是為調劑枯燥的宮中生活，或為宴會節慶助興，所訓練的一批娛樂型技藝宮女。她們以歌舞表演、百戲雜技，為宮中增添歡樂氣氛，也或許在皇帝觀賞時，注目到某人，而為自己的人生帶來意想不到的驚奇。再者是陪侍在帝王妃主身旁，供其隨時召喚驅使，或依宮規派任，輪番交替值勤的服務型侍從宮女。她們與皇帝近身接觸的機會多，皇帝可從她們那兒得到外在訊息，她們也可能因此得到異常待遇，但這究竟是幸或不幸，就很難說了。總之，從宮女工作的分配與安排上，顯示宮中的規畫是具系統性的，後宮在依制度有條不紊的運作，而宮廷生活也是井然有序的。

　　宮女的管理單位，因其工作性質與工作地點而不同。服事於掖庭宮的雜役宮女，配屬於宮官六局二十四司下。服事於其他宮室、宅院的宮女，主要的管理單位應是內侍省，宮女在執行任務時，常由中使押領。由於內侍省的職權在紀綱宮室，是宮內權力最大的機構，可知近身服務帝后妃主的侍從宮女，也應聽其調遣。以表演為主的技藝宮女，分別隸屬於教坊、梨園等單位，後期還有宣徽院、仙韶院。只是這些機構可能皆由中官充使，由其負監管之責，而教授者則另有其人。伶人自有本色官，不與朝官系統混淆。技藝宮女雖然在他們的管理與教授下，但做為表演者，她們仍因容色、巧拙而分等級。其實無論宮女的工作性質若何，只要其實用性愈高，獨特性愈強，她在宮中的地位就愈高，

待遇也愈好。為了維護宮務的運作效率，保持良好的宮中秩序，管理者訂出依番次輪值的方式，令宮女們嚴守紀律與宮規。

宮女的地位低下，身分卑微，就算仍有等級之別，像宜春內人那樣可得賞賜，可與親人參對，是極特殊的恩遇，但依舊不能改變其宮女身分，更何況虛擲一生，到頭來一無所有的諸多白頭宮女了。而且即使宮女被皇帝、太子或諸王臨幸，也不保證其能得到榮寵。唐前期各帝都有宮女被臨幸而誕下皇子者，皇子雖已受封，只要她本人不得皇帝賞識，還是不被賜予妃嬪封號，也就是說母以子貴的情形不盡適用在卑賤的宮女身上。通常，諸王之母會以太妃的身分被迎養，但未受封號的宮女，能否以太妃的身分被其子迎養，似乎頗有可疑。自玄宗朝起不立后的政策，與嚴控諸王不令出閣後，改變了後宮的結構與繼承大位的方式，唐後期數位皇帝的生母就出自宮女，但這不代表宮女的地位提升，只是皇帝鮮少禮聘后妃的結果。

在政治事件或政治鬥爭中，宮女的集體作用，常為宮廷政治帶來不小的政治效應。宮女借由工作與生活所形成的人際交往，可能反映在政治活動的串連集結上。宮廷是權力中心，是皇帝固權，后妃爭寵，太子爭位之所在。為了持權固位，主事者不但外結大臣，內倚妃主諸王，就連宮女也被利用來刺探消息，引為集團勢力。唐前期女主專政情況嚴重，宮女便成她們最好的護衛力量與交結對象，而宮女們也在各為其主，或附從權勢的形勢下，隱然分成派別。在事件發動的關鍵時刻，宮女倒向某方，對該方勢力或許有所幫助，神龍宮女的例子，正是其參與政變的跡象。

玄宗以後宮中已無女主專政的問題，但反倒多了皇帝與宮女間的直接互動。雙方的近身接觸，可讓皇帝在交談中得知外界訊息與朝臣動態，是宮女發揮影響力的另種方式。只是宮女若意圖不軌，則亦可藉著近身機會，行謀逆之事，故宮中在制度面不能不對近身者有篩選措施，也不能不加強巡防體系。

唐後期宦官擅權，操縱皇帝的廢立，但也引起皇帝的不滿，欲連結朝臣以抗之。尤其在唐昭宗時期，這場皇帝與宦官的政治鬥爭，其交鋒處竟擴及後廷內部，雙方各自拉攏宮女以為己助，安排近身者探聞對方動靜，甚至指派信任

的宮女傳宣詔命，取代原本是宦官的職責。唐末的宮廷變局，宮女乘勢而起，加深了她在政爭中的影響力，並衝擊到既有的政治文化。

結　論

　　宮廷是皇帝寢居與視事之所，也是國家權力最高機構之所在，為了維護宮廷的安全與秩序，保有宮廷的神聖性與隱密性，宮廷防衛勢必要做到周嚴謹慎，滴水不漏，也就是所有的軍事部署、檢查體系、巡防衛隊，要佈列在每個關卡，巡察於每個空間，讓不肖者無任何可乘之機，並阻絕一切可能的窺伺與攻擊。宮廷防衛的首要目標是防止人擅出入，所以門之開閉與出入檢查、禁止車馬僕從亂入，是一項極重要，需龐大人力，且要製定詳細流程的工作。至於國家的重大禮典，官吏朝參與君臣議政所需的儀衛，以及皇帝出行時鹵簿與行宿衛，在保證皇帝安全之餘，更要展現震懾人心的威儀。宮廷範圍廣大，禁苑相對空曠，無分晝夜的巡查與軍隊駐防、演練，有嚇阻不法，形成軍事連防的效果。本書並未專論軍事制度的遞變，但北衙禁軍在宮廷防衛的各方面，都出現替代南衙衛軍的現象，防衛主體的轉移，與國家權力歸於宦官，有著極密切的關連。只要有人員的投入，就會有失職犯禁的可能，也就有設置監獄，拘禁、審判的必要，這對強化防衛機制，保有軍紀與戰力而言，有正面的作用與意義。

　　從本書的架構來看，宮門是啟動宮內外交通的第一道機制。宮門的開閉以承天門的鼓聲為準，城門郎依一定程序與步驟為之，在「重中禁，尊皇居」的前提下，開門的次序是先外後內，閉門的次序是先內後外，以突顯宮廷核心處的重要性。宮中的作息與公務的步調，因著宮門的開閉而展開或停歇。此種依常時開閉進行的生活與工作序列，讓宮廷防衛人員可按表操持，不致有什麼太意外的狀況。

　　然而，宮門若是不按既定時程的非時開閉，如夜開宮門或有特殊、緊急事件的開閉，則會讓宮廷防衛承受極大的壓力。因為夜開宮門要奉皇帝詔敕，事

機危迫又無暇奏聞時，巡防者的權宜處斷便是維繫宮廷安全的關鍵。唐朝有多起宮廷政變與宮內事故，宮廷防衛者的動向及其應變能力，不僅關係著能否守住宮門，也關係著皇帝的安危與權力中樞的穩定。故宮門的開閉看似是例行任務，卻也隨時充滿挑戰，考驗著宮廷防衛的處置方略與反應速度。

宮門開閉之後，緊接著要查核人員的進出。從唐律來看，闌入宮廷的規範遠比闌出要多，闌入的處罰刑度也隨著愈接近宮廷核心而愈為加重。門禁制度是宮廷防衛的一道防護網，入宮廷或參與朝會的檢查機制，在為皇帝安全與宮廷秩序把關。官吏是最常出入宮廷的人，應於宮門口置門籍，入宮時要驗籍，朝會時監門校尉還要再執以唱籍。門籍的置放處與官吏的入朝處，還有正門、便門或側門之不同，這應是為了官員的品級差別與人員分流所做的安排。此外另有監搜制度，並有職印或牌證明官人的身分。宮中還有許多有職任的官吏要出入宮廷，除了於宮門口設籍外，也再置籍於最近其職任處或出入處，以約束其活動範圍。如果皇帝臨時宣詔大臣，則降墨敕，並要勘合隨身魚符，以防召命之詐偽，而其人由有司準敕引入。入宮之門禁已用各種方式一再查核其人的身分，故若其再入上閤或通內之門，則不立籍禁，準敕或聽宣即可入。

宦官雖在宮中服侍，但常奉命外出辦事或傳宣大臣，有些宦官還在宮外別有宅第，因此他們出入宮禁時的身分驗證非常重要。一般宦官配魚符，五品以上宦官有隨身魚符以便應召命，史書言李輔國「禁中符印，佩之出入」，看來宦官也有如官人職印之類的證件，以防冒名而入。宮廷講究尊卑有別，宦官不應由正門出入，而是由銀臺門進出，故其籍書或證明文件也應置於銀臺門。宮內諸門雖不立官吏之籍禁，但在禁中任事的宦官，必有專設之名冊，才於必要時方便究責。

宿衛宮廷的兵將有籍書，以整批製作為主，但當值、下值情況不同，下值而擅入宮殿以闌入罪減五等論處。守衛諸門者有各式魚符，合符以審查諸出入者。宿衛兵將具高度集團性，主司帶領下難有單獨行動的機會，個別兵將是不易獨闌宮禁的。

庶民百姓也有可能出入宮廷，任務型的庶民為宮廷提供各種服務，由將領

人申請文牒，採團進團出方式。個別型的庶民主要為訴冤而來，他們雖無身分驗證方式，但總有人監領，不會任其隨意游走於宮禁。

宮廷門禁除了有人員戍守之外，籍書與門符是最重要的兩種把關利器。籍書依身分而有不同類別，門符視需要也有不同形式。唐政府因著出入宮廷有常態性、臨時性、特殊性的差異，於是設定不同的查驗體系，防冒偽、禁詐入、止留宿，以維護宮廷的安全。只是闌入的情況依然會發生，個人的闌入易於圍捕，危害性也較小；集團的闌入犯意就很明顯，常引發宮廷事變。門禁制度身當守護宮廷的第一線，可放入的，該排除的，既靠人的審視，也靠籍與符的驗證。但不可否認的是，防禁漏洞還是不斷發生，如果我們只看到明顯的，具危害性的闌入，卻忽略隱藏性，對制度更具侵蝕力的闌入，那麼我們將很難評估門禁制度在宮廷防衛體系裏的效力，對此且待後文再做說明。

宮吏入宮時總有車馬僕從隨行，但為了維持宮廷的莊嚴與秩序，這些車馬僕從不可隨之入宮，而要在指定區等候。不同的宮廷格局，指定區的位置便不同。大明宮含元殿前的下馬橋，太極宮承天門外橫街的上馬所、下馬所，興慶宮勤政務本樓南門對街的下馬陵，從其名稱與位置看，應該就是官吏的上下車馬處，也是馬夫僕從的等候區。洛陽宮的情況應仿太極宮而來。為了管束具危險性的車馬以及喧囂的僕從，唐政府設金吾衛監理。至於其他各門或禁苑的出入，在宦權勢力增長後，北軍也參與分擔車馬僕從的管理責任。從宮廷防衛的角度來說，妥善安置所有擾亂安寧的因素，防堵一切可能混入宮中的機會，便是所奉行的最高準則。

相對於官吏的嚴格管制，命婦的情況頗有不同。她的車馬在宦者導引下可直入深宮內門，其從人可陪侍入內供其差遣。這個區分，不能從性別差異上來理解，也不是政府對命婦的入宮規範特別寬鬆，而是政府對她們沒有那麼強的戒心，並考量她們不勝遠行，也不希望她們太過拋頭露面，於是在顧及命婦的方便性，減少其不安的心理下，做出這樣的處置，同時相信這對宮廷防衛不會有什麼影響或傷害。

宮廷防衛的佈建，不應只注意宮門口的情景，門之開閉、查驗、防亂入固

　　然重要，但禮典與御所的守備，皇帝出行的宿衛，宮中與禁苑的巡警，無疑是重要性更高、規模更大，需投入更多人力與心力的地方。朝會儀衛自宮門口即列出各式護衛隊，而殿廷之佈陣聲勢更是驚人，除了壯觀的儀仗隊伍之外，還有披甲執銳的武裝勁旅，共同結合為彰顯皇帝威嚴與保衛宮廷安全的巨大力量。雖然皇帝議政時考量到洩密問題，會撤掉殿上儀衛，但入殿閣奏事者要監搜、解佩刀，依然是從皇帝的安全著眼。

　　皇帝行幸所至如正宮殿法，故其鹵簿之儀衛不減於在宮中，並隨著皇帝出巡之目的而有所增減。皇帝鹵簿依循著前引後押、前導後從，前驅後殿的原則行進，只是當皇帝樂在隨興出行的方便與自在時，宿衛者只能順從帝意；當皇帝巡行路程愈長，耗費人力物力愈多時，宿衛者的安全負擔便愈重；當皇帝因事變而倉卒出奔避難時，宿衛兵將可能少得可憐，又何能侈談安全！皇帝出行於外的變數多，每處都是防衛上的考驗。

　　宮中守備嚴密異常，無分晝夜，無論諸門或殿院間，隨時隨地都有警衛把守或巡行，尤其是進向三大殿的各門，部署了具攻擊性的武器，形成宮內的重要防線。長安三宮與洛陽宮周邊有夾城複道的設計，是避免皇帝行蹤外洩的秘密通道，其中有駐軍，旁有飛龍廄可調遣馬匹，也是緊急時可掩護皇帝安全出入的一種防衛機制。禁苑環衛宮城，是重要的軍事地點，也有很高的戰略價值，常是政府軍與叛軍間的必爭之地。

　　宮廷防衛的兵力組成，前、後期有很大的變動。前期的儀衛與巡警，多由隸屬於諸衛的府兵擔綱，但在府兵制漸壞，宿衛者趨於不足時，禁軍的任務相對加重。後期在政府大力整補禁軍後，禁軍已然取代衛軍，成為宮廷與禁苑的防衛主力。

　　整體來看，唐代宮廷防衛的軍事部署嚴謹周密，每個環節都做了細部規畫，有入門的查驗機制與門外人馬的安置，有靜態的儀衛與動態的巡警，有隱藏式的防守與機動性的調度，宮廷防衛似已做到固若金湯的地步。只是再怎麼佈局，防衛體系還是有漏洞，這可從制度缺失與人為因素兩方面來說明。

　　從宮廷防衛的制度說，別敕召入本是皇帝的專屬權力，但權倖者之矯詔、

代行，就是從根本上破壞了體制，但如果連皇帝都不怪罪，那麼門司誰敢攔阻？夜間或非時出入需向皇帝奏聞，然事機急迫時何暇往來覆奏，如此不按程序是制度設想不夠周全，還是應變機制出了狀況？宮門內出了亂事，宮外巡警是只好望門興嘆，或是不顧禁令，破門而入？為官吏入宮規劃的車馬僕從停止等候區，因車馬多、人員雜，很容易讓有心人混入，何況百姓要投匭或擊登聞鼓，是可穿越此區，直入朝堂前，則突入宮廷是人之不肖，還是制度存在破口？府兵廢弛，兵源不足，召募的市井商販疏於訓練，禁軍自內部腐化，戰力與軍紀兩失之，宮廷防衛何以為繼？由於預設的制度只注意平時，未考量特殊狀況；只尊崇皇權，卻忽略假借皇權者；只在意管理人車問題，竟未看出其中的疏漏；只想到影占兵員，但未處理軍人素質與宦官典掌之患。這些制度上的缺失，無疑會削弱宮廷防衛的力道。

　　從人為因素上說，防禁漏洞主要來自門司的查核不確，門衛的防守不利，以及巡警的未切實執行勤務。史料所見，有些百姓冒入、突入宮廷，甚至持杖闖過層層關卡而至正衙或大殿，門司、門衛竟不知覺，則所歷之門的相關人員豈無失職之責？此外如門司遇到權貴高官，敢攔下逐一查驗籍符？遇到隨從他們而入或依托求入者，會要求出示證明文件？遇到得寵於皇帝的佞幸，無籍書也縱容其入？遇到熟識者或經常出入者，依然會仔細查驗，保持戒心？對於留宿或容止於宮中者，能否於籍書中查出，以去除潛藏的危險因子？宮中巡警與禁苑駐軍，能否提高警覺，於兵變或突襲發生前便制敵於機先？無論當值者或巡防員是不敢驗、未勘驗或輕率驗，是畏懼權勢、輕忽怠慢或疏於防範，都常在不經意間侵蝕宮廷防衛的力量，在不注意時為宮廷安全投下未可知的變數。人為因素對宮廷防衛的傷害，實不弱於制度缺失。

　　為了對宮中防衛者及各式服勤者的稽查嚴管，也為了避免外在法司介入皇家事務，宮中有設置獨立監獄的必要。宮中監獄應以查宮中人、宮中事為原則，但犯過者並不是總關在一起，而是依所屬單位拘繫在不同獄所裏。宮中監獄以內侍省、禁衛軍所屬獄所為最重要的兩大體系，前者又以掖庭獄、內侍獄為主，分別收治女性囚犯與宦官；後者的衛軍獄主要是金吾獄，禁軍獄則有羽林獄、

北軍獄等。諸宮衛人員若不供職或犯禁，應收治在禁衛軍獄裏。在常設監獄之外，還有一些臨時的、短期的，或具不確定性的拘所。犯者如為后妃、太子諸王等身分尊貴的皇室成員，因不願其困辱於內侍宦者之手，故別闢殿院囚室禁錮之。待罪朝堂的官吏，因尚未定罪，所以只是暫留性質。他如新開獄、銀臺察事等設置時間都不長。

宮中監獄比起外廷法司，不僅易受皇帝意向的影響，所關押的對象與所審理的事務，還常常不拘一格，不受宮域的侷限。對於敏感且隱密的皇家事務，唯皇帝有專屬的政治裁決權。對於依訴訟程序進行的司法審判，內侍獄與北軍獄在詔獄指示，宦官擅權下，審理許多政治案件、刑事案件，並拘繫外臣、百姓，可以說既脫開宮中人，宮中事的限界，更進而與法司、府縣爭奪審判權，已很難再視為單純的宮獄。

宮獄在獄政管理上，仍採取貴賤、男女異獄的常制，只是在獄囚的衣食生活、刑具、疾患上，未必皆依法令規定處理，至於獄政檢查與慮囚、巡囚的司法救濟措施，則很難入於宮中監獄，故獄囚幾乎得不到什麼法律保障。

本書附帶討論後宮的兩個群體——宮官與宮女。她們在宮廷政治上的作用與影響，很值得注意。早在周、漢時期，後宮已有專職女官管理宮務，而宮官之名出自隋代，唐代承襲後並做了許多變動。宮官原本在後宮侍奉后妃，管理宮女，但有時也會奉皇帝之命出任務。宮官是有品秩的女性職官，女主專政時期特別提拔一些有才識者隨侍，以備諮詢顧問。女主與女官無性別差異，比宣召男性大臣入宮問政更有效率，也讓女主更方便自在。只是這些新創名號的女官，與既有的宮官系統間是何關係，還不太清楚。自玄宗防女性干政後，宮官的權力也連帶受到制約。

宮官不需以色侍人，選取時以能力、品性為主要考量，她們是宮廷教育中女師、傅姆的重要來源，有些也教導宮女書藝與技能。宮官的衣食生活無缺，也隨尊卑身分給授，其政治待遇在韋后主政時一度大幅提高。唐朝女主其實不是孤身一人與男性臣工對陣，她背後有宮婦群體支持其施政與決策，是其權力的堅強後盾，而宮官就是其中的一類人。唐後期宮官的力量已受壓制，但宮人

得皇帝默許，仍可在玉案邊協理公務，代批文書，或傳宣詔命，參掌文奏，這雖然不合體制，但確實存在於後宮，而宮官也確曾參與其事。只是這些行為對朝政的影響甚小，談不上侵奪王權，而且只局限於宮內，她們鮮能涉足宮外，因為一旦涉及外廷，就算權力擴充了，但政治風險也相對地增加了。

在後宮底層另一個數量龐大的群體是宮女，她們身分低賤，沒有品階，從事各種服務工作。因其需求量大，又有出陳易新的必要，所以選取途徑甚多，有公開徵選來的，也有潛搜密求來的，有各方人士進獻來的，也有緣坐配沒來的。她們只要一入於宮中，就難逃被差遣使喚的命運。宮女的工作依其藝能、體力、容貌、性格等標準，分為三大類，即勞作型雜役宮女、娛樂型技藝宮女、服務型侍從宮女。這顯示宮女的任務分配，是經過精心規畫與安排的。

管理宮女的最主要單位是內侍省與宮官，內侍省是宮內權力最大，理事最雜的機構，其下的掖庭局、奚官局、內府局等掌宮禁女工、雜作、張設諸事，勞作型雜役宮女主要由其管理。但雜役宮女與服務型侍從宮女如役使於掖庭宮，則主管者該當是宮官。娛樂型技藝宮女較特殊例外，其才藝由教坊與梨園負責訓練。宮女間仍應有地位高低與等級名號的差異，才方便管理，也激勵其認真工作，但除了娛樂型技藝宮女稍可見級別之不同外，其他類型的宮女則很少得到史筆的關注。

宮女被皇帝、太子或諸王臨幸，甚至誕下皇子，是她人生中難得的機運。但在唐前期，該宮女如果不能因此得寵愛，就算其子被封王，也依然不能轉換身分被封為妃嬪，也就是說母以子貴的情形未必適用在卑賤的宮女身上。唐後期的情形頗有改變，入侍宮女之子將來如繼承大位，其幸運者生前就被冊封，不然死後也可享哀榮。前後期宮女得幸者際遇不盡相同，與玄宗朝的後宮政策與預防諸王奪權，有絕大關係。

宮廷是權力中心，也是爭權奪位的熱區，一旦內廷之爭發動，主事者周邊的人都不免捲入漩渦，宮女亦不例外。宮女運用其工作與生活連結起來的人際網絡，或附從權勢，或刺探消息，或散播謠言，或結為集團。在宮廷變局中，宮女的群體動向與派別勢力，往往匯成一股潛勢力，受主事者之矚目，引為支

持力量,並利用操作之。皇帝與宮女近身接觸,也會有互動或交談,這是宮女借由接近權力中心,發揮影響力的另種方式。皇帝透過宮女了解宮中動態與外在訊息,而她的片言隻語,無論有心或無意,有時竟激起後宮或朝中波瀾,小小宮女所帶出的政治效應,可能遠超過吾人的預期。

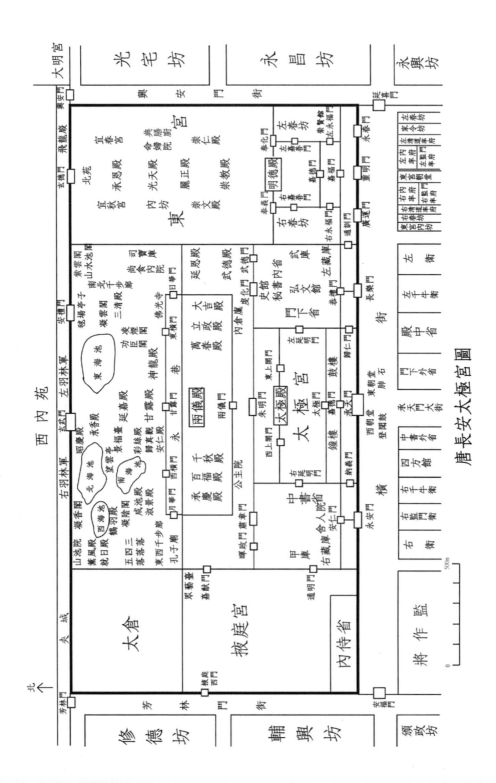

唐長安大極宮圖

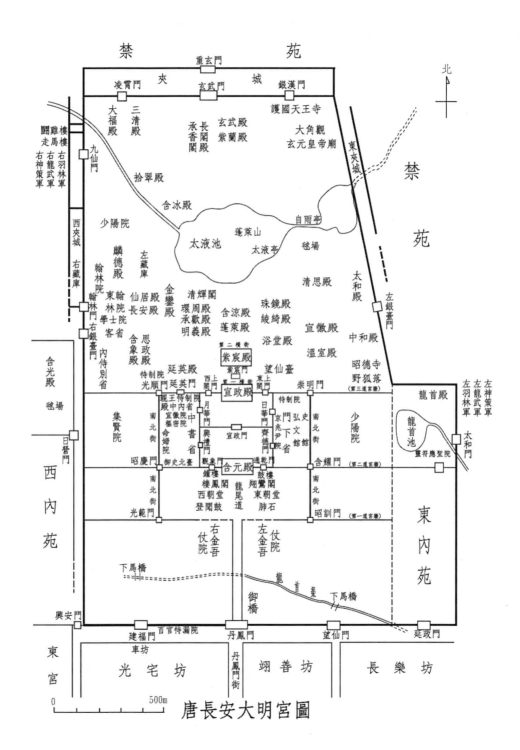

唐長安大明宮圖

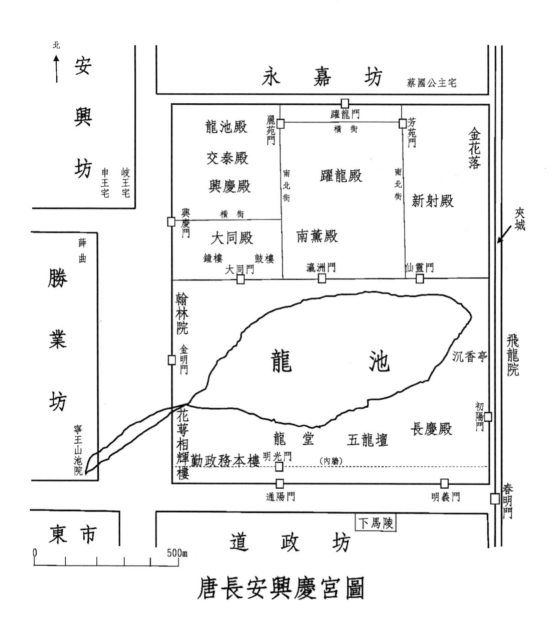

唐長安興慶宮圖

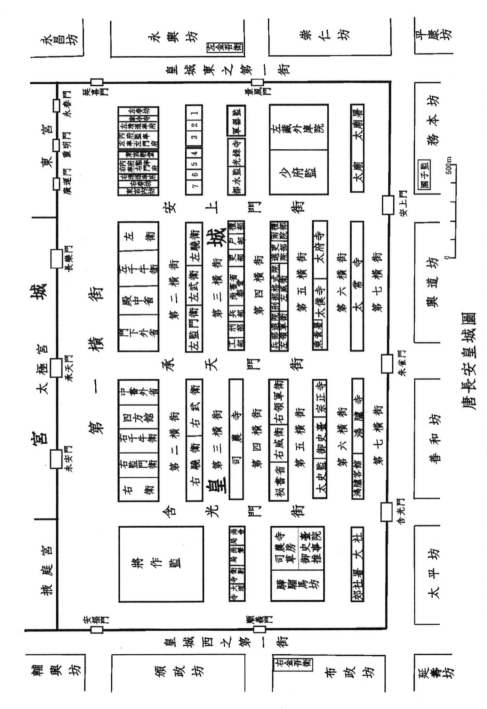

唐長安皇城圖

1. 詹事府　2. 左司禦率府　3. 左衛率府　4. 右衛率府　5. 右司禦率府　6. 率更寺　7. 東宮僕寺

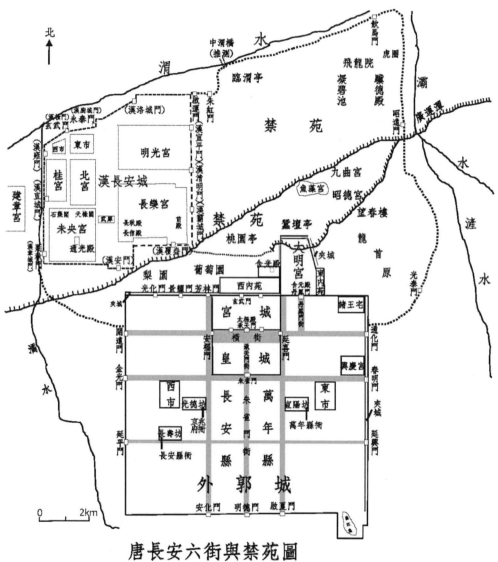

唐長安六街與禁苑圖

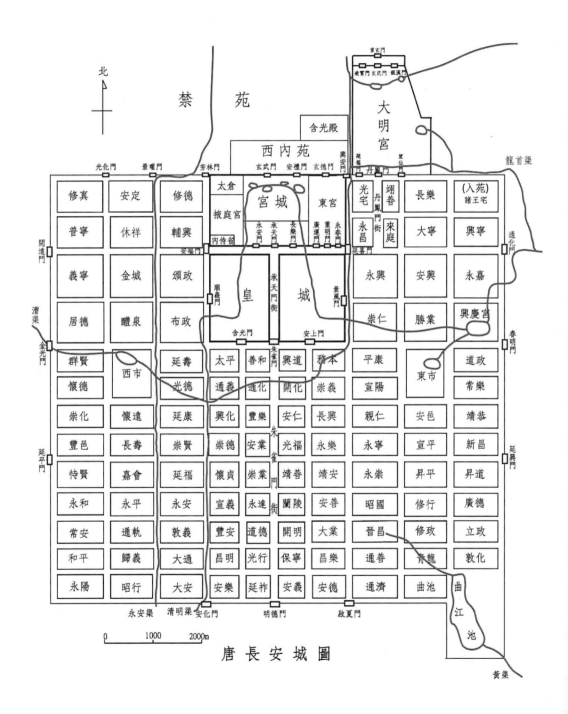

唐長安城圖

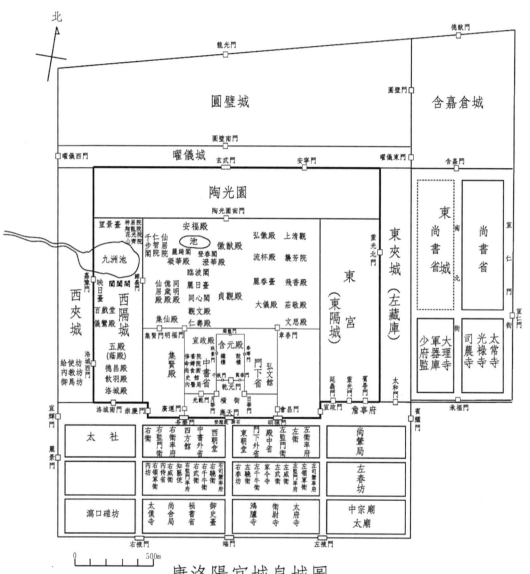

唐洛陽宮城皇城圖

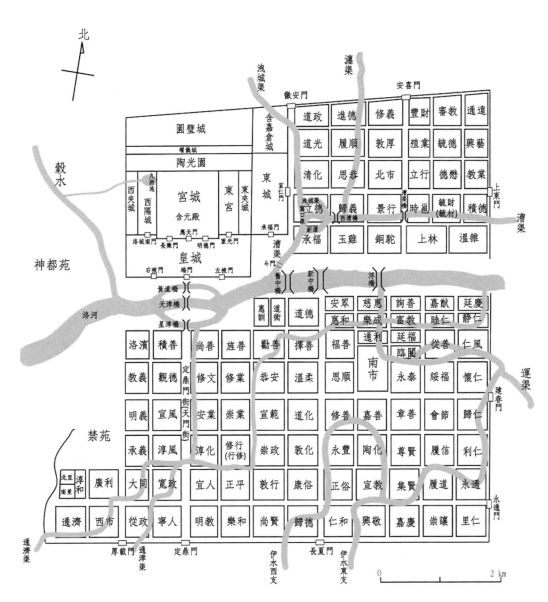

唐洛陽城圖

各圖說明

唐長安太極宮圖

　　本圖的底圖出自妹尾達彥〈中国の都城とアジア世界〉頁 185 圖 3-11(b)「唐長安城の宮城と皇城」。另參考：妹尾達彥〈隋唐長安城の皇室庭園〉頁 308 圖 14「8 世紀前半の唐長安城と西内苑・禁苑の接続関係」；妹尾達彥〈從太極宮到大明宮：唐代宮城空間的變遷與都城社會構造的轉型〉頁 404 圖 3「唐長安城的宮城與皇城──七世紀~八世紀」；趙雨樂〈唐代之宮廷與宦官〉頁 27 圖八「長安宮城圖(陝西通志)」；史念海主編《西安歷史地圖集》頁 87「唐太極宮圖」；傅熹年《中國古代建築史》第二卷，頁 385 圖 3-2-2「唐長安太極宮平面復原示意圖」；肖愛玲《隋唐長安城》頁 60 圖 3-1「唐長安城太極宮圖」。史料部分參考：徐松《唐兩京城坊考》，宋敏求《長安志》，李好文《長安志圖》，韋述《兩京新記》，程大昌《雍錄》，駱天驤《類編長安志》等書。

唐長安大明宮圖

　　本圖的底圖出自楊鴻勛《大明宮》頁 35 圖 2-7「大明宮遺址實測圖」。另參考：馬得志、馬洪路《唐代長安宮廷史話》頁 54「唐大明宮實測圖」；徐松撰，李健超增訂《增訂唐兩京城坊考》附圖「唐大明宮圖」；妹尾達彥〈中国の都城とアジア世界〉頁 192 圖 3-15(a)「大明宮」；妹尾達彥〈隋唐長安城の皇室庭園〉頁 310 圖 15「8,9 世紀の大明宮と三苑の接続関係」；妹尾達彥〈從太極宮到大明宮：唐代宮城空間的變遷與都城社會構造的轉型〉頁 423 圖 8「唐長安城的大明宮：8、9 世紀」；史念海主編《西安歷史地圖集》頁 89「唐大明宮圖（考古）」、「唐大明宮圖（文獻）」；傅熹年《中國古代建築史》第二卷，頁 400 圖 3-2-7「陝西西安唐長安大明宮平面實測圖」，頁 403 圖 3-2-8「陝西西安唐長安大明宮平面復原圖」；杜文玉《大明宮研究》「唐大明宮平面示意圖」；肖愛玲《隋唐長安城》頁 67 圖 3-2「唐長安城大明宮圖」。史料部分參考：徐松《唐兩京城坊考》，宋敏求《長安志》，李好文《長安志圖》，韋述《兩京新記》，程大昌《雍錄》等書。

唐長安興慶宮圖

　　本圖的底圖出自肖愛玲《隋唐長安城》頁 80 圖 3-3「唐興慶宮圖」。另參考：史念海主編《西安歷史地圖集》頁 90「唐興慶宮圖」；傅熹年《中國古代建築史》第二卷，頁 421 圖 3-2-34「唐長安興慶宮平面復原示意圖」；馬得志，馬洪路《唐代長安宮廷史話》頁 224「唐興慶宮平面圖（宋代石刻圖）」；趙雨樂〈唐代之宮廷與宦官〉頁 20 圖三「呂大防「長安城圖」」；妹尾達彥〈從太極宮到大明宮：唐代宮城空間的變遷與都城社會構造的轉型〉頁 420-421 圖 6「呂大防「長安圖」（部分）」；妹尾達彥《長安の都市計画》頁 217「春明門から東市へ」；平岡武夫《唐代の長安と洛陽》地圖篇，圖三七。史料部分參考：徐松《唐兩京城坊考》，宋敏求《長安志》，程大昌《雍錄》，駱天驤《類編長安志》等書。

唐長安皇城圖

　　本圖根據徐松《唐兩京城坊考》，宋敏求《長安志》，程大昌《雍錄》，趙彥衛《雲麓漫鈔》等書繪成，並參考妹尾達彥〈從太極宮到大明宮：唐代宮城空間的變遷與都城社會構造的轉型〉頁 403 圖 3「唐長安城的宮城與皇城-7 世紀～8 世紀」；妹尾達彥〈隋唐長安城の皇室庭園〉頁 308 圖 14「8 世紀前半の唐長安城と西內苑・禁苑の接續関係」；Xiong, Victor Cunrui, *Sui-Tang Chang'an : A Study in the Urban History of Medieval China.* Map 5.1 The Imperial City.

唐長安六街與禁苑圖

　　本圖的底圖出自妹尾達彥〈從太極宮到大明宮：唐代宮城空間的變遷與都城社會構造的轉型〉頁 405 圖 4「唐長安城的進奏院與和商業設施的立地」，頁 420-421 圖 6 呂大防「長安圖」(部分)」。另參考：妹尾達彥〈天と地—前近代の中国における都市と王権〉頁 26 圖 4「唐長安城の都市プランと中軸線」；史念海，《西安歷史地圖集》頁 54「西漢長安城圖(文獻)」，頁 55「西漢長安城圖(考古)」；王靜《中古都城建城傳說與政治文化》頁 29 圖 10「漢長安城與天象對應示意圖」；妹尾達彥《長安の都市計画》頁 142 圖 41「長安の中軸線と左右対称の儀礼施設」；肖愛玲《隋唐長安城》頁 103-104；Xiong, Victor Cunrui, *Sui-Tang Chang'an : A Study in the Urban History of Medieval China.* p.202,Table 8.1.City streets in Chang'an。史料部分參考：徐松《唐兩京城坊考》，宋敏求《長安志》，李好文《長安志圖》，

韋述《兩京新記》，程大昌《雍錄》，趙彥衛《雲麓漫鈔》等書。

唐長安城圖

　　本圖的底圖出自妹尾達彥〈隋唐長安城の皇室庭園〉頁 309 圖 13「8 世紀前半の長安城と三苑の接続関係」。另參考：徐松撰，李健超增訂《增訂唐兩京城坊考》附圖「唐長安城圖」；妹尾達彥《長安の都市計画》頁 111 圖 27「隋唐長安城考古発掘図」。史料部分參考：徐松《唐兩京城坊考》，宋敏求《長安志》，李好文《長安志圖》，韋述《兩京新記》，程大昌《雍錄》，趙彥衛《雲麓漫鈔》等書。

唐洛陽宮城皇城圖

　　本圖的底圖擷取自妹尾達彥〈江南文化の系譜－建康と洛陽－（二）〉頁 87 圖 10「唐洛陽城の都市プラン」。另參考：妹尾達彥〈中国の都城とアジア世界〉頁 204 圖 3-18「唐代洛陽城の都市プラン」；中國社會科學院考古研究所編著《隋唐洛陽城：1959～2001 年考古發掘報告》第二冊，頁 343 圖 5-1「宮城城牆發掘位置圖」，頁 376 圖 5-29「唐洛陽城宮城主要城門位置復原圖」；呂勁松，張如意，〈隋唐洛陽城惠訓、道術、道德三坊考略〉頁 39 圖一「唐洛陽東都坊里復原示意圖」；陳久恒，〈"隋唐東都城址的勘查和發掘"續記〉頁 373 圖十「唐洛陽東都坊里復原示意圖」；傅熹年《中國古代建築史》第二卷，頁 351 圖 3-1-11「河南洛陽隋唐東都平面復原圖」，頁 393 圖 3-2-5「唐洛陽宮城平面復原示意圖」；洛陽市文物考古研究院《隋唐洛陽城天堂遺址發掘報告》頁 5 圖三「明堂、天堂、天樞位置復原示意圖」；王岩，〈隋唐洛陽城近年考古新收穫〉頁 439 圖一「隋唐洛陽皇城宮城平面布局示意圖」；洛陽市文物考古研究院〈近年來隋唐洛陽城水系考古勘探發掘簡報〉頁 11 圖十「九洲池遺跡分布圖」。史料部分參考：徐松輯《河南志》、徐松《唐兩京城坊考》、徐松輯《元河南志》、韋述《兩京新記》等書。

唐洛陽城圖

　　本圖的底圖出自妹尾達彥〈江南文化の系譜－建康と洛陽－（二）〉頁 87 圖 10「唐洛陽城の都市プラン」。另參考：妹尾達彥〈中国の都城とアジア世界〉頁 204 圖 3-18「唐代洛陽城の都市プラン」；楊鴻勛《宮殿考古通論》頁 373 圖 325「河南洛陽隋唐東都城復原

平面圖」;呂勁松,張如意〈隋唐洛陽城惠訓、道術、道德三坊考略〉頁 39 圖一「唐洛陽東
都坊里復原示意圖」;陳久恒〈"隋唐東都城址的勘查和發掘"續記〉頁 373 圖十「唐洛陽東
都坊里復原示意圖」;傅熹年《中國古代建築史》第二卷,頁 351 圖 3-1-11「河南洛陽隋唐
東都平面復原圖」;平岡武夫《唐代の長安と洛陽》地圖篇,圖四〇「洛陽城圖(一)」;
王岩,〈隋唐洛陽城近年考古新收穫〉頁 439 圖一「隋唐洛陽皇城宮城平面布局示意圖」;
洛陽市文物考古研究院,〈近年來隋唐洛陽城水系考古勘探發掘簡報〉頁 4 圖一「隋唐城水
系分布圖」,頁 5 圖二「隋唐城水系分布圖」; Xiong, Victor Cunrui , *Capital cities and urban
form in pre-modern China : Luoyang, 1038 BCE to 938 CE*. p.165, Map 7.1 Tang Luoyang. 史料
部分參考:徐松輯《河南志》、徐松《唐兩京城坊考》、徐松輯《元河南志》、韋述《兩京
新記》等書。

參考書目

壹、基本史料

一、經 部

1.　鄭玄注，賈公彥疏，《周禮注疏》，收入：阮元審定，盧宣旬校，十三經注疏本，臺北：藝文印書館，1965。

2.　鄭玄注，賈公彥疏，《禮記注疏》，收入：阮元審定，盧宣旬校，十三經注疏本，臺北：藝文印書館，1965。

3.　鄭玄箋，孔穎達疏，《毛詩注疏》，收入：阮元審定，盧宣旬校，十三經注疏本，臺北：藝文印書館，1965。

4.　郭璞注，邢昺疏，《爾雅注疏》，收入：阮元審定，盧宣旬校，十三經注疏本，臺北：藝文印書館，1965。

5.　孫詒讓撰，王文錦、陳玉霞點校，《周禮正義》，北京：中華書局，2013。

6.　羅願撰，洪焱祖釋，《爾雅翼》，北京：中華書局，1985。

7.　段玉裁，《說文解字注》，清嘉慶二十年經韻樓刻本，上海：上海古籍出版社，1981。

8.　史游撰，顏師古注，王應麟補注，《急就篇》，收入：天壤閣叢書，臺北：藝文印書館，1967。

9.　劉熙著，王謨輯，《釋名》，漢魏叢書本，臺北：大化書局，1983。

二、史 部

(一) 正史

1. 司馬遷，《史記》，臺北：鼎文書局，新校標點本，1986。

2. 班固，《漢書》，臺北：鼎文書局，新校標點本，1986。

3. 范曄，《後漢書》，臺北：鼎文書局，新校標點本，1975。

4. 陳壽，《三國志》，臺北：鼎文書局，新校標點本，1974。

5. 房玄齡，《晉書》，臺北：鼎文書局，新校標點本，1979。

6. 沈約，《宋書》，臺北：鼎文書局，新校標點本，1979。

7. 蕭子顯，《南齊書》，臺北：鼎文書局，新校標點本，1975。

8. 姚思廉，《梁書》，臺北：鼎文書局，新校標點本，1986。

9. 姚思廉，《陳書》，臺北，鼎文書局，新校標點本，1975。

10. 魏收，《魏書》，臺北：鼎文書局，新校標點本，1975。

11. 李百藥，《北齊書》，臺北：鼎文書局，新校標點本，1975。

12. 令狐德棻，《周書》，臺北：鼎文書局，新校標點本，1987。

13. 李延壽，《南史》，臺北：鼎文書局，新校標點本，1981。

14. 李延壽，《北史》，臺北：鼎文書局，新校標點本，1981。

15. 魏徵，《隋書》，臺北：鼎文書局，新校標點本，1979。

16. 劉昫，《舊唐書》，臺北：鼎文書局，新校標點本，1976。

17. 歐陽修、宋祁，《新唐書》，臺北：鼎文書局，新校標點本，1976。

18. 薛居正，《舊五代史》，臺北：鼎文書局，新校標點本，1978。

19. 歐陽修，《新五代史》，臺北：鼎文書局，新校標點本，1976。

20. 脫脫撰，《宋史》，臺北：鼎文書局，新校標點本，1983。

21. 張廷玉撰，《明史》，臺北：鼎文書局，新校標點本，1980。

(二) 其他

1. 天一閣博物館，中國社會科學院歷史研究所天聖令整理課題組校證，《天一閣藏明鈔本天聖令校證（附唐令復原研究）》，北京：中華書局，2006。

2. 毛奇齡，《勝朝彤史拾遺記》，收入：《中國野史集成續編》，四川：巴蜀書社，2000。

3. 王方慶撰，《魏鄭公諫錄》，叢書集成新編本，臺北：新文豐公司，1985。

4. 王涇，《大唐郊祀錄》，附於蕭嵩著，池田溫解題，《大唐開元禮》，東京：古典研究會，1972。

5. 王溥，《五代會要》，臺北：九思出版社，1978。

6. 王溥，《唐會要》，臺北：世界書局，1974。

7. 王鳴盛著，黃曙輝點校，《十七史商榷》，上海：上海書店出版社，2005。

8. 司馬光，《資治通鑑》，臺北：世界書局，1974。

9. 何清谷，《三輔黃圖校釋》，北京：中華書局，2005。

10. 吳兢撰，謝保成集校，《貞觀政要集校》，北京：中華書局，2009。

11. 吳鋼，《鴛鴦七志齋藏石》，西安：三秦出版社，1995。

12. 宋敏求纂修，《長安志》，北京：中華書局，1991。

13. 李好文編繪，《長安志圖》，收入：宋敏求纂修，《長安志》，北京：中華書局，1991。

14. 李林甫等撰，陳仲夫點校，《唐六典》，北京：中華書局，1992。

15. 李燾，《續資治通鑑長編》，北京：中華書局，2004。

16. 杜佑撰，王文錦等點校，《通典》，北京：中華書局，1988。

17. 周紹良等編，《唐代墓誌彙編》，上海：上海古籍出版社，1992。

18. 周紹良等編，《唐代墓誌彙編續集》，上海：上海古籍出版社，2001。

19. 長孫無忌等撰，劉俊文點校，《唐律疏議》，臺北：弘文館出版社，1986。

20. 韋述撰，辛德勇輯校，《兩京新記輯校》，西安：三秦出版社，2006。

21. 孫星衍等輯，周天游點校，《漢官六種》，北京：中華書局，1990。

22. 徐松撰，李建超增訂，《增訂唐兩京城坊考》，西安：三秦出版社，1996。

23. 徐松輯，《元河南志》，臺北：大化書局，1980。

24. 徐松輯，《宋會要輯稿》，北京：中華書局，1957。

25. 徐松輯，高敏點校，《河南志》，北京：中華書局，1994。

26. 馬端臨，《文獻通考》，文淵閣四庫全書本，臺北：臺灣商務印書館，1983。

27. 張鵬一編著，徐清廉校補，《晉令輯存》，西安：三秦出版社，1989。

28. 張鷟撰，田疇、郭成偉校注，《龍筋鳳髓判校注》，北京：中國政法大學出版社，1996。

29. 陳偉主編，《秦簡牘合集（壹）》，湖北：武漢大學出版社，2015。

30. 程大昌撰，黃永年點校，《雍錄》，北京：中華書局，2002。

31. 程鴻詔撰，《唐兩京城坊考校補記》，藕香零拾本，收入：平岡武夫，《唐代の長安と洛陽》資料篇，京都：同朋舍，1985。

32. 楊衒之撰，范祥雍校注，《洛陽伽藍記校注》，上海：上海古籍出版社，1978。

33. 趙君平、趙文成編，《秦晉豫新出墓誌蒐佚》，北京：國家圖書館出版社，2012。

34. 趙超，《漢魏南北朝墓誌彙編》，天津：天津古籍出版社，1992。

35. 趙萬里編，《漢魏南北朝墓誌集釋》，臺北：鼎文書局，1975。

36. 趙翼著，王樹民校證，《廿二史劄記校證》，北京：中華書局，1984。

37. 趙翼著，欒保群、呂宗力校點，《陔餘叢考》，石家莊：河北人民出版社，2003。

38. 劉知幾撰，蒲起龍釋，呂思勉評，《史通釋評》，臺北：華世出版社，1975。

39. 鄭樵，《通志》，臺北：臺灣商務印書館，1987。

40. 蕭嵩等撰，池田溫解題，《大唐開元禮》，東京：汲古書院，1972。

41. 駱天驤撰，黃永年點校，《類編長安志》，西安，三秦出版社，2006。

42. 龍文彬撰，《明會要》，臺北：世界書局，1972。

43. 顧炎武著，于杰點校，《歷代宅京記》，北京：中華書局，2004。

44. 竇儀等撰，吳翊如點校，《宋刑統》，北京：中華書局，1984。

45. 釋圓仁著，白化文、李鼎霞、許德楠校注，《入唐求法巡禮行記校注》，石家莊：花山文藝出版社，2007。

三、子部

1. 王仁裕撰，曾貽芬點校，《開元天寶遺事》，收入：《唐宋史料筆記叢刊》，北京：中華書局，2006。
2. 王文誥編，《唐代叢書》，臺北：新興書局，1971。
3. 王圻著，王思義編輯，《三才圖會》，上海：上海古籍出版社，1988。
4. 王定保著，姜漢椿校注，《唐摭言校注》，上海：上海社會科學院出版社，2003。
5. 王欽若等編，《冊府元龜》，臺北：臺灣中華書局，1972。
6. 王溥撰，《唐人軼事匯編》，上海：上海古籍出版社，1995。
7. 王應麟撰，《玉海》，臺北：華聯出版社，1967。
8. 王闢之著，呂友仁點校，《澠水燕談錄》，北京：中華書局，1997。
9. 王讜撰，周勛初校證，《唐語林校證》，收入：《唐宋史料筆記叢刊》，北京：中華書局，1997。
10. 朱禮，《漢唐事箋》，江蘇：廣陵古籍刻印社，1990。
11. 佚名撰，恒鶴校點，《大唐傳載》，收入：《唐五代筆記小說大觀》，上海：上海古籍出版社，2000。
12. 宋敏求等撰，高成等校點，《春明退朝錄》，上海：上海古籍出版社，2012。
13. 李冗撰，蕭逸校點，《獨異志》，收入：《唐五代筆記小說大觀》，上海：上海古籍出版社，2000。
14. 李昉等編，《太平御覽》，四部叢刊本，臺北：臺灣商務印書館，1975。
15. 李昉等編，《太平廣記》，北京：中華書局，2006。
16. 李玫撰，李宗為校點，《纂異記》，收入：《唐五代筆記小說大觀》，上

海：上海古籍出版社，2000。

17. 李肇撰，曹中孚校點，《唐國史補》，收入：《唐五代筆記小說大觀》，
上海：上海古籍出版社，2000。

18. 杜寶撰，辛德勇輯校，《大業雜記輯校》，西安：三秦出版社，2006。

19. 沈括著，《夢溪筆談校證》，北京：中華書局，1959。

20. 周煇撰，劉永翔校注，《清波雜志校注》收入：《唐宋史料筆記叢刊》，
北京：中華書局，1994。

21. 姚汝能撰，曾貽芬點校，《安祿山事蹟》，收入：《唐宋史料筆記叢刊》，
北京：中華書局，2006。

22. 封演撰，趙貞信校注，《封氏聞見記校注》，收入：《唐宋史料筆記叢刊》，
北京：中華書局，2005。

23. 段安節撰，羅濟平校點，《樂府雜錄》，瀋陽：遼寧教育出版社，1998。

24. 段成式撰，《酉陽雜俎》，收入：《唐五代筆記小說大觀》，上海：上海
古籍出版社，2000。

25. 洪遵，《翰苑群書》，收入：傅璇琮、施純德編，《翰學三書》，瀋陽：
遼寧教育出版社，2003。

26. 范攄撰，陽羨生校點，《雲溪友議》，收入：《唐五代筆記小說大觀》，
上海：上海古籍出版社，2000。

27. 范鎮撰；汝沛點校，《東齋記事》，北京：中華書局，1980。

28. 韋絢撰，陽羨生校點，《劉賓客嘉話錄》，收入：《唐五代筆記小說大觀》，
上海：上海古籍出版社，2000。

29. 孫光憲撰，林艾園校點，《北夢瑣言》，收入：《唐五代筆記小說大觀》，
上海：上海古籍出版社，2000。

30. 孫承澤著，《春明夢餘錄》，四庫全書本，臺北：臺灣商務印書館，1986。

31. 徐堅，《初學記》，北京：京華出版社，2000。

32. 高彥休撰，楊羨生校點，《唐闕史》，收入：《唐五代筆記小說大觀》，
上海：上海古籍出版社，2000。

33. 尉遲偓撰，恒鶴校點，《中朝故事》，收入：《唐五代筆記小說大觀》，上海：上海古籍出版社，2000。

34. 崔令欽撰，羅濟平校點，《教坊記》，瀋陽：遼寧教育出版社，1998。

35. 崔豹，《古今注》，收入：《漢魏六朝筆記小說大觀》，上海：上海古籍出版社，1999。

36. 康駢撰，蕭逸點校，《劇談錄》，收入：《唐五代筆記小說大觀》，上海：上海古籍出版社，2000。

37. 張固撰，恒鶴校點，《幽閑鼓吹》，收入：《唐五代筆記小說大觀》，上海：上海古籍出版社，2000。

38. 張鷟著，趙守儼點校，《朝野僉載》，收入：《唐宋史料筆記叢刊》，北京：中華書局，1979。

39. 陶宗儀編，《說郛》，文淵閣四庫全書本，臺北：臺灣商務印書館，1983。

40. 傅璇琮主編，《唐才子傳校箋》，北京：中華書局，1987。

41. 葉夢得撰，宇文紹奕考異，侯忠義點校，《石林燕語》，北京：中華書局，1997。

42. 裴庭裕撰，田廷柱點校，《東觀奏記》，北京：中華書局，1997。

43. 趙彥衛撰，傅根清點校，《雲麓漫鈔》，收入：《唐宋史料筆記叢刊》，北京：中華書局，1996。

44. 趙璘撰，曹中孚校點，《因話錄》，收入：《唐五代筆記小說大觀》，上海：上海古籍出版社，2000。

45. 劉肅撰，許德楠、李鼎霞點校，《大唐新語》，收入：《唐宋史料筆記叢刊》，北京：中華書局，1984。

46. 劉敬叔撰，范寧校點，《異苑》，北京：中華書局，1996。

47. 劉歆撰，王謨輯，《西京雜記》，臺北：大化書局，1988。

48. 劉餗撰，程毅中點校，《隋唐嘉話》，收入：《唐宋史料筆記叢刊》，北京：中華書局，1997。

49. 蔡邕，《獨斷》，四部叢刊三編本，臺北：臺灣商務印書館，1975。

50. 鄭處誨撰，田廷柱點校，《明皇雜錄》，收入：《唐宋史料筆記叢刊》，
北京：中華書局，1994。

51. 鄭綮撰，丁如明校點，《開天傳信錄》，收入：《唐五代筆記小說大觀》，
上海：上海古籍出版社，2000。

52. 錢易撰；黃壽成點校，《南部新書》，收入：《唐宋史料筆記叢刊》，北
京：中華書局，2002。

53. 薛用弱撰，《集異記》，北京：中華書局，1980。

54. 韓琬撰，《御史臺記》，成都：巴蜀書社，2000。

55. 羅大經撰，王瑞來點校，《鶴林玉露》，收入：《唐宋史料筆記叢刊》，
北京：中華書局，1983。

56. 蘇鶚撰，陽羨生校點，《杜陽雜編》，收入：《唐五代筆記小說大觀》，
上海：上海古籍出版社，2000。

四、集　部

1. 元結，《元次山集》，臺北：河洛出版社，1975。

2. 元稹，《元稹集》，臺北：漢京文化公司，1983。

3. 王勃等撰，諶東飇校點，《初唐四傑集》，長沙：岳麓書社，2001。

4. 王維撰，趙殿成箋注，《王右丞集箋注》，上海：上海古籍出版社，1961。

5. 白居易著，顧學頡校點，《白居易集》，北京：中華書局，1988。

6. 吳鋼主編，陝西省古籍整理辦公室編，《全唐文補遺》，西安：三秦出版
社，1994-2000。

7. 宋敏求，《唐大詔令集》，臺北：鼎文書局，1972。

8. 岑參著，陳鐵民、侯忠義校注，《岑參集校注》，上海：上海古籍出版社，
2004。

9. 李白著，王琦注、校點，《李太白全集》，北京：中華書局，1977。

10. 李希泌主編，《唐大詔令集補編》，上海：上海古籍出版社，2003。

11. 李昉等編，《文苑英華》，臺北：華文書局，1965。

12. 李益著，張澍編輯，《李尚書詩集 附李氏事蹟》，北京：中華書局，1985。

13. 李賀撰，葉葱奇疏注，《李賀詩集疏注》，北京：人民文學出版社，1959。

14. 李德裕著，傅璇琮、周建國校箋，《李德裕文集校箋》，石家莊：河北教育出版社，2000。

15. 杜甫著，蕭滌非主編，《杜甫全集校注》，北京：人民文學出版社，2014。

16. 杜牧，《樊川文集》，臺北：漢京文化公司，1983。

17. 沈佺期撰；陶敏、易淑瓊校注，《沈佺期集校注》，北京：中華書局，2001。

18. 周紹良主編，《全唐文新編》，長春：吉林文史出版社，2000。

19. 柳宗元，《柳宗元集》，北京：中華書局，1979。

20. 韋應物著，陶敏、王友勝校注，《韋應物集校注》，上海：上海古籍出版社，1998。

21. 張說撰，熊飛校注，《張說集校注》，北京：中華書局，2013。

22. 張籍撰，李建崑校注，《張籍詩集校注》，臺北：華泰文化事業公司，2001。

23. 清聖祖御製，王全點校，《全唐詩》，北京：中華書局，1960。

24. 郭茂倩輯，《樂府詩集》，北京：中華書局，1979。

25. 陳尚君輯校，《全唐文補編》，北京：中華書局，2005。

26. 陳尚君輯校，《全唐詩補編》，北京：中華書局，1992。

27. 陸心源編，《唐文拾遺》，收入：董誥等編，《全唐文》，北京：中華書局，1983。

28. 陸心源輯，《唐文續拾遺》，收入：董誥等編，《全唐文》，北京：中華書局，1983。

29. 陸贄，《陸宣公集》，杭州：浙江古籍出版社，1988。

30. 逯欽立輯校，《先秦漢魏晉南北朝詩》，北京：中華書局，1983。

31. 董誥等編，《全唐文》，北京：中華書局，1983。

32. 劉禹錫，《劉禹錫集》，北京：中華書局，1990。

33. 韓偓著，陳繼龍註，《韓偓詩註》，上海：學林出版社，2001。

34. 韓愈，《韓昌黎集》，臺北：河洛圖書公司，1975。

35. 嚴可均校輯，《全上古三代秦漢三國六朝文》，北京：中華書局，1991。

36. 權德輿，《權載之文集》，四部叢刊本，上海：商務印書館，1965。

貳、近人論著

一、中文部分

(一) 專書

1. 中國天文學史整理研究小組編著，《中國天文學史》，北京：科學出版社，1981。

2. 中國社會科學院考古研究所編著，《隋唐洛陽城：1959～2001 年考古發掘報告》，北京：文物出版社，2014。

3. 中國美術全集委員會編，《中國美術全集》，北京：人民美術出版社，2006。

4. 中國墓室壁畫全集編輯委員會編，《中國墓室壁畫全集－隋唐五代》，石家莊：河北教育出版社，2011。

5. 介眉編著，《昭陵唐人服飾》，西安：三秦出版社，1990。

6. 方世舉撰，郝潤華、丁俊麗整理，《韓昌黎詩集編年箋注》，北京：中華書局，2012。

7. 王玉德著，《第三性：中國太監大寫真》，臺北：新視野圖書公司，1996。

8. 王靜，《中古都城建城傳說與政治文化》，北京：社會科學文獻出版社，2013。

9. 古怡青，《唐朝皇帝入蜀事件研究——兼論蜀道交通》，臺北：五南出版公司，2019。

10. 史念海主編，《西安歷史地圖集》，西安：西安地圖出版社，1996。

11. 田餘慶，《東晉門閥政治》，北京：北京大學出版社，2006。

12. 任中敏，《唐戲弄》，上海：上海古籍出版社，2006。

13. 任中敏，《教坊記箋訂》，南京：鳳凰出版社，2013。

14. 朱士光，吳宏岐，《西安的歷史變遷與發展》，西安：西安出版社，2003。

15. 朱子彥，《后宮制度研究》，上海：華東師範大學，1998。

16. 朱雷主編，《唐代的歷史與社會》，武漢：武漢大學出版社，1997。

17. 何永成，《唐代神策軍研究：兼論神策軍與中晚唐政局》，臺北：臺灣商務印書館，1990。

18. 吳以寧，顧吉辰，《中國后妃制度研究》（唐宋卷），上海：華東理工大學出版社，1995。

19. 岑靜雯，《唐代宦門婦女研究》，臺北：文津出版社，2005。

20. 李甲孚，《中國監獄法制史》，臺北：臺灣商務印書館，1984。

21. 李斌城等編，《隋唐五代社會生活史》，北京：中國社會科學出版社，1998。

22. 李蓉，《隋唐軍事征伐禮儀》，北京：國防工業出版社，2015。

23. 李錦繡，《唐代財政史稿》（上）（下），北京：北京大學出版社，1995、2001。

24. 杜文玉，《大明宮研究》，北京：中國社會科學出版社，2015。

25. 杜文玉，《唐代宮廷史》，天津：百花文藝出版社，2010。

26. 杜斗城，《敦煌本《佛說十王經》校錄研究》，蘭州：甘肅教育出版社，1989。

27. 沈家本撰，鄧經元、駢宇騫點校，《歷代刑法考》（附寄簃文存），北京：中華書局，1985。

28. 肖愛玲等著，《隋唐長安城》，西安：西安出版社，2010。

29. 辛德勇，《隋唐兩京叢考》，西安：三秦出版社，1998。

30. 周天游編，《章懷太子墓壁畫》，北京：文物出版社，2002。

31. 周曉薇、王其禕，《柔順之象：隋代女性與社會》，北京：中國社會科學

出版社，2012。

32. 昭陵博物館編，《昭陵唐墓壁畫》，北京：文物出版社，2006。

33. 段文傑主編，《敦煌石窟全集》，香港：商務印書館，1999-2005。

34. 洛陽市文物考古研究院，《隋唐洛陽城天堂遺址發掘報告》，北京：科學出版社，2016

35. 苗霖霖，《北魏後宮制度研究》，新北市：花木蘭出版社，2013。

36. 唐長孺，《唐書兵志箋正》，收入：楊家駱主編，《新舊唐書合鈔（新增附編二種）》，臺北：鼎文書局，1973。

37. 徐成，《觀念與制度：以考察北朝隋唐內侍制度為中心》，北京：社會科學文獻出版社，2018。

38. 陝西省考古研究院，昭陵博物館編著，《唐昭陵韋貴妃墓發掘報告》，北京：科學出版社，2017。

39. 陝西歷史博物館，昭陵博物館，《昭陵文物精華》，陝西：陝西人民美術出版社，1991。

40. 陝西歷史博物館編，《中國古代壁畫　唐代 1　陝西歷史博物館藏》，南寧：廣西美術出版社，2016。

41. 陝西歷史博物館編，《唐墓壁畫珍品》，西安：三秦出版社，2011。

42. 陝西歷史博物館編，《新城、房陵、永泰公主墓壁畫》（唐墓壁畫珍品），北京：文物出版社，2002。

43. 陝西歷史博物館編，《懿德太子墓壁畫》，北京：文物出版社，2002。

44. 馬得志、馬洪路，《唐代長安宮廷史話》，北京：新華出版社，1994。

45. 高世瑜，《中國婦女通史》，杭州：杭州出版社，2010。

46. 高世瑜，《唐代婦女》，杭州：杭州出版社，2010。

47. 高明士，《中國中古禮律綜論——法文化的定型》，臺北：元照出版公司，2014。

48. 高明士，《律令法與天下法》，上海：上海古籍出版社，2013。

49. 高明士主編，《天聖令譯註》，臺北：元照出版公司，2017。

50. 張國剛，《唐代政治制度研究論集》，臺北：文津出版社，1994。

51. 張榮芳，《唐代的史館與史官》，臺北：中國學術著作獎助委員會，1984。

52. 張銘洽主編，陝西歷史博物館編，《章懷太子墓壁畫》（唐墓壁畫珍品），北京：文物出版社，2002。

53. 張澤咸，《唐代階級結構研究》，鄭州：中州古籍出版社，1996。

54. 張鴻修編著，《中國唐墓壁畫集》，深圳：嶺南美術出版社，1995。

55. 陳俊強，《皇恩浩蕩——皇帝統治的另一面》，臺北：五南圖書公司，2005。

56. 陳寅恪，《隋唐制度淵源略論稿》，臺北：河洛圖書公司，1978。

57. 陳登武，《地獄・法律・人間秩序——中古中國的宗教、社會與國家》，臺北：五南圖書公司，2009。

58. 陳登武，《從人間世到幽冥界——唐代的法制、社會與國家》，臺北：五南圖書公司，2005。

59. 陳璽，《唐代訴訟制度研究》，北京：商務印書館，2012。

60. 陳麗萍，《兩《唐書・后妃傳》輯補》，香港：香港大學饒宗頤學術館，2012。

61. 陳麗萍，《賢妃嬖寵：唐代后妃史事考》，北京：社會科學文獻出版社，2014。

62. 傅熹年，《中國古代建築史》第二卷，北京：中國建築工業出版社，2001。

63. 喬偉，《唐律研究》，山東：山東人民出版社，1985。

64. 彭炳金，《唐代官吏職務犯罪研究》，北京：中國社會科學出版社，2008。

65. 黃樓，《神策軍與中晚唐宦官政治》，北京：中華書局，2019。

66. 楊月君，《唐代京畿地區治安管理研究》，北京：中國社會科學出版社，2014。

67. 楊寬，《中國古代都城制度史》，上海：上海人民出版社，2006。

68. 楊鴻勛，《大明宮》，北京：科學出版社，2013。

69. 楊鴻勛，《宮殿考古通論》，北京：紫禁城出版社，2001。

70. 萬軍杰，《唐代女性的生前與卒後》，天津：天津古籍出版社，2010。

71. 萬軍杰，《唐代宮女生活研究》，北京：社會科學文獻出版社，2019。

72. 葛承雍，《唐代國庫制度》，西安：三秦出版社，1990。

73. 董理主編，《魅力獨具的唐墓壁畫》，西安：陝西人民出版社，2007。

74. 廖宜方，《唐代的母子關係》，臺北：稻鄉出版社，2009。

75. 廖美雲，《唐伎研究》，臺北：臺灣學生書局，1998。

76. 榮新江，《隋唐長安：性別、記憶及其他》，香港：三聯書店，2009。

77. 蒙曼，《唐代前期北衙禁軍制度研究》，北京：中央民族大學出版社，2005。

78. 趙雨樂，《唐宋變革期之軍政制度——官僚機構與等級之編成》，臺北：
文史哲出版社，1994。

79. 趙雨樂，《從宮廷到戰場：中國中古與近世諸考察》，香港：中華書局，
2007。

80. 劉太祥，《漢唐行政管理》，河南：河南大學出版社，1995。

81. 劉文典，《杜甫年譜》，昆明：雲南人民出版社，1999。

82. 劉俊文，《唐律疏議箋解》，北京：中華書局，1996。

83. 劉後濱，《唐代中書門下體制研究——公文形態・政務運行與制度變遷》，
濟南：齊魯書社，2004。

84. 鄭志敏，《細說唐妓》，臺北：文津出版社，1997。

85. 鄭雅如，《親恩難報——唐代士人的孝道實踐及其體制化》，臺北：臺大
出版中心，2014。

86. 盧嘉錫主編，《中國科學技術史》，戴念祖編《物理學卷》，北京：科學
出版社，2001。

87. 賴瑞和，《唐代中層文官》，臺北：聯經出版社，2008。

88. 錢大群，郭成偉著，《唐律與唐代吏治》，北京：中國政法大學出版社，
1994。

89. 錢大群，錢元凱，《唐律論析》，南京：南京大學出版社，1989。

90. 戴炎輝，《唐律各論》，臺北：成文出版社，1988。

91. 薛梅卿主編，《兩宋法制通論》，北京：法律出版社，2002。

92. 韓偉，張建林主編，陝西省考古研究所編，《陝西新出土唐墓壁畫》，重慶：重慶出版社，1998。

93. 羅世平、李力主編，《中國墓室壁畫全集──隋唐五代》，石家莊：河北教育出版社，2011。

94. 羅振玉編輯，《增訂歷代符牌圖錄二卷》，收入：《羅雪堂先生全集》七編，臺北：臺灣大通書局印行，1976。

95. 譚蟬雪，《敦煌歲時文化導論》，臺北：新文豐出版公司，1998。

(二) 論文

1. 毛漢光，〈唐代後半期后妃之分析〉，《臺大文史哲學報》1989 年 37 期。

2. 毛蕾，〈唐〝銅匭〞設置地點小考〉，《唐史論叢》11 輯（2009）。

3. 王永平，〈論唐代宣徽使〉，《中國史研究》1995 年 1 期。

4. 王永興，〈藩鎮及其他地方軍事官府中的職官制〉，收入：王永興，《唐代後期軍事史略論稿》，北京：北京大學出版社，2006。

5. 王宏治，〈唐中央獄制考〉，收入：馬志冰等編，《中國監獄文化的傳統與現代文明》，北京：法律出版社，2006。

6. 王岩，〈隋唐洛陽城近年考古新收穫〉，收入：中國社會科學院考古研究所編著，《中國考古學論叢》，北京：北京科學出版社，1993。

7. 王孫盈政，〈再論唐代的宣徽使〉，《中華文史論叢》2018 年 3 期。

8. 王效鋒，〈唐代宮廷防衛體系探析〉，《乾陵文化研究》7（2012）。

9. 王素，〈唐五代的禁衛軍獄〉，《中華文史論叢》1986 年 2 期。

10. 王素，〈唐代的御史臺獄〉，《魏晉南北朝隋唐史資料》11 輯（1991）。

11. 王靜，〈唐大明宮的構造形式與中央決策部門職能的變遷〉，《文史》2002 年 4 輯。

12. 王靜，〈唐大明宮內侍省及內使諸司的位置與宦官專權〉，《燕京學報》新 16 期（2004）。

13. 王麗梅，〈唐代宮廷婦女的教育〉，《中學歷史教學參考》2004 年 1-2 期。

14. 古怡青，〈製作女皇帝：武則天巡幸與祀典改革〉，收入：陳俊強主編，《中國歷史文化新論》，臺北：元華文創，2020。

15. 史諍罡，〈唐代宦官帶監門衛將軍考〉，《黑龍江史志》2015 年 5 期。

16. 任士英，〈長安宮城佈局的變化與玄宗朝中樞政局──兼及〝太子不居東宮〞問題〉，《唐研究》9 卷（2003）。

17. 伊沛霞撰，段曉琳譯，〈大駕鹵簿：皇家勝景和北宋開封的視覺文化〉，《歷史文獻研究》40 輯（2017）。

18. 朱英貴，〈兵車之會，出輿入輦──釋〝車、輦、輿〞〉，《文史雜誌》2017 年 3 期。

19. 吳宏岐、郝紅暖，〈隋唐行宮制度與中央政治空間格局的變化〉，《暨南史學》2007 年 5 輯。

20. 吳珊珊、劉玲清，〈唐魚符考論〉，《黑龍江史志》2014 年 19 期。

21. 吳麗娛，〈唐代贈官的贈賻與贈諡──從《天聖令》看唐代贈官制度〉，《唐研究》14 卷（2008）。

22. 吳麗娛、陳麗萍，〈從太后改姓看晚唐后妃的結構變遷與帝位繼承〉，《唐研究》17 卷（2011）。

23. 呂勁松，張如意，〈隋唐洛陽城惠訓、道術、道德三坊考略〉，《中國國家博物館館刊》2016 年 12 期。

24. 宋杰，〈漢代後宮的監獄〉，《中國史研究》2007 年 2 期。

25. 宋德熹，〈美麗與哀愁──唐代妓女的生活與文化〉，收入：宋德熹，《唐史識小：社會與文化的探索》，臺北：稻鄉出版社，2009。

26. 李文才，〈試論唐玄宗的後宮政策及其承繼──《太平廣記》卷二二四「楊貴妃」條引《定命錄》書後〉，《華北大學學報》2007 年 2 期。

27. 李明、耿慶剛，〈《唐昭容上官氏墓誌》箋釋──兼談唐昭容上官氏墓相關問題〉，《考古與文物》2013 年 6 期。

28. 李貞德，〈漢魏六朝的乳母〉，《中研院史語所集刊》第 70 本第 2 分（1999）。

29. 李訓亮、謝元魯，〈貞觀初年唐太宗宮禁防衛體系構建與道德重建——以唐太宗頒布的懲處隋末叛臣的三道詔書為例〉，《西南民族大學學報》（人文社科版）26 卷（2005）。

30. 李淑媛，〈唐代人身買賣之「南口」現象試析——以「壓良為賤」律令為中心〉，收入：高明士編，《唐律與國家秩序》，臺北：元照出版公司，2013。

31. 李淑媛，〈唐代的緣坐——以反逆緣坐下之婦女為核心之考察〉，收入：高明士編，《東亞傳統教育與法制研究》（二），臺北：臺大出版中心，2005。

32. 李曉菲，〈隋、唐、宋的隨身魚符與職官制度考〉，《吉林師範大學學報》（人文社會科學版）2013 年 4 期。

33. 李豐楙，〈唐代公主入道與送宮人入道詩〉，收入：中國唐代學會編，《第一屆國際唐代學術會議論文集》，臺北：臺灣學生書局，1989。

34. 杜文玉，〈大明宮宣政殿與唐代中朝制度研究〉，《乾陵文化研究》7（2012）。

35. 杜文玉，〈唐大明宮含元殿與外朝朝會制度〉，《唐史論叢》15 輯（2012）。

36. 杜文玉，〈唐大明宮紫宸殿與內朝朝會制度研究〉，《江漢論壇》2013 年 7 期。

37. 杜文玉，〈唐代長安的宦官住宅與墳塋分布〉，《中國歷史地理論叢》1997 年 4 輯。

38. 杜文玉，〈唐代宦官俸祿與食邑〉，《唐都學刊》1998 年 2 期。

39. 杜文玉，〈唐長安大明宮內機構考論——以命婦院、少陽院、客省、史館為中心〉，《江西社會科學》2014 年 3 期。

40. 杜文玉，〈唐長安大明宮娛樂性建築考述〉，《陝西師範大學學報》（哲學社會科學版）43 卷 5 期（2014）。

41. 杜文玉，〈論唐宋監獄中的醫療系統——兼論病囚院的設置〉，《江漢論壇》2007 年 5 期。

42. 杜朝暉，〈從〝胡祿〞說起——兼論古代藏矢之器的源流演變〉，《中國

典籍與文化》2007 年 4 期。

43. 汪籛，〈玄宗時期之禁軍及其統帥〉，收入：汪籛，《漢唐史論稿》，北京：北京大學出版社，1992。

44. 沈融，〈中國古代的殳〉，《文物》1990 年 2 期。

45. 肖愛玲、周霞，〈唐長安城城門管理制度研究〉，《陝西師範大學學報》（哲學社會科學版）41 卷 1 期（2012）。

46. 周文英，〈略論中國古代的女官制度〉，《遼寧大學學報》1996 年 3 期。

47. 周玉茹，〈唐代內尼稽考〉，《佛學研究》2008 年 17 期。

48. 宗宇，〈先蠶禮制歷史與文化初探〉，《藝術百家》2012 年 8 期。

49. 尚民杰，〈唐朝的魚符與魚袋〉，《文博》1994 年 5 期。

50. 尚民杰，〈唐墓志中所見宦官諸使及相關問題的探討〉，《唐研究》17 卷（2011）。

51. 武仙竹，〈唐初‘雲中車馬圖’淺議〉，《四川文物》1995 年 4 期。

52. 邵治國，〈唐代監獄制度述要〉，《河北師範大學學報》（哲學社會科學版）27 卷 6 期（2004）。

53. 姜維公、姜維東，〈唐代宮女生活述略〉，《社會科學戰線》2010 年 3 期。

54. 昭陵博物館，〈唐昭陵李勣（徐懋功）墓清理簡報〉，《考古與文物》2000 年 3 期。

55. 洛陽市文物考古研究院，〈近年來隋唐洛陽城水系考古勘探發掘簡報〉，《洛陽考古》2016 年 3 期。

56. 洛陽市文物考古研究院，〈洛陽新區香山路唐墓發掘簡報〉，《洛陽考古》2016 年 4 期。

57. 洪素香，〈唐代宮女入宮原因及其工作與生活探析──以「全唐詩」為例〉，《高雄科學技術學院學報》1998 年 28 期。

58. 胡元超，〈試析昭陵唐墓壁畫反映的乘輿制度〉，《文博》2016 年 3 期。

59. 胡永啟，〈唐代北衙禁軍監獄司法職能簡論〉，《蘭臺世界》2012 年 5 月。

60. 范芷萌，〈唐代先蠶禮探析〉，《淮北職業技術學院學報》15 卷 4 期（2016）。

61. 凍國棟，〈唐代婦女問題述略〉，收入：凍國棟，《中國中古經濟與社會史論稿》，武漢：湖北教育出版社，2005。

62. 員琰，〈唐代射箭裝備“胡祿”源流再考〉，《體育文化導刊》2018 年 5 期。

63. 唐長孺，〈唐代的內諸司使及其演變〉，收入：《山居存稿》，北京：中華書局，2011。

64. 孫英剛，〈隋唐長安的王府與王宅〉，《唐研究》9 卷（2003）。

65. 孫曉暉，〈唐代的鹵簿鼓吹〉，《黃鐘》（武漢音樂學院學報）2001 年 4 期。

66. 徐成，〈《唐重修內侍省碑》所見唐代宦官高品、內養制度考索〉，《中華文史論叢》2014 年 4 期。

67. 桂齊遜，〈唐代宮禁制度在政治與法律上的意義與作用〉，收入：高明士編，《東亞傳統教育與法制研究（二）唐律諸問題》，臺北：臺大出版中心，2005。

68. 翁育瑄，〈唐代的姦罪——以《唐律》為中心〉，收入：翁育瑄，《唐代的姦罪與兩性關係》，臺北：稻鄉出版社，2002。

69. 耿慧玲，〈從神龍宮女墓誌看其在政變中之作用〉，《唐研究》3 卷（1997）。

70. 袁芳馨，〈唐代長安城坊市治安管理機構的設置與運行〉，《首都師範大學學報》（社會科學版）2009 年增刊。

71. 馬俊民，〈唐朝的「實封家」與「封戶」〉，《天津師大學報》1986 年 3 期。

72. 馬得志，〈唐長安大明宮發掘簡報〉，《考古》1959 年 6 期。

73. 高世瑜，〈宋氏姊妹與《女論語》論析——兼及女教的平民化趨勢〉，收入：鄧小南主編，《唐宋女性與社會》，上海：上海辭書出版社，2003。

74. 高明士，〈唐代的律令政治〉，收入：高明士，《律令法與天下法》，上海：上海古籍出版社，2013。

75. 高明士，〈唐代禮律規範下的婦女地位——以武則天時期為例〉，收入：

高明士，《中國中古禮律綜論——法文化的定型》，臺北：元照出版公司，2014。

76. 張云華，〈漢代皇宮宿衛運作制度〉，《南都學壇》（人文社會科學學報）26 卷 3 期（2006）。

77. 張紅軍，〈唐代司馬慎微墓誌考〉，《中國國家博物館館刊》2012 年 10 期。

78. 張國剛，〈唐代北衙六軍述略〉，收入：張國剛，《唐代政治制度研究論集》，臺北：文津出版社，1994。

79. 張國剛，〈唐代的神策軍〉，收入：張國剛，《唐代政治制度研究論集》。

80. 張國剛，〈唐代階官與職事官的階官化〉，收入：張國剛，《唐代政治制度研究論集》。

81. 張國剛，〈唐代禁衛軍考略〉，《南開學報》（哲學社會科學版）1996 年 6 期。

82. 張艷雲，〈論唐中後期的宦官參預司法〉，《陝西師範大學學報》（哲學社會科學版）30 卷 1 期（2001）。

83. 許章潤，〈唐代的獄政制度〉，《中國史學》31 期（1997）。

84. 閆艷，〈釋〝輦〞〝輿〞及其他〉，《藝術百家》2010 年 2 期。

85. 陳久恒，〈〝隋唐東都城址的勘查和發掘〞續記〉，《考古》1978 年 6 期。

86. 陳文龍，〈唐〝通籍〞考〉，《中華文史論叢》2011 年 2 期

87. 陳宇鵬，〈從《簪花仕女圖》看唐代人物的審美風格〉，《美術界》2012 年 5 期。

88. 陳俊強，〈刑訊制度〉，收入：高明士編，《唐律與國家社會研究》，臺北：五南出版公司，1999。

89. 陳弱水，〈初唐政治中的女性意識〉，收入：陳弱水，《唐代的婦女文化與家庭生活》，臺北：允晨文化公司，2007。

90. 陳弱水，〈唐代長安的宦官社群——特論其與軍人的關係〉，《唐研究》15 卷（2009）。

91. 陳揚，〈唐代長安政治權力中樞位置的變遷與〝三大內〞機能的嬗變〉，

《西安文理學院學報（社會科學版）》13 卷 2 期（2010）。

92. 陳登武，〈唐代的獄政與監獄管理〉，收入：陳登武，《地獄・法律・人間秩序——中古中國的宗教、社會與國家》，臺北：五南圖書公司，2009。

93. 陳登武，〈訴訟程序與審判管轄權——以「越訴」與「直訴」為中心〉，收入：陳登武，《從人間世到幽冥界——唐代的法制、社會與國家》，臺北：五南圖書公司，2005。

94. 陳麗萍，〈唐懿宗的后妃——兼論唐後期后妃制度旳發展與變遷〉，《中國社會科學院歷史研究所學刊》9 輯（2014）。

95. 傅樂成，〈唐代夷夏觀念之演變〉，收入：傅樂成，《漢唐史論集》，臺北：聯經公司，1977。

96. 喬治忠、劉文英，〈中國古代〝起居注〞記史體制的形成〉，《史學史研究》2010 年 2 期。

97. 曾美月，〈唐代鼓吹樂研究〉，《樂府新聲》（瀋陽音樂學院學報）2009 年 2 期。

98. 程章燦，〈「填寫」出來的人生——由《亡宮墓誌》談唐代宮女的命運〉，《中國典籍與文化》1996 年 1 期。

99. 程義，〈唐代宮人斜與臨皋驛地望考證〉，《唐史論叢》17 輯（2014）。

100. 蕭艾，〈長安監獄〉，《歷史月刊》16 期（1979）。

101. 逯耀東，〈深宮怨－談談幾塊北魏宮女的墓碑〉，收入：逯耀東，《勒馬長城》，臺北：時報文化公司，1987。

102. 黃正建，〈唐代「別宅婦」現象小考〉，收入：鄧小南編，《唐宋女性與社會》，上海：上海辭書出版社，2003。

103. 黃正建，〈唐六尚長官考〉，《魏晉南北朝隋唐史資料》21 輯（2004）。

104. 黃正建，〈唐六尚長官考補——兼論李令問、井真成墓誌〉，《隋唐遼宋金元史論叢》1 輯（2012）。

105. 黃修明，〈唐代前期的北衙禁軍〉，《南充師範學報》（哲學社會科學版）1985 年 4 期。

106. 楊一凡、劉篤才，〈中國古代匭函制度考略〉，《法學研究》1998 年 1 期。

107. 楊兆國，〈《全唐詩》中所見唐代宮女生活〉，《文學界》（理論版）2010
年 10 期。

108. 楊軍凱，〈唐大明宮〝五門〞考〉，《文博》2012 年 4 期。

109. 楊琳，〈兵器殳的歷史演變〉，《南方文物》2014 年 4 期。

110. 楊寧，〈從墓誌看隋代宮人的幾個問題〉，《重慶第二師範學院學報》26
卷 4 期（2013）。

111. 楊聯陞，〈帝制中國的作息時間表〉，收入：楊聯陞，《國史探微》，臺
北：聯經公司，1983。

112. 楊鴻年，〈隋唐金吾之職掌〉，《歷史研究》1983 年 5 期。

113. 萬軍杰，〈唐代放歸宮人之民間生活〉，《江漢論壇》2010 年 4 期。

114. 萬軍杰、龔麗娜，〈道場夜半香花冷，猶在燈前禮佛名——唐代宮人之出
佛入道〉，《長江學術》2010 年 2 期。

115. 葛兆光，〈嚴昏曉之節——古代中國日夜秩序觀念的意味〉，收入：葛兆
光，《古代中國的歷史、思想與宗教》，北京：北京師範大學出版社，2006。

116. 董云香，〈《周禮》所記女官述論〉，《文化學刊》2008 年 2 期。

117. 賈憲保，〈唐代北司的司法機構〉，《人文雜誌》1985 年 6 期。

118. 賈艷紅，〈試談唐中後期的內諸司使〉，《齊魯學刊》1997 年 4 期。

119. 雷巧玲、任培秦，〈從居住方式的變遷看唐王子權利的消長〉，《晉陽學
刊》1996 年 3 期。

120. 雷聞，〈隋唐朝集制度研究〉，《唐研究》7 卷（2001）。

121. 寧志新、朱紹華，〈從《千唐誌齋藏誌》看唐代宮人的命運〉，《中國歷
史文物》2003 年 3 期。

122. 寧欣，〈論唐代的〝給使小兒〞〉，收入：朱鳳玉、汪娟編，《張廣達先
生八十華誕祝壽論文集》，臺北：新文豐出版公司，2010。

123. 寧欣，〈再論唐朝的〝給使小兒〞〉，《唐史論叢》24 輯（2017）。

124. 廖伯源，〈西漢皇宮宿衛警備雜考〉，收入：廖伯源，《歷史與制度——

漢代政治制度試釋》，臺北：臺灣商務印書館，1998。

125. 榮新江，〈女扮男裝——唐代前期婦女的性別意識〉，收入：榮新江，《隋唐長安：性別、記憶及其他》，香港：三聯書店，2009。

126. 趙力光、王慶衛，〈新見唐代內學士尚宮宋若昭墓誌考釋〉，《考古與文物》2014 年 5 期。

127. 趙芳軍，〈唐代御駕出行禮儀述論〉，《濮陽職業技術學院學報》21 卷 2 期（2008）。

128. 趙雨樂，〈玄、肅政權與夾城之關係〉，收入：趙雨樂，《從宮廷到戰場：中國中古與近世諸考察》，香港：中華書局，2007。

129. 趙雨樂，〈玄武門的宿衛兵種與北衙系統的建立〉，收入：趙雨樂，《從宮廷到戰場：中國中古與近世諸考察》。

130. 趙雨樂，〈唐代之宮廷與宦官〉，收入：趙雨樂，《唐宋變革期之軍政制度——官僚機構與等級之編成》，臺北：文史哲出版社，1994。

131. 趙雨樂，〈唐代內諸司使之權力構造〉，收入：趙雨樂，《唐宋變革期之軍政制度——官僚機構與等級之編成》。

132. 趙雨樂，〈唐末宮禁的終極防衛：神策五十四都的活動觀察〉，收入：趙雨樂，《從宮廷到戰場：中國中古與近世諸考察》。

133. 趙雨樂，〈唐前期北衙的騎射部隊——〝北門長上〞到〝北門四軍〞的幾點考察〉，《陝西師範大學學報（哲學社會科學版）》31 卷 2 期（2002）。

134. 趙雨樂，〈唐前期宮官與宦官的權力消長〉，收入：趙雨樂，《從宮廷到戰場：中國中古與近世諸考察》。

135. 趙雨樂，〈唐代宮廷防衛與宦官權力淵源〉，收入：朱雷主編，《唐代的歷史與社會》，武漢：武漢大學出版社，1997。

136. 趙貞，〈唐代長安城街鼓考〉，《上海師範大學學報》（哲學社會科學版）35 卷 3 期（2006）。

137. 趙晶，〈《宋刑統》研究與中國監獄史學〉，《中國政法大學學報》2009 年 1 期。

138. 趙聲良，〈馬夫與馬〉，《敦煌研究》2014 年 1 期。

139. 趙聲良，〈轎子小考〉，《文史知識》1991 年 11 期。

140. 齊勇鋒，〈唐後期的北衙六軍、飛龍、金吾、威遠和皇城將士〉，《河北學刊》1989 年 2 期。

141. 劉永連，〈雞人考述〉，《寧夏大學學報》（人文社會科學版）2006 年 3 期。

142. 劉永連，〈雞人與唐宋司時制度〉，《陝西師範大學繼續教育學報（西安）》22 卷 2 期（2005）。

143. 劉呆運、趙海燕，〈一縷幽魂覓芳踪——西安西郊出土唐代宮女墓〉，《收藏界》2013 年 6 期。

144. 劉思怡，〈唐代宗室食實封問題研究〉，《陝西師大學報》（哲社版）41 卷 3 期（2012）。

145. 劉琴麗，〈唐代宮人的政治參與途徑〉，《文史知識》2010 年 7 期。

146. 劉曉云，〈唐代女官的特點〉，《首都師範大學學報》（社會科學版）2006 年 2 期。

147. 歐燕，〈唐五代音聲人辨析〉，《唐史論叢》11 輯（2009）。

148. 潘泰泉，〈唐代的女官〉，收入：朱雷主編，《唐代的歷史與社會》，武漢：武漢大學出版社，1997。

149. 蔡幸娟，〈北朝女官制度研究〉，《國立成功大學歷史學報》24 號（1998）。

150. 鄧小南，〈掩映之間—宋代尚書內省管窺〉，《漢學研究》27 卷 2 期（2009）。

151. 鄭炳林、張全明，〈《大唐國公禮葬故祐墓誌銘》考釋和唐太宗令諸王之藩問題研究〉，《敦煌學輯刊》2007 年 2 期。

152. 鄭雅如，〈重探上官婉兒的死亡、平反與當代評價〉，《早期中國史研究》4 卷 1 期（2012）。

153. 鄭雅如，〈唐代前期預政女性身分的官僚化：從上官婉兒墓誌談起〉，《中國史學》24 卷，京都：朋友書店，2014。

154. 盧開萬，〈隋唐五代的樂工樂戶〉，《魏晉南北朝隋唐史資料》12 輯（1993）。

155. 蕭亢達，〈從漢代文物考古資料所見〝宮官〞集釋談《漢書·百官公卿表》中的一處句讀問題〉，《考古與文物》1996 年 4 期。

156. 霍斌，〈唐玄宗內官制度改革發微〉，《唐史論叢》12 輯（2014）。

157. 戴建國，〈關於唐食封制〉，《中國經濟史研究》2002 年第 3 期。

158. 謝元魯，〈唐代諸王和公主出閣制度考辨〉，《唐史論叢》12 輯（2010）。

159. 謝元魯，〈漢唐掖庭制度與宮廷政治〉，《天府新論》1999 年 3 期。

160. 謝翀，〈漢魏六朝時期女史探析〉，《海南熱帶海洋學院學報》23 卷 6 期（2016）。

161. 羅彤華，〈唐代反逆罪資財沒官考論〉，收入：羅彤華，《同居共財——唐代家庭研究》，臺北：政大出版中心，2015。

162. 羅彤華，〈唐代社會的無夫姦現象〉，《新史學》20 卷 3 期（2009）。

163. 羅彤華，〈唐朝皇帝巡幸之儀衛——以大駕鹵簿為中心〉，收入：陳俊強主編，《中國歷史文化新論——高明士教授八秩嵩壽文集》，臺北：元華文創，2020。

164. 嚴耕望，〈唐代方鎮使府僚佐考〉，收入：嚴耕望，《唐史研究叢稿》，香港：新亞研究所出版，1969。

165. 蘇者聰，〈論唐代宮女詩及宮女命運〉，《武漢大學學報》（人文科學版）1986 年 5 期。

166. 顧云卿，〈通籍與門關——中國古代證明文化漫談之三〉，《中國公證》2005 年 4 期。

167. 顧建國，〈唐代〝寓直〞制漫議〉，《淮陰師範學院學報》（哲社版）24 卷（2002）。

168. 顧篔，〈揚州出土的〝妾莫書〞與〝舒宴〞印小議——兼論西漢時期的女官制度〉，《東南文化》2007 年 5 期。

(三) 學位論文

1. 陳登武，《唐代司法制度研究——以大理寺為中心》，中國文化大學歷史所碩士論文，1991。

2. 陳揚，《唐太極宮與大明宮布局研究》，陝西師範大學碩士論文，2010。

3. 蔡佾霖，《唐代長安城的法律空間》，國立臺灣師範大學歷史所碩士論文，2015。

4. 廖祖威，《唐代軍法與案例探討》，中正大學歷史所碩士論文，2004。

二、外文部分（含譯著）

(一) 專書

1. 清原夏野等撰，《令義解》，收入：黑板勝美編，《新訂增補國史大系》，東京：吉川弘文館，1989。

2. 惟宗直本編，《令集解》，收入：黑板勝美編，《新訂增補國史大系》，東京：吉川弘文館，1989。

3. 仁井田陞著，栗勁等編譯，《唐令拾遺》，長春：長春出版社，1989。

4. 仁井田陞著，池田溫編輯，《唐令拾遺補》，東京：東京大學出版社，1997。

5. 丸橋充拓著，張樺譯，《唐代軍事財政與禮制》，西安：西北大學出版社，2018。

6. 岸邊成雄著，梁在平、黃志炯譯，《唐代音樂史的研究》，臺北：中華書局，1973。

7. 金子修一著，徐璐，張子如譯，《中國古代皇帝祭祀研究》，西安：西北大學出版社，2018。

8. 金子修一著，肖聖中等譯，《古代中國與皇帝祭祀》，上海：復旦大學出版社，2017。

9. 三田村泰助，《宦官：側近政治の構造》，東京：中央公論社，1963。

10. 松本保宣，《唐王朝の宮城と御前會議──唐代聴政制度の展開》，京都：晃洋書房，2006。

11. 松本榮一，《燉煌畫の研究》，京都：同朋社，1985。

12. 渡邊信一郎，《天空の玉座：中国古代帝国の朝政と儀礼》，東京：柏書房，1996。

13. 渡邊信一郎著，徐冲譯，《中國古代的王權與天下秩序──從日中比較史的視角出發》，北京：中華書局，2008。

14. 日野開三郎，《唐代邸店の研究》，收入：《東洋史學論集》17，東京：三一書房，1992。

15. 平岡武夫，《唐代の長安と洛陽・地圖篇》，京都：同朋舍，1985。

16. 平岡武夫，《唐代の長安と洛陽・索引篇》，京都：同朋舍，1985。

17. 平岡武夫，《唐代の長安と洛陽・資料篇》，京都：同朋舍，1985。

18. 妹尾達彦，《長安の都市計画》，東京：講談社，2001。

19. 律令研究會編，《譯註日本律令》五《唐律疏議譯註篇》，東京：東京堂，1979。

20. 律令研究會編，《譯註日本律令》六《唐律疏議譯註篇》，東京：東京堂，1984。

21. 律令研究會編，《譯註日本律令》七《唐律疏議譯註篇》，東京：東京堂，1987。

22. Guisso, R.W.L. *Wu Tse-t'ien and the Politics of Legitimation in T'ang China.* Bellingham, Wash. : Western Washington, 1978.

23. Teiser, Stephen F. *The Scripture on the Ten Kings and the Making of Purgatory in Medieval Chinese Buddhism.* Honolulu: University of Hawaii Press, 1994.

24. Wechsler, Howard J. *Offerings of Jade and Silk : Ritual and Symbol in the Legitimation of the T'ang Dynasty.* New Haven : Yale University Press, 1985.

25. Xiong, Victor Cunrui. *Sui-Tang Chang'an : A Study in the Urban History of*

Medieval China. Ann Arbor : Center for Chinese Studies, University of Michigan, 2000.

26. Xiong, Victor Cunrui. *Capital Cities and Urban Form in Pre-modern China : Luoyang, 1038 BCE to 938 CE.* New York : Routledge, 2017.

(二) 論文

1. 井上和人，〈唐代長安の諸門について――『唐律疏議』における「門」字の分析－〉，《法史學研究會會報》9 号（2004）。

2. 岡野誠，〈唐代における「守法」の一事例――衛禁律闌入非御在所条に関連して－〉，《東洋文化》60 号（1980）。

3. 金子修一、小澤勇司，〈唐代後半期的朝賀之禮〉，《唐史論叢》12 輯（2010）。

4. 根本誠，〈唐代の投甎について〉，《早稻田大學大學院文學研究科紀要》13（1967）。

5. 室永芳三，〈唐代內侍省の宦官組織について――高品層と品官・白身層〉，收入：日野開三郎博士頌壽記念論集刊行會編，《論集　中國社會・制度・文化史の諸問題》，福岡：中國書店，1987。

6. 室永芳三，〈唐代における詔獄の存在様態〉（上）（下），《長崎大学教育学部社会科学論叢》26 号、27 号（1977、1978）。

7. 室永芳三，〈唐都長安城の坊制と治安機構〉（上）（下），《九州大學東洋史論集》2 号、4 号（1974、1975）。

8. 室永芳三，〈唐末內侍省における鞠獄の性格と機能について〉，《長崎大学教育学部社会科学論叢》28 号（1979）。

9. 松本保宣，〈唐初の対仗・仗下奏事――討論集会か、密談か〉，《立命館文學》619（2010）。

10. 松本保宣，〈唐代の側門論事について〉，收入：松本保宣，《唐王朝の宮城と御前會議――唐代聴政制度の展開－》，京都：晃洋書房，2006。

11. 松本保宣，〈唐代朝參和〝宣不坐〞之儀〉，收入：張金龍等著，《黎虎教授古稀紀念中國古代史論叢》，北京：世界知識出版社，2006。

12. 松本保宣，〈唐朝御史對仗彈奏小考〉，《立命館文學》598（2007）。

13. 松本保宣，〈從朝堂至宮門—唐代直訴方式之變遷〉，收入：鄧小南、曹家齊、平田茂樹主編，《文書、政令、信息溝通——以唐宋時期為主》，北京：北京大學，2012。

14. 新城理惠，〈先蚕儀禮と唐代の皇后〉，《史論》46（1993）。

15. 新城理惠，〈唐代における国家儀礼と皇太后——皇后・皇太后受朝賀を中心に〉，《社會文化史学》39（1998）。

16. 仁井田陞，〈敦煌發見十王經圖卷に見えた刑法史料〉，收入：《補訂中國法制史研究》（刑法），東京：東京大學出版會，1991。

17. 石野治大，〈唐代両京の宮人患坊〉，《法史学研究會報》13 期，東京：法史学研究會，2008。

18. 田頭賢太朗，〈金吾衛の職掌とその特質——行軍制度との関係を中心に—〉，《東洋學報》88 卷 3 号（2006）。

19. 渡邊信一郎，〈元會的建構——中國古代帝國的朝政與禮儀〉，收入：溝口雄三等著，孫歌等譯，《中國的思維世界》，南京：江蘇人民出版社，2006。

20. 島善高，〈唐代慮囚考〉，收入：《瀧川政次郎博士米壽紀念論集—律令制の諸問題》，東京：汲古書院，1984。

21. 日野開三郎，〈中央政権の再強化と藩鎮統御〉，收入：日野開三郎，《東洋史學論集》第一卷《唐代藩鎮の支配体制》，東京：三一書房，1980。

22. 妹尾達彥，〈唐長安城的禮儀空間——以皇帝禮儀的舞臺為中心—〉，收入：溝口雄三等著，孫歌等譯，《中國的思維世界》，南京：江蘇人民出版社，2006。

23. 妹尾達彥，〈江南文化の系譜——建康と洛陽——（二）〉，《六朝學術學會報》第 15 集，2014。

24. 妹尾達彥，〈天と地—前近代の中国における都市と王権〉，大阪：大阪市立大学大学院文学研究科報告書，2007。

25. 妹尾達彥，〈中国の都城とアジア世界〉，收入：鈴木博之等編，《シリーズ都市・建築・歴史1，記念的建造物の成立》，東京：東京大学出版会，2006。

26. 妹尾達彥〈隋唐長安城の皇室庭園〉，收入：橋本義則編，《東アジア都城の比較研究》，京都：京都大學學術出版會，2011。

27. 妹尾達彥，〈從太極宮到大明宮：唐代宮城空間的變遷與都城社會構造的轉型〉，收入：《跨越想像的邊界：族群・禮法・社會——中國史國際學術研討會論文集》，臺北：威秀資訊科技公司，2018。

28. 友永植，〈唐宋時代の宣徽院使について——主に五代の宣徽院使の活動に注目して〉，《北大史學》18 號，1978。

29. 濱口重國，〈官賤人の研究〉，收入：濱口重國，《唐王朝の賤人制度》，京都：京都大學東洋史研究會，1966。

30. 趙雨樂，〈唐代における飛龍廐と飛龍使——特に大明宮の防衛を中心として〉，《史林》74 卷 4 號，1991。

31. 橫山裕男，〈唐の官僚制と宦官——中世的側近政治の終焉序說—〉，收入：中國中世史研究會編，《中國中世史研究：六朝隋唐の社會と文化》，東京：東海大學出版會，1970。

國家圖書館出版品預行編目(CIP) 資料

唐代宮廷防衛制度研究 : 附論後宮制度與政治/
羅彤華著. -- 初版. -- 臺北市 : 元華文創股份
有限公司, 2021.05
面 ; 公分

ISBN 978-957-711-202-6 (平裝)

1.宮廷制度 2.唐代

624.1   110000960

唐代宮廷防衛制度研究
附論 後宮制度與政治

羅彤華　著

發 行 人：賴洋助
出 版 者：元華文創股份有限公司
聯絡地址：100 臺北市中正區重慶南路二段 51 號 5 樓
公司地址：新竹縣竹北市台元一街 8 號 5 樓之 7
電　　話：(02) 2351-1607　　傳　　真：(02) 2351-1549
網　　址：www.eculture.com.tw
E - m a i l：service@eculture.com.tw
出版年月：2021 年 05 月 初版
定　　價：新臺幣 580 元

ISBN：978-957-711-202-6 (平裝)

總經銷：聯合發行股份有限公司
地　址：231 新北市新店區寶橋路 235 巷 6 弄 6 號 4F
電話：(02)2917-8022　　　　傳　真：(02)2915-6275